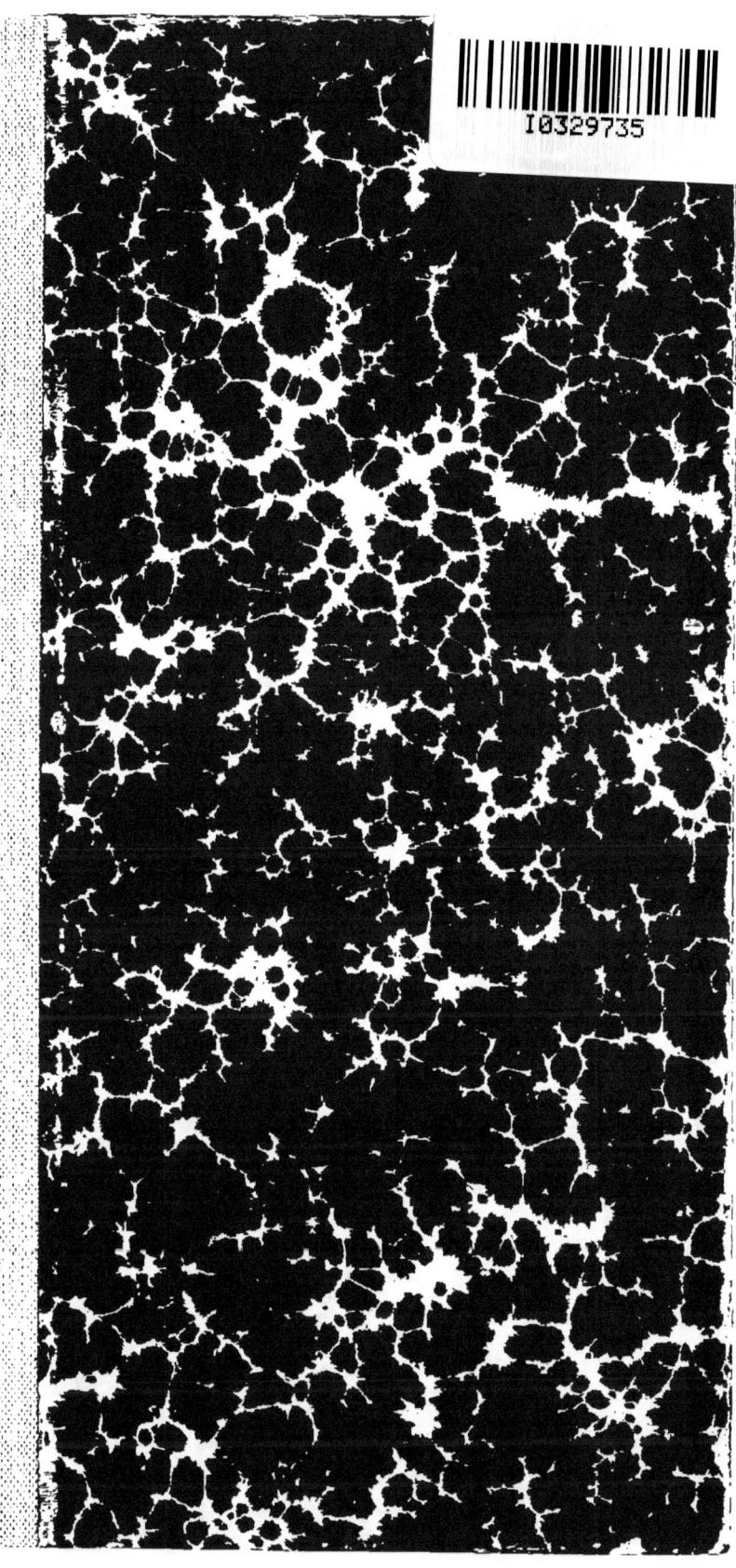

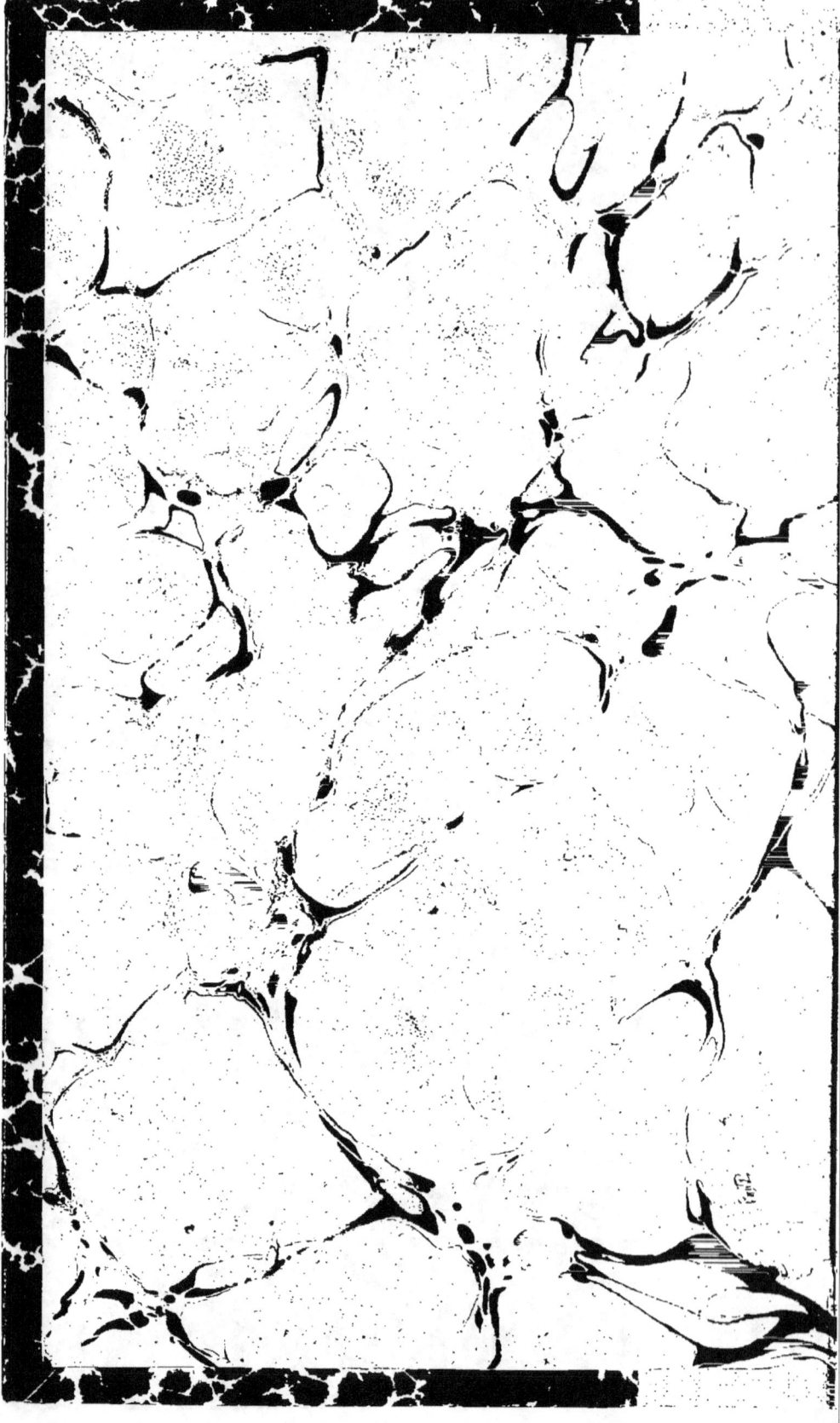

L. BOULANGER

VIE

DE

M. CHARLES-JOSEPH

CHAUBIER DE LARNAY

M. Charles-Joseph CHAUBIER de LARNAY
CHANOINE THÉOLOGAL DE LA CATHÉDRALE DE POITIERS.

VIE

DE

M. CHARLES-JOSEPH

CHAUBIER DE LARNAY

CHANOINE THÉOLOGAL DE LA CATHÉDRALE DE POITIERS

PAR

M. ATH.-AUG. GUILLET

CHANOINE HONORAIRE, ARCHIPRÊTRE DE NIORT.

Ouvrage approuvé par S. G. Mgr l'Évêque de Poitiers

> *Lucere, crescere, fructificare in Domino.*
> Luire, croître, fructifier dans le Seigneur.
> (Devise de la famille de Larnay.)

PRIX : **3** FR. — PAR LA POSTE : **3** FR. **50**.

IMPRIMERIE DE H. OUDIN FRÈRES,

POITIERS	PARIS
RUE DE L'ÉPERON, 4.	RUE BONAPARTE, 68.

1878

Poitiers, le 14 *décembre* 1877.

Monsieur l'Archiprêtre,

Vous allez publier la *Vie de M. le chanoine de Larnay*. Je vous sais gré de cette œuvre que vous a dictée votre cœur.

Au matin même de ses obsèques, je disais aux fidèles assemblés dans l'église de Notre-Dame-la-Grande que, « au premier rang de ceux de nos frères dans le sacerdoce qui ont bien mérité de la Religion par l'éminence de leurs vertus et l'importance de leurs œuvres, vient se mettre M. Charles Chaubier de Larnay, chanoine théologal de notre église cathédrale, prêtre rempli de l'esprit de Dieu, et qui, par la pureté de sa vie, par la loyauté de son cœur, par la droiture de ses intentions, par la générosité de ses sentiments, enfin par son ardeur pour toutes les bonnes œuvres, a marqué sa place entre les plus fidèles dispensateurs de la grâce céleste ».

Votre travail fournit amplement et en détail les pièces justificatives de cet éloge ; il sera profitable à tous ses lecteurs, et il aura un prix particulier pour tous ceux qui, dans le monde ou dans le sanctuaire, ont eu des rapports personnels avec ce pieux et zélé ministre du Seigneur.

Croyez, Monsieur l'Archiprêtre, à tout mon cordial dévouement.

† L.-É., *év. de Poitiers.*

CHÈRES ENFANTS

DE NOTRE-DAME DE LARNAY.

Je viens enfin, au jour de la Présentation de MARIE au Temple, vous offrir le travail que vous attendez de moi depuis si longtemps, la Vie de votre généreux et regretté Père, qui vous a tant aimées, que vous fûtes sa constante sollicitude à partir du premier moment qu'il s'occupa de vous, et que vous eûtes après DIEU sa dernière pensée en ce monde, comme il voulut vous laisser *son dernier sou*. Pourquoi ne dirai-je pas cette parole si énergique dans sa simplicité? N'a-t-elle pas reçu comme une suprême consécration sur ses lèvres mourantes?

J'ai eu sa dernière visite, à pareille époque, la veille même de ce jour, le vingt novembre;

et, dix-sept jours après, il n'était plus. Il y a de cela quatorze ans : oui, quatorze ans que M. de Larnay a cessé de vivre.

Comment se fait-il, MES CHÈRES ENFANTS, que vous ne possédiez pas encore le récit de cette noble existence, qui fut toute dépensée pour le bien, et qui fut si particulièrement appliquée à vous procurer l'assistance corporelle et spirituelle dans une mesure que vous appréciez de plus en plus tous les jours ?

Est-ce que vous ne m'avez pas assez souvent, assez vivement exprimé votre désir ?

Mais avec vous, CHÈRES ENFANTS, tous ceux qui ont connu votre bien-aimé Père, qui l'ont suivi dans ses Œuvres, qui ont secondé les ardeurs ou ressenti les effets de son zèle et de sa charité, s'étonnaient et s'attristaient d'un silence qui semblait renfermer aussi sa mémoire sous la pierre du tombeau.

Moi-même je regrettais de ne pas parler, ayant un si juste hommage à rendre à des vertus sacerdotales, ayant aussi tant de plaisir à vous faire, ce que je ne pouvais ignorer, puisque, venant souvent au milieu de vous, j'avais dû comprendre jusqu'où vous portez la reconnaissance, ce sentiment que vous exprimez si bien par vos signes, quand vous mettez la main successivement à votre front et sur votre poitrine pour marquer que la reconnaissance est la pensée qui vient de la tête se graver dans le cœur et qu'elle est le souvenir du cœur.

J'ai aussi ce souvenir pour M. de Larnay qui me donna tant de preuves de sa bienveillante estime, et à qui je ne saurai jamais trop de gré de m'avoir appelé à prendre une part dans son ministère tout spécial auprès de vous.

Pourquoi donc, MES CHÈRES ENFANTS, vous ai-je fait attendre et ai-je différé jusqu'à ce jour?

Le premier Pasteur de ce diocèse, qui est bien votre premier Père, avait lui-même daigné me demander une *Notice sur la Vie de M. de Larnay*, non plus seulement pour vous, MES CHÈRES ENFANTS, pour votre consolation et votre instruction, mais encore pour l'édification de tous les prêtres, ses fils dans le Seigneur.

Pouvais-je bien alors m'abstenir et me taire sans manquer à un devoir ?

Et pourtant les années se sont écoulées sans que j'aie rempli cette tâche que je n'avais pas cru pouvoir refuser.

Quelles sont donc les raisons qui m'ont arrêté ? Invoquerai-je des motifs de discrétion par rapport à des personnes qui étaient encore vivantes et que j'aurais craint de trop désigner en parlant des vertus que M. de Larnay a pratiquées à leur égard ?

Non, MES CHÈRES ENFANTS ; j'aime mieux dire que je ne me sentais pas capable de conduire à bon terme le travail qui m'était demandé. Voilà quel était le vrai motif de mes délais.

Plus j'envisageais la matière, plus j'en étudiais l'ensemble et les détails, et plus j'acquérais la conviction de mon impuissance.

Je sais bien, MES CHÈRES ENFANTS, et vous me l'avez dit assez de fois, sans pourtant me le persuader, que vous me trouviez trop défiant de moi-même et que vous me jugiez très-apte pour satisfaire votre légitime désir.

Ajouterai-je que vous étiez seulement tentées

de croire que ma bonne volonté n'était pas égale à votre impatience?

Enfin, après quatorze ans bientôt, plusieurs considérations qui gênaient mon travail n'ont plus d'objet. Les instances persistantes qui m'ont été faites ont dû me convaincre que je serais inexcusable si je renvoyais encore à plus tard.

J'ai là sous les yeux ces paroles de votre chère Supérieure : « Il me semble impossible que ce soit un autre que vous qui fasse ce travail, et je regretterais infiniment que cette Vie ne fût pas écrite. » (Lettre du 14 août 1868.)

Et, à la fin de la lettre que vous m'adressiez en Terre Sainte, je lis ces autres paroles de votre bonne Supérieure : « Revenez vite pour continuer vos bonnes œuvres — (hélas ! mes bonnes œuvres ?), et pour mettre le comble à nos vœux en nous donnant bientôt la Vie de notre cher Bienfaiteur. » (Lettre du 17 août.)

Depuis cette époque, par suite du changement de position qui m'éloignait de Poitiers et de Larnay, les instances m'arrivaient moins fréquentes ; mais elles se renouvelaient encore à toute occasion.

Je me suis donc mis à l'œuvre, bien résolu, avec l'aide de Dieu, d'y employer toutes les heures de mon temps qui ne seraient pas réclamées par d'autres devoirs.

Vous m'aviez promis, mes chères enfants, le secours de vos prières ; j'y ai compté.

Mais avant tout j'ai nourri l'espoir, ô Seigneur Jésus, que vous béniriez les pages que j'allais écrire à la louange d'un bon prêtre qui ne chercha que votre gloire et l'établissement de votre règne dans les cœurs.

J'écris aussi pour vous, mes chères Soeurs, en qui M. de Larnay a toujours trouvé une si parfaite intelligence de ses vues et un dévouement si constant pour les réaliser.

L'amour de votre sainte Règle et votre docilité à l'égard de vos Supérieurs étaient bien les premiers mobiles de votre zèle. Mais cette vertu agissante dont vous aviez le spectacle quotidien vous animait encore, et vous vous mettiez aussi avec M. de Larnay dans une communauté de sentiments qui fut sa joie la plus vive et la plus pure au milieu des peines inséparables ici-bas de la pratique du bien.

Je serais tout heureux, mes chères Soeurs,

de la satisfaction que je vais vous procurer, s'il m'était possible de ne pas regretter de vous l'avoir fait attendre si longtemps.

D'autre part, comme je me suis proposé, ainsi que je le devais, de raconter les différentes OEuvres qui ont occupé M. de Larnay, il m'est permis de penser que l'intérêt du livre ira partout où ce bon prêtre a laissé des traces de son amour de Dieu et du prochain.

Ceux qu'il a aidés ou édifiés béniront encore plus sa mémoire.

Ses amis me liront avec indulgence, et, sans avoir à me remercier, me tiendront compte de ma bonne intention. Ceux qui ne l'ont pas connu rendront gloire à Dieu dans son serviteur.

Tous, fidèles et prêtres, se laisseront entraîner par une sainte émulation : les premiers, pour venir largement en aide aux ministres du Seigneur dans le service des âmes ; les seconds, pour n'avoir d'autre souci que de se dépenser tout entiers pour le bien du prochain ; tous enfin, pour s'efforcer, chacun dans sa position et selon les moyens qu'il a reçus de Dieu, de

luire, de croître, de fructifier dans le Seigneur :
Lucere, crescere, fructificare in Domino.

Niort, en la fête de la Présentation de
MARIE au Temple, 21 novembre 1877.

Le dimanche 6 septembre 1868, M$_{gr}$ l'Évêque de Poitiers consacrait l'église de la *Maison des sourdes-muettes et des jeunes aveugles de Larnay.*

Sur la fin du Discours que Sa Grandeur a prononcé en cette circonstance, Monseigneur s'exprimait ainsi :

« Ç'a été plus d'une fois déjà la tristesse, mais en même temps l'honneur et la consolation de notre épiscopat, que nous ayons eu à louer ceux de nos frères dans le sacerdoce qui ont bien mérité de la Religion par l'éminence de leurs vertus et par l'importance de leurs services. Au premier rang d'entre eux vient se placer M. CHARLES CHAUBIER DE LARNAY, Chanoine théologal de notre Eglise cathédrale, prêtre rempli de l'esprit de DIEU, et qui, par la pureté de sa vie, par la loyauté de son cœur, par la droiture de ses intentions, par la générosité de ses sentiments, enfin par son ardeur pour toutes les bonnes œuvres, a marqué sa place entre les plus fidèles dispensateurs de la grâce céleste. C'était un de ces hommes d'initiative à la fois et de persévérance, qui n'entreprennent ou qui n'acceptent aucune tâche, sans s'y donner tout entiers, avec suite, avec énergie, mais surtout avec cet infatigable dévouement qu'inspirent la foi et la charité sacerdotales. Partout où la Providence a conduit ce prêtre, il a laissé des marques précieuses de son passage. »

Et ici le Pontife fait une rapide et vive

énumération des OEuvres multiples où M. de Larnay a si saintement dépensé sa vie.

Exposer cette Vie et dire ces OEuvres, voilà donc l'objet du travail que des désirs trop confiants nous ont imposé.

VIE

DE M. CHARLES-JOSEPH

CHAUBIER DE LARNAY

PREMIÈRE PARTIE

DEPUIS SA NAISSANCE JUSQU'A SON ORDINATION
DE PRÊTRISE.

I.

ORIGINE DE LA FAMILLE DE LARNAY.

Monsieur Charles-Joseph CHAUBIER DE LARNAY eut le bonheur de naître de parents parfaitement chrétiens, qui appartenaient à d'anciennes familles du Poitou et de l'Anjou, et qui gardèrent fidèlement et transmirent avec soin à leurs enfants les traditions de foi et d'honneur qu'ils avaient recueillies dans leurs nobles maisons.

La famille de Larnay, qui est éteinte désormais, tirait son nom de Larnay (Narnai, Larnai), situé dans la commune de Biard et à quatre kilomètres environ de Poitiers. C'était un fief relevant du comté de Poitiers.

Hommage en est fait au Roy, en 1690, par Charles Chaubier, Conseiller du Roy, Docteur-ès-droit en l'Université de Poitiers.

Hommage en est fait encore avec requeste, en 1740 ; hommage et requeste, en 1775 ; aveu, avec requeste et procès-verbal, en 1778, par Charles-Antoine Chaubier, Écuyer, Seigneur de Larnai, Avocat du Roy au Bureau des Finances.

Les armes de la famille de Larnay portent : *D'argent, au chêne de sinople, au croissant d'or en pointe, au chef d'azur, chargé de trois étoiles d'or*, avec cette légende : Lucere, crescere, fructificare in Domino : *luire, croître, fructifier dans le Seigneur*. Paroles qui se trouvent résumer admirablement la vie de M. de Larnay.

Charles-Antoine épousa demoiselle Marie-Françoise Gabrielle de Bouhélier, issue d'une famille noble de Franche-Comté.

De ce mariage naquirent, à Poitiers, une fille, Lucette, en 1769, et un fils, Charles-Gabriel, le six juin 1770.

II.

LE PÈRE DE M. DE LARNAY.

Charles-Gabriel, doué des plus heureuses qualités de l'esprit et du cœur, sut profiter de l'éducation que lui donnèrent ses parents et des soins particuliers que prit de lui sa mère, qui était une femme de la plus haute distinction.

Il fit avec succès ses Humanités au Collége de Poitiers, dirigé alors par l'abbé de Saunailhac, qui avait succédé aux Pères de la Compagnie de Jésus. Un collége royal avait été accordé à Poitiers par le roi Henri IV, par lettres patentes de 1604 ; et la ville en confia la direction aux Pères de la Compagnie jusqu'en 1762.

A l'âge de seize ans, Charles-Gabriel entrait dans la Maison du roi Louis XVI, et, le 16 août 1786, il était incorporé dans une des compagnies rouges appelées compagnies des Gens d'armes de la Garde. Il y fut le type de l'homme aimable, du preux chevalier et du parfait chrétien.

Emigré en 1791, il soutint vaillamment la cause du Roi au siége de Maestricht et dans l'armée de Condé. Après le licenciement de ces généreux soldats, il rentra furtivement et ne retrouva plus que sa sœur et sa vertueuse mère, laquelle venait de subir à cause de lui les rigueurs de la prison dans la Maison des Pénitentes, rue Corne-de-Bouc, à Poitiers.

Se trouvant d'ailleurs sans ressources, ses biens ayant été séquestrés ; se voyant aussi dans un perpétuel danger, à cause de la peine de mort portée contre les émigrés, Charles-Gabriel reprit la route de l'exil, usant d'un passe-port de commis-voyageur en horlogerie, qu'il s'était fait délivrer en Allemagne. Après avoir failli tomber entre les mains de Collot d'Herbois à Lyon, il put gagner la Suisse et ensuite l'Allemagne, où il vécut en donnant des leçons de grammaire française, jusqu'à ce que le décret de proscription eût été aboli par le pouvoir qui mettait fin à la révolution violente et s'établissait sur le trône de l'ancienne monarchie.

Les portes de la patrie lui étant donc rouvertes, Charles-Gabriel s'empressa de revenir auprès de sa mère et de sa sœur. Mais il n'apportait avec lui que son sac de voyage, et tous ses biens avaient été vendus à l'encan. Seulement Lucette, au moment de la spoliation de son frère, avait pu arracher des mains de la nation la terre de Larnay, et, avec autant de simplicité que de dévouement, elle fit entrer son frère en possession de ce dernier lambeau d'une belle fortune.

C'était en 1801.

III.

LA FAMILLE COSSIN DE BELLE-TOUCHE.

Dans cette même année, une jeune fille, orpheline, échappée comme par miracle aux massacres et aux malheurs de la Vendée, était venue chercher un asile dans les murs de Poitiers, chez une tante qui demeurait non loin de la maison Chaubier de Larnay. De communes afflictions, la convenance des familles, le rapport des qualités, toutes circonstances que le voisinage donna bientôt occasion d'apprécier de part et d'autre, déterminèrent et firent agréer les intentions de Charles-Gabriel, qui épousa, le treize octobre, demoiselle CATHERINE COSSIN DE BELLE-TOUCHE, d'une famille noble et ancienne, établie dès le quinzième siècle en Poitou et à Parthenay notamment, où elle a rempli diverses charges.

La famille Cossin porte : *d'or à trois têtes de milan arrachées, de gueule, deux en chef, une en pointe, le bec ouvert, la langue tirée, d'argent.*

Le père de Catherine, Charles Lezin Cossin, Sieur de Belle-Touche, Conseiller du Roy en la Chambre des comptes de Bretagne à Nantes, avait épousé, le dix-huit octobre 1762, en l'église de

Saint-Jean de Maulévrier, demoiselle Jeanne-Angélique Rocquet de Menteurs de Maison-Neuve, dont il eut dix enfants : une fille morte à cinq ans, deux fils enlevés dès le berceau, et deux fils et cinq filles qui lui survécurent.

IV.

CATHERINE COSSIN, SES FRÈRES ET SES SŒURS.

Charles Lezin mourut à Châtillon-sur-Sèvre, le sept mai 1784. Catherine, née à Châtillon, le quinze novembre 1779, fut élevée avec ses deux frères et ses quatre sœurs par leur courageuse mère, qui prodigua ses soins les plus dévoués à ses enfants, qu'elle eut la douleur de laisser complétement orphelins, rendant son âme à DIEU le deux septembre 1793.

C'est une sombre et terrible date pour la France, tombée alors en proie à la plus horrible des révolutions. Ce fut une époque désastreuse pour l'héroïque Vendée, qui se mit en arme et qui sacrifia tout à la défense de la Religion de ses pères.

Félix-Adrien, l'aîné des frères de Catherine, à peine la guerre commencée, recevait une blessure mortelle et expirait à vingt ans, à la ferme des Gaudinières, commune de Gourgé, où l'avaient transporté sur un brancard quelques paysans vendéens.

Peu de temps après, Etienne-Emmanuel, l'autre frère, âgé seulement de quatorze ans, incorporé dans un régiment de cavalerie vendéenne, tombait à l'attaque du Pont-Fouchard, à Saumur, atteint de plusieurs coups de sabre, qui l'étendirent mort sur la place.

Tandis que leurs frères quittaient ainsi la vie, les cinq jeunes filles, Marie-Anne, âgée de vingt-cinq ans, Louise-Jeanne, de vingt-un ans, Julie-Henriette, de dix-neuf ans, Térèse-Louise, de quinze ans, Catherine, de quatorze ans à peine, travaillaient nuit et jour à préparer les vivres, les munitions, les remèdes, chaque maison de la Vendée étant devenue une hôtellerie, un arsenal ou une ambulance.

Mais, les armées révolutionnaires promenant partout la torche incendiaire, il fallut fuir, et les pauvres filles, après avoir enfoui ce qu'elles avaient de plus précieux, s'éloignèrent en pleurant de la maison paternelle, maison très-remarquable, qui, le lendemain, était dévorée par les flammes.

Les voilà maintenant réunies à toute la population vendéenne, marchant à la suite des armées royalistes, vivant au milieu des camps, recevant leurs rations comme le soldat, passant la nuit où et comme elles pouvaient.

Quand les troupes vendéennes étaient refoulées par les soldats de la république, les femmes, les enfants, les vieillards ne réussissaient pas tous à se sauver. Il en périssait même un grand nombre.

Dans une de ces rencontres, Louise et Térèse tombèrent entre les mains des *bleus*. Térèse fut choisie pour être la première victime. Elle était à genoux, recommandant son âme à Dieu ; l'arme allait faire feu, quand Louise se précipite sur le soldat et fait dévier le coup. Elle joint ensuite les reproches à l'action. Son courage frappe les farouches ennemis de stupeur, et les deux sœurs sont sauvées.

Un peu plus tard, sous les murs du Mans, Julie est obligée de se défendre contre des soldats qui veulent lui ôter plus que la vie. Mais si grande est alors l'énergie de la jeune fille, que l'un de ces bourreaux, furieux, enroule autour de son sabre les longs cheveux de sa victime, qui se sont dénoués dans la lutte, et la traîne impitoyablement par de rudes sentiers, où il la laisse enfin dans le plus triste état.

Ses sœurs, qui sont accourues, la prennent dans leurs bras et à la faveur des ténèbres la transportent dans une ferme voisine, où, à l'insu du maître, elles la déposent sur de la paille dans une étable ouverte et passent toute la nuit en prières dans ce lieu.

Mais le jour trahit leur retraite. Des soldats républicains, qui rôdaient dans la campagne, les découvrent, s'emparent d'elles et les amènent au Mans, où, arrachées avec peine à la populace des rues, elles sont jetées en prison. Encore n'ont-elles pas la consolation d'y être réunies.

Louise et Térèse ont été cruellement séparées de

leurs sœurs. Catherine et Marie sont renfermées dans l'église de la Couture, convertie en lieu de détention, avec leur sœur Julie mourante, pour qui elles ne peuvent obtenir aucun soulagement, et qui ne tarde pas à expirer sous leurs yeux. Mais son corps même est resté pur, et son âme sans doute a été reçue glorieusement parmi le chœur des Vierges qui suivent l'Agneau sans tache partout où il va.

Cependant les prisons du Mans regorgeant de captifs, et les cadavres s'y trouvant bientôt entassés, la municipalité fit publier que tout citoyen qui voudrait alléger les charges de l'Etat serait admis à réclamer des prisonnières vendéennes à la condition de les nourrir.

Marie et Catherine tombèrent ainsi entre les mains d'une couturière qui les faisait travailler sans relâche, sous peine d'être privées de leur pain de la journée, si elles se reposaient un instant. Ce n'était point toutefois le plus triste côté de leur position. Elles comprirent vite chez quelle sorte de femme elles se trouvaient. Prenant donc leur parti sans hésiter, elles se dérobèrent résolûment, se confiant en la divine Providence. En effet, de bonnes familles s'intéressèrent à elles et les placèrent chez d'honnêtes artisans, où les secours ne leur manquèrent pas.

Elles vécurent ainsi près de deux ans dans l'obscurité, sans nouvelles du pays, sans rien savoir non plus de leurs deux autres sœurs, qu'elles désespéraient de revoir jamais.

Ce ne fut que lors de la pacification de la Vendée, et au moment où elles s'apprêtaient pour rentrer dans leurs foyers, qu'elles apprirent que Louise et Térèse, arrachées à un malheur imminent par la générosité d'un officier républicain digne de marcher avec ceux qu'il était obligé de combattre, vivaient encore, cachées sous le costume de bergères dans une ferme de la Bretagne.

Elles se furent bientôt mises en rapport ensemble, et elles se donnèrent rendez-vous à Chinon, auprès d'un oncle, Torterue de Langardière, bon vieillard, qui fut touché de leur malheur et qui choisit l'aînée d'entre elles, Louise, pour être, à titre de belle-fille, l'appui de ses derniers jours.

Marie, Térèse et Catherine retournèrent à Maulévrier, où elles ne trouvèrent plus qu'une ville presque toute réduite en cendre, et quelques pans de murs noircis par le feu, seuls restes de leur maison paternelle. Sans se laisser abattre, elles se construisent de leurs propres mains avec des débris de charpente un petit logement qui leur sert d'abri jusqu'à ce qu'elles aient pu relever la maison de ses ruines.

Telle avait été la vie d'agitation et d'épreuves et aussi de courage et de foi des demoiselles Cossin de Belle-Touche. La forte et chrétienne éducation qu'elles avaient reçue les rendit capables de supporter tant de maux qui les vinrent assaillir si jeunes encore et dans un si affreux isolement.

Marie, l'aînée, fille d'un grand caractère, avait été la providence de ses sœurs ; mais Catherine, la plus jeune, ne l'avait cédé à aucune en vigueur, en fermeté, en décision. Ses sentiments religieux s'augmentèrent en raison de ce qu'elle avait vu et enduré. Sa reconnaissance pour DIEU qui l'avait sauvée de tous les périls fut sans bornes. D'autre part, les désastres et les atrocités dont elle avait été témoin et victime lui inspirèrent beaucoup d'éloignement pour ce qu'on appelle les joies du monde, la remplirent de dégoût pour les choses de la terre, et la disposèrent à cette vie toujours principalement occupée de DIEU, à cette vie chrétienne avant tout, qu'elle devait ensuite s'appliquer avec tant de zèle et de succès à faire aimer de ses propres enfants.

Lorsque la maison paternelle fut rebâtie à Maulévrier, Catherine la quitta, y laissant ses sœurs Marie et Térèse, et vint à Poitiers, sur les instances d'une tante, de la famille de Tudert, qui désirait vivement la voir et qui voulait même la garder.

Ce fut là qu'elle connut Charles-Gabriel Chaubier de Larnay, à qui elle s'unit en mariage et qui eut d'elle trois enfants : Charles-Joseph, Louise et Victor-Marie.

V.

NAISSANCE ET BAPTÊME DE CHARLES-JOSEPH.

Charles-Joseph vint au monde le 8 août 1802. Il naquit à Larnay « dans le domaine de ses vieux pères », comme il aimait à dire, non par jactance ou affectation, mais par le sentiment vif d'un principe de conservation sociale qu'il ne sera bientôt pas possible d'appliquer, avec le progrès moderne qui communique de plus en plus aux esprits une mobilité et une instabilité dont nous recueillons chaque jour les tristes fruits.

Charles-Joseph fut baptisé, dès le lendemain de sa naissance, dans l'église paroissiale de Vouneuil-sous-Biard, par le vénérable curé, M. de la Ronde, ancien prieur des Bénédictins de Montierneuf de Poitiers. C'était un prêtre rempli de piété et de modestie, et d'un dévouement pastoral à toute épreuve. Il administrait encore seul sa paroisse, quoiqu'il fût âgé de plus de quatre-vingts ans. Il est mort, comme le soldat à son poste, au moment où il se revêtait dans la sacristie des ornements sacerdotaux pour célébrer les saints mystères. Un Ministre de France, en voyant son nom figurer sur les États du clergé sans y trouver à côté le nom d'aucun vicaire, avait écrit à la marge cette note, qu'on nous permettra de citer : « Plus trois cents francs de traitement extraordinaire pour m. le curé de Vouneuil qui travaille a un age ou tous les autres se reposent ».

N'est-ce pas comme une attention prophétique de l'éternelle Providence que Charles-Joseph soit né à la vie chrétienne par le ministère d'un prêtre à l'exemple duquel il devait être, lui aussi, un infatigable ouvrier du Seigneur?

VI.

PETITE ENFANCE DE M. DE LARNAY.

Sa petite enfance se passa tout entière dans la maison paternelle de Larnay. Ses premières années furent très-douloureuses pour lui et très-pénibles pour sa mère. De violentes et incessantes coliques le tourmentèrent cruellement. Elles le mettaient dans un tel état et lui faisaient pousser des cris si perçants que la pauvre mère aurait senti quelquefois défaillir son courage, si elle n'avait eu autant de confiance en DIEU qu'elle avait de dévouement pour son enfant.

Cependant les continuelles souffrances que le petit Charles endurait avaient fini par aigrir son caractère au point de le rendre très-irascible. Sa mère avait besoin alors de recourir à la fermeté et à la correction ; mais elle y ajoutait des tempéraments de tendresse et de bonté.

L'enfant, d'ailleurs, cédait promptement, car il avait un cœur bon et affectueux, et il était très-sensible aux témoignages d'amitié. Il fut aussi de bonne heure porté à aimer ce qui lui paraissait d'ordre et de règle, et il se laissait alors vite persuader.

Néanmoins ces douleurs précoces si persistantes causèrent dans son organisation une extrême impressionnabilité et une irritabilité qu'il lui fallut combattre toute sa vie : ce fut pour M. de Larnay une source abondante de mérites devant DIEU, comme devant tous ceux qui ont pu connaître non-seulement la vivacité de son zèle et son ardeur dans les œuvres, mais encore la droiture de ses vues et la pureté de ses intentions.

Il commença à prier DIEU sur les genoux de sa mère qui, formée elle-même par ses dignes parents à une solide piété, y trouva sa sauvegarde et son soutien dans les terribles épreuves avec lesquelles nous l'avons vue aux prises pendant son adolescence. Instruite, pouvons-nous dire, par les maux qu'elle eut à souffrir, par les malheurs publics qui tombaient en même temps sur elle, par les scandales dont elle fut témoin, elle se porta vers DIEU de toute la force de caractère dont elle était douée, et elle se déroba, autant qu'il lui fut possible, aux exigences sociales de sa position, pour appliquer toute son âme à la religion, à DIEU, au soin du salut et au désir du ciel.

C'est pourquoi elle fut empressée d'apprendre à son enfant à aimer DIEU, à mettre DIEU et le service de DIEU avant tout et au-dessus de tout. C'était la leçon du matin, c'était la leçon du soir. Elle était ingénieuse en toutes sortes de moyens, de pratiques sensibles, qui intéressaient l'enfant, qui fixaient sa mobile imagination, qui l'aidaient à saisir plus vite et à mieux retenir les enseignements de sa mère ; et celle-ci parlait avec tant de conviction et par suite avec tant de fermeté dans la voix, avec tant d'expression dans le regard, que l'âme de l'enfant en était toute pénétrée. Aussi le souvenir de ces premières leçons, de ces premiers petits exercices de piété ne s'est-il jamais effacé de sa mémoire.

Il avait pu d'ailleurs s'y livrer bientôt en compagnie de sa sœur Louise, plus jeune que lui de deux ans, et avec son frère Victor dont il était l'aîné de quatre ans. Tous les trois faisaient au soir leur confession quotidienne à leur mère, qui les conduisait souvent dans la chapelle de Sainte-Croix, son lieu de prière de prédilection.

C'était alors et ce fut encore longtemps un pauvre réduit, qui avait peut-être par cela même plus d'attrait pour elle, mais que nous ne regrettons pas d'avoir vu se transformer, par le zèle persévérant de notre Evêque, en un sanctuaire digne enfin de la royale Maison des Filles de sainte Radegonde.

Charles arrivait à l'âge où il fallait s'occuper de son instruction. Ses religieux parents, qui comprenaient bien l'étendue de leurs devoirs, quittèrent Larnay et vinrent se fixer à Poitiers chez une parente de M. de Larnay, laquelle demeurait sur le plan de l'Étoile. C'était une femme de piété et d'esprit, qui plaisantait agréablement les gens, comme lorsqu'elle disait, en voyant Mme de Larnay préparer des niches pour les chapelles : « Ma cousine, ma cousine, elle n'ira jamais en paradis : elle fait trop de niches au bon DIEU. »

Cette excellente femme prit en affection le petit Charles, dont elle aimait la vivacité et le bon naturel ; et l'enfant, qui la paya bien de retour, dut sans doute à sa société le développement de ce caractère tout à la fois sérieux et enjoué qu'il a conservé jusqu'à la fin.

VII.

SES CLASSES ÉLÉMENTAIRES.

Charles avait six ans et demi quand il fut amené à Poitiers. Ses parents le mirent entre les mains d'un prêtre dont la mémoire est à jamais en vénération dans le diocèse de Poitiers. Il se nommait M. Audios ; il exerçait les humbles fonctions d'aumônier des Incurables. C'était un ami intime de la famille de Larnay. Ce digne prêtre, né à Ruffec, qui était alors du diocèse, docteur en théologie de la Faculté de Poitiers, consacrait tout le temps que lui laissait le soin de l'Hospice à instruire des enfants qui formèrent sous sa direction une École cléricale, pépinière précieuse pour remplir les rangs du clergé, où la furie révolutionnaire avait fait tant de vides pendant la dizaine d'années qu'elle désola notre pauvre France.

La course du plan de l'Étoile à l'Hospice des Incurables était longue pour un enfant. Charles partait le matin et revenait le soir, même par le mauvais temps et au milieu des rigueurs de l'hiver. On a plus de ménagements aujourd'hui ; en retire-t-on plus d'avantages ? Ses parents le faisaient accompagner par une bonne vieille femme qui portait dans un panier les provisions de la journée, qu'elle ne put pas toujours garantir de la maraude. Le maître consolait alors l'enfant, et, le secourant dans sa detresse, lui épargnait un jeûne qui n'eût pas été de son âge, ni sans doute de sa volonté.

Charles reçut pendant trois ans les leçons de M. Audios. Il fit ces premières études « sans brillants succès », disait-il lui-même plus tard, « mais de manière cependant à satisfaire son sévère maître ». S'il le qualifiait de cette façon, il ne conservait pas moins la plus profonde reconnaissance pour ce digne maître, « gardien fidèle des anciennes traditions, de la vieille franchise et de la vieille sévérité, qui aimait si bien ses élèves et les châtiait si bien qu'il n'en est pas un seul qui aujourd'hui encore ne verse des larmes à son seul souvenir ».

C'est un véridique hommage que nous tirons du discours prononcé par Mgr Cousseau, évêque d'Angoulême, dans la chapelle du grand séminaire de Poitiers, le dimanche cinq juin 1864, pour le cinquantième anniversaire de l'ordination sacerdotale de M. Samoyault, vicaire général, ancien supérieur du séminaire, et toujours particulièrement vénéré par M. de Larnay.

Celui-ci n'avait donc pu être mieux placé pour ses premières études que chez M. Audios. C'était une grâce de DIEU, qui devait être suivie d'autres non moins précieuses. D'ailleurs ses parents n'auraient pu se décider à livrer leur enfant si jeune aux écoles de l'Empire. Sa foi y aurait couru de trop grands dangers. Pour lui conserver ce trésor, ils se fussent résignés aux plus grands sacrifices.

Nous sera-t-il permis de penser et de dire qu'il fallut à M. et à Mme de Larnay, dans leur condition et avec les idées du monde, la générosité et l'élévation de caractère que la foi seule peut donner, pour mêler leur fils, l'héritier de leur nom, à une compagnie d'enfants pauvres dans un Hospice des Incurables? Mais ils étaient tranquilles et assurés, parce qu'ils savaient à quel maître ils confiaient leur enfant.

Ce ne fut pas sans regret qu'ils le retirèrent, au bout de trois ans, avec Victor, qui n'y avait passé qu'un an. Charles, ainsi que son frère, resta dans la maison paternelle, et continua ses études sous la conduite de son père. Il vécut donc de la vie de famille, qui est si nécessaire pour développer les meilleurs sentiments des enfants ; car ils sont là comme de jeunes plantes dans la terre qui leur convient. Aujourd'hui, la nécessité des fortes études, comme on dit, ou plutôt la loi de ces examens qui portent sur tant de matières, et qu'il faut subir de bonne heure pour avoir accès dans les diverses carrières et positions sociales, arrache l'enfant à son père et à sa mère et le place dans un milieu où il respire un air, où il reçoit des influences qui ont trop souvent pour lui les plus funestes résultats.

Il est vrai que la maison paternelle ne présente pas toujours les conditions de sollicitude, ou même les exemples de religion et de vertu sans lesquels l'enfant ne grandira que pour être à charge à lui-même, inutile et dangereux à la société. C'est alors qu'on sent le prix de ces maisons d'éducation et d'étude qui doivent leur existence comme leur succès au zèle le plus désintéressé pour la gloire de DIEU et le bien des âmes.

VIII.

PREMIÈRE COMMUNION DE M. DE LARNAY.

Le jeune Charles n'était encore que dans sa onzième année. Mais, en raison de sa piété et de sa docilité, on dérogea à une coutume sévère, qui tient trop peu de compte de l'amour que Notre-Seigneur a précisément témoigné pour les enfants, et il fut jugé digne d'être admis à la grande et sainte et douce action de la première communion.

Mme de Larnay avait confié la conscience de son cher enfant à M. Soyer, l'un des vicaires capitulaires, le siége vacant, prêtre éminent, qui a rendu les plus grands services à la religion, restant caché à Poitiers pendant les années de la révolution, et pratiquant, à force de zèle, d'adresse et d'intrépidité, toutes les fonctions du saint ministère au péril continuel de sa vie. Devenu évêque de Luçon, il a laissé dans ce diocèse, après une administration de vingt-trois années, une mémoire qui est en bénédiction. Ayant reçu nous-même de Mgr Soyer, pendant les treize dernières années de sa vie, les marques d'une paternelle affection, nous devions consigner ici cet hommage de notre impérissable souvenir.

Sous la conduite d'un directeur aussi pieux et aussi éclairé, Charles entra dans les dispositions les plus propres à lui faire recevoir avec des fruits abondants la grâce inestimable qui lui était offerte. M. Soyer décida qu'il ferait sa première communion avec les élèves du petit séminaire, qui était établi alors dans la rue Corne-de-Bouc, et qui avait pour supérieur M. David, plus connu sous le nom de l'abbé Isidore, homme de piété, de dévouement et de savoir, que le vénérable M. Coudrin, fondateur de la Congrégation des Sacrés-Cœurs de JÉSUS et de MARIE, dite de la Grand'Maison et aussi de Picpus, choisit, à son départ pour Mende, pour le remplacer comme Supérieur particulier de la Maison de Poitiers.

La retraite de préparation à la première communion dura cinq jours, pendant lesquels Charles fut uniquement occupé de l'action qu'il allait accomplir, et dont sa docilité à la grâce et la vivacité de ses sentiments lui faisaient déjà sentir tout le prix.

Sans doute il n'est pas rare que la ferveur d'une première communion excite des désirs ardents de vie parfaite et inspire notamment la résolution de se consacrer entièrement au Seigneur. Comment en effet une âme, une âme d'enfant, pleine du DIEU qui se donne avec ses amabilités infinies en raison de l'innocence de cet âge, ne serait-elle pas éprise d'amour pour ce DIEU source de toute joie, et comment ne voudrait-elle pas lui rester étroitement attachée, en renonçant à tout ce qui n'est pas Lui? Mais ce jour de la première communion, ce jour pris dans la vie du ciel, passe et s'éloigne comme les autres jours, et les impressions qu'il apporta s'affaiblissent, hélas! jusqu'à disparaître; ou du moins on ne les retrouve plus aussi vives, lors même qu'on revient à la source qui les a produites. Il n'y a qu'une première communion !

Charles fut plus heureux, plus favorisé. DIEU l'avait choisi et le lui faisait connaître en prenant pleinement possession de son cœur pour y régner comme un souverain aussi tendrement aimé que fidèlement obéi.

Le pieux enfant fit sa première communion le jour de la fête du Corps du Seigneur, le jeudi 17 juin de l'an 1813. Il communia avec une candeur, un recueillement et une ardeur de piété qui furent remarqués de tous les assistants. Il s'attacha dès lors doucement et fortement à DIEU. Il eut une grande jouissance à le prier, et il ne pouvait entrer depuis dans une église sans éprouver à la vue du tabernacle une émotion, un tressaillement qui faisaient couler ses larmes en abondance. Qu'elles étaient douces pour lui, qu'elles étaient agréables à DIEU qui lui en accordait la précieuse faveur !

Que de fois il renouvela dans ces heureux moments la promesse qu'il avait faite à Notre-Seigneur, au jour de sa première communion, de se consacrer à son service dans le saint ministère! Il s'était au fond de son âme entendu appeler au sacerdoce; il n'en pouvait douter. Sa fidélité à conserver cette grâce et son zèle pour s'en rendre digne furent à la fois les soutiens et les preuves de sa vive reconnaissance.

Sa mère, pour laquelle il n'avait rien de secret, et à qui il s'était empressé de faire connaître sa vocation, se réjouit d'abord dans le premier élan de sa foi, et elle seconda autant qu'elle put les desseins de DIEU sur son fils. Tous les dimanches, elle le conduisait à la chapelle de Sainte-Croix, où ils avaient l'un et l'autre le bonheur de communier: sainte pratique, à laquelle furent associés à leur tour les deux autres enfants de Mme de Larnay, Louise et Victor.

IX.

M. DE LARNAY REPREND ET ACHÈVE SES ÉTUDES.

L'année 1814, qui suivit la première communion de Charles, soumit un moment la chrétienne famille à l'épreuve d'une douloureuse séparation. Les Bourbons étaient rentrés en France. M. de Larnay voulut aussitôt leur offrir le service de son épée, et il fut tout de suite réintégré dans la Maison du Roi. Mais sa santé était épuisée. Le Roi, content de son dévouement, l'autorisa à rentrer dans ses foyers, lui conféra le grade de chef d'escadron et lui assigna une pension, en le nommant chevalier de Saint-Louis.

Ce fidèle surviteur vécut désormais dans la retraite, regrettant amèrement les institutions désormais perdues de la vieille monarchie et entrevoyant avec effroi les abîmes où l'esprit d'indépendance et d'impiété trop manifeste allait de nouveau précipiter la société. Il revint donc auprès de son épouse et de ses enfants pour ne plus les quitter.

Charles, cette année même, fut placé, ainsi que son frère Victor, par la sollicitude de sa mère, dans une école religieuse qui venait d'être fondée par les Pères de la Grand'Maison, et qui était dirigée par l'abbé Isidore, l'ancien supérieur du petit séminaire, dont nous avons parlé.

Charles et Victor étaient en demi-pension : leur mère, par un sentiment de ses devoirs que nous ne saurions taxer d'exagération, ne voulut céder à personne la direction principale de l'éducation de ses enfants. Ceux-ci partaient donc chaque matin à sept heures et rentraient le soir à la même heure au foyer paternel, où les attendaient les délicieuses jouissances de la famille et les sages conseils de leurs parents.

Les événements de 1815 ayant amené de nouvelles commotions en France, et l'existence des Ecoles ecclésiastiques se trouvant encore menacée, M. de Larnay retira Charles et Victor auprès de lui et se chargea pour la seconde fois de diriger leurs études. Mais ce père dévoué, dont la santé, gravement altérée par les traverses de l'émigration, s'accommodait mal du séjour de la ville, et que le soin nécessaire de sa modeste fortune appelait d'ailleurs souvent à la campagne, dut renoncer bientôt à s'occuper lui-même de l'instruction de ses enfants. Pourtant il fallait bien assurer leur avenir et leur faire achever leurs études. Mais quel parti prendre?

La seconde rentrée des Bourbons, qu'on put croire définitive, n'avait point donné la liberté de l'enseignement.

L'Université était restée en possession du monopole au nom de l'Etat, par l'usurpation de l'homme sur le droit de DIEU. Les colléges ou lycées étaient loin d'offrir aux parents catholiques les garanties religieuses indispensables.

Car qu'y trouvait-on ? C'était d'abord un personnel de maîtres qui présentait un mélange légalement inévitable d'hommes de toute crcyance ou de tout genre d'incrédulité, le diplôme qui constatait l'aptitude créant un droit indéclinable à la possession d'une chaire ou à la conduite d'un établissement, sans autre condition que l'honnêteté judiciaire et civile. C'était encore, et par suite, un personnel d'élèves qui devaient évidemment être mélangés comme les maîtres, et dont le nombre, pour plusieurs raisons faciles à comprendre, pouvait s'accroître sans que ce fût au profit de la qualité. C'était de plus, faute naturellement de contrôle convenable, un choix de livres classiques non moins dangereux par ce qu'ils excluaient que par ce qu'ils contenaient, et propres trop souvent à fausser l'esprit et à dessécher ou à gâter le cœur. C'était enfin, car nous ne pouvons pas instruire ici le procès en entier, un système administratif et hiérarchique où il était fait une part si restreinte et si secondaire aux choses et aux ministres de la Religion, qu'on était amené à penser que c'était là un pur accessoire introduit et supporté par la nécessité des convenances et pour la sécurité des parents honnêtes.

Voilà dans quelles conditions, personne ne pourrait le nier de bonne foi, les colléges ou lycées étaient ouverts partout sur le sol de la France. Que pouvaient donc faire des parents chrétiens lorsque l'état de leur fortune ne leur permettait pas de procurer chez eux à leurs enfants un enseignement particulier qui leur offrît toute garantie ?

M. et Mme de Larnay se résignèrent à placer Charles et son frère Victor, comme externes seulement, au collége de Poitiers. Ils achetèrent une grande vieille maison, près de cet établissement, rue de la Celle, afin d'avoir toujours les yeux sur leurs enfants.

Ce fut vers la Toussaint de l'année 1815 que Charles commença à suivre les cours du collége. Sa régularité, sa bonne tenue, sa réserve, sa piété dans la récitation des courtes prières qui de règle commençaient et terminaient la classe, prévinrent ses maîtres en sa faveur, mais fixèrent aussi sur lui l'attention de ses camarades et lui attirèrent de la part de ceux-là d'entre eux qui étaient sans foi et sans mœurs toutes sortes d'avanies.

Dès les premiers jours, il fut en butte à une vraie persécution, où les coups ne lui furent même pas épargnés. On poursuivait également en lui et sa noble naissance dont il portait le cachet dans ses manières et dans son attitude, et ses principes politiques qu'il ne dissimulait pas. Il faut rappeler qu'il était très-sensible et très-vif ; mais il faut dire qu'il était en même temps doué d'une fermeté et d'une résolution à toute épreuve. Aussi soutint-il la lutte contre les plus fieffés impies et libertins avec une énergie qui ne se démentit pas un seul instant.

Le proviseur, M. l'abbé Ricque, apprenant ce qui se passait, félicita et encouragea le jeune Charles et voulut même l'avoir pour interne, dans la pensée qu'un élève ainsi trempé exercerait une heureuse influence dans la maison. C'est pourquoi il pria Mme de Larnay de le venir voir, et il lui proposa tout d'abord une bourse pour son fils. La réponse ne se fit pas attendre. Cette mère chrétienne remercia le proviseur de son offre et de son intention ; mais elle protesta aussi de son inébranlable volonté de garder son fils chez elle, déclarant, sans chercher à ménager ses paroles, qu'elle avait mis son enfant au collége ne pouvant pas faire autrement, et qu'elle tenait essentiellement à ce qu'il n'y passât que le temps absolument nécessaire.

Le proviseur comprit le sentiment qui dictait ce langage et inspirait un tel désintéressement. Il n'en fut que mieux disposé pour l'enfant, sans pouvoir toutefois le défendre contre les plus odieuses tracasseries, que Charles avait à subir jusque dans la classe. Par exemple, il lui arriva un jour de laisser tomber son chapelet. Un élève, l'ayant ramassé le lendemain, le remit publiquement et en riant au professeur. Celui-ci, avec un ton et un air de moquerie, le présenta du haut de la chaire, en disant que, s'il n'était pas réclamé immédiatement, il serait confisqué. Tous les regards se tournèrent au même moment vers Charles, seul capable apparemment de porter cet objet de piété. Charles, sans se déconcerter, se leva, et dit à haute voix : « Il est à moi. » Le professeur lui jeta le chapelet au milieu des huées de la classe.

Tous ces mauvais sujets ne pardonnaient pas à leur vertueux condisciple ses principes de religion et sa fermeté à les soutenir. C'était souvent contre lui comme une rage de leur part. Il n'y avait misères et méchancetés qu'ils ne fissent pleuvoir sur lui, jusqu'à le frapper et à l'accabler de coups, à tel point qu'il fut une fois obligé de garder le lit pendant trois semaines.

Nous ne voudrions pas dire que Charles ne fût pas exaspéré par de semblables traitements. Mais ce n'était qu'une irritation du moment, qui ne laissait pas de traces dans son cœur. Quant à sa persévérance, elle restait la même, et son courage ne faiblissait pas. Il est vrai qu'il se fortifiait chaque soir auprès de sa mère, à qui il racontait fidèlement tout ce qui lui était arrivé pendant la journée.

Son année de philosophie fut une année de lutte contre le professeur lui-même, dont les leçons n'étaient pas toujours conformes à l'enseignement catholique. L'élève, blessé dans sa foi, ne craignit pas de demander la parole et défendre hardiment la vérité attaquée.

Il y a justice à reconnaître que le professeur ne se tenait pas pour offensé par la franchise de son élève, dont il appréciait le généreux caractère. Aussi, à la fin du cours, lui délivra-t-il avec empressement l'attestation suivante :

« Je, soussigné, professeur de philosophie au collége royal de Poitiers, atteste et certifie que M. de Larnay a suivi assidûment son cours de philosophie et qu'il s'y est distingué par sa bonne conduite et son application constante au travail.

« Poitiers, 30 août 1820.

« CARO. »

X.

M. DE LARNAY SUIT LES COURS DE LA FACULTÉ DE DROIT.

Charles de Larnay termina sa rude et méritoire année de philosophie par les épreuves du baccalauréat, qu'il subit avec succès. Maintenant bachelier ès lettres, il n'avait plus à retourner dans ce collége où il avait passé cinq ans qui ne lui laissaient point d'agréables souvenirs.

En cette année 1820, Charles avait dix-huit ans. Ses humanités étant achevées, il lui fallut songer à une carrière. De quel côté allait-il se tourner? Ah! son parti était pris depuis longtemps. La pensée qui lui était venue au jour de sa première communion ne l'avait pas quitté. Ce n'était pas une émotion de ferveur qui ne dure guère plus de temps que les larmes qu'elle a fait couler. Son cœur, son âme avaient été pénétrés profondément. Se sentant appelé à l'état ecclésiastique, il s'était nourri de cette idée, ou plutôt il écoutait docilement la voix du Seigneur, et la grâce, qu'il recevait si bien, augmentait en lui de plus en plus l'attrait de sa sainte vocation.

Les tristes exemples qu'il avait eus sous les

yeux, plus encore que les combats qu'il avait eu à soutenir, fortifièrent sa volonté. Sa communion de tous les dimanches à Sainte-Croix entretint ses désirs. Rien dans le monde ne lui souriait ; toutes ses aspirations étaient pour le sacerdoce. Sa mère, confidente de ce qui se passait dans son âme, le soutenait par ses avis et par ses prières. Il allait donc maintenant suivre son attrait et commencer ses études ecclésiastiques dans un séminaire. Mais non. Il n'avait pu et il n'osait pas demander le consentement de son père qui, tout chrétien qu'il était, plein de ses propres souvenirs et tout entier aux traditions des familles nobles, ne songeait pour son fils aîné qu'à la carrière des armes.

Charles aimait et vénérait son vertueux père, et il ne pouvait se résoudre à le contrister en lui faisant part de sa détermination. Il y avait aussi tant de chagrin au cœur des royalistes en cette année si tristement marquée par l'assassinat du quinze février ! Charles, qui partageait l'indignation de son père, ne voulut pas lui occasionner une nouvelle affliction, et il se résolut à différer l'exécution de son dessein, remettant à DIEU même le succès de sa vocation.

Il demanda donc simplement à son père la permission de suivre les cours de la Faculté de droit.

Cette étude ne lui allait pas ; il y éprouvait un

invincible dégoût. Il persista néanmoins pendant deux ans. L'école comptait alors près de trois cents jeunes gens, dont un grand nombre étaient sans religion et sans mœurs. Mais Charles n'eut point à se plaindre de leurs procédés à son égard. Plusieurs montrèrent même une sorte de respect pour ses principes, ce qui lui fut bien agréable après les persécutions du collége. Il pouvait maintenant pratiquer tous ses devoirs de chrétien sans être en butte à la contradiction.

Bien mieux, il profitait de la liberté qu'on lui laissait pour reprendre ceux qui ne pensaient pas ou qui n'agissaient pas comme lui. Un jour qu'il se trouvait avec un autre étudiant assez peu chrétien, ayant rencontré le vénérable curé de la cathédrale, M. de Beauregard, qui fut depuis évêque d'Orléans, il s'empressa de le saluer avec un respect plein de foi. Son compagnon resta le chapeau sur la tête. Charles lui en fit une forte remontrance, à laquelle l'autre répondit lestement : « Bah! hors de l'Église point de salut! » Charles, un peu piqué, garda le silence. Dans la soirée, il eut occasion de voir le bon curé, à qui il raconta l'incident, et qui ne fit qu'en rire.

XI.

MORT DU PÈRE DE M. DE LARNAY.

Il y avait deux ans que Charles suivait les cours de la Faculté, lorsque son vertueux père lui fut enlevé inopinément par suite d'une chute de cheval. En fils dévoué, il prodigua les plus tendres soins à son bien-aimé père, qui mourut le dix-neuf avril 1822, âgé seulement de cinquante-deux ans.

M. Gabriel de Larnay laissait une veuve, trois enfants et beaucoup d'amis inconsolables. Il se fit estimer par la sincérité de ses sentiments religieux, par la pureté de ses mœurs, par la générosité de son caractère, par la noblesse enfin de toute sa conduite. Il est mort comme il avait vécu, en pieux gentilhomme et en parfait chrétien. Aussi peut-on lui appliquer l'éloge que l'Esprit saint a fait du centurion Corneille. Il était religieux et craignant Dieu, avec toute sa maison, faisant beaucoup d'aumône au peuple et priant Dieu sans cesse. (Actes des Apôtres, c. x. v. 2.)

Nous prenons ce tableau dans les notes que le fils a laissées.

XII.

ATTACHEMENT DE M. DE LARNAY POUR SA MÈRE. — DEUX ÉPREUVES DÉLICATES.

Après la mort de son père, Charles, quoique bien jeune encore (il n'avait pas vingt ans), s'occupa des affaires de famille avec une application et une affection sans égales, recherchant non-seulement ce qui était utile, mais encore ce qui pouvait être plus agréable à sa *chère mère*, comme il l'appela toujours, et à sa sœur et à son frère, ne craignant jamais ses peines et s'oubliant toujours pour eux. Sa mère ne manquait pas d'en rendre témoignage à toute occasion. Il était d'ailleurs si attaché à sa *chère mère!* Il lui en donna une preuve sensible dans une circonstance délicate que nous devons rapporter.

Mme de Larnay avait une sœur, Louise, mariée à M. de Langardière, laquelle, parfaitement heureuse avec son époux, ne se consolait pas pourtant de n'avoir pas d'enfants. Mme de Larnay était restée veuve avec une modique fortune. Sa sœur la pressa vivement de lui donner en adoption un de ses enfants. La mère hésita d'abord ; mais, considérant les avantages qui étaient offerts à son fils, elle s'ouvrit à lui de la demande qui lui avait été faite et lui exposa la situation, qui était bien propre à flatter un jeune homme de vingt ans, d'autant plus que Charles avait pu apprécier son oncle et sa tante, et qu'il avait pour eux un véritable attachement. Mais ce n'était pas sa *chère mère*. Il refusa donc avec énergie et simplicité, protestant qu'il ne quitterait jamais sa mère, sauf le temps qu'il devait passer au Séminaire de Saint-Sulpice.

Il allait en effet y entrer bientôt. La mort de son père avait été le seul obstacle qui l'empêchait de suivre sa vocation. Il n'y avait aucune incertitude dans son âme. Ce qu'il connaissait du monde lui suffisait pour le quitter sans peine ; et, s'il pensait à y revenir, c'était pour s'y dévouer au service du prochain en appartenant uniquement à DIEU.

Son projet commençait à peine à être connu, lorsqu'une dame fort riche, parente éloignée de sa famille, et qui n'avait point d'héritiers proches, lui offrit toute sa fortune, s'il voulait renoncer à l'état ecclésiastique.

Par nature, Charles aimait le grand, le beau, le distingué. Il semblait que ce fût l'intime de son âme et le fond de sa vie. Jamais il ne se dépouilla de ce sentiment. On s'en apercevait à ses habitudes, à sa conversation, à sa seule démarche. C'est même là, et nous voulons le dire tout de suite, ce qui a été cause qu'on n'a pas su reconnaître combien il était parfaitement humble, et absolument désintéressé de tout ce qui n'avait pas DIEU pour principe et pour fin. Dieu avant tout, et toutes choses pour Dieu, telle fut jusqu'à son dernier souffle la maxime invariable de sa vie.

On devine donc si la proposition qui lui était adressée put le détourner de sa vocation. Sans hésiter un seul instant, il remercia avec une courtoisie qui n'ôtait rien à la fermeté de son refus.

A une épreuve semblable, le P. Deshayes, avec qui M. de Larnay entrera plus tard en relation intime, répondait par un refus catégorique. Et comme on insistait en disant : « C'est bien assez pour vivre néanmoins ». — « Oui », répliqua-t-il, « c'est assez pour vivre ; mais ce n'est pas assez pour mourir. »

XIII.

M. DE LARNAY ENTRE AU SÉMINAIRE DE SAINT-SULPICE.

A la fin de septembre 1822, Charles, ayant reçu les plus sages avis et la bénédiction de sa *chère mère*, ayant fait ses adieux à son frère et à sa sœur, partait pour entrer au Séminaire de Saint-Sulpice à Paris, accompagné par M. Samoyault, Directeur du Grand-Séminaire de Poitiers, et qui était son confesseur depuis que M. Soyer était allé prendre possession du siège épiscopal de Luçon.

Notre étudiant en droit, qui ne l'était plus, à sa grande satisfaction, fut installé au Séminaire le dix octobre. Il était alors au comble de ses vœux.

Les premiers jours, disons-le, il fut tenté de se croire enfermé comme en une prison. Mais bientôt au contraire tout entre ces murs lui parut délicieux et le réjouit extrêmement. Il lui sembla qu'il avait pris possession du ciel. Il bénissait Dieu de l'insigne faveur qui lui était accordée, « faveur », disait-il plus tard, « qu'il avait due sans doute aux mérites et aux vertus de la plupart des membres de sa famille ».

Le Séminaire de Saint-Sulpice, cet immense

bienfait rendu à la France et à l'Église par le vénérable M. Olier, était alors dirigé par Antoine du Pouget Duclaux, son dixième Supérieur, Docteur de la Faculté de Paris et Vicaire Général de l'Archevêque de Paris ; « homme chéri de Dieu pour sa foi éprouvée dans les fers, pour son oraison perpétuelle, pour son humilité profonde, pour sa tendre piété ; aimable à tout le monde par sa simplicité antique, par son étonnante candeur d'esprit, par sa constante égalité d'âme, par la mansuétude qu'exprimait la douceur même de son visage ; qui s'attachait les cœurs des élèves du Séminaire par l'exquise suavité de son langage, par ses sentiments paternels et comme par ses entrailles de mère ; qui brûla jusqu'à la fin d'un zèle ardent pour l'instruction du clergé ; qui aida à restaurer, qui concourut à propager la Compagnie de Saint-Sulpice, à laquelle il laissa les plus douloureux regrets, lorsqu'il mourut, le cinq décembre 1827, à l'âge de soixante-dix-neuf ans. » (Eloge qu'on lit au-dessous de son portrait, *trad. du latin.*)

Plus de cent cinquante jeunes gens, l'élite des diocèses de France, se préparaient au sacerdoce dans cet illustre Séminaire de Saint-Sulpice, initiés à la science sacrée, formés à l'esprit et à toutes les vertus ecclésiastiques par des prêtres éminents pour la doctrine comme pour la piété.

Le nouveau séminariste, qui se fit remarquer d'abord par l'entrain de son caractère, par ses sentiments élevés, par sa naïveté aussi et par sa vivacité, se lia promptement avec les plus distingués de ses condisciples, qui lui restèrent constamment attachés. C'étaient, entre autres, M. Dupuch, qui a été le premier Évêque d'Alger ; M. d'Héricour, devenu Évêque d'Autun ; M. Jacquemet, qui était aux barricades avec Mgr Affre, et qui a été Évêque de Nantes ; M. Dupont, devenu Évêque de Metz ; M. Dupanloup, devenu Évêque d'Orléans ; M. Darcimoles, devenu Évêque du Puy, et ensuite Archevêque d'Aix ; M. Gignoux, devenu Évêque de Beauvais ; M. Pallu du Parc, devenu Évêque de Blois ; M. Vibert, devenu Évêque de Maurienne.

Charles de Larnay fut surtout uni d'une étroite amitié avec M. Dupuch, en qui il trouvait une nature ardente comme la sienne et un désir insatiable de se dépenser pour les autres en leur faisant toujours le plus de bien possible. Il racontait avec complaisance comment son ancien condisciple, étant encore dans le monde, jeune homme riche et élégant, abandonné à lui-même par son tuteur, rencontra un jour la Sœur Rosalie, d'héroïque mémoire, qui portait un pain à quelque pauvre famille, et tout aussitôt demanda à la Sœur de se décharger sur lui de son fardeau, et de lui dire où il fallait le porter. La Sœur consentit à lui confier le pain, et lui donna l'adresse, non pas de la maison où elle allait elle-même, mais d'une autre où elle ne pouvait pas aller. Le jeune homme courut à l'endroit indiqué, où il se trouva en présence d'un tas d'êtres humains, presque tout nus, qui se jetèrent avec une effrayante avidité sur le pain qu'il leur apportait. M. Dupuch revint en hâte auprès de la bonne Sœur chercher d'autres aliments, acheta lui-même de quoi vêtir ces malheureux, et finalement tira toute cette famille de son horrible position. Ce fut là pour lui un acheminement au Séminaire, où il entra peu après.

En faisant plus ample connaissance avec ses autres condisciples, Charles put admirer les voies par lesquelles le Seigneur avait conduit plusieurs d'entre eux dans leur vocation. Les Séminaires diocésains ne présentent généralement rien que d'ordinaire sous ce rapport. On a été enfant aux Écoles cléricales, ou dans les classes des Petits-Séminaires, et on arrive aux Grands pour y étudier la théologie et pour recevoir les saints Ordres. Mais le Séminaire de Saint-Sulpice reçoit des élèves, quelquefois d'un âge assez avancé, que l'appel de Dieu est venu surprendre par des circonstances ou dans des conditions où il est impossible de ne pas voir le surnaturel.

Charles était de plus en plus frappé de ce qu'il découvrait en ce genre. Mais il aimait surtout les vocations qui étaient dues à la charité. Rien ne parlait à son âme comme les actes de cette reine des vertus.

Il n'oublia jamais un exemple dont il fut témoin

dans une de ses premières sorties pour la promenade. Il avait vu des jeunes gens, dont la mise annonçait une haute position dans le monde, qui étaient simplement occupés à conduire de petits ramoneurs. Il s'était dit dès lors que, de retour à Poitiers, il fonderait une œuvre semblable. « Quand nous ne serions que deux », disait-il, « mon frère et moi, l'un serait Président, et l'autre *Frère-Écoute.* »

Charles de Larnay se peint là tout entier. Tel il sera toute sa vie. Faire le bien quand même, toujours essayer du moins de faire le bien. Comme aussi son premier sentiment le porte vers son frère! De même la pensée de sa sœur et de sa mère ne le quittait pas non plus.

Il eut le bonheur d'être aimé de ses « chers maîtres », nous tenons à parler son langage; dès son entrée au Séminaire, ils lui accordèrent leur pleine confiance, et ils lui donnèrent, au bout de quelque temps, une charge qui lui allait parfaitement, celle de recevoir les nouveaux séminaristes qui, arrivant l'année commencée, avaient de la peine à s'accoutumer à un genre de vie bien différent quelquefois de celui qu'ils menaient auparavant.

Les témoignages de confiance que Charles recevait de ses Supérieurs remplissaient de joie son âme sensible, et on ne pourrait dire le respect, la reconnaissance, l'amour qu'il a conservés toute sa vie pour « ses modestes et vénérables maîtres ».

2*

Sa piété et sa régularité le firent appeler à la première tonsure pour l'ordination de Noël, quoiqu'il n'eût encore passé que deux mois au Séminaire. Il fit sa retraite préparatoire avec une grande ferveur, et ce fut bien de tout son cœur qu'il prit le Seigneur pour la portion de son héritage. Il comprit la part magnifique qui lui était faite, et il ressentit, dans la bienheureuse journée où s'accomplit la touchante cérémonie, la joie et les émotions de sa première communion.

Il aimait à considérer « sa chère soutane », qu'il avait maintenant le droit de porter. Du reste, dès la première fois qu'il s'était revêtu de ce saint habit pour entrer au Séminaire, il avait regardé cela comme un ensevelissement, comme une mort au monde et à toute mondanité ou frivolité.

Il fut tonsuré par le vénérable Mgr de Quélen. Il reçut des mains du même Prélat les Ordres mineurs à Noël de l'année 1823, et le Sous-Diaconat à la Trinité de l'année suivante.

C'était donc fini ! Charles n'était plus dans la simple cléricature, il appartenait irrévocablement à l'Eglise, il était affecté au service des autels. Les liens par lesquels le monde eût pu le retenir étaient rompus ; il en était délivré pour toujours. Comme il fut ardent et fidèle à offrir au Seigneur une hostie de louange en récitant chaque jour le saint Office ! Il aimait à tenir son bréviaire sous son bras. Quand il l'ouvrait, le cri du Prophète royal partait de sa poitrine : « Lève-toi, ô mon psaltérion et ma lyre! » C'était son bonheur aussi d'exercer les fonctions de son Ordre. Il avait toujours eu un vif attrait pour les cérémonies sacrées. Son esprit de foi les lui fit étudier avec un soin religieux, et il se se serait fait scrupule de ne les pas observer exactement.

Il était donc heureux au Séminaire. Il y achevait sa deuxième année, attendant patiemment l'époque des vacances, qui devait le ramener auprès de sa mère, et songeant plus volontiers au terme même de ses vacances et à son retour à Saint-Sulpice, où il se proposait bien de compléter ses études théologiques et de recevoir le saint Ordre de Prêtrise.

Mais DIEU ne le voulut pas. Sa santé toujours délicate ne s'accommodait pas du climat de Paris. Elle se trouva si délabrée après son ordination du sous-diaconat qu'on fut obligé de lui commander de partir, car il ne fallut pas moins qu'un commandement formel de ses Supérieurs pour l'arracher du pieux asile qui avait toutes ses affections. Il se sépara, en pleurant, de ses maîtres et de ses condisciples, et revint dans sa famille à Poitiers.

XIV.

MORT DE LA SŒUR DE M. DE LARNAY.

Trois mois après, il avait la douleur de perdre sa bien-aimée sœur Louise, qui, cruellement tourmentée pendant trois ans par une maladie inflammatoire, et réduite à la fin à ne plus pouvoir prendre aucune nourriture, s'endormit dans le Seigneur entre les bras de sa mère et au milieu de sa famille en larmes, le quatorze septembre, étant à peine âgée de vingt ans.

Elle avait été d'une douceur et d'une piété célestes. Si la mort ne l'eût pas sitôt moissonnée, elle se serait consacrée à Dieu sous l'habit du Carmel, où la portaient les tendances de sa vie. Elle mourut comme elle avait vécu, dans la paix de Dieu, qui sans doute l'aura reçue dans ses tabernacles éternels en lui disant comme à l'Epouse des cantiques : « Vous êtes toute belle, ô ma bien-aimée, et il n'y a pas de tache en vous. » C'est ainsi que le frère a écrit de sa sœur.

Cette mort, bien que prévue, porta un rude coup à la santé de Charles, qui était en proie à une maladie de langueur, dont la ténacité résistait à tous les remèdes. « Je ne fais plus que végéter », disait-il, « l'inaction et la mélancolie me tuent. »

XV.

M. DE LARNAY FAIT LE CATÉCHISME DE PERSÉVÉRANCE A L'HOPITAL GÉNÉRAL.

Une œuvre de charité sauva M. de Larnay corps et âme, et fut le prélude de tant d'autres œuvres, où nous le verrons déployer jusqu'au dernier jour de sa vie un zèle et une activité infatigables.

Malade comme il était, il se traîna jusqu'à l'Hôpital général pour y faire un catéchisme de persévérance aux enfants trouvés. Cette œuvre pastorale, exercée ainsi en faveur des plus petits de ce monde, lui donna tout à la fois de la distraction et de la consolation. Il s'y livra pendant une année entière.

XVI.

M. DE LARNAY REÇOIT LE DIACONAT.

Comme pourtant la santé de M. de Larnay ne se refaisait pas et qu'il paraissait devoir rester longtemps dans le même état, ses Supérieurs ecclésiastiques jugèrent à propos de le faire avancer dans la carrière des Saints Ordres. Il fut donc ordonné diacre dans la chapelle du Grand-Séminaire par Mgr de Bouillé, le dix-sept septembre 1826. Il ne manqua jamais, toutes les fois qu'il en eut l'occasion, et autant que sa santé le lui permettait, de remplir les augustes fonctions de l'ordre lévitique qui lui avait été conféré. Il chantait le saint Évangile de toute son âme, comme il aurait prêché à une multitude. Quand il ouvrait le tabernacle, il tressaillait, et il ne prenait qu'en tremblant le saint ciboire. Quand il avait ôté le couvercle du vase sacré, il adorait avec amour Notre-Seigneur caché sous les espèces sacramentelles qu'il avait là sous les yeux.

XVII.

M. DE LARNAY EST ADMIS DANS LA CONGRÉGATION DE LA TRÈS-SAINTE VIERGE.

M. de Larnay ne négligeait, d'ailleurs, aucun moyen de croître dans la piété et de se fortifier dans la pratique des vertus ecclésiastiques. L'état de sa santé ne lui permettait pas de suivre les cours du Séminaire. Il voulut du moins faire partie de la Congrégation de la très-sainte Vierge que M. Samoyault avait établie dans la Maison.

La Congrégation de la très-sainte Vierge, on le sait, a commencé à Rome, en 1563, par une réunion de jeunes gens qu'avait formée le P. Léon, de la Compagnie de Jésus.

Ce zélé Religieux, qui enseignait alors à Rome, considérant que la protection de la sainte Vierge est un moyen très-efficace pour conserver l'innocence et devenir parfait chrétien, assemblait de temps en temps les plus fervents de ses disciples pour leur recommander la dévotion à la sainte Vierge et leur apprendre à se rendre dignes de sa protection. Ainsi on élevait un oratoire, on récitait des prières, on faisait des lectures édifiantes, on se proposait d'honorer la sainte Vierge par l'imitation de ses vertus et de se soutenir par la fréquentation des sacrements.

Tels furent l'origine et le but des Congrégations de la sainte Vierge, qui se répandirent en peu de temps dans toutes les Maisons de la Compagnie de Jésus, en Italie, en France, en Espagne, en Allemagne, en Portugal, et jusqu'aux Indes et en Chine.

Les fruits que produisirent ces pieuses réunions furent si abondants que le Pape Grégoire XIII leur donna une authenticité canonique par une Bulle du cinq décembre 1584, par laquelle il érigea dans l'église du Collége romain une Congrégation sous le titre de l'Annonciation de la Bienheureuse Vierge Marie, pour être la première et la principale de toutes, non-seulement pour les étudiants, mais encore pour tous les autres fidèles. Le Pape accorde des indulgences à ces réunions, et confère un pouvoir général d'ériger dans tous les Colléges de pareilles Congrégations qui seront agrégées à cette première et principale, dont elles dépendront comme les membres de leur chef, et de dresser des statuts et règlements qui seront fidèlement observés per les Congréganistes.

Les successeurs de Grégoire XIII répandirent aussi leurs faveurs sur les Congrégations de la sainte Vierge : par exemple, les Papes Sixte V, Clément VIII, Grégoire XV, Benoît XIV, Clément XIII.

Le grand Pape Benoît XIV, en particulier, dans la Bulle d'or du vingt-sept septembre 1748, après avoir recueilli toutes les Bulles de ses prédécesseurs, recommande la dévotion à la sainte Vierge, donne des éloges au zèle de la Compagnie de Jésus à étendre dans tous les pays du monde la gloire du Fils et de la Mère, et témoigne lui-même le respect et l'amour qu'il a toujours eus pour cette Reine du ciel dès son bas âge où il eut le bonheur d'être inscrit au nombre des Congréganistes.

Avec ces approbations, les Congrégations de la sainte Vierge se sont établies partout. Les diverses Communautés religieuses ou séculières, chargées de l'éducation de la jeunesse de l'un et de l'autre sexe, ont voulu en avoir. Plusieurs pasteurs en ont aussi formé dans leurs paroisses, et les plus heureux résultats ont répondu à leur zèle et à leur piété.

On compte parmi les Congréganistes de la sainte Vierge plus de cent Cardinaux, dont plusieurs ont été élevés sur le Siége de saint Pierre, et un grand nombre d'Évêques. Beaucoup de souverains et d'illustres seigneurs ont fait partie des Congrégations de la Sainte Vierge, ainsi que quantité d'autres personnes de toutes les conditions.

La Congrégation de Paris a été une des plus distinguées. Saint François de Sales l'a illustrée par ses vertus, lorsqu'il étudiait au Collége des

Jésuites, sous le P. Sirmond, vers l'an 1580. C'est dans cette Congrégation que s'est formée, sous la direction du P. Bagot, la sainte troupe de fervents missionnaires qui composèrent le Séminaire des Missions-Étrangères pour la prédication de la foi jusqu'aux extrémités du monde. C'est à cette Congrégation qu'appartenaient les jeunes gens que Charles de Larnay avait vus dans les rues de Paris servir de protecteurs et de guides aux petits ramoneurs, et dont la conduite admirable lui avait fait une si forte impression.

Voilà donc ce qu'il faut entendre par ces Congrégations et ces Congréganistes: des réunions en l'honneur de la très-sainte Vierge pour la sanctification de ceux qui en font partie et pour l'assistance du prochain, réunions approuvées par les Souverains Pontifes, qui les ont enrichies des plus précieuses faveurs spirituelles.

La Congrégation de Poitiers fut établie par M. Samoyault, le quatre décembre 1825. Onze membres firent leur consécration au jour de la fête de la Conception de la sainte Vierge, le huit décembre suivant. Victor de Larnay, alors étudiant en droit, fut un de ces premiers Congréganistes. Son frère ne fut admis que plus tard, et fit sa consécration le vingt-quatre mai 1827.

C'est là que Charles de Larnay se trouva en rapport avec des jeunes gens pieux et instruits, qu'il sut s'attacher, et qui furent le commencement de son *Œuvre des jeunes gens*, de laquelle nous aurons à parler bientôt.

M. Samoyault réunissait les Congréganistes au salon du Grand-Séminaire. Victor fut pendant quelque temps secrétaire. Charles était peut-être le membre le plus actif par l'entrain qu'il apportait et qu'il excitait, malgré sa mauvaise santé.

DEUXIÈME PARTIE

DEPUIS L'ORDINATION DE PRÊTRISE DE M. DE LARNAY JUSQU'A SA SORTIE DU SÉMINAIRE.

I.

M. DE LARNAY EST ORDONNÉ PRÊTRE.

La ferveur de M. de Larnay croissait de jour en jour, et il soupirait après le moment où il lui serait permis de monter au saint autel. Son désir fut enfin satisfait. Mgr de Bouillé l'ordonna prêtre, le vingt-sept juin 1827, dans la chapelle des Religieuses de la Visitation Sainte-MARIE. Comme il ne pouvait pas rester longtemps à jeun, le vénérable Prélat fit la cérémonie d'ordination dès sept heures.

Le lendemain, le nouveau prêtre eut l'inexprimable bonheur de célébrer les saints Mystères. Il fut pénétré de la plus vive émotion en récitant les prières du bas de l'autel, surtout en prononçant les paroles *Judica me*, DEUS, Jugez-moi, ô DIEU. Il éprouva, au moment de la consécration, comme une terreur qui l'arrêtait. Les larmes qu'il répandit à la communion et ensuite dans son action de grâces montraient assez la joie qui inondait son âme. Combien de fois, dans le courant de cet heureux jour, se répétait-il à lui-même : « J'ai dit la sainte Messe aujourd'hui ! » et ses larmes coulaient encore. Il regardait les personnes qu'il rencontrait, et il se disait : « On ne se doute pas du bonheur que j'ai eu ce matin. »

II.

M. DE LARNAY EST NOMMÉ DIRECTEUR AU GRAND-SÉMINAIRE.

Ce jour de sa première messe fut aussi marqué par l'événement grave de sa nomination comme Directeur au Grand-Séminaire.

Ce n'était pas ce qu'il avait pensé ; car il sentait un vif attrait pour la vie religieuse. Sa mère, qui avait secondé sa vocation ecclésiastique, s'efforça de combattre son inclination pour le cloître. Elle n'aurait pas réussi à l'arrêter, si elle avait été seule, parce que son fils, qui lui était si dévoué, mais qui plaçait la volonté de DIEU au-dessus de tout, n'aurait vu là qu'une tendresse de mère et un obstacle de l'ordre naturel. Mais le sentiment de Mgr de Bouillé lui fit une impression plus forte et qui fut décisive. L'auguste Prélat lui représentait : que sa position dans la société, que ses moyens de fortune, qui s'étaient augmentés par plusieurs successions, rendraient son concours très-utile dans le clergé séculier ; que plusieurs œuvres se feraient par lui dans le diocèse pour la gloire de DIEU et le salut des âmes ; qu'il paraissait que telle était la volonté de DIEU, et qu'il n'aurait qu'à se réjouir de s'être laissé persuader.

Ces observations, faites avec l'autorité de la position, et aussi avec beaucoup de simplicité, avec une grande sûreté de ton, avec l'accent de la tendresse paternelle, entraînèrent la détermination de M. de Larnay. Il se rendit.

Mais tout aussitôt il demanda comme une grâce d'entrer au Grand-Séminaire, quoique sa santé parût réclamer les soins du foyer maternel. Il voulait la vie du Séminaire avec de pieux confrères, sous la protection d'une règle et de l'isolement, « ayant à craindre », disait-il, « pour son salut deux choses, sa vivacité et sa sensibilité ».

Il donnait la preuve de l'une et de l'autre par l'instance de sa demande. Mgr de Bouillé en fut touché. Immédiatement il le nomma Directeur au Grand-Séminaire, avec la charge de Maître des cérémonies.

Cette position était bien de son goût ; elle convenait d'ailleurs à son état de santé, qui n'aurait pas supporté le travail, et qui avait besoin d'occupation comme distraction. Il était tombé depuis quelque temps dans une sorte de prostration ; il avait même un fond de tristesse et de mélancolie. Son installation au Séminaire le ranima ; les forces lui revinrent, et avec elles la gaieté et la vivacité de son caractère.

Il eut, dans ces premiers moments, la pensée de donner la maison de ville de la rue de la Celle et la maison de campagne de Larnay pour y établir des classes où de jeunes enfants feraient leurs études élémentaires et seraient préparés à la cléricature. Cette pensée souriait à son frère et à sa mère. Mais Dieu devait amener des circonstances qui tourneraient les idées de M. de Larnay vers une autre bonne œuvre.

M. de Larnay se fit aimer des Séminaristes, qu'il aimait lui-même franchement. Si quelquefois on put s'étonner au premier moment de ce que ses observations ou ses réponses semblaient avoir de bref et d'impérieux, on ne tardait pas à s'apercevoir qu'il y avait eu surprise et que le cœur n'y était pour rien.

Il aurait été désolé de faire de la peine. Un jour, pendant une répétition des cérémonies, la tenue d'un séminariste lui parut répréhensible, et il se crut obligé en conscience de le signaler au Conseil qui se tenait pour l'appel aux saints Ordres. Ce fut, en conséquence, un retard de six mois qu'on infligea au jeune homme. Mais celui-ci réussit à expliquer assez bien son affaire pour que le vénérable Supérieur, M. Meschain, qui ne savait jamais douter de l'affirmation d'un élève, réunît de nouveau le Conseil et proposât d'annuler la décision qui avait été prise. M. de Larnay fut le premier à se rendre à ce sentiment, et il voulut aller lui-même trouver le séminariste dans sa cellule pour lui annoncer qu'il était appelé à faire partie de la prochaine ordination.

2**

Il suffisait d'un pareil trait pour lui concilier une affection vive et durable. Aussi, comme l'a dit Mgr Pie, lors de la consécration de la chapelle de Larnay, « sa mémoire est dans le cœur d'un grand nombre de ministres des autels, dont il était demeuré le conseiller et l'ami ».

III.

M. VICTOR ENTRE AU GRAND-SÉMINAIRE.

M. de Larnay eut la joie de voir entrer son frère Victor au Séminaire. C'était le second et le dernier fils comme le dernier enfant de Mme de Larnay. Ce fut bien pour cette mère, toute chrétienne qu'elle était, une très-sensible épreuve. Sa foi même ne parut pas d'abord assez forte pour commander à sa douleur et à ses regrets. Victor venait d'achever sa troisième année de droit avec succès. Les avantages naturels qu'il possédait lui permettaient de prétendre à faire bonne figure dans le monde. A vrai dire, c'était là le moindre souci de sa mère, qui aurait voulu seulement garder son fils auprès d'elle. Néanmoins quand elle vit qu'il persistait, et quand elle eut compris qu'elle ne pouvait plus douter de sa vocation, elle fit généreusement cette seconde offrande au Seigneur qui lui avait enlevé sa fille unique. Elle ne devait pas rester seule. Ses deux fils surent trouver, dans leur tendresse pour cette *chère mère*, le moyen de lui tenir compagnie sans manquer aux devoirs de leur position ecclésiastique.

En effet, Victor étant devenu plus tard Directeur au Séminaire avec son frère, tous les deux disposèrent leur temps de manière à passer, l'un ou l'autre, une partie de la soirée avec leur mère, qui avait loué une modeste maison auprès du Séminaire. Quand elle était à Larnay, ils allaient tour à tour lui dire la messe le dimanche.

IV.

M. DE LARNAY EST NOMMÉ DIRECTEUR DE LA CONGRÉGATION DE LA SAINTE VIERGE.

La Congrégation de la sainte Vierge, composée principalement de jeunes gens laïques, continuait ses réunions au Séminaire sous la direction de M. Samoyault. L'abbé de Larnay y était très-exact. On aimait son caractère vif et gai. On appréciait son zèle et la pureté de ses intentions. Aussi, M. Samoyault ne pouvant plus donner ses soins à cette Œuvre intéressante, M. de Larnay fut nommé son successeur par une Ordonnance de Mgr de Bouillé, et installé à ce titre par M. Samoyault dans la réunion du onze juillet 1830.

Les événements politiques de la fin de ce même mois, la révolution qui en fut la suite et l'hostilité qui se déclara particulièrement contre les institutions de la sainte Église catholique, rendirent impossible à Poitiers, comme à Paris et partout en France, le maintien de la Congrégation de la sainte Vierge. La Congrégation de Poitiers, par décision de son Conseil du quinze novembre, fut déclarée suspendue jusqu'à résolution contraire. Elle n'a pas repris depuis.

Durant ses six années d'existence, le nombre de ses membres s'était élevé jusqu'à quatre-vingt-dix, formant l'élite de la jeunesse de la ville et des départements voisins, comprenant même plusieurs jeunes gens de contrées éloignées, que leurs études avaient amenés à Poitiers, centre d'instruction justement réputé.

V.

ŒUVRE DE LA RÉUNION DES JEUNES GENS. — M. DE LARNAY EST NOMMÉ CHANOINE HONORAIRE.

Forcé de suspendre ou plutôt de supprimer la Congrégation proprement dite, M. de Larnay ne renonça pas à l'Œuvre en elle-même : il y voyait trop de bien à faire. Il la continua sous le nom de *Réunion des jeunes gens*. Il conserva ceux qui avaient appartenu à la Congrégation, et il leur adjoignit successivement tous ceux qui auraient été jugés dignes d'y être reçus.

Le but qu'il se proposait était de mettre les jeunes gens chrétiens en rapport les uns avec les autres, afin qu'ils pussent se connaître, se compter, se soutenir, et maintenant surtout au milieu des dangers de leur âge, et plus tard aussi quand ils se rencontreraient dans les diverses positions sociales. On peut dire qu'ils sont en effet pour la plupart demeurés fidèles aux principes religieux qu'ils professaient, et qu'ils sont restés dans la bonne voie où ils étaient engagés. Plusieurs même, zélés chrétiens, défenseurs énergiques de la foi, ont fait d'heureuses conquêtes sur l'erreur et sur le vice, et un certain nombre d'entre eux sont devenus de saints prêtres et de fervents religieux.

Il serait difficile de déterminer combien de jeunes gens ont pris part aux réunions. Mais pendant seize ans qu'elles se continuèrent, ils furent constamment au nombre de trente à quarante. Quel bien donc se faisait ainsi et se préparait pour beaucoup de familles et pour plusieurs générations !

On en peut juger aujourd'hui dans les petits-enfants de ceux qui furent les premiers jeunes gens que M. de Larnay groupa autour de lui.

Les réunions avaient lieu deux fois par mois. Elles se tinrent d'abord au Grand-Séminaire, où M. Samoyault, qui en était devenu le Supérieur, avait mis à la disposition de l'Œuvre une chapelle intérieure et l'appartement épiscopal. Elles eurent lieu ensuite dans un bel hôtel de la rue Neuve, dont quelques pièces furent louées à cet effet, jusqu'au moment où l'hôtel tout entier fut acquis, par les soins et le zèle de M. de Larnay, aux Pères de la Compagnie de Jésus, qui y établirent une Résidence.

Les jeunes gens se réunirent alors au Collége Saint-Vincent-de-Paul, tenu d'abord par des prêtres diocésains, puis par les Pères Jésuites, jusqu'à l'époque où ce local fut cédé aux Frères des Écoles chrétiennes. Bien souvent, à cause de la prudence que commandait la disposition des esprits ou même la faiblesse sinon la malveillance de certains représentants de l'autorité publique, elles se tenaient chez l'un ou chez l'autre, en quelque sorte clandestinement.

Elles commençaient par une courte prière, après laquelle M. de Larnay faisait avec simplicité une conférence sur quelque point de la Religion. Ce fut, pendant plusieurs années, comme un cours de théologie à l'usage des laïques. De temps en temps l'un des jeunes gens lisait une composition ou une thèse fixée d'avance ou choisie à volonté. La conférence terminée ou la lecture faite, chacun était libre de proposer ses réflexions ou difficultés. Il s'en suivait une discussion quelquefois assez vive, mais toujours contenue dans les limites du savoir-vivre chrétien. On voulait franchement s'instruire, et on s'estimait réciproquement. Bien plus, on causait de bonne amitié, et si l'on avait été seul en entrant, on sortait appuyé au voyage de la vie sur des soutiens fidèles.

Un complément plein d'attrait de ces réunions, c'était, dans la belle saison, des parties à la campagne, où la cordialité n'avait qu'à gagner. On allait souvent à Mauroc, maison de campagne du Séminaire.

M. de Larnay eut l'heureuse pensée, si bien comprise plus tard dans les Conférences de Saint-Vincent-de-Paul, d'aider la persévérance de ses jeunes gens par la pratique de la charité. Il jugea seulement à propos de restreindre leur zèle à l'assistance des enfants. « Je veux », leur disait-il avec un accent communicatif qui allait jusqu'au fond de leurs cœurs, « que vous soyez les protecteurs des enfants pauvres. »

En effet, les jeunes gens de M. de Larnay eurent des protégés dans plusieurs familles indigentes. Ils en eurent à l'École cléricale. Ils en eurent particulièrement chez les Frères des Écoles chrétiennes parmi leurs enfants et leurs apprentis. Les bons Frères eux-mêmes furent leurs protégés, lorsqu'on les attaqua par de perfides insinuations et des calomnies odieuses, que nos généreux jeunes gens repoussèrent hautement et réfutèrent victorieusement.

Les enfants étaient assistés dans leur indigence corporelle par des dons de vêtements et d'aliments, et dans leur indigence morale par une offrande qui facilitait leur éducation chrétienne. Par les enfants on arrivait aux familles, et plusieurs parents étaient ramenés à la Religion. Ainsi Notre-Seigneur guérissait-il les langueurs et les infirmités du corps pour procurer la guérison de l'âme.

Ces réunions de jeunes gens se sont continuées, comme nous avons dit, pendant seize ans, avec le même entrain et les mêmes avantages, jusqu'au moment où la Conférence de Saint-Vincent-de-Paul, qui a commencé à Poitiers en 1840 avec huit membres, eut pris ses développements et attiré naturellement dans son sein les jeunes gens de M. de Larnay, en leur offrant le même mobile de conduite, le même but à atteindre et des moyens analogues pour y parvenir. M. de Larnay, au commencement, ne vit pas sans peine ce qu'il appelait un entraînement laïque. Il put se rassurer en voyant les rapports que les membres des Conférences de Saint-Vincent-de-Paul tiennent à établir avec le prêtre, qu'ils regardent comme leur maître, leur inspirateur et leur soutien.

Un an s'était à peine écoulé depuis que M. de Larnay avait été nommé directeur au Séminaire, quand Mgr de Bouillé le fit Chanoine honoraire de la Cathédrale.

VI.

ŒUVRE DE LA PROPAGATION DE LA FOI.

Ce fut à cette époque, c'est-à-dire vers la fin de l'année 1828, que M. de Larnay commença à s'occuper de l'*Œuvre de la Propagation de la Foi*, fondée, comme on sait, à Lyon, cinq ans auparavant.

« Tous les cœurs chrétiens connaissent, aiment et vénèrent cette grande et merveilleuse institution des temps modernes. Tous savent qu'elle est une des gloires de l'Eglise de France, et que, née le jour même où les anciennes ressources de cette Eglise venaient de disparaître, elle est aussi nécessaire aux missions étrangères que le pain à celui qui meurt de faim. Tous admirent comment cette obole du pauvre, ce sou de la semaine, s'en va au-delà des mers payer la rançon des captifs, fournir le viatique des missionnaires, bâtir des églises, fonder des séminaires, répandre partout la doctrine évangélique et produire toutes les merveilles qui permettent à l'enfant et au vieillard, à l'infirme et au malheureux de se croire apôtres. Car tout ce bien est l'ouvrage de leur foi et de leur charité. » (*Vie de Mgr Flaget.*)

Il y a lieu de raconter comment M. de Larnay

fut amené à travailler à l'Œuvre de la Propagation de la Foi ; rien ne peint mieux l'ardeur, la naïveté, la sincérité de son zèle. Nous devons le laisser parler lui-même.

« Il y avait dix-huit mois que j'étais prêtre et que j'avais été nommé Directeur au Grand-Séminaire, lorsque Mme Sauvestre, amie intime de ma famille, femme très-pieuse et très-zélée (riche en bonnes œuvres, ajouterons-nous, connue dans le diocèse et ailleurs), vint me prier d'établir l'*Association de la Propagation de la Foi* dans le diocèse de Poitiers. Cette demande me surprit, et l'entreprise m'effraya ; je refusai. Quelques mois après, cette excellente femme revint à la charge et insista plus vivement. Je lui répondis par prudence, mais peut-être aussi avec trop de sévérité : « Cherchez-moi des Associés, et je me placerai ensuite à leur tête. » Son zèle ne faiblit pas à l'épreuve. Elle forma en rien de temps plusieurs décuries et vint me sommer de remplir ma promesse. Vaincu par son succès autant que par ses instances, je cédai et pris le titre de *Directeur de la Propagation de la Foi dans le diocèse de Poitiers.* »

C'était en cette qualité que la pieuse dame avait compris que M. de Larnay s'occuperait de l'Œuvre dans le diocèse. Mais le digne prêtre avait eu soin de ne rien faire sans le formel agrément de son Évêque, qu'il pria même de vouloir bien publier un Mandement ou une Lettre pastorale pour recommander l'Œuvre, afin d'en assurer le succès.

Mgr de Bouillé, qui a opéré tant de bien dans le diocèse, mais qui toujours se déterminait dans une parfaite maturité, ne jugea pas à propos d'aller si vite du premier coup : ce qui fut d'abord très-sensible à M. de Larnay. Le vénérable Prélat se contenta de lui témoigner qu'il éprouvait beaucoup de satisfaction à le voir prendre la direction d'une si belle Œuvre. M. de Larnay ayant plus tard renouvelé ses instances, le bon Évêque, qui l'avait en grande estime et affection, lui répondit avec calme et douceur : « Mon approbation tacite vous suffit. Les aumônes que vous recueillez sont assez considérables. Si elles diminuent, je donnerai un Mandement. »

M. de Larnay prit avec peine son parti de cette modération ; mais il ne put s'empêcher d'y voir une précieuse marque de confiance de la part de son Évêque.

Etant donc laissé à son initiative, il ne négligea aucun moyen de multiplier dans le diocèse les Associés de la Propagation de la Foi.

Son premier soin fut de remettre partout, autant que cela se pouvait, les intérêts de l'Œuvre entre les mains de quelques femmes pieuses, « l'expérience lui ayant appris », disait-il, « qu'un zèle plus constant et un ordre plus parfait présidaient ordinairement avec elles aux œuvres de charité ».

L'histoire de la charité atteste en effet le concours admirable de la femme dans tout ce que l'homme entreprend pour l'assistance du prochain.

C'est ainsi que nous voyons les Apôtres et Notre-Seigneur lui-même aidés dans leurs travaux par les saintes femmes qui les suivent. Ainsi les plus grands serviteurs de Dieu ont rencontré providentiellement et religieusement accepté le concours de la femme. Saint Jean Chrysostome fut aidé dans ses bonnes œuvres par sainte Olympiade ; saint Grégoire VII, par la comtesse Mathilde ; saint Vincent de Paul, par Madame Le Gras ; saint François de Sales, par sainte Chantal.

L'impiété n'y comprend rien. La légèreté mondaine affecte de s'en scandaliser. Mais, avec l'esprit de Dieu, on voit là le mystique accomplissement de la parole que le Seigneur a dite aux jours de la création : « Il n'est pas bon que l'homme soit seul ; donnons-lui un aide semblable à lui. »

L'Homme par excellence, le nouvel Adam, le Fils de Dieu fait homme, Notre-Seigneur Jésus-Christ, a voulu et veut toujours être aidé dans l'œuvre de notre salut par la nouvelle Ève, par la sainte Vierge Marie, qui est notre intermédiaire auprès de Lui, qui est la dispensatrice de ses grâces, qui est pour nous la porte du ciel.

Nos missionnaires catholiques, qui sont les Apôtres de notre temps, suivent l'exemple des premiers disciples de Jésus-Christ.

Les soi-disant missionnaires que l'hérésie envoie aux infidèles ont une autre méthode.

Par exemple, le sieur Hardelund, missionnaire de la maison des Frères d'Hermannsburg auprès des Cafres Zoulans, expose ainsi ses principes pour le succès de l'œuvre : « Comme meilleure préparation aux missions, je conseille de donner à chacun de ces enfants païens une très-forte volée de coups de bâton, à chaque homme le double, et aux femmes le triple. Car les femmes sont les pires des pires à convertir, je vous l'assure. Nous devons craindre et aimer. Mais c'est seulement sur le terrain préparé par la crainte que l'amour peut passer. » Et la conduite du missionnaire était conforme à ses principes.

Il n'en va pas ainsi dans l'Église catholique, qui a reçu et qui observe fidèlement la leçon de son divin Chef : « *Apprenez de moi que je suis doux et humble de cœur.* »

M. de Larnay a été particulièrement aidé dans l'Œuvre de la Propagation de la Foi par une bonne demoiselle de Poitiers, d'une honorable famille, mais d'une très-petite situation de fortune, d'une santé déplorable et qui était même en un danger toujours croissant de perdre la vue. Dieu a compté, Dieu compte chaque jour et récompensera les mérites de Mademoiselle Victorine Bigeu.

M. de Larnay lui écrivait, le 4 novembre 1830 :

« Si jusqu'ici nous avons eu tant à cœur l'agrandissement de l'Association lorsque tout semblait favoriser ses conquêtes que ne devons-nous pas faire aujourd'hui qu'elle lutte avec tant de peine contre l'impiété ! C'est donc, Mademoiselle, avec un grand sentiment de confiance que je rappelle à votre souvenir une Œuvre à laquelle vous avez déjà travaillé avec tant de zèle. Veuillez faire connaître ma lettre à tous vos chefs de section, en les priant eux-mêmes de la transmettre aux personnes qu'ils se sont agrégées. Faites-leur sentir que c'est le moment plus que jamais d'agrandir l'Association de la Propagation de la Foi, puisqu'elle n'est contraire ni aux lois ni au gouvernement actuel, et qu'elle est sollicitée par les intérêts de la Religion. »

Toutes les personnes pieuses que M. de Larnay avait en vue dans cette lettre répondirent parfaitement à ses intentions et à sa confiance. Du reste, il les animait directement soit par des lettres, soit par des visites, autant qu'il le pouvait.

Ce zélé Directeur sut bien aussi profiter de sa position au Séminaire pour exciter les jeunes lévites, et pour gagner par leur moyen, pendant les vacances, un plus grand nombre d'Associés dans les diverses paroisses du diocèse. Dans les retraites ecclésiastiques, il faisait recommander l'Œuvre par le prédicateur, et il apposait lui-même, en divers endroits de la Maison, des avis qui étaient une sorte de réclame pour stimuler l'ardeur de ses confrères.

Par une excellente idée, il se mit à publier, chaque année, une Lettre-circulaire, en forme de compte-rendu, dans laquelle il déploya toutes les ressources d'esprit et de cœur que DIEU lui avait si richement réparties, pour faire connaître et aimer la belle Œuvre et la faire prospérer. Il y rapportait les traits de générosité les plus propres à susciter des imitateurs. Il y insérait des lettres de nos missionnaires poitevins, faisant à leur occasion un appel chaleureux au profit de l'Œuvre.

Ces Lettres-circulaires de M. de Larnay sont, il est juste de le dire, des monuments de la vivacité de foi et de l'ardeur de zèle dont son âme était remplie.

Dans sa Lettre de l'année 1839, après avoir constaté que le diocèse de Poitiers précède constamment dans les aumônes presque les trois quarts des autres diocèses de France, il s'écrie :

« Honneur donc aux vénérables prêtres qui, du haut de la chaire sacrée et dans leurs courses pastorales, sollicitent leurs peuples à se ranger sous la bannière de la Propagation de la Foi ! Honneur à ces femmes vertueuses qui s'en vont gaiement quêter par le monde les aumônes de la foi, parce qu'elles savent que c'est pour l'amour de Dieu ! Honneur aux vrais chrétiens du diocèse ! Honneur surtout à ces hommes pauvres des campagnes ! Oui, ce sont les petits et les indigents qui, par-dessus tous les autres, multiplient chaque jour les plus généreux sacrifices en faveur de la Propagation de la Foi. Déjà, entraîné par l'admiration et par la reconnaissance, nous avons dévoilé aux regards des Associés des traits de générosité qui ont fait couler des larmes et gagné plus d'un cœur à la Propagation de la Foi. Nous continuerons à soulever le voile qui couvre les œuvres les plus magnifiques et les plus touchantes de la charité. Puissent-elles produire dans tous les cœurs la même impression qu'elles ont faite dans le nôtre ! »

La Lettre de l'année 1840 est principalement consacrée à tirer saintement parti du martyre de notre Vénérable Cornay pour faire croître le chiffre des aumônes, qui s'augmentait toujours, mais trop lentement au gré du Directeur de l'Œuvre. Ses paroles sont de flamme :

« Quelle joie indicible de voir que rien ne vieillit dans la Religion, qu'elle n'est pas destinée, comme tout le reste, à s'user de décrépitude ; qu'en passant à travers les ruines que le temps et les révolutions amoncellent sous ses pas elle se rit de leurs atteintes ; qu'enfin cette vive étincelle d'amour qui fit les martyrs des premiers siècles est la même qui, jetée encore aujourd'hui dans les cœurs de nos Missionnaires apostoliques, les emporte sans peur comme sans regret sous le glaive implacable des rois de l'Asie. »

Dans la Lettre suivante, c'est un éloge bien senti de l'Œuvre de la Propagation de la Foi :

« Qu'il est doux, parmi les bruits confus d'impiété et de blasphème qu'apportent à l'oreille chrétienne les quatre vents de l'univers, de reposer sa pensée sur la plus belle institution dont l'esprit catholique ait doté le monde ; de reposer ses espérances sur une institution que vous diriez chargée d'amener aujourd'hui à Jésus-Christ, après une si cruelle attente, toutes les nations qui Lui ont été données pour héritage ! Ah ! devant les malheurs de la Foi en Europe, la vie du moins monte au cœur en voyant ses magnifiques conquêtes au-delà des mers.

« Et toutefois qui pouvait s'y attendre ? Car, après ces longues tourmentes qui avaient tant épuisé le sanctuaire chez nous et comme tari la source des ouvriers apostoliques, il ne restait plus chez les infidèles que de rares Missionnaires usés par l'âge et les traverses... Hélas ! le fruit de leurs combats et de leurs victoires allait donc à jamais s'engloutir ! Mais voilà que, tout à coup, l'Église de France, à peine débarrassée de ses ruines, leur a dépêché avec un incroyable élan de zèle et d'amour et ses aumônes et ses Religieux et ses autres ouvriers apostoliques. »

Un peu plus loin, ce sont de persuasives paroles pour engager les fidèles à faire partie de l'Association :

« Chaque Associé, sans dire adieu à sa patrie, sillonne le monde en tous sens comme la charité, y fait connaître le vrai Dieu et prêche la loi d'amour à tout homme enseveli dans l'ignorance ou abruti par les passions. Chaque Associé détruit l'empire du démon et le règne des idoles, donne des enfants à l'Église, des élus au Ciel, sauve les cœurs perdus et se sauve lui-même. A peine a-t-il pris rang dans cette sublime entreprise que sa prière et son aumône lui donnent droit à toutes ses gloires. Les sueurs des Missionnaires sont ses sueurs ; leurs larmes sont ses larmes, leur sang qui coule est son sang. C'est une prière bien rapide que celle du *Pater* et de l'*Ave* ; c'est une aumône bien minime que celle d'un sou par semaine. Qui sait toutefois si ces deux faibles tributs, venant sans cesse de toutes les parties du monde, ne suffiront pas un jour pour payer la rançon de l'univers idolâtre ? La prière et l'aumône sont si puissantes, et il doit être si facile d'obtenir à genoux auprès de Dieu la grâce de ces hommes pour qui son Fils a bien voulu mourir !... Prêtons à la Religion un peu de cet argent que notre folle vanité consacre tous les jours à d'indignes bagatelles. »

Il faudrait citer cette Lettre tout entière. Comment ne pas indiquer du moins la touchante histoire de cette bonne femme qui s'en va, filant le long du chemin pour ne pas perdre son temps, s'arrêtant dans les fermes, s'asseyant auprès du foyer en hiver, ou en été sur une gerbe au milieu de l'aire, et, tout en filant sa quenouille, lisant les Annales aux paysans ravis, et ramassant jusqu'à trente francs dans un jour au profit de l'Œuvre !

« Mon Dieu ! s'écrie le pieux et zélé Directeur, y a-t-il dans l'histoire de la Charité quelque chose de plus attendrissant ? Ah ! si ces lignes parviennent jusqu'à la pauvre cabane de la bonne femme, puissent-elles servir à adoucir ses cruelles souffrances ! Que les éloges qu'elles renferment soient déjà pour elle comme le murmure avant-coureur des applaudissements éternels que Dieu lui réserve dans la gloire ! Quel exemple ! Comme il est propre à nous faire rougir, ou plutôt combien il devrait éveiller l'émulation dans nos cœurs ! »

Dans une autre Lettre, deux mots sont envoyés aux Associés, mais deux mots expliqués en plusieurs pages d'une grande vivacité :

« Courage et constance ! Voilà désormais notre mot d'ordre. Ce noble cri de ralliement est vieux dans le christianisme. Il a passé d'âge en âge par la bouche des Apôtres, des martyrs et de tous les confesseurs de la foi. Courage et constance ! voilà la formule de prière et le véritable amour de tout cœur chrétien... Courage et constance ! Il faut chaque jour élever nos mains vers le ciel dans la prière, défendre la Religion par des œuvres de foi, lui envoyer nos aumônes sur ses grands champs de bataille au-delà des mers »

Ailleurs, Lettre pour 1844, les chefs de centuries et de décuries sont excités à déployer encore plus de zèle :

« Qu'ils regardent autour d'eux : que d'amis, de parents, de voisins, qui ne figurent pas encore sur leurs listes, et qui n'attendent pour cela qu'une légère démarche de leur part ! Qui ne serait étonné d'apprendre que nous n'avons pas encore inscrit sur nos listes le vingtième des personnes qui, par leurs sentiments religieux, seraient appelées à y figurer ?. . Mettons-nous donc à l'œuvre avec une invincible constance. »

Quoi de plus pressant que ces paroles :

« Il n'y aura donc pas un seul cœur dans le diocèse de Poitiers parmi ceux qui nous sont venus en aide, il n'y en aura pas un seul qui soit assez faible pour dire à la Foi de ses pères : *Ta défense me coûte trop cher; je t'abandonne.* » (Lettre pour 1845.)

Le chiffre des aumônes, toujours croissant jusque-là, avait baissé. Le zélé Directeur s'en afflige, et il en est tout en larmes. Nous voudrions pouvoir citer ses plaintes touchantes et ses pathétiques exhortations. (Voir Lettres pour 1846-47 et pour 1848.)

Mais, après deux années d'une infériorité qui s'explique par les événements de 1848, voici que les aumônes ont repris leur marche ascendante.

« Le Directeur de l'Œuvre est dans la joie, et il s'empresse de reconnaître que « ce succès inespéré est dû au zèle et au dévouement infatigables d'un grand nombre de femmes pieuses qui sont aujourd'hui comme toujours le soutien, l'espérance et la gloire de la Religion ».

« C'est donc à elles », continue-t-il :

« Que nous nous proposons d'adresser spécialement la parole. Elles nous pardonneront nos éloges ; nous ne pouvons parler de leurs œuvres sans les louer. Mais aussi nous leur rappellerons que, si DIEU leur a confié la plus belle de toutes les missions, celle de ressusciter partout le dévouement pour la noble défense de la vérité et de la vertu, elles ne sauraient trop s'en rendre dignes par la constance de leur piété et la générosité de leur foi. »

M. de Larnay expose, dans une série de tableaux vifs et parlants, l'admirable conduite des saintes femmes de la loi ancienne, exprimant toutefois sa douleur de voir

« Ces jeunes hommes, ces pères de famille..., armés plus que personne de tout ce qu'il faut pour défendre glorieusement les droits sacrés de la Religion, et à qui de faibles femmes sont forcées chaque jour d'adresser, à l'exemple de Judith, ces humiliantes paroles : « Pour vous, vous vous tiendrez à la porte de la ville, et je sortirai avec ma servante ! » C'est-à-dire, je prendrai votre place où se trouvait marqué le premier poste d'honneur, et vous prendrez la mienne qui devait être sur vos pas. »

La courageuse fidélité de la servante de Judith inspire à M. de Larnay de justes louanges à l'adresse des jeunes ouvrières, des servantes, des pauvres femmes de la campagne, de toutes ces petites gens, comme parle le monde, simples personnes, qui sont toujours plus près de DIEU, et dont pour cela même le dévouement ne s'épuise jamais.

Puis ce sont, en terminant, et comme correctif aux éloges, des recommandations de persévérance. (Voir Lettre pour 1849-50.)

M. de Larnay cherchait aussi à produire l'émulation entre les paroisses, en publiant à la fin de ses Lettres le chiffre des aumônes de chacune. « Les paroisses », disait-il, « qui ne figurent que suivies d'un *lugubre zéro*, s'empresseront, nous osons l'espérer, de faire disparaître ce funeste signe et de le remplacer par une offrande quelconque. »

Les événements de 1848 ayant un peu arrêté les progrès de l'Œuvre, M. de Larnay forma auprès de lui, en juillet 1850, un Conseil supérieur, composé de douze personnes, dont plusieurs avaient fait leurs preuves de dévouement et de persévérance depuis le commencement, et dont les autres étaient aussi désignées à son choix par leurs vertus. La première qu'il appela à faire partie de ce Conseil fut sa *chère mère*, qu'il institua Présidente.

Les réunions avaient lieu sur sa convocation et à des époques indéterminées, mais généralement tous les deux mois. Là, M. de Larnay exposait l'état de l'Œuvre ; il interrogeait, il demandait des renseignements, il écoutait les propositions, il indiquait les moyens, il animait de plus en plus le zèle de ses coopératrices. Il leur lisait les lettres particulières que lui avaient adressées les Missionnaires, surtout celles des Missionnaires poitevins. Il aimait aussi à raconter, entre autres choses, que le bon Père Boulanger, dont il a écrit la vie, lui avait emporté, presque malgré lui, un calice auquel il tenait beaucoup. Quand on lui faisait l'éloge de ce saint prêtre, il reprenait en riant : « C'est égal, il m'a emporté mon calice. »

Il ne manquait jamais l'occasion d'amener à son Conseil les Évêques ou prêtres missionnaires qui venaient à passer par Poitiers.

Le plus souvent, après qu'il eut quitté le Séminaire, il leur donnait l'hospitalité, et alors il convoquait chez lui les zélatrices, pour que leur ardeur s'accrût encore aux récits des ouvriers évangéliques.

Quand Mgr Tascher de la Pagerie vint à Poitiers, M. de Larnay réunit les zélatrices à l'Évêché, et leur fit adresser quelques paroles d'encouragement par le jeune Prélat, qui devait sitôt mourir victime de sa charité.

On peut dire qu'il s'attachait aux pas de ces généreux apôtres, que sa foi lui rendait si vénérables. Il prêtait une oreille avide à toutes leurs paroles, ne craignant pas de multiplier les questions pour pouvoir travailler ensuite à l'Œuvre avec plus d'efficacité.

C'est ainsi qu'il ne quitta pas d'un instant Mgr Flaget, lorsque ce saint Évêque vint à Poitiers, au mois de mai 1836. Quel plus beau modèle de zèle à proposer pour l'Œuvre de la Propagation de la Foi que l'Évêque de Bârdstown, lequel, à l'âge de soixante-quatorze ans, après quarante années de travaux évangéliques aux États-Unis, commença et continua pendant trois ans « ce mémorable voyage qui a permis à la moitié de la France de voir et d'entendre l'Envoyé du Souverain Pontife, prêchant une sainte croisade de prières et d'aumônes pour l'extension de l'Œuvre de la Propagation de la Foi, cette mère nourricière des Missions » ! (*Vie du Père Deshayes*, par Laveau.)

Nous ne pouvons pas nous empêcher, à cette occasion, de relever, au passage, dans la vie de Mgr Flaget plusieurs traits qui se retrouvent exactement dans la vie de M. de Larnay.

Le premier refusa, par deux fois, des successions considérables qui lui étaient offertes à la condition qu'il vivrait avec les donateurs ; il préféra d'être Missionnaire. M. de Larnay refusa, par deux fois, d'être adopté par une riche famille et aima mieux suivre sa vocation.

La sensibilité exquise de Mgr Flaget fut souvent pour lui la cause de profondes douleurs. Mais, éclairé par la foi, il dirigea si bien tous les mouvements de son cœur que l'amour de Dieu, dominant toutes ses affections, en fut toujours le régulateur.

Mgr Flaget, avec son ardeur de volonté, aimait l'ordre et la règle, et marchait ainsi d'un pas assuré.

Ressentant une horreur invincible pour les dettes, il s'abandonnait du reste à la Providence avec une foi que rien ne pouvait ébranler.

Nous pouvons dire tout cela de celui dont nous écrivons la vie.

M. de Larnay conservait religieusement dans son bréviaire la petite image sur laquelle l'Évêque missionnaire avait écrit : *Union de prières*. Il garda de même son portrait, au bas duquel se lit la prière suivante :

> O JÉSUS ! ô JOSEPH ! ô céleste MARIE !
> Disposez de mon cœur et même de ma vie ;
> Mais, de grâce, à la mort ouvrez-moi le séjour
> Où règnent à jamais et la paix et l'amour.

C'était une prière que Mgr Flaget récitait matin et soir et qu'il engageait à dire en union avec lui.

M. de Larnay conservait aussi une image de Mgr Emmanuel Verrolles, Évêque de Colombie, vicaire apostolique de Mandchourie, lequel y avait écrit ces mots : *A M. de Larnay, Chanoine, Directeur de l'Œuvre de la Propagation de la Foi à Poitiers ; union de prières et de sacrifices ; 23 novembre 1846.*

Le dimanche, veille de ce jour, Mgr Verrolles, sur les instances de M. de Larnay, à qui il n'était pas facile de refuser, avait paru dans la chaire de la Cathédrale, et avait prononcé un discours ou fait un récit, dont le début produisit une impression qu'on n'a pas oubliée :

« Mes Frères, vous voyez dans cette chaire un pauvre Missionnaire venu pour quelques instants parmi vous de l'autre bout du monde. Il y a quinze ans que je suis parti de France. Trois compagnons m'avaient été donnés ; ils sont morts. L'un a été atteint d'une fièvre maligne à bord, et il a succombé. Nous lui avons rendu les honneurs funèbres sur le tillac, et nous avons livré sa dépouille mortelle à l'Océan. L'autre a été frappé au Tong-King de cinq coups de sabre par les soldats de Minh-Mênh. Le troisième de mes bien-aimés compagnons, après de longs mois de fatigues et de privations de toutes sortes, est mort de misère et de faim. La divine Providence m'a laissé survivre. Je suis revenu, et je suis allé me prosterner au tombeau des saints Apôtres et rendre compte de ma mission au Père commun de tous les chrétiens. Bientôt je repasserai les mers. Pieux fidèles qui m'écoutez, je veux vous dire quelque chose de vos frères d'Orient. »

La douce figure, le visage amaigri de l'orateur ajoutaient à l'effet de ses paroles. M. de Larnay était attendri jusqu'aux larmes.

Une autre fois, c'était Mgr Charbonnel, Évêque de Toronto, qui prêchait dans l'église de Saint-Porchaire, et qui, avec son éloquence brûlante, demandait que tous les membres de la Conférence de Saint-Vincent-de-Paul se fissent chefs de division dans l'Œuvre de la Propagation de la Foi.

M. de Larnay était là ; et, si sa langue ne parlait pas, l'air de sa figure et son sourire disaient assez qu'il était au comble de la joie.

Il est si beau de voir et d'entendre ces hommes apostoliques ! Fénelon s'en exprimait ainsi dans son sermon pour l'Épiphanie, prêché dans l'église des Missions étrangères, le six janvier 1685 :

« Nous l'avons vu, cet homme simple et magnanime (Mgr Pallu, vicaire apostolique du Tong-King), qui revenait tranquillement de faire le tour entier du globe terrestre. Nous avons vu cette vieillesse prématurée et si touchante, ce corps vénérable, courbé, non sous le poids des années, mais sous celui de ses pénitences et de ses travaux ; et il semblait nous dire à nous tous qui ne pouvions nous rassasier de le voir, de l'entendre, de le bénir, de goûter l'onction et de sentir la bonne odeur de JÉSUS-CHRIST qui était en lui ; il semblait nous dire : Maintenant me voilà ; je sais que vous ne verrez plus ma face. Nous l'avions vu qui venait de mesurer la terre entière ; mais son cœur, plus grand que le monde, était encore dans ces régions si éloignées. L'Esprit l'appelait à la Chine, et l'Évangile qu'il devait à ce vaste empire était comme un feu dévorant au fond de ses entrailles, qu'il ne pouvait plus retenir. Allez donc, saint vieillard, traversez encore une fois l'Océan étonné et soumis ; allez au nom de DIEU. »

Plein de ces mêmes sentiments, M. de Larnay

se réjouissait en apprenant que quelques Séminaristes partaient pour les missions.

En 1829, M. Lacombe, l'un des Pères de la Compagnie de MARIE, instituée par le Vénérable de Montfort à Saint-Laurent-sur-Sèvre, vint au Séminaire de Poitiers, et parla en faveur des missions d'outre-mer. Les accents apostoliques de cet homme de DIEU, le tableau désolant qu'il traça du dépérissement de la foi dans les missions anciennes entièrement abandonnées, ses vives instances pour susciter de généreux ouvriers, ramuèrent fortement les cœurs des Séminaristes.

Ce fut à la suite de ce discours que le Vénérable Cornay disait à M. de Larnay, dans une allée du petit bois de Larnay, où les Séminaristes étaient de temps en temps conduits en promenade par leur Directeur : « Depuis le sermon que j'ai entendu ces jours derniers, je ne puis plus y tenir ; DIEU m'appelle à travailler à la conversion des infidèles ; il faut que je parte. » Il partit en effet au mois d'octobre 1830 pour le Séminaire des Missions-Étrangères, et, le sept septembre 1831, il s'embarquait à Bordeaux avec un de ses condisciples, M. Clémenceau. Ils furent suivis bientôt après par MM. Pacreau et Mousset.

Ces exemples et la lecture des *Annales de la Propagation de la Foi*, avec la grâce de DIEU, éveillaient d'autres vocations, qui faisaient dire à M. de Larnay : « Toutes ces vocations me procurent une satisfaction que je ne saurais exprimer. Car j'estime qu'il n'y a rien de plus heureux, de plus glorieux pour un diocèse que de voir se détacher de son sein quelques-uns de ses prêtres les plus vertueux pour aller soutenir les grands combats de la foi contre l'idolâtrie. »

Lorsqu'on eut appris que le Vénérable Cornay avait rendu le dernier soupir pour la foi au milieu des tourments, le vingt septembre 1837, M. de Larnay s'empressa de faire lithographier la scène saisissante de son supplice, et de publier sur cet intrépide martyr une courte et vive *Notice*, dont il se fit en quelques mois neuf éditions, qui procurèrent trois mille francs de bénéfice au profit de l'Œuvre de la Propagation de la Foi.

« Je ne puis pas », a écrit M. de Larnay, « peindre l'enthousiasme que me causa l'histoire de ce héros chrétien, que j'avais reçu au Séminaire de Poitiers quelques années auparavant, qui avait passé deux ans avec moi, et auquel je m'étais attaché par le fond du cœur.

« Les manuscrits, ainsi que différents objets qui avaient servi à son supplice, me furent apportés par son vertueux père. Le Séminaire des Missions-Étrangères me fit pareillement adresser un manuscrit de M. Maret. Je ne pouvais plus contenir mon admiration. Je me mis à écrire nuit et jour une Notice. »

Mgr Flaget, ayant un jour en main le numéro

des Annales de la Propagation de la Foi, où est raconté le martyre du Vénérable Cornay, le ferma, n'en pouvant plus, et prit un autre livre qu'il fut obligé de laisser encore. Puis il dit : « Je ne puis plus lire. Je suis tout plein du souvenir des souffrances de ce jeune prêtre. » Mais il ajouta ensuite : « Oh ! que Dieu est bon de donner le martyre à un enfant ! »

M. de Larnay fit faire une belle châsse, où il plaça les précieux monuments de ce martyre, et qu'il garda religieusement dans sa chambre. On sait que cette châsse est maintenant dans la cellule même du martyr, qui est devenue un oratoire, où vont s'alimenter et s'enflammer la foi et le zèle des Séminaristes.

En 1856, M. de Larnay donna plus d'étendue à sa Notice, et elle forma la troisième partie du volume qu'il fit paraître sous ce titre : *Vies de trois Missionnaires apostoliques du diocèse de Poitiers, morts victimes de leur zèle pour la conversion des infidèles.*

La première Vie est celle de M. François-Isaïe Boulanger, Préfet apostolique au Sénégal, mort à l'Hospice de Saint-Mandrier, à Toulon.

La seconde Vie est celle de M. Augustin-Etienne Bourry, massacré au Thibet.

Mgr Pie écrivait à M. le curé de la Chapelle-Largeau, paroisse natale de M. Bourry : « J'ai pris soin de faire recueillir tous les documents qui concernent la vie édifiante et la fin glorieuse de ce jeune prêtre ; ils ne tarderont pas à être publiés par M. le Directeur diocésain de l'Œuvre de la Propagation de la Foi. »

M. de Larnay ne négligea pas pour cela de demander le permis d'imprimer, requis par la discipline ecclésiastique.

Il ne voulut pas toutefois mettre son livre en vente chez les libraires. Fidèle au motif qui l'avait déterminé à l'écrire, il le fit tenir en dépôt par les chefs de centuries, qui mirent le plus grand zèle à le répandre de tous côtés.

M. de Larnay ne fut pas en retard pour les féliciter d'avoir « compris que, dans ces jours néfastes où le clergé est sans cesse poursuivi par d'indignes calomnies qui ne tendent qu'à ruiner son auguste ministère pour le salut des âmes, il était d'une urgente utilité de glisser dans les familles à demi-chrétiennes un livre qui servît à contre-peser cette maligne influence, en faisant connaître l'esprit d'abnégation et de dévouement du sacerdoce catholique. » (Lettre pour 1856.)

L'ouvrage de M. de Larnay n'eut pas plutôt paru qu'il lui valut la lettre suivante :

« Monsieur le Chanoine,

« J'ai lu avec un vif intérêt et une profonde émotion le récit que vous avez fait de la vie et de la mort de nos trois héroïques Missionnaires, le Vénérable Charles Cornay, décapité pour la foi au Tong-King ; François-Isaïe BOULANGER, Préfet apostolique du Sénégal, mort victime de son zèle ; et Augustin BOURRY, massacré à l'entrée du Thibet.

« Votre dévouement à la cause de la Propagation de la Foi vous donnait un titre particulier pour écrire ces *Actes des Martyrs* de notre Église de Poitiers ; je vous loue et vous remercie de vous en être si bien acquitté. Sous chacune de vos syllabes on sent l'homme de foi et l'homme de cœur.

« La lecture de ce volume produira d'heureux fruits ; elle entretiendra le zèle apostolique dans l'âme de nos jeunes lévites, et elle inspirera aux pieux fidèles plus de générosité encore pour cette grande œuvre des Missions étrangères, qui est une des gloires nationales de la France, et l'un de ses principaux titres à la protection d'En-Haut.

« Votre âme élevée, je le sais, Monsieur l'abbé, ne veut pas d'autre récompense. Vous m'avez donné souvent l'occasion de bénir vos bonnes œuvres ; je suis heureux, en ce moment, d'avoir à bénir un bon livre.

« J'aime à vous redire, Monsieur le Chanoine, mes sentiments de haute estime et de religieux dévouement.

« Votre très-humble et affectionné en Notre-Seigneur.

« † L.-E., Ev. de Poitiers.

« Poitiers, 19 février 1857. »

M. de Larnay fut très-sensible, on le comprend, à une si complète et si sympathique approbation de son Évêque. Elle était de nature à ôter toute trace, s'il y en avait eu dans son âme vraiment cordiale et bonne, de la pénible impression qu'aurait pu lui causer une critique, peu confraternelle, qui, on ne sait pourquoi, suivit de près l'apparition du livre.

Cet ouvrage fut, par ailleurs, l'objet d'une appréciation conforme au jugement qu'en portait Mgr l'Évêque de Poitiers.

M. Estève, Aumônier du Lycée de Poitiers, ancien professeur de rhétorique, écrivit à ce sujet dans le *Courrier de la Vienne* (26 février) un article que nous voulons citer presque en entier :

« Un bon livre est celui dont la lecture est tout à la fois attachante et profitable.

« Or, nous voyons ce double et précieux caractère dans l'ouvrage où M. l'abbé de Larnay décrit avec une si touchante onction l'apostolat des trois Missionnaires dont les héroïques travaux, couronnés par une mort glorieuse, honorent la Religion et particulièrement le diocèse d'où ils sont partis.

« Dans ce livre, la narration facile et rapide entraîne le lecteur, selon le précepte d'Horace ; elle court au but sans jamais le laisser perdre de vue.

« Si l'auteur semble parfois retarder sa marche, c'est pour mettre sous nos yeux quelque tableau de mœurs chrétiennes et patriarcales. Telle est, par exemple, la description qui se trouve à la page 14. Style et pensée, tout y est plein de charme et de justesse. (Il s'agit de la *Noce d'or* des parents de M. Boulanger.)

« Le livre entier est écrit avec ce laisser-aller, cet abandon de style, qui sent la bonne compagnie, et qui est éloquent précisément parce qu'il ne laisse nulle part entrevoir la prétention de l'être.

« Il serait bien difficile de donner un abrégé de l'ouvrage, parce qu'il ne s'y trouve rien de superflu. Point de ces superfétations oiseuses, ni de ces notes intarissables plus propres à distraire qu'à servir l'attention, et qui grossissent le volume sans utilité réelle. Les réflexions qui s'y trouvent, remarquables par la justesse et l'à-propos, sont toujours naturellement et presque nécessairement amenées par la manière dont les événements s'enchaînent et se déroulent. C'est une grande qualité dans un écrivain quand la valeur de ses maximes en rachète abondamment le petit nombre.

« C'est surtout le récit du long et cruel martyre de Jean-Charles CORNAY qui nous a le plus profondément ému. Le critique rappelle ici qu'il fut le condisciple du martyr.] Mes larmes ont inondé la page où, après avoir donné quelques détails sur des précieux restes ayant appartenu à l'auguste victime et qui ont été rapportés en France, le pieux et sensible narrateur ajoute : « Cette cruelle tunique, comme celle de Joseph... »

« Oh ! oui, nous comprenons, aux sentiments qui nous agitent nous-mêmes, pourquoi ce vif intérêt et cette chaleur de style et d'âme dans le récit de la vie de nos trois Missionnaires par celui qui a été le contemporain, le directeur et l'ami de chacun d'eux.

« Toutes les personnes qui pensent avec ce qui fait le chrétien ainsi que l'homme éloquent, avec le cœur, voudront posséder, lire et faire lire un ouvrage apprécié et recommandé, nous avons vu en quels termes et avec quel à-propos délicat, par la plus compétente et la plus haute autorité religieuse du diocèse.

« Nous avons appris que d'autres témoignages également significatifs sont venus se joindre aux suffrages de Monseigneur l'Évêque, et M. de Larnay a entre les mains la preuve que, à tous les degrés de la hiérarchie ecclésiastique, la justice et les sympathies de ce clergé auquel il a dédié son livre ne lui ont pas fait défaut. »

Une autre approbation, tout empreinte d'amitié, dut être particulièrement agréable à M. de Larnay.

Le P. Catrou, de la Salle-de-Vihiers, avec qui nous le verrons dans des rapports si intimes, lui écrivit le 27 février 1857 :

« Vos trois Vies, à cause de mon affection pour l'auteur, m'ont fait éprouver un grand bonheur en les lisant. Je vous félicite de tout mon cœur du soin que vous prenez de conserver la précieuse mémoire de ces bons et saints prêtres devenus des héros du christianisme. Ces grands exemples produiront des fruits abondants. »

Ces témoignages étaient une récompense méritée des travaux de M. de Larnay pour l'Œuvre de la Propagation de la Foi.

Quelles peines, en effet, ne s'est-il pas données pour la développer dans le diocèse ! Correspondances et relations multipliées, tenue régulière de comptes d'un menu détail absorbant, réunions des zélatrices, voyages à Paris et à Lyon pour se mettre en rapports avec les Conseils de l'Œuvre et avec le Séminaire des Missions-Étrangères, démarches et sollicitations pour obtenir des secours aux Missionnaires, il n'a rien épargné dans ce qu'il jugeait utile au progrès de l'Œuvre à laquelle il était heureux de se dévouer.

« Il me serait difficile », a-t-il dit lui-même, « d'exprimer combien j'ai été heureux de la pensée que je travaillais à la propagation de la foi au-delà des mers et jusqu'aux extrémités du monde. Le sublime dévouement des Missionnaires m'a causé souvent d'incroyables transports d'enthousiasme pieux. Je puis dire que de toutes les œuvres que j'ai entreprises pour la gloire de Dieu, il n'y en a pas une seule qui m'ait procuré plus de jouissance que la Propagation de la Foi. Car, après quelques années, je me suis trouvé en rapports intimes avec les principaux membres des deux Conseils de Lyon et de Paris, avec les admirables prêtres du Séminaire des Missions-Étrangères, et enfin avec tout ce qu'il y avait de plus vertueux dans le diocèse de

Poitiers. Le titre de Directeur de la Propagation de la Foi est donc à mes yeux le plus beau de tous ceux que je pourrai emporter avec moi dans la tombe. Et, puisque je n'ai pas été jugé digne par la Providence d'être compté dans la glorieuse phalange des Missionnaires apostoliques, je la remercie de m'avoir au moins appelé à être leur *frère quêteur.* »

Le produit des quêtes, c'est-à-dire des sommes perçues dans le diocèse de Poitiers pour l'Œuvre de la Propagation de la Foi, avait été, la première année (1829), de deux cent trente-sept francs ; l'année suivante, il était de trois mille cent treize francs. Il a toujours été croissant. L'année de la mort de M. de Larnay (1862), il s'est élevé à vingt-sept mille six cent quarante-six francs.

Voici, du reste, le relevé intéressant des aumônes versées à la caisse de l'Œuvre de la Propagation de la Foi par le diocèse de Poitiers pendant les trente-quatre ans que M. de Larnay en a été le Directeur diocésain :

Années.	*Recettes.*	*Années.*	*Recettes.*
1829	237	1835	6142
1830	3113	1836	7802
1831	3962	1837	8900
1832	4325	1838	12000
1833	5140	1839	13040
1834	5700	1840	15037

Années.	Recettes.	Années.	Recettes.
1841	17203	1852 (jubilé)	16420
1842	20000	1853	20500
1843	22000	1854	22000
1844	24000	1855	21100
1845	24379	1856	22325
1846	21000	1857	26832
1847	21000	1858	45330 [1]
1848	18050	1859	26520
1849	19250	1860	25057
1850	22605	1861	24183,90
1851	21500	1862	27646
1852	21032		

Ainsi le diocèse de Poitiers occupe une place honorable parmi tous les autres diocèses de France.

Il faut dire aussi que M. de Larnay, observant scrupuleusement ce qui avait été si sagement réglé par le Conseil central de l'Œuvre, et ce qui était si conforme à son amour de l'ordre et de l'unité, veillait avec une singulière attention pour qu'il ne se fît aucune quête dans le diocèse à l'intention des Missions, dont le produit n'aurait pas été versé dans la caisse générale.

Nous étions une fois avec lui au Séminaire, lorsqu'un prêtre arménien se présenta et le pria de

---

1. Jubilé et don de 10.000 fr.

vouloir bien, étant le Directeur diocésain de l'Œuvre, le recommander afin qu'il pût prêcher ou faire des visites et quêter pour les besoins de sa propre église. « Je m'en garderai bien », répondit vivement M. de Larnay, « je ferai précisément tout le contraire. » Et comme le vénérable prêtre était tout interdit, M. de Larnay lui expliqua comment son titre de Directeur de l'Œuvre dans le diocèse l'obligeait plus étroitement à marcher d'accord avec le Conseil central. « Du reste, mon bon Père », ajouta-t-il, « moi, en particulier, je puis vous donner une petite aumône. » Et ce disant il lui remit vingt francs.

VII.

ŒUVRE DE LA SAINTE-ENFANCE.

Du reste, M. de Larnay comprit très-bien qu'il n'y avait pas une diversion à craindre, mais une heureuse annexe à accepter dans l'Œuvre si intéressante de la *Sainte-Enfance*.

Il l'expliquait et la recommandait ainsi dans sa Lettre-circulaire de 1848 :

« Ces précieuses offrandes sont remises chaque année au Conseil supérieur de la Propagation de la Foi, qui les emploie scrupuleusement à leur destination spéciale, comme il résulte de la déclaration insérée dans le dix-neuvième volume des *Annales*, p. 176.

« Nous nous empressons donc de recommander cette Œuvre si belle et si touchante au zèle de nos Associés ; car, de toutes les magnifiques entreprises de l'Œuvre de la Propagation de la Foi, c'est assurément la plus lucrative pour le Ciel. »

Dans les Lettres-circulaires des années suivantes revient toujours cette phrase :

« Nous supplions nos Associés de chercher à agrandir le cercle de leur prosélytisme en faveur de nos trois Œuvres. »

M. de Larnay entendait parler de l'Œuvre de la Propagation de la Foi, de l'Œuvre de la Sainte-Enfance, et de l'*Œuvre des églises pauvres du diocèse*.

VIII.

ŒUVRE DES ÉGLISES PAUVRES DU DIOCÈSE.
(ŒUVRE DES DEUX LIARDS.)

L'Œuvre des églises pauvres du diocèse fut inspirée à M. de Larnay à l'occasion que nous allons dire.

C'était en 1833, peu de jours après le dimanche de la très-sainte Trinité. Un jeune prêtre, plein de zèle et de piété, qui était aussi dans la ferveur de sa récente ordination, se présentait au Séminaire, les yeux tout remplis de larmes. Il venait de prendre possession de sa paroisse ; car, à cette époque où les vides faits dans le clergé par la Révolution n'étaient pas encore remplis, les prêtres nouvellement ordonnés recevaient la charge d'une paroisse avant d'avoir pu s'y préparer par le vicariat. Notre jeune prêtre, étant donc arrivé dans sa paroisse, avait trouvé pour presbytère une masure, pour église une grange, et pour installateur un maire aussi railleur qu'impie, lequel lui conseillait de partir vite, *vu* que ce qui restait de l'ancien culte n'était plus bon qu'à loger des hiboux.

Ce malheureux jeune homme eut à peine achevé de raconter ses chagrins que, par les soins de M. de Larnay, une charrette était aussitôt démandée, sur laquelle on mit des planches pour servir à construire un autel, et quelques ornements d'église les plus indispensables. Le pauvre prêtre s'en alla donc avec ce simple convoi. Il devait provisoirement établir les planches sur deux barriques dans la grange et célébrer nos saints mystères sur ces planches le dimanche suivant.

Ce prêtre n'était que parti, lorsqu'un de ses confrères, qui était aussi de la dernière ordination, vint étaler le tableau d'une misère plus grande encore. Celui-ci n'avait pas même une grange pour y dire la sainte Messe. Où poser le calice et l'hostie pour offrir la victime de propitiation? Il ne le savait pas. Les sacrements, il les administrait où et comme il pouvait. Quant aux enterrements, il chantait l'office des défunts là même où les pauvres gens avaient rendu le dernier soupir.

A de tels récits, M. de Larnay ne put contenir son émotion, et il se prit à pleurer. Toutefois il voulut croire que c'étaient là des exceptions et comme des phénomènes d'indifférence, dans un diocèse où le culte catholique était rétabli depuis trente ans. Il s'en ouvrit donc à Mgr de Bouillé. Mais le vénérable Prélat lui dit en soupirant qu'il y avait dans son diocèse quarante paroisses abandonnées de la sorte, quarante paroisses où l'indifférence s'était si profondément établie que pour procurer à leurs malheureux habitants l'exercice du culte il fallait relever les temples et les presbytères sans pouvoir attendre d'eux le moindre sacrifice à cet égard !

La foi vive de M. de Larnay et son âme ardente ne lui permirent pas de rester en repos. Mais que faire ? Laissons-le parler lui-même :

« Elever les mains vers le Ciel, verser des larmes aux pieds de son crucifix, évidemment cela ne pouvait suffire. Il fallait voler au secours de si grandes infortunes. Le Ciel m'inspira alors la pensée de proposer à tous les fidèles du diocèse, et principalement aux Associés de la Propagation de la Foi, une aumône de *deux liards* par semaine en faveur de nos églises les plus abandonnées. Cette idée fut accueillie avec bonheur par Mgr de Bouillé, et l'Œuvre fut fondée sous le titre populaire de l'*Œuvre des deux liards*. »

En effet, dès le six novembre, Mgr de Bouillé envoyait à ses prêtres une Circulaire portant :

Art. 1er. A partir du premier janvier 1834, ceux qui voudront participer à l'*Œuvre des églises pauvres* remettront au chef de la section de la Propagation de la Foi dont ils font partie, ou même à toute autre personne étrangère à l'Œuvre, *deux liards* par semaine.

Art. 2. Celui-ci les fera parvenir au chef de la centurie, ou à toute autre personne, laquelle enverra, chaque année, à M. l'abbé de Larnay, Directeur au Séminaire, les secours qu'elle aura reçus.

Art. 3. M. l'abbé de Larnay versera tous les ans dans la caisse diocésaine les fonds qu'il aura recueillis ; le Secrétaire de l'Évêché lui en donnera un reçu et en tiendra un compte particulier.

Art. 4. Ces fonds ne seront délivrés que sur un mandat de moi ou de celui de mes Vicaires généraux que je désignerai à cet effet.

Art. 5. Le produit de cette nouvelle souscription sera consacré à procurer aux pauvres paroisses qui ne peuvent que très-difficilement pourvoir à leurs besoins les objets nécessaires à la décence du culte et à l'honorable décoration des églises. Il pourra même servir, dans des cas extraordinaires, à aider celles qui sont dépourvues d'églises et de presbytères.

Art. 6. A la fin de chaque année, il sera envoyé aux chefs de sections, qui en donneront connaissance à leurs co-associés, un état imprimé contenant l'indication du produit des souscriptions et une note sommaire de l'emploi qui en aura été fait.

Art. 7. Le premier lundi de chaque mois, je dirai, ou ferai dire si j'en étais empêché, une messe pour tous les Associés, et, le 31 décembre de chaque année, ou le 30 si le 31 tombait un dimanche, je dirai, dans l'église cathédrale, à huit heures du matin, une messe pour les Associés et leurs parents morts dans l'année.

C'est ainsi que le premier Pasteur du diocèse adoptait l'œuvre si simple de M. de Larnay, et y attachait, par une touchante disposition, sa participation personnelle.

Aussi cette Œuvre, où il avait semblé d'abord à M. de Larnay qu'il dût « faire le métier de *gagne-petit* », étant bientôt connue, éveilla une sympathie générale, chacun se plaisant à y voir un heureux appendice de l'Œuvre de la Propagation de la Foi, appliquée par là aux contrées du diocèse que leur détresse spirituelle rendait semblables aux pays de Missions.

Il arriva donc des aumônes de partout, et, à

force d'accumuler des liards avec des liards, on arriva à des sommes assez considérables pour racheter d'anciennes églises, en restaurer d'autres, et meubler décemment un certain nombre de sanctuaires dont l'excessive pauvreté navrait de tristesse tous les cœurs chrétiens.

Dans les Lettres-circulaires aux Associés de la Propagation de la Foi, M. de Larnay ne négligeait pas de recommander vivement l'*Œuvre des deux liards*.

« Nous recommandons avec les instances les plus vives à tous nos Associés l'Œuvre en faveur des églises pauvres du diocèse. Combien de pasteurs ont déjà été encouragés par leurs aumônes, quelque minimes qu'elles aient pu être ! Oh ! combien bénissent aujourd'hui ces mains généreuses, qui ont détourné pour eux les sources de la charité jusqu'au fond des campagnes les plus abandonnées ! Que leurs pieuses largesses retombent autour d'elles en rosée de grâces et de bénédictions !!! »

Et le zélé fondateur ajoutait :

« On se souvient que Monseigneur, pour encourager cette belle Œuvre, offre treize fois par an le saint sacrifice en faveur de ceux qui la soutiennent. » (Lettre pour 1840.)

Le succès de l'Œuvre parut assuré dès le commencement, et le chiffre des aumônes qui arrivaient à la destination des églises pauvres du diocèse alla toujours en augmentant pendant les huit premières années.

Mais, après cette période ascendante, il y eut une décroissance qui affligea M. de Larnay sans ralentir son zèle.

On le voit par ces paroles qui terminent sa Lettre pour l'année 1843 :

« L'Œuvre en faveur des églises pauvres du diocèse de Poitiers n'ayant point été appréciée comme elle devait l'être, nous nous proposons d'envoyer à tous nos Associés, dans le cours de l'année, un Mémoire qui, en exprimant nos lamentations et en peignant la douleur de notre âme sur le sort de ces églises abandonnées, devienne comme un appel en leur faveur. »

Ces mêmes paroles sont répétées dans la Lettre pour l'année 1844.

M. de Larnay eut un très-amer chagrin de voir diminuer les aumônes réservées aux églises pauvres.

Le chiffre s'en était élevé, la première année (1834), à mille deux cent deux francs quinze centimes ; il avait atteint, dans l'année 1841, à six mille cinq cent quarante-quatre francs vingt centimes. Il descendit désormais, chaque année, d'une manière désolante, tellement que, dans l'année 1846, il n'allait plus qu'à sept cents francs.

Voici le tableau des sommes reçues par l'*Œuvre des deux liards* depuis sa fondation jusqu'à l'établissement de l'Œuvre des églises pauvres par **Mgr Guitton**.

Années.	*Recettes.*	*Années.*	*Recettes.*
1834	1202,15	1836	1045,70
1835	2114,55	1837	1798

Années.	Recettes.	Années.	Recettes.
1838	1579,71	1843	1100,60
1839	2208,60	1844	1123
1840	2222,65	1845	1050,10
1841	6544,20	1846	700
1842	1300,05		

Il serait assez difficile, ou du moins assez délicat, et maintenant sans doute à peu près inutile, de chercher l'explication d'une décroissance d'aumônes qui semblait devoir amener la ruine d'une si belle Œuvre.

Le compte-rendu de l'emploi des aumônes, livré à la publicité, parut à M. de Larnay avoir donné lieu à des critiques qu'un égoïsme inconscient et involontaire, qu'une émulation ou une préoccupation personnelle se crurent permises sur la destination des fonds, laquelle cependant était formellement arrêtée par Mgr l'Evêque lui-même.

Toujours est-il que cette publicité fut supprimée, et que M. de Larnay continua seulement de recevoir les aumônes comme elles venaient.

Cette situation fut exposée à Mgr Guitton, qui étudia la question avec une sollicitude tout épiscopale, et qui publia, le 14 septembre 1846, une Lettre pastorale disposant :

Art. 1er. Nous établissons, par la présente Lettre pastorale une Œuvre qui sera appelée l'*Œuvre des églises pauvres*.

Art. 2. Le but de cette Œuvre est de venir au secours des paroisses qui sont dénuées de ressources et ne peuvent sans assistance se procurer pour l'exercice et la décence du culte les objets rigoureusement nécessaires.

Art. 3. Afin de donner à cette Œuvre le moyen de remplir sa destination, il sera fait dans toutes les églises, à la messe paroissiale, le 15 août, une collecte dont le produit sera transmis par MM. les Curés au Secrétariat de l'Évêché.

Art. 5. Une Commission, présidée par Nous, sera chargée de déterminer l'emploi des fonds après constatation faite des besoins.

Art. 7. Nous mettons l'Œuvre sous la protection de la très-sainte Vierge MARIE, et accordons aux personnes qui y concourront par une aumône quelconque quarante jours d'indulgence aux fêtes de l'Annonciation, de l'Assomption, de la Nativité et de l'Immaculée Conception.

Après avoir publié cette Lettre pastorale, Mgr Guitton procéda à la formation de la Commission de l'Œuvre, et l'institua par une Circulaire du premier décembre, qui dispose en particulier :

Art 2. Un Bureau composé d'un Vicaire général, du secrétaire et du trésorier remplira auprès de la Commission les mêmes fonctions que les Bureaux des Marguilliers auprès des Fabriques : il se réunira au moins une fois par mois.

Art. 10. Le secrétaire de la Commission donnera connaissance à MM. les Curés des allocations qui auront été faites à leurs églises ; il leur indiquera l'époque du paiement, après s'être concerté avec le trésorier.

Mgr Guitton voulut que le secrétaire de cette Commission fût M. de Larnay, qui avait eu la première pensée de l'Œuvre, et par qui déjà, depuis douze ans, des aumônes si fortes relativement étaient venues en aide aux églises pauvres du diocèse.

M. de Larnay se réjouit de voir son œuvre, devenue l'Œuvre de son Évêque, prendre une nouvelle extension et produire des fruits qui assuraient maintenant la fin qu'il s'était lui-même proposée.

Avec sa vive nature, il ne put s'empêcher de s'écrier : « Honneur, gloire et bénédiction à ceux de nos Associés qui ont commencé avec tant de foi et de zèle une si belle Œuvre ! Mais honneur surtout, gloire et bénédiction à ceux qui ne l'abandonneront qu'avec la vie ! Car le caractère du vrai chrétien c'est de n'abandonner jamais ce qu'il a une fois commencé pour le Ciel. » (Lettre pour 1846-47.)

M. de Larnay remplit, dans les nouvelles conditions de l'Œuvre, la charge de secrétaire avec un zèle d'affection qui lui faisait trouver du temps, au milieu de ses autres œuvres très-multipliées à cette époque.

Il eut soin, dans ses Lettres-circulaires aux Associés de la Propagation de la Foi, de rappeler l'Œuvre des églises pauvres, et il y consigna avec bonheur le précieux Bref, en date du onze février 1856, que notre Saint-Père le Pape Pie IX fit remettre à Mgr Pie pendant le séjour de notre Évêque à Rome, et par lequel Sa Sainteté, sur la demande du Prélat, accorde une indulgence plénière chaque année aux Enfants de MARIE des Religieuses de Notre-Dame de Poitiers et des Religieuses du Sacré-Cœur de Niort, qui apportent tous les ans à l'Œuvre des églises pauvres un choix abondant d'ornements et de linges d'autel avec les ressources qu'elles tirent de l'argent de leur bourse, du travail de leurs mains et des démarches de leur zèle ; et une indulgence de sept ans et d'autant de quarantaines à tous les fidèles du diocèse qui concourent à la même Œuvre.

L'*Œuvre des églises pauvres* ayant été ainsi constituée, celle *des deux liards* continua cependant d'exister, mais en décroissant graduellement, à mesure que décédaient les anciens Associés de la Propagation de la Foi, les nouveaux faisant leur aumône à la quête du quinze août.

Voici, tel que nous le trouvons, le tableau de ces aumônes spéciales :

Années.	Recettes.	Années.	Recettes.
1847	800 »	1852	614 60
1848	625 »	1853	352 35
1849	472 25	1854	474 50
1850	685 20	1855	380 »
1851	574 05		

Pendant plusieurs années encore, il est arrivé à l'encaisse de l'Œuvre des églises pauvres, par la collecte des *deux liards*, quelques centaines de francs que nous pouvons regarder comme un témoignage rendu à la mémoire de M. de Larnay, qui a bien droit à la reconnaissance de tant de paroisses pauvres qui furent premièrement assistées par les secours que son œuvre leur procura.

IX.

M. VICTOR EST NOMMÉ DIRECTEUR AU GRAND-SÉMINAIRE. — MORT DE Mme DE BOUHÉLIER.

L'Œuvre de la Propagation de la Foi et l'Œuvre des églises pauvres allaient bien à un Directeur du Séminaire, chargé de préparer et de former dans les aspirants au sacerdoce des ouvriers de la foi et des ministres tout brûlants du zèle de la Maison de DIEU.

M. de Larnay, n'étant point chargé de cours, pouvait suivre, même au dehors, les Œuvres dont il s'occupait. Mais il était homme de Séminaire, il aimait le Séminaire ; il y rentrait, il y restait avec bonheur. Il éprouvait de grandes jouissances avec les pieux laïques, dans son Œuvre des jeunes gens ; mais il revenait encore plus content au milieu des Séminaristes, qui, du reste, lui donnaient bien leur confiance en retour de son affection.

Il eut aussi, pourquoi ne le dirions-nous pas ? une joie de famille au Séminaire même. Son frère Victor y était Directeur avec lui. Ce *cher frère*, après avoir passé deux ans au Séminaire de Poitiers, où il avait édifié ses condisciples par sa régularité et sa piété, et où il avait reçu, sous les yeux et à la vive satisfaction de son aîné, la première tonsure et les ordres mineurs, avait obtenu la faveur d'aller lui aussi au Séminaire de Saint-Sulpice. Mais il y était arrivé seulement après Pâques de l'année 1830. Or, au mois de juillet suivant, éclatait cette révolution qui se montra d'abord si hostile à la Religion et au clergé, en haine des Bourbons. Victor s'enfuit d'Issy à l'aide d'un déguisement, et, après une suite de péripéties que Charles racontait plus tard avec une complaisance toute fraternelle, il apparaissait tout à coup, en un très-piteux état, au sein de sa famille maternelle à Maulévrier. Son premier souci fut de se procurer une soutane. C'était en même temps sa réponse aux instances qui lui furent faites de renoncer à l'état ecclésiastique, puisqu'il n'y était pas encore engagé irrévocablement. On peut penser s'il eut l'approbation de son frère, qui fut enchanté de le ramener au Séminaire de Poitiers.

Mgr de Bouillé, singulièrement touché de la généreuse détermination de Victor, n'hésita pas à lui conférer le sous-diaconat dans sa chapelle, le onze novembre, et le diaconat le dix-huit décembre suivant, à l'ordination de Noël, dans la chapelle du Séminaire. C'est dans cette même chapelle, et non pas, malgré l'usage, à la cathédrale, à cause des circonstances, qu'il fut ordonné prêtre, le vingt-huit mai, à l'ordination de la Trinité. Il n'eut pas de peine sans doute, dans l'imposition des mains, à distinguer le passage et à sentir l'émotion de son frère sous la pression prolongée de ses mains. Si, le jour suivant, au saint autel où il montait pour la première fois, il fut profondément pénétré de la grande action qu'il accomplissait, quel n'était pas aussi l'attendrissement de son frère qui l'assistait! Et leur mère était là, heureuse dans sa foi d'avoir donné ses deux fils, ses deux seuls enfants, au Seigneur, et de recevoir son DIEU de la main du nouveau prêtre dans toute la ferveur d'une double reconnaissance.

Quelques mois après, à la rentrée des classes, M. Victor fut envoyé au petit-séminaire de Montmorillon, où il fit un cours d'Écriture sainte aux élèves de philosophie et remplit la charge de Directeur de la Congrégation de la sainte Vierge dans la section des grands.

Ce fut dans le courant de cette année que les deux frères eurent la douleur de perdre leur aïeule paternelle, Marie-Françoise-Julie de Bouhélier, femme du plus grand mérite, qui s'endormit dans le Seigneur à Poitiers, le quatre avril 1832, dans sa quatre-vingt-unième année, sans maladie, après une agonie de quelques instants, une sorte de pieux délire, où elle ne faisait qu'invoquer le secours et la protection de MARIE.

Au mois d'octobre suivant, Mgr de Bouillé, qui avait pu apprécier l'instruction et la piété de

M. Victor, l'appela comme Directeur au Grand-Séminaire, pour y occuper la chaire de morale. Les deux frères ainsi réunis ne devaient plus se séparer.

M. Victor s'occupa exclusivement du cours important dont il était chargé, consacrant aussi une bonne partie de son temps aux Séminaristes, qui se placèrent en grand nombre sous sa direction.

X.

ŒUVRE DU BON-PASTEUR.

M. Charles, tout en donnant ses soins aux Séminaristes qui s'adressaient à lui, tout en restant attaché de cœur à la vie de Séminaire, dans laquelle il trouvait la règle et le repos, se laissait entraîner de plus en plus vers les œuvres de charité. Il dut céder en cela à des circonstances qu'il ne cherchait pas, mais qui répondaient si bien à ses aptitudes que, en s'y laissant aller, il en faisait naître d'autres, où il ne pouvait pas s'empêcher de voir la volonté de DIEU.

L'Œuvre des jeunes gens prospérait sous sa conduite. C'était toujours le même empressement à venir aux réunions, dont il était l'âme par la vie qu'il y apportait.

L'Association de la Propagation de la Foi et la souscription des *deux liards* pour les églises pauvres, grâce à sa sollicitude aussi régulière qu'elle était active, s'étendaient de plus en plus dans le diocèse.

Or, voici qu'une autre Œuvre est offerte à son zèle, Œuvre bien inattendue pour lui et dont la première proposition le surprit étrangement.

Il s'agissait d'établir à Poitiers une *Maison du*

Bon-Pasteur, c'est-à-dire, on ne l'ignore pas, une de ces Maisons de repentir, où les victimes du libertinage qui veulent retourner à Dieu viennent expier leurs fautes et conjurer les rechutes par les exercices de la religion et les travaux d'une vie pénitente.

M. de Larnay n'aurait pas songé à une Œuvre de ce genre.

« Mes projets pour travailler à la gloire de Dieu », a-t-il dit lui-même, « avaient pris une direction toute différente. L'Œuvre du Bon-Pasteur ne me souriait guère, et je ne supposais pas que je pusse jamais m'en occuper avec plaisir. »

Mais c'était une œuvre de charité ; son Evêque réclamait sa coopération. Il n'eut pas la moindre pensée de refuser. Il promit donc son concours, et il le donna tout entier, avec une constance qui dura autant que sa vie.

Quelques années après, il disait : « Tout s'est passé en dépit de mes prévisions, et j'en bénis la Providence. Je suis aujourd'hui attaché de cœur à l'Œuvre du Bon-Pasteur, et une de mes plus douces consolations avant de mourir sera d'avoir pu, à l'exemple de mon divin Maître, courir à la recherche des brebis égarées et en ramener quelques-unes dans le céleste bercail. »

Il existait à Poitiers, rue des Filles-Saint-François, derrière l'église Saint-Michel, vers le commencement du dix-huitième siècle, une Maison de repentir, dirigée par des Religieuses cloîtrées.

Cette Maison laissant beaucoup à désirer, l'Évêque, Mgr de Foudras, en 1739, en confia la direction aux Sœurs de la Sagesse de Saint-Laurent-sur-Sèvre, qui rendaient déjà des services considérables dans les Hôpitaux et autres Maisons de charité. C'était une Congrégation récemment fondée par le Vénérable Père de Montfort, qui l'avait commencée à l'Hôpital-Général de Poitiers, en y donnant l'habit à Marie-Louise TRICHET, qu'il nomma en religion Marie-Louise de JÉSUS, le 2 février 1703.

Quatre Sœurs furent d'abord envoyées à cette Maison de repentir, et plusieurs autres ensuite. Ce fut là le second Établissement des Sœurs de la Sagesse à Poitiers.

L'Œuvre ayant pris de grands accroissements, il fallut songer à un local plus spacieux.

Mgr de La Merthonie, successeur de Mgr de Foudras, parvint à procurer aux Sœurs de la Sagesse et à leurs repenties un plus vaste terrain.

Il y avait, rue Corne-de-Bouc, une Maison conventuelle, occupée par des Religieuses de Saint-Ausone, sorties de la très-ancienne et très-illustre Abbaye de Saint-Ausone d'Angoulême. Elle avait été fondée en 1650, en vertu de Lettres-patentes, par Dame Hippolyte de la Place, veuve du Sieur Jacques Lemonnier, Président au Bureau des finances de Limoges, et par Dame Charlotte Sauvestre, veuve du Sieur Rousseau, Président au Bureau des finances de Poitiers.

Comme cette Maison était complétement dégénérée, Mgr de Caussade sollicita un Arrêt du Parlement et fit lui-même un Décret qui l'unissait avec sa mense à la Maison des filles repenties. Ce fut sous ses auspices et par ses ordres, et sans doute en partie à ses frais, qu'on entreprit, sur le terrain du Monastère supprimé, la construction d'un nouveau bâtiment, qui ne put être achevé qu'après plus de quinze ans, Mgr de Caussade ayant été transféré à Meaux, et les Sœurs se portant très-faiblement vers cette Œuvre.

Les Sœurs prirent enfin possession de leur maison, qui fut appelée Maison des pénitentes, nom qu'elle conserve encore, bien qu'elle ait changé de destination.

A force de désintéressement et d'ordre, les Sœurs de la Sagesse prospérèrent avec les dons de la charité. Beaucoup d'âmes perdues furent ainsi regagnées à DIEU.

Mais vint la tourmente révolutionnaire. La Maison des pénitentes fut supprimée comme telle en 1793 et changée en une prison *des suspects*. Après la Révolution, elle devint successivement magasin militaire, jardin botanique, petit et grand-séminaire, caserne d'infanterie, école primaire.

Personne n'avait la pensée de rendre cette maison à sa première destination, que son nom rappelait toujours.

Le diocèse et la ville de Poitiers restaient privés, depuis un demi-siècle, d'asile pour le repentir. Les malheureuses victimes de leurs propres passions, et trop souvent aussi des passions des autres, n'avaient plus de lieu de refuge pour y faire pénitence.

« Cet état de choses », nous citons les paroles de M. de Larnay, « avait préoccupé plusieurs personnes éminemment vertueuses qui, après avoir souvent recueilli chez ces malheureuses victimes des passions de vifs regrets de leurs désordres et de sincères désirs de retour à la vertu, n'avaient pu les favoriser qu'imparfaitement dans leur dessein, parce que les premiers moyens d'exécution leur manquaient.

« D'un autre côté, le clergé, qui, depuis plus de trente ans, ne faisait autre chose que de relever des ruines, ayant à peine suffi jusque-là à remettre debout ses sanctuaires et ses monuments religieux les plus indispensables, s'était vu forcé d'ajourner la fondation d'un asile pour le repentir.

« Ce mérite et cette gloire étaient réservés à Mgr de Bouillé, qui pensait couronner par là les longs et pénibles travaux de son épiscopat. »

En effet, le digne Évêque sentait trop vivement la triste mais impérieuse nécessité d'un pareil Établissement dans une ville où abonde la jeunesse des écoles et des magasins, qui, par défaut de religion et par manque de contrôle des parents, est sujette à toutes sortes de licences, pour ne pas se préoccuper d'une œuvre de charité qui s'imposait à sa sollicitude pastorale.

Mgr de Bouillé agit en cette matière, comme toujours, avec la prudence et le dévouement qui lui ont fait opérer tant de bien dans le diocèse. Il songea à se procurer des Religieuses de la Maison du Bon-Pasteur d'Angers.

On sait que le P. Eudes, de l'Oratoire, est le premier fondateur, en France, des Maisons de repentir. Il en créa le premier Établissement à Caen, le 8 février 1651, avec le concours de Mme Patin, visitandine, en religion Sœur Marguerite, qu'il nomma Supérieure-Fondatrice, lui donnant les constitutions de saint François de Sales unies à la Règle de saint Augustin. La Maison de Caen fonda celle de Guingamp, en 1678. Celle-ci forma celle de Tours, le 8 novembre 1714. Celle-ci forma celle d'Angers, le 31 juillet 1829.

La Maison d'Angers fut fondée, à l'aide des largesses de M. le comte de la Poterie de Neuville, par Mme Rose-Virginie Pelletier, en religion Sœur Marie de Sainte-Euphrasie. Elle a été approuvée comme généralat par Décret du Pape Grégoire XVI, le neuf juillet 1835.

Mgr de Bouillé, ayant donc écrit à la Maison d'Angers au mois de septembre 1833, confia la négociation au zèle et à l'intelligence de M. de

Larnay qui, surpris d'abord, comme nous l'avons dit, de la proposition qui lui était faite, ne négligea rien cependant pour répondre aux désirs de son Évêque, dont il justifia la confiance par un prompt et plein succès.

M. de Larnay partit pour Angers au commencement du mois de novembre, et, après avoir, du ton pénétré qu'on lui a connu, exposé à la Supérieure du Bon-Pasteur, ma Sœur Marie de Sainte-Euphrasie, la mission dont il était chargé, il obtint trois Religieuses, dont la Supérieure était ma Sœur Marie de Saint-Stanislas.

Ces bonnes Religieuses arrivèrent à Poitiers le quatorze de ce même mois de novembre. Rien n'était prêt pour les recevoir. Mais M. de Larnay leur procura le bon accueil des Religieuses du Sacré-Cœur, qui les gardèrent pendant vingt jours.

Le 3 décembre, par une rencontre assez remarquable, une maison fut louée par les trois Religieuses au numéro 95 de la rue des Filles-Saint-François, la même maison justement où avait été un Établissement de repentir au commencement du siècle précédent, ainsi que nous l'avons dit.

Mgr de Bouillé, assisté de M. de Larnay, introduisit lui-même ma Sœur Marie de Saint-Stanislas et ses deux compagnes dans cette maison, sans cérémonie.

L'installation solennelle avec la clôture n'eut lieu que le cinq février 1834. Mgr de Bouillé voulut qu'elle se fît avec beaucoup d'éclat, et il la présida, entouré d'un nombreux clergé. M. Descordes, Chanoine de la cathédrale d'Angoulême, fils du Premier Président de la Cour royale de Poitiers, prononça le discours, et il y eut une quête abondante.

La Maison de Poitiers fut la première fille de la Maison d'Angers.

L'Œuvre n'avait alors aucune ressource certaine. Les appels que le vénérable Evêque fit à la charité furent sans doute entendus par la piété intelligente de plusieurs personnes ; mais Mgr de Bouillé, dans sa prudence accoutumée, voulut assurer à cette Œuvre des secours réguliers. C'est pourquoi il la plaça sous la protection des Dames de la Providence.

C'était une Association fondée à Poitiers, le vingt mai 1817, par les Missionnaires de France, à la suite de leur mission, et qui avait pour but de faire élever de pauvres petites orphelines chez les Sœurs de la Sagesse, à Montbernage.

Cette Association, où étaient entrées des personnes éminentes en piété et en vertu, rendit de grands services pendant beaucoup d'années. Mais en ce moment elle se trouvait extrêmement réduite et semblait toucher à sa fin. Mgr de Bouillé pensa justement la faire revivre en lui confiant l'assistance de l'Œuvre du Bon-Pasteur.

Par une Lettre du vendredi quatorze février, le digne Evêque pria les Dames qui étaient encore de l'Association de vouloir bien se réunir, le jeudi suivant dans la Maison des Religieuses Hospitalières (située alors place Saint-Didier et transférée par suite de l'ouverture de la rue Boncenne, dans l'ancien Monastère de Sainte-Radegonde), pour procéder à la réorganisation de l'Association, déterminer les œuvres dont elle s'occuperait et convenir des changements à faire à l'ancien Règlement.

Dans cette réunion, Mgr de Bouillé nomma directeur de l'Association M. de Rochemonteix, l'un de ses Vicaires-généraux, et secrétaire-trésorier M. de Larnay. Le Couvent des Hospitalières fut désigné pour le lieu des réunions, jusqu'à ce qu'on pût aller dans la Maison du Bon-Pasteur, et le nouveau Règlement de l'Association fut promulgué.

Nous remarquons dans ce Règlement que les Dames devaient se réunir, comme par le passé, le premier mardi de chaque mois, sauf pour les mois de février, mars ou avril, juillet et décembre, dans lesquels il y avait réunion aux fêtes de la Purification, de la Compassion, de la Visitation et de la Conception. Ces quatre réunions étaient publiques. Elles commençaient par un discours en faveur de l'Œuvre ; on rendait compte ensuite de l'état de l'Œuvre ; on écoutait ou on discutait les observations ou propositions ; on terminait par la quête.

M. de Larnay assistait de temps en temps aux réunions privées et toujours aux réunions publiques Il avait soin, dans celles-ci, de faire prononcer le discours qui ouvrait la séance par quelque prédicateur de passage à Poitiers ou par quelques-uns des prêtres les plus capables de la ville, à défaut desquels il s'en chargeait lui-même par devoir.

Il remplissait du reste parfaitement ses fonctions de secrétaire et de trésorier, rédigeant avec soin les procès-verbaux des séances, et tenant un compte exact des produits des quêtes, souscriptions et autres recettes, qu'il remettait entre les mains de la Supérieure du Bon-Pasteur, à mesure qu'elles lui arrivaient, la Maison vivant au jour le jour de ces apports de la charité.

Pour soutenir l'Association des Dames, en fortifiant la bonne volonté de ces excellentes personnes, Mgr de Bouillé envoya une Supplique au Souverain Pontife Grégoire XVI, qui, par Décret du sept avril 1834, attacha, selon la demande, aux séances de l'Association une indulgence plénière applicable aux défunts, à gagner à perpétuité, chaque année, au jour de la fête de la Compassion de la sainte Vierge.

Un traité fut enfin conclu entre le diocèse de Poitiers et la Maison-mère d'Angers, et Mgr de Bouillé en donna communication à la réunion des Dames, le huit décembre 1836.

M. de Larnay avait beaucoup travaillé pour qu'on arrivât à cette conclusion qui fondait l'Œuvre absolument. Il ne se lassait pas d'exciter le zèle des Dames associées, qui procuraient en effet des secours par tous les moyens de la charité, donnant elles-mêmes l'exemple. Ainsi trouvons-nous dans le procès-verbal de la réunion du dix-sept mars 1834 que Mmes de Malartic, de Marconnay et de Traversay se chargent de fournir pendant cinq ans les pains d'autel et l'huile de la lampe du Saint-Sacrement.

Nous sommes assuré, malgré le silence du procès-verbal sur ce point, que M. de Larnay ne manqua point de féliciter ces Dames d'une charité si éclairée par la foi et si pleine d'amour pour Notre-Seigneur.

L'Œuvre, bénie de DIEU, réussissait et prospérait au-delà de toute prévision. Chaque jour, une proie nouvelle était arrachée au démon et recueillie dans l'asile du repentir, qui se fermait sur elle au monde pour s'ouvrir du côté du ciel. Les Sœurs de la Sagesse, qui dirigeaient l'Œuvre de la Maternité, établie alors à la prison et transférée depuis à l'Hôtel-Dieu, envoyaient beaucoup de pénitentes au Couvent du Bon-Pasteur.

La maison de la rue des Filles-Saint-François était trop petite désormais.

Mgr de Bouillé fit donc acheter, par les soins de M. de Larnay, une autre maison, rue des Feuillants, laquelle avait appartenu primitivement à l'Ordre de Malte et avait, en 1804, servi provisoirement de Grand-Séminaire, et avec cette maison la majeure partie de l'ancien enclos des Carmes. On jeta aussitôt les fondements de la chapelle, on construisit des parloirs et un grand corps de bâtiment pour les pénitentes : toutes choses qui furent poussées très-activement par M. de Larnay.

Pour subvenir aux dépenses (les frais d'acquisition, de restauration, de construction et d'ameublement s'élevaient à cent dix-huit mille francs), Mgr de Bouillé adressa aux Dames de l'Association de la Providence et autres personnes prenant intérêt à l'Œuvre du Bon-Pasteur une Lettre simple, précise, concluante, toute remplie en même temps de cette dignité et de cette confiance qui allaient au cœur et qui ne manquaient jamais leur effet.

La Lettre se terminait ainsi : « Les dons et les secours seront reçus avec reconnaissance par Mme la Supérieure et par M. l'abbé de Larnay aîné, qui veut bien se charger de ce soin. »

M. de Larnay intéressa facilement sa mère à la Maison du Bon-Pasteur, et il prélevait aussi lui-même plus tard quelque argent pour l'Œuvre sur son traitement de chanoine.

Il eut à enregistrer un don considérable qui fut fait avec des circonstances trop édifiantes pour qu'il ne soit pas utile d'en conserver ici le souvenir. Un gentilhomme, qui honorait sa naissance par sa foi et sa piété, avait été surpris par la maladie et n'avait pas eu le temps d'écrire ou de dicter authentiquement l'expression de la volonté où il était de donner à la Communauté du Bon-Pasteur la somme de trente-six mille francs. Mais il avait formellement déclaré son intention à son confesseur. La famille, sur le témoignage de celui-ci, se conforma scrupuleusement à la volonté du défunt.

Ce fut le huit avril 1837 que les Religieuses du Bon-Pasteur, qui étaient au nombre de dix, prirent possession du nouveau Couvent avec leurs trente pénitentes.

Le dix-neuf mai 1838, Mgr de Bouillé bénit la chapelle, sous le vocable de Notre-Dame de Pitié, avec une grande solennité, en présence des principales autorités de la ville, qui se firent un devoir de concourir ainsi par leur haute et publique approbation à cette œuvre éminente de la charité catholique. M. de Larnay, qui prononça le discours, rendit de vives actions de grâces au Seigneur, paya un juste tribut de reconnaissance au zèle de Mgr de Bouillé, remercia les autorités de leur sympathique assistance, loua généralement toutes les personnes qui donnaient à l'Œuvre tant de marques d'intérêt, et déclara au nom de Monseigneur l'Evêque que la Maison du Bon-Pasteur était désormais confiée à la sollicitude des Dames de la Providence.

Le vingt-et-un février 1839, Monseigneur baptisa la cloche, qui eut pour parrain M. le Marquis de Villemort et pour marraine Mme la Comtesse des Cars, que leurs libéralités avaient désignés à cet honneur.

Les ressources qui étaient venues au Couvent du

Bon-Pasteur permirent d'y établir, le trente juillet, une école, dite *de préservation*, pour les très-jeunes filles qui, sans être encore bien coupables, étaient cependant, par leurs précédents et à cause des mauvais exemples qu'elles avaient eus sous les yeux, dans un danger trop évident de se perdre. Les enfants de cette catégorie ne manquent pas, hélas! dans notre société. Le soin de ces enfants est naturellement une annexe de l'Œuvre principale.

Le premier essai qu'on fit ne fut pas aussi heureux qu'on avait espéré. Les fâcheuses inclinations semblaient dominer ces pauvres enfants, sur qui d'ailleurs on ne pouvait point agir en excitant en elles des sentiments de pénitence dont leur âge et leur innocence relative ne les rendaient pas susceptibles. Néanmoins, avec de la persévérance, avec de la prudence et de la réserve dans l'admission des enfants, on parvint à obtenir de très-bons résultats. Plusieurs de ces jeunes filles sans doute, une fois sorties du couvent, retrouvent ou rencontrent des occasions de chute dont elles sont victimes ; mais beaucoup se maintiennent. Pour celles qui tombent, ne peut-on pas espérer qu'il leur reviendra des années qu'elles ont passées au Couvent du Bon-Pasteur un souvenir de salut?

Quant aux pénitentes, on ne saurait dire les merveilles de grâces qui s'opèrent chez le plus grand nombre, et qui ne sont bien connues que de Dieu même et des heureuses converties. On en juge cependant par leur étonnant changement de vie, par les signes non équivoques de leur piété forte et soutenue, par leur obéissance qui, on le conçoit, prend souvent là un caractère héroïque. Ce serait le lieu de citer la parole de saint Grégoire le Grand : « Il arrive le plus souvent qu'une vie ardente d'amour après la faute est plus agréable à DIEU qu'une innocence engourdie dans la sécurité. » *(Du soin pastoral,* 3ᵉ partie, chap. 28.)

C'est particulièrement aux approches de la mort qu'on est témoin des excellentes dispositions de ces pénitentes et qu'on peut admirer l'amour toutpuissant du Bon-Pasteur pour ses brebis égarées, que sa grâce a ramenées, qui vont être sauvées maintenant, et qu'il va recevoir dans son céleste bercail.

M. de Larnay tenait à savoir ces traits édifiants, qui réjouissaient les Religieuses du Bon-Pasteur et les dédommageaient de leurs peines. Il en faisait le récit dans les réunions des Dames de la Providence, afin d'accroître leur zèle qui, du moins au gré de son impatient désir du bien, semblait parfois se ralentir. Ou plutôt c'était que l'extension de l'Œuvre réclamait sans cesse de nouveaux efforts de charité.

M. de Larnay s'y employait de tout son pouvoir. Rien n'était pour lui petit détail ou minutie, de ce qui devait procurer quelque avantage au Couvent du Bon-Pasteur.

Ainsi, dans la séance des Dames de la Providence du deux juillet 1841, il proposa et fit agréer une demande dont l'objet lui paraissait à juste titre d'une nécessité indispensable. En conséquence, dès le cinq du même mois, il adressa à toutes les Dames de l'Association une Lettre-circulaire que nous reproduisons en entier, parce qu'on y voit au vif la manière, l'action, l'âme de M. de Larnay.

« Madame,

« Le nombre toujours croissant des personnes qui viennent habiter la Communauté du Bon-Pasteur y rend de jour en jour plus indispensable l'établissement d'un fourneau économique pour faire la cuisine. Jusqu'ici, à force de peine et de travail, de malheureuses Sœurs converses s'étaient condamnées à suspendre, deux et trois fois par jour, une lourde et accablante marmite. Mais leur courage et leur dévouement les ont trompées sur leurs forces. Une d'elles en a été la victime, il y a peu de temps; une seconde paraît devoir bientôt éprouver le même sort.

« Cet état de choses, qui exciterait la compassion chez un cœur ordinaire, ne peut manquer d'émouvoir le vôtre; et je pense que vous me saurez bon gré d'avoir éveillé votre sollicitude en faveur de ces bonnes Religieuses auxquelles vous avez porté jusqu'ici tant d'intérêt.

« J'avais pensé que l'Établissement du Bon-Pasteur pourrait, à force de temps et d'économie, supporter un jour cette dépense extraordinaire; mais j'ai vu s'évanouir toutes mes espérances lorsque j'ai su que les aumônes générales et le prix du travail des pénitentes suffisaient à peine pour payer la nourriture, et que le mobilier de l'Établissement était dans un tel état de détresse qu'au moment des lessives les Religieuses et les pénitentes se trouvaient obligées de dormir trois ou quatre nuits sans draps.

« La peinture d'une si grande souffrance a vivement ému

toutes les Dames présentes à la réunion du deux juillet. Chacune d'elles, jugeant de votre cœur par le sien, m'a prié de vous écrire pour solliciter un service extraordinaire de votre charité ; et, voulant vous précéder par l'exemple, elles ont souscrit pour différentes sommes dont le *minimum* a été jusqu'ici de dix francs.

« Si vous daignez, Madame, me prêter dans cette circonstance votre généreux concours, je vous prie de m'adresser, avant le vingt-cinq juillet, votre adhésion pour une somme quelconque, dont je solliciterai l'acquittement vers le mois de novembre, époque à laquelle le fourneau se trouvera construit.

« Que si, contre mon attente, mes prévisions étaient trompées, je renverrais vers la Providence mes regrets et mes vœux.

« Daignez agréer, etc. »

Il était difficile de demander avec une insistance plus polie ou avec une politesse plus insistante, comme aurait dit saint François de Sales.

On voit aussi que M. de Larnay, secrétaire-trésorier de l'Œuvre du Bon-Pasteur, s'en occupait comme d'une Œuvre qui eût été sienne et dont il aurait eu la direction première. Ce n'était certes point chez lui amour-propre ou envie de domination. Mais cette façon d'agir provenait d'un désir ardent de réussir pour le bien, désir qui était alimenté par un esprit d'initiative que les obstacles ne lassaient jamais.

Vous auriez observé M. de Larnay dans les soins particuliers qu'il prenait pour une Œuvre, et vous auriez pensé qu'il n'était occupé par aucune autre, ou qu'il n'apportait à toute autre qu'une attention secondaire. Mais c'eût été ne pas connaître l'énergie de vouloir et les ressources d'activité que développaient en lui la foi et la charité sacerdotales.

L'Œuvre du Bon-Pasteur, à laquelle il était si dévoué, ne l'empêcha pas de se livrer de toute son âme à ses chères réunions de jeunes gens et ne ralentit en rien son zèle pour la Propagation de la Foi et pour l'assistance des églises pauvres du diocèse.

Nous allons voir qu'il sut en même temps consacrer des soins assidus à bien d'autres Œuvres.

XI.

ŒUVRE DU ROSAIRE VIVANT.

Mgr de Bouillé, vers la fin de 1833, voulut établir dans son diocèse le *Rosaire vivant*, cette précieuse institution, qui consiste, comme on sait, à réunir par quinzaines des personnes qui se partagent les quinze dizaines du Rosaire, chaque personne récitant chaque jour la dizaine qui lui est échue en méditant sur le mystère attaché à cette dizaine.

L'Association du Rosaire vivant, qui fut commencée à Lyon, en 1826, par la servante de Dieu Marie Jaricot, porta bientôt des fruits si abondants que le cardinal Lambruschini, Nonce en France, en ayant rendu compte au Pape Grégoire XVI, Sa Sainteté l'approuva solennellement par la Bulle *Benedicentes Domino*, du 27 janvier 1832, qui enrichit l'Œuvre de nombreuses indulgences, et daigna envoyer un Bref d'éloges et d'encouragements à MM. Bétemps, Chanoine de l'Église de Lyon, et Marduel, vicaire de l'église paroissiale de Saint-Roch, à Paris.

Au mois d'avril 1833, une des personnes les plus zélées de l'Association fut envoyée à Rome pour remercier le Souverain Pontife qui, à cette occasion, accorda, par un nouveau Bref du treize de ce mois, divers priviléges aux prêtres directeurs de la Confrérie, et voulut bien célébrer solennellement, au jour de la Pentecôte, le saint sacrifice pour les Associés.

La même personne, à son retour de Rome, alla, au nom de la Confrérie, visiter Notre Dame de-Lorette, et y offrit une garniture d'autel sur laquelle était brodée la représentation du Rosaire avec tous les mystères.

La même personne encore, de retour en France, est également venue, au nom de la Confrérie, offrir à l'église de Migné une autre garniture d'autel, sur laquelle, outre la représentation des mystères du Rosaire, on voit l'image de la Croix, telle que le Seigneur la fit briller dans les airs, le 17 décembre 1826. Ainsi le Rosaire vivant, se développant autour de l'autel de l'église Sainte-Croix de Migné, s'offre continuellement en sacrifice d'expiation pour les iniquités du monde et de la France en particulier, et semble dire avec confiance en montrant la croix couchée : ELLE SE RELÈVERA, ET LA FRANCE SERA SAUVÉE. Ces paroles sont brodées sur la garniture.

Mgr de Bouillé fut très-sensible à cette délicate offrande, et, se rendant avec empressement à l'invitation qu'elle renfermait, institua le Rosaire vivant dans son diocèse, en 1834.

L'auguste Prélat nomma en conséquence une Commission de cinq prêtres pour diriger l'Œuvre. Le président fut M. de Rochemonteix, Vicaire général; le secrétaire, M. Poullier, Chanoine honoraire, missionnaire diocésain, à qui M. Bétemps, établi par le Souverain Pontife *Directeur principal* de tout le Rosaire vivant, accorda les pouvoirs de *Directeur diocésain,* avec la faculté de donner aux prêtres qui voudraient établir le Rosaire vivant parmi les fidèles confiés à leurs soins les pouvoirs de *Directeurs particuliers.*

M. de Larnay fut choisi par Mgr de Bouillé pour être un des membres de la Commission diocésaine ; et il se livra à cette Œuvre avec son activité ordinaire. Il s'estimait « si heureux », disait-il, « de travailler à la gloire de MARIE qu'il aima toujours d'un amour de tendre prédilection » !

M. Poullier étant mort en 1838 (on sait que ce vénérable prêtre mourut subitement, faisant une partie de boules avec les Séminaristes à Mauroc, la maison de campagne du Séminaire), M. de Larnay lui succéda comme Directeur diocésain de l'Association qui fit, sous les efforts de son zèle, de rapides progrès.

Il s'attacha à lui donner une plus grande impulsion dans la ville épiscopale, afin qu'elle pût rayonner de là partout dans le diocèse. Il établit des réunions de zélatrices chez Mlle Dauvilliers, fille bénie de Dieu, bien connue des Anges et des pauvres, et du clergé et de toutes les personnes chrétiennes, qui la voient se faire pauvre pour dépenser sa grande fortune en toutes sortes de bonnes œuvres.

M. de Larnay présidait ces réunions, qui se tenaient tous les deux mois dans un salon de la maison. Il faisait une exhortation, il interrogeait les zélatrices, il avisait avec elles aux moyens d'étendre l'Œuvre davantage. Puis on passait à la chapelle, que Mlle Dauvilliers a ménagée dans sa maison pour les Sœurs Filles de la Croix et où elle trouve elle-même sa joie et son bonheur, et M. de Larnay donnait la Bénédiction du Très-Saint-Sacrement.

Ces réunions étaient de vraies fêtes pour les zélatrices, qui n'en sortaient jamais qu'avec la conviction qu'elles allaient suivre à la lettre et sans difficulté les avis et les exhortations de leur ardent Directeur. M. de Larnay leur parlait en effet avec une vigueur et une bonhomie, avec un charme et un entrain irrésistibles. Le ton de sa voix, ses gestes, l'air de son visage, tout contribuait à remuer les âmes. On l'écoutait avidement, on regrettait de voir finir l'entretien, et on se séparait chacune se disant à soi-même : « Ah ! je vais accomplir avec courage ce que je viens d'entendre. » C'est ainsi que s'exprimait une zélatrice.

Nous avons vu, d'un autre côté, que les jeunes gens rendaient un témoignage semblable au sujet de leurs séances que présidait M. de Larnay.

Outre les réunions, de deux en deux mois, des zélatrices du Rosaire vivant, M. de Larnay réunissait deux fois par an les dames conseillères. Enfin il convoquait toutes les Associées dans chacune des églises paroissiales de Poitiers, successivement, le premier dimanche d'octobre, dimanche du saint Rosaire, pour faire une communion générale à la messe qu'il disait lui-même, et pour entendre le soir une instruction qui était suivie d'un Salut solennel du Très-Saint-Sacrement.

Il se proposait, par cette réunion annuelle, de grouper et de conserver autour du clergé paroissial le plus grand nombre possible de dames pieuses toujours prêtes à faire louer la religion et à contribuer au bien des âmes.

Le zèle de M. de Larnay portait ses fruits. Nous trouvons dans ses notes que les Associées du Rosaire vivant étaient, en 1854, au nombre de trois mille cinq cents.

Que d'hommages rendus à la très-sainte Vierge ! que de mérites acquis, de grâces obtenues, de vertus pratiquées, que d'exemples donnés de la vie chrétienne, que de victoires remportées sur le démon, sur les vices et les passions !

Les Associées donnaient en entrant ou renouvelaient tous les ans une offrande de cinq francs ou de trois francs; ou de soixante-quinze centimes, autant de cinq centimes que de mystères du Rosaire; ou de quinze centimes, un centime par mystère.

Avec le produit de ces offrandes et de quelques dons particuliers, le Conseil des zélatrices achetait des chapelets, des médailles et autres objets de piété, qui étaient distribués dans les paroisses, surtout à la campagne, pendant les Missions. Mais la majeure partie des sommes reçues était employée à former des fonds de bibliothèques paroissiales. En 1854, M. de Larnay était parvenu à en pourvoir beaucoup de paroisses du diocèse. Le nombre s'en augmenta dans les années suivantes. La bibliothèque de Poitiers, au centre de l'Œuvre, se composa bientôt d'une quantité considérable de volumes qui, en passant de main en main, se multipliaient pour le plus grand bien des âmes.

M. de Larnay intéressait l'Association du Rosaire vivant à tout ce qui concernait le culte de MARIE.

On en jugera par cette Lettre-circulaire qu'il adressa, le 21 janvier 1853, aux membres de l'Association :

« MADEMOISELLE.

« L'appel que j'ai fait au dévouement de toutes les Associées du Rosaire vivant pour aider à la construction de l'autel principal de l'église de Notre-Dame (de Poitiers) a été accueilli avec bonheur et enthousiasme. Toutes nos pieuses zélatrices se sont empressées d'y répondre par une quête faite parmi leurs Associées.

« Votre nom manque sur cette liste ; je désire vivement qu'il y paraisse. J'attends votre collecte, quelque petite qu'elle soit ; je vous prie de ne pas me la refuser. »

C'était toujours chez M. de Larnay cette manière instante et polie de demander, de réclamer, à laquelle on finissait par se rendre, et même en lui sachant gré d'une persistance qui dénotait sa pureté d'intention et son zèle infatigable pour le succès de ses œuvres.

Au reste, plus il était chargé, plus on voyait s'accroître son activité. Une Œuvre nouvelle qu'il entreprenait était suivie avec persévérance sans qu'elle apportât aucun préjudice à ses aînées.

XII.

ŒUVRES DES SOURDES-MUETTES.

Il en est une cependant qui a été, « par-dessus tout, son œuvre de tous les jours, ce fut l'Œuvre de Larnay, l'Œuvre de l'éducation des sourdes-muettes et des jeunes aveugles. A toutes ses autres entreprises il consacrait des parties déterminées de son temps et de ses ressources. A celle-ci il se donnait tout entier et toujours : sa santé, sa fortune, son intelligence, son cœur. » (Discours de Mgr Pie à la consécration de l'église de Larnay.)

Ce fut dès l'année 1833 que M. de Larnay commença à s'occuper de l'Œuvre des sourdes-muettes, à laquelle il se livra bientôt de tout l'élan de son âme sensible.

Comment, il est vrai, ne pas s'intéresser au sort de ces créatures infortunées, qui sont nos frères et nos sœurs, mais que la privation de l'ouïe, et de la parole par suite, isole de la société de tous et met comme dans une impuissance native de tout développement de l'intelligence et du cœur ?

Nous n'avons pas l'intention d'entrer ici dans aucune dissertation ou discussion philosophique sur la question de savoir si la parole est le véhicule unique et nécessaire de la pensée, de quelque manière qu'on explique l'action que la parole perçue par l'ouïe exerce sur l'intelligence.

Nous reconnaissons que les sourds-muets qui reçoivent des soins éclairés et affectueux paraissent susceptibles de pénétration d'esprit et d'attachement.

Mais quand le sourd-muet est abandonné à lui-même, et surtout quand il est assujetti à des occupations pénibles et abjectes, comme il arrive dans les familles pauvres, dans celles notamment où l'absence du sentiment religieux laisse dominer le souci de l'intérêt matériel, il est alors trop facile de constater que le sourd-muet semble ne pas faire partie des êtres intelligents et se rapprocher de la brute, sinon se confondre avec elle.

L'antiquité païenne ne traita pas autrement les sourds-muets ; même elle les reléguait au-dessous des êtres stupides. Certains législateurs les condamnaient impitoyablement à la mort. On les regardait comme des êtres maudits par la divinité. Leurs mères elles-mêmes s'effrayaient d'eux, et, si elles ne les sacrifiaient pas, tout au moins leur refusaient-elles ces attentions naturelles qui auraient peut-être rencontré quelque fibre sensible dans le cœur de ces infortunés ; tandis que, repoussés et abandonnés de la sorte, ils tombaient en effet dans l'abrutissement.

Chez les peuples chrétiens, les sourds-muets

furent sans doute regardés comme frappés d'idiotisme et incapables de toute existence civile ; mais du moins furent-ils traités comme des êtres humains. On eut compassion d'eux à cause de leur infirmité qui, pour être trop souvent le fruit de mariages que le respect du sang aurait dû empêcher, ne saurait rendre moins dignes d'intérêt ceux qui en sont victimes. D'ailleurs, ils sont baptisés, et comme tels ils sont les temples du Saint-Esprit ; et, si nous les regardons comme idiots, ils ont droit à l'héritage du ciel au même titre que les enfants baptisés que Dieu retire de ce monde avant qu'ils aient eu l'usage de la raison.

On avait donc, chez les chrétiens, une pitié religieuse pour les sourds-muets. Mais on ne soupçonnait pas qu'ils pussent s'instruire et arriver par une foi explicite à la connaissance de la Religion. « Ce vice (de surdité) », disait saint Augustin lui-même, « empêche la foi, parce que le sourd de naissance ne peut apprendre les lettres par la lecture desquelles il concevrait la foi : *Quod vitium ipsum impedit fidem; nam surdus natu litteras quibus lectis fidem concipiat discere non potest.*

Ce ne fut que vers le milieu du seizième siècle qu'un Espagnol, Pierre de Pons, Religieux Bénédictin du Couvent de San-Salvador de Ona, découvrit l'art de parler par les mains et d'entendre par les yeux : art inappréciable, qui allait ouvrir aux sourds-muets tous les trésors de la pensée et du sentiment.

Pierre de Pons fit un merveilleux usage de sa découverte en faveur de deux frères et d'une sœur du connétable Velasco de Castille, auxquels l'intelligent et patient Religieux parvint à donner une instruction si variée, si complète, que, au dire des chroniqueurs du temps, ils eussent passé pour gens habiles aux yeux d'Aristote.

Mais malheureusement Pierre de Pons mourut sans avoir eu le temps ou la pensée de faire connaître le secret de sa méthode. Les précieux manuscrits qui l'expliquaient n'ont été découverts que dans ces dernières années au couvent de San-Salvador par M. Ramon de la Sagra, savant Espagnol, qui en est aujourd'hui le dépositaire, et qui les livrera sans doute à la publicité avec un religieux empressement.

Toutefois Pierre de Pons laissait après lui des élèves qui continuèrent son enseignement. Jean-Paul Bonat, secrétaire du connétable de Castille, et Ramirez de Cordoue publièrent même quelques ouvrages sur le langage des signes. Plusieurs écrits sur le même sujet parurent aussi en Angleterre, mais sans faire beaucoup de sensation. Or, voici que, en 1748, l'Espagnol Pereira, de Cadix, vint étonner l'Académie des sciences à Paris par les succès qu'il avait obtenus dans l'éducation de plusieurs sourds-muets et, entre autres, dans celle du jeune d'Azy d'Estarigny, qui fit l'admiration de Louis XV et de toute la Cour.

Le public et le monde savant se trouvaient ainsi frappés par les prodiges qu'opérait don Pereira, lorsque l'abbé de l'Épée, avec un génie au moins aussi créateur que celui de Pierre de Pons, puisque la renommée ne lui avait rien appris du nom ni des travaux de celui-ci, s'attira tous les esprits éclairés, ravit tous les cœurs compatissants, en jetant les fondements d'une Institution de sourds-muets qui devait rendre sa mémoire impérissable.

Dans l'intérêt de la vérité, il faut observer qu'on a dit à tort que l'Établissement ne fut soutenu que par les dons de l'abbé de l'Épée et par les secours de quelques personnes charitables. Dès les années 1778 et 1785, un revenu de six mille livres avait été assuré, par un arrêt du Conseil, sur les biens du Couvent des Célestins, aux sourds-muets qui furent placés dans ce Couvent supprimé.

Une autre remarque, bien que fort triste, mais toujours la vérité, c'est que l'abbé de l'Épée a eu le malheur de se lier avec les jansénistes, de contracter leurs erreurs et de résister jusqu'à la mort aux décrets dogmatiques du Saint-Siége. Il en a été loué par les gens du parti et par les prétendus philosophes. La reconnaissance qu'il mérite pour sa belle découverte, le témoignage qu'on doit rendre de ses nobles qualités personnelles ne peuvent faire oublier qu'il ne fut pas un fils soumis de l'Église, dont il était le ministre. Nous laissons le secret de ses derniers sentiments à la miséricorde de Celui qui a tant recommandé l'amour du prochain.

L'abbé de l'Épée mourut le vingt-cinq décembre 1789. L'Assemblée constituante, par un Décret rendu en 1791, déclara nationale l'Institution des sourds-muets, qui fut en conséquence dotée et entretenue par l'État. Tous les élèves de l'abbé de l'Épée furent rappelés de la maison de leur fondateur, transférés dans le local actuel de la rue Saint-Jacques, à Saint-Magloire, ancien Séminaire des Pères de l'Oratoire, et confiés à la direction de l'abbé Sicard.

Ce vertueux prêtre, qui fut élève et ensuite ami de l'abbé de l'Épée, avait été le premier directeur d'une école de sourds-muets, fondée à Bordeaux, en 1785, par Mgr Champion de Cicé.

L'abbé Sicard perfectionna la méthode de son prédécesseur et obtint d'admirables succès. Qui n'a entendu parler des Massieu, des Berthier, des Leclerc, sourds-muets, ses élèves, devenus par ses soins d'illustres professeurs capables d'enseigner les parlants eux-mêmes ?

L'Institution de l'abbé Sicard servit de type à toutes celles que l'Europe avait vues surgir à la voix de l'abbé de l'Épée.

Les gouvernements firent le dénombrement de

leurs sourds-muets. Partout le chiffre dépassa les calculs présumés. En France, il s'éleva à vingt-cinq mille ; en Angleterre, à douze mille ; en Autriche, à seize mille ; en Russie, à vingt-sept mille ; et dans tous les États civilisés, à la quantité effrayante de six cent mille. Mais l'élan était donné ; des écoles s'élevèrent partout. La France seule en compta plus de trente dans son sein.

Nous nous arrêtons dans cette rapide esquisse historique, qu'on nous pardonnera, et parce que l'Œuvre des sourdes-muettes a été l'œuvre de prédilection de M. de Larnay, et aussi parce que nous n'avons guère fait, dans ce que nous avons dit, que résumer un remarquable discours qui fut prononcé par M. de Larnay à une distribution des prix de ses chères sourdes-muettes, en 1843.

Ajoutons, avec lui, qu'il est beau pour l'Église de pouvoir s'entendre dire que c'est à la charité et à l'intelligence de ses ministres qu'est due cette prodigieuse découverte qui apporte un si grand soulagement à l'une des plus grandes misères de l'humanité. Sans doute l'infirmité physique n'est pas détruite, mais bien l'infirmité morale qui paraissait devoir être l'irrémédiable conséquence de la surdo-mutité.

Ce fut en 1833, comme nous l'avons dit, que M. de Larnay commença à s'occuper de l'Œuvre des sourdes-muettes.

Le P. Deshayes, Supérieur général des Filles de

la Sagesse et des Missionnaires du Saint-Esprit, digne successeur du Vénérable de Montfort, avait accepté, en 1823, l'Hospice de Saint-Zacharie, à Pont-Achard. C'était une création de charité faite par Zacharie Guillé, dit Galland, noble ouvrier qui, s'étant enrichi par un travail intelligent que soutenait une conduite chrétienne, avait construit une maison et une chapelle, qu'il avait données à la Congrégation de Saint-Laurent, à condition qu'on y aurait toujours neuf lits pour autant de pauvres ouvriers.

Le P. Deshayes, qui cherchait tous les moyens de faire le bien, qui eût voulu soulager toutes les misères, s'était toujours préoccupé du sort des sourds-muets. Ses sentiments furent trop bien ceux qu'éprouva M. de Larnay, qui devait avoir des rapports si étroits avec lui, pour que nous n'en disions pas quelque chose. Les Filles de la Sagesse, en tous cas, nous le pardonneront bien.

Le P. Deshayes eut donc pour les sourds-muets la plus grande sollicitude. Il avait surtout le désir de leur procurer les secours et les consolations de la Religion.

« On s'étonne », disait-il, « de mon affection pour ces infortunés ; mais c'est la gloire de DIEU que j'ai en vue. »

Le malheur de ceux qui, faute d'instruction, restent éloignés de la sainte Table l'affectait vivement ; et la pensée que le sourd-muet instruit peut communier le faisait tressaillir de joie.

Lorsqu'il était encore curé d'Auray, il se mit en rapport avec l'abbé Sicard, et fonda, en 1812, à la Chartreuse, près d'Auray, une école de sourds-muets et de sourdes-muettes, dont il donna la direction aux Sœurs de la Sagesse, se faisant aider pour l'instruction des sourds-muets par M. Humphry, zélé chrétien.

Étant venu à Poitiers, au mois de janvier 1833, visiter ses Établissements de Sœurs, qui sont si nombreux et si importants dans cette ville, où le P. de Montfort a commencé la Congrégation, le P. Deshayes alla voir le Préfet, M. Boulet, breton comme lui, natif de Vannes. Ce magistrat, qui connaissait l'Institution des sourds-muets de la Chartreuse d'Auray, témoigna au P. Deshayes le désir qu'il avait de doter son département d'un semblable bienfait. La Maison de Pont-Achard parut propre à cette fondation.

Dès son retour à Saint-Laurent, le P. Deshayes envoya à Poitiers ma Sœur Marie-Victoire. Cette Religieuse était nièce de Mademoiselle Blouin, institutrice, qui a laissé une mémoire bénie à Angers, où elle a fondé une maison de sourds-muets et de sourdes-muettes, la troisième du royaume, ayant elle-même reçu les leçons de l'abbé de l'Epée.

Ma Sœur Marie-Victoire avait été employée par sa tante à l'enseignement des sourdes-muettes dès l'âge de treize ans. Mademoiselle Blouin aurait désiré garder sa nièce pour la remplacer à la tête de son Institution, parce qu'elle avait toutes les qualités convenables. Mais comme elle ne se nommait pas Blouin, cette vieille demoiselle, qui tenait à conserver son nom à l'Institution, se décida pour une autre nièce, appelée Victoire Blouin.

Ma Sœur Marie-Victoire, étant devenue Fille de la Sagesse, fut occupée à instruire les sourdes-muettes de la Chartreuse, jusqu'au moment où le P. Deshayes l'envoya à Poitiers, où elle arriva le deux février.

Cependant le Préfet de la Vienne, ayant envoyé des Lettres-circulaires aux Maires, apprit qu'il y avait cent seize sourdes-muettes dans son département.

Ma Sœur Marie-Victoire, sur l'ordre de son Supérieur-général, se présenta, le premier mars, chez le Préfet, qui lui exprima sa satisfaction de voir enfin commencer une œuvre qu'il projetait depuis plusieurs années. « Mais, » ajouta-t-il, « un autre la verra s'établir, je viens de recevoir mon changement. Il n'apportera, du reste, aucun obstacle à notre projet. J'ai organisé les choses de telle sorte que mon successeur ne pourra s'empêcher de poursuivre. Vous pourrez donc, ma chère Sœur, tout préparer pour recevoir trente à trente-six sourdes-muettes. »

La ville de Poitiers eut bientôt connaissance de ce

nouvel Etablissement. Mgr de Bouillé en fut l'âme, et le protégea de tout son pouvoir.

Le Maire, M. Régnault, proposa au Conseil municipal de voter la somme de huit cents francs pour quatre demi-bourses : proposition qui fut acceptée avec empressement. Il fut même arrêté que cette somme serait accordée à l'Etablissement à titre de secours, en sorte que, quand bien même il ne se trouverait pas quatre sourdes-muettes dans la ville, la dite somme serait néanmoins payée.

La première sourde-muette qui fut admise s'appelait Sidonie Guy, enfant de huit ans, fort intelligente, qui était proche voisine du Maire. Cinq ou six autres arrivèrent à Pont-Achard dans le courant du mois d'avril. Le département n'avait pas encore voté de fonds, et on se contenta d'une modique pension pour chaque enfant.

Dans ce même mois d'avril, arriva de la Chartreuse ma Sœur Sainte-Sophie, qui amenait avec elle une sourde-muette nommée Perrine Lebihan, à qui son instruction et sa piété méritèrent l'agrégation dans la Congrégation de la Sagesse, sous le nom de Sœur Saint-Léon, en souvenir du Pape Léon XII, qui lui permit, sur la demande du P. Deshayes, dans le voyage de celui-ci à Rome en 1825, de faire les vœux de religion, qu'elle exprima par ses signes avec une pleine intelligence de ces engagements sacrés.

Le premier jour du mois consacré à la très-sainte

Vierge Marie avait été choisi par Mgr de Bouillé pour l'ouverture solennelle de l'Établissement des sourdes-muettes de Pont-Achard.

Le P. Deshayes était arrivé avec le P. Galliot, missionnaire de Saint-Laurent, qui était très-versé dans l'enseignement des sourds-muets.

L'ouverture de l'Établissement eut lieu sous la présidence de Mgr de Bouillé, assisté d'un nombreux clergé, en présence du premier Président de la Cour royale, de M. Massé, Préfet par intérim, du Secrétaire général, des membres du Conseil général, des Administrateurs des Hospices, des principales autorités civiles et militaires, et de beaucoup de dames de l'élite de la société.

M. Lambert, Missionnaire de France et Prédicateur du roi Louis XVIII, Vicaire général, dont l'âme sensible était si bien faite pour compatir à la grande misère qu'on avait sous les yeux, parla avec une éloquence qui toucha vivement l'assemblée. Son discours a été inséré en entier dans la *Gazette de l'Ouest* du deux mai.

Après ce discours, le P. Galliot fit faire quelques exercices aux petites sourdes-muettes, Sidonie Guy de Poitiers, Rosalie Cellier de Lusignan, Honorine Luneteau et Françoise Denéchèze de Châtellerault, qui s'en tirèrent très-bien, quoiqu'elles ne fussent dans l'Établissement que depuis quelques semaines.

Ensuite ma Sœur Saint-Léon (Perrine Lebihan)

répondit de la manière la plus satisfaisante à un grand nombre de questions sur l'histoire, la géographie, la grammaire. Puis elle raconta la touchante histoire de l'enfant prodigue avec des signes si expressifs que l'assistance fut émue jusqu'aux larmes.

Enfin une quête fut faite par Sidonie Guy, que conduisait la Supérieure.

La séance, commencée à deux heures, ne se termina qu'à cinq heures et demie ; le plus vif intérêt s'y soutint jusqu'au dernier moment.

Le nouveau Préfet de la Vienne, M. Alexis de Jussieu, qui était arrivé au mois de juillet, ayant reçu la visite des Supérieures des Maisons de la Sagesse, demanda à connaître celle de l'Institution des sourdes-muettes, qui était ma Sœur Marie-Victoire, à laquelle il dit : « Mon prédécesseur m'a recommandé cette œuvre, et je suis disposé à la faire prospérer. »

La semaine suivante, M. de Jussieu visita l'Établissement et témoigna aux enfants une grande bienveillance, dont il donna par la suite des preuves en toute occasion.

Au mois d'août, le Conseil général nomma une Commission, formée d'un membre par arrondissement, pour voir s'il y avait utilité à voter des fonds en faveur des sourdes-muettes. L'examen que subirent les enfants fit constater tant de progrès obtenus en quatre mois que le rappport fut très-concluant, et le Conseil général vota trois mille francs.

L'Institution existait et marchait depuis cinq ans. On venait fréquemment voir les enfants, qui excitaient toujours un nouvel intérêt.

Plusieurs personnes de distinction exprimèrent le désir d'assister à une seconde séance publique. Le P. Deshayes s'y prêta avec joie.

Mgr de Bouillé et son clergé, le Préfet, le Maire, le Général et un grand nombre d'autres personnes honorables s'empressèrent de venir. La salle ne put contenir tout le monde ; il en resta plus de trois cents dehors. Le P. Galliot dirigea, comme la première fois, la séance, à la satisfaction générale.

Pour répondre à la bienveillance qui se manifestait d'une manière si éclatante, le P. Deshayes promit qu'il y aurait séance publique le premier jeudi de chaque mois.

Le compte-rendu de cette seconde séance fut fait et inséré dans la *Gazette de l'Ouest* par le rédacteur de cette feuille, M. Guerry-Champneuf, cet homme distingué, dont la mémoire se conserve à Poitiers, justement entourée de l'estime et de la reconnaissance qui sont dues à une vie toute de vertu chrétienne, de travail et de dévouement.

Le P. Deshayes, en promettant une séance tous les mois, n'avait pas consulté ma Sœur Marie-Victoire. Cette perspective de séances publiques si fréquentes causa un chagrin très-sensible à cette humble Religieuse, qui dit à son Supérieur qu'elle ne pouvait se décider à paraître de cette façon, et que, si on lui donnait le choix, ou de mourir dans quinze jours ou de donner une séance publique, elle n'hésiterait pas et choisirait de mourir.

Le bon P. Deshayes lui répondit simplement : « Ma Sœur, vous me faites de la peine de parler ainsi. Prenez confiance ; le bon Dieu vous aidera. D'ailleurs, c'est annoncé maintenant ; il n'y a pas moyen de reculer. »

« Je trouverai bien un moyen », répliqua la Sœur : « voici les vacances ; je dirai que la séance ne peut avoir lieu. Puis, ce seront les froids en hiver ; et, au printemps, vous viendrez avec le P. Galliot, qui donnera la séance. »

Et il en fut ainsi.

Au printemps de l'année 1834, le P. Galliot donna une séance publique, où il fut réglé que, pour mieux juger des progrès des élèves, il n'y aurait séance que tous les quatre mois. Il s'écoula cependant six mois sans séance. Le P. Deshayes vint à Poitiers au bout de ce temps. Comme le P. Galliot n'était pas avec lui, la pauvre Supérieure reçut l'ordre de tout disposer et de diriger elle-même la séance. Elle s'exécuta sans doute; mais, après que la séance eut charmé tout le monde, elle fit agréer qu'il n'y eût dorénavant de séance publique qu'une fois par an, à la distribution des prix.

Nous avons pensé qu'on ne nous reprocherait pas trop, comme un hors-d'œuvre, cette simple histoire des commencements de l'Institution des sourdes-muettes de Pont-Achard, qui doit devenir l'Institution des sourdes-muettes de Larnay. Nous avons tenu aussi à faire connaître la bonne Sœur Marie-Victoire, qui devait être une cause directe de la fondation de Larnay.

Quelque temps après son arrivée à Pont-Achard, en 1833, la chère Sœur avait prié Mgr de Bouillé de vouloir bien lui choisir un prêtre qui s'occupât des sourdes-muettes et qui fût leur directeur spirituel.

Le bon Évêque lui répondit : « J'ai dans mon séminaire — (ceux qui ont entendu Mgr de Bouillé aiment à se rappeler avec quel accent d'intime et paternelle affection il prononçait à l'occasion ces mots : mon séminaire) — un des Directeurs qui s'adonne à toutes les bonnes œuvres de la ville. Je vais encore bien lui confier celle des sourdes-muettes. Je lui dirai d'aller à Pont-Achard, et vous parlerez de tout cela ensemble. Je vous engage à voir Mme de Larnay sa mère ; elle demeure tout près du séminaire. »

Nous nous serions fait scrupule de retrancher une seule de ces paroles du vénérable Évêque. Nous n'avons pas à en faire ressortir le charme non plus que la qualité de l'éloge du zélé Directeur.

M. de Larnay fut donc averti, et vint sans tarder faire une visite à ma Sœur Marie-Victoire. Il fut enchanté (c'était son expression favorite, si conforme à sa bonne et ouverte nature), de voir qu'on était déjà en mesure de recevoir presque toutes les enfants qu'on pourrait présenter. Avec son initiative ardente et persévérante, il écrivit dès lors à bon nombre de MM. les curés pour les engager à faire des démarches dans les bureaux de la préfecture à l'effet d'obtenir pour les sourdes-muettes de leurs paroisses quelques-unes des bourses qui avaient été créées pour ces pauvres enfants.

M. de Larnay connaissait deux des petites sourdes-muettes de Pont-Achard, Sidonie Guy, qu'il voyait chez M. de la Sayette, parrain de l'enfant; et Rosalie Cellier qu'il avait occasion de voir en passant à Lusignan quand il accompagnait Mgr de Bouillé dans les tournées pastorales.

C'était un bonheur pour M. de Larnay de se trouver avec ces enfants, de voir leurs petits doigts écrire déjà si sûrement avec la craie sur le tableau noir. Il applaudissait à leur bonne volonté et à leurs succès. Il prenait lui-même la craie comme pour essayer s'il ferait mieux qu'elles, ce qui n'arrivait pas toujours.

M. de Larnay venait souvent dire la sainte messe dans la chapelle de Pont-Achard, et, après son action de grâces, il entrait à la classe. C'était, en vérité, charmant de voir toutes ces pauvres petites filles l'entourer et le conduire devant le tableau pour lui montrer ce qu'elles y avaient écrit. Le compliment y était à son adresse, mais aussi le sentiment.

Il leur apportait des bonbons, des images, et leur disait par signes, comme il pouvait : « Si vous êtes bien sages, si vous étudiez bien, la maman à moi vous donnera elle aussi des bonbons, et vous viendrez avec elle vous promener à Larnay, et vous y ferez collation. »

Toujours M. de Larnay parlait de sa chère mère. Il ne pensait pas, en faisant son invitation aux petites sourdes-muettes, qu'elles seraient plus tard en possession de le recevoir lui-même à Larnay, devenu leur maison par sa libéralité.

Il voulut un jour leur raconter une histoire. Comme il ne savait pas les signes, ma Sœur Marie-Victoire lui servit d'interprète. Il trouva les signes si expressifs qu'il en fut touché au point que des larmes roulèrent dans ses yeux, et il fut obligé de les laisser couler. Les enfants s'en aperçurent, et se dirent entre elles avec une naïve sympathie : « Le prêtre pleure. » Puis elles lui demandèrent pourquoi il pleurait. — « Je pleure, mes enfants », leur répondit-il, « parce que je ne puis vous exprimer moi-même mes sentiments. Je sens au fond de mon cœur tout l'intérêt que je vous porte, et je ne puis rien vous dire. »

Et ses larmes coulèrent encore davantage, et les

enfants pleuraient aussi. Elles lui dirent alors : « Il faut que vous appreniez les signes. » — Il répondit : « C'est trop difficile, je ne le peux pas. »

Depuis ce moment, les enfants désignèrent toujours M. de Larnay en mettant leur index sur la joue au-dessous de l'œil pour signifier *le prêtre qui pleure.*

Au sortir de la classe, ma Sœur Marie-Victoire dit à M. de Larnay : « Il faut absolument que vous appreniez les signes. Vous voyez combien les enfants le désirent, et n'avez-vous pas été choisi pour être leur père spirituel ? »

Il eut bien de la peine à se laisser persuader. Pourtant la bonté de son cœur l'y faisait incliner. Il fut enfin convenu que la bonne Sœur lui expliquerait les signes.

« Nous commencerons », dit-elle, « par les litanies de la sainte Vierge. » — « Pourquoi, ma Sœur, dit M. de Larnay, « par les litanies de la sainte Vierge ? » — « Pour demander », répondit la Sœur, « la protection de cette bonne Mère. Puis, vous aurez là des signes faciles, en même temps que variés et très-expressifs, et rien ne vous plaira mieux que la répétition : *Priez pour nous.* »

M. de Larnay consentit à tout ce que la Sœur voulut, et il mit une grande persévérance à remplir la tâche assez pénible que la charité lui imposait. On aurait pu le voir, trois fois par semaine et pendant trois ans, aller à l'école comme les jeunes enfants pour prendre des leçons de la bonne Sœur. Après ce temps, il put enfin confesser les sourdes-muettes et les prêcher assez convenablement ; ce qui le combla de joie.

C'est ainsi qu'il justifia, dans cette circonstance comme dans les autres, le témoignage que Mgr de Bouillé avait rendu de son zèle en le proposant pour l'Œuvre des sourdes-muettes.

L'auguste Prélat continuait de donner à l'Établissement de Pont-Achard les marques les plus sensibles de son paternel intérêt. Il ne manquait pas d'y venir chaque année, au premier jour de l'an, pour dire la sainte messe, après laquelle il prenait un modeste déjeuner avec ses grands-vicaires et M. de Larnay.

Celui-ci avait la satisfaction de rencontrer de temps en temps à Pont-Achard le Préfet, M. de Jussieu, qui faisait de fréquentes visites aux sourdes-muettes, et qui se plaisait même à prendre part à leurs jeux.

Cet honorable magistrat, voulant aussi procurer le bienfait de l'instruction aux sourds-muets du département, pressa plus d'une fois la Sœur Supérieure de les admettre dans un petit corps de bâtiment dépendant de l'Hospice. Mais la Sœur, soutenue particulièrement en cela par M. de Larnay, fit comprendre au Préfet les inconvénients qu'il y aurait à mettre ces garçons à une telle proximité des sourdes-muettes.

L'école des sourds-muets fut établie à Loudun en 1838, et par le P. Deshayes, qui en confia la direction à ses Frères de Saint-Gabriel ; et elle y subsista jusqu'en 1856, qu'elle a été transférée à Poitiers.

« Les circonstances qui accompagnèrent cette fondation », dit le biographe du P. Deshayes, « suffirent à prouver quelle confiance sans bornes dans la Providence, quelle sainte hardiesse et quelle pureté d'intention dirigeaient le serviteur de Dieu dans toutes ses entreprises. »

M. de Larnay ne fut pas étranger aux ressources qui rendirent possible la fondation de Loudun. Mais ce ne fut là de sa part qu'un acte particulier de son zèle pour tout ce qui le sollicitait au nom de la charité. C'est à l'Œuvre de Pont-Achard qu'il se consacra.

Il eut à consoler les petites filles du départ de leur bon ami, comme elles l'appelaient, le Préfet, M. de Jussieu, qui eut son changement en 1837. Cet excellent homme n'oublia pas ses protégées. Il obtint du Gouvernement quinze cents francs de secours pour les sourdes-muettes de Pont-Achard. L'année suivante, il envoya de Paris une grande quantité de jouets pour les enfants.

Dans cette même année 1838, la Sœur Supérieure, voyant que l'Œuvre prenait une plus grande extension, demanda un missionnaire de Saint-Laurent, qui résiderait à Pont-Achard et s'y appliquerait à la direction suivie des Sœurs et des sourdes-muettes. Le P. Deshayes envoya le Père Rautureau.

M. de Larnay dut alors cesser de diriger les enfants. Il ne quitta pas sans peine un ministère qui avait été plein de consolation pour lui. Mais il comprit tout de suite que son concours n'était plus nécessaire et pouvait n'être plus à propos. C'est en ces rencontres que l'esprit de foi soutient ceux qu'il anime.

Aussi M. de Larnay continua-t-il de venir de temps en temps voir les enfants. Il se fit une douce obligation d'assister à la première communion que le P. Rautureau, aidé du P. Galliot, fit faire à quatre sourdes-muettes en la fête de l'Assomption de l'année 1840.

L'abbé Sicard affirmait qu'il fallait attendre de longues années avant d'enseigner le catéchisme aux sourds-muets. En conséquence, ces enfants, par une double infortune, étaient privés longtemps du bonheur de la sainte communion. Le célèbre instituteur subissait peut-être en cela, sans s'en douter, l'influence de la secte par laquelle son maître et ami l'abbé de l'Épée s'était laissé séduire, et qui inspirait des livres sur la *fréquente communion*, dont le but comme le résultat était de la rendre très-rare.

Le P. Deshayes, malgré son estime pour l'abbé Sicard, pensait que les sourds-muets, dès qu'on arrive à les instruire, peuvent être, comme les parlants, capables de très-bonne heure d'étudier les éléments de la Religion et de participer à ses divins sacrements. La suite a fait voir que la vérité était du côté de celui qui, puisant ses lumières dans son cœur, se trouvait plus apte à comprendre ce que demande une religion d'amour.

On en eut la preuve dans la touchante cérémonie de première communion, à laquelle M. de Larnay assista, non sans une très-vive émotion, en voyant ces jeunes enfants, nées à la vie de l'intelligence comme malgré la nature, recevoir leur DIEU avec une expression de piété qui révélait en elles une ferveur de Séraphin.

Le P. Deshayes, homme admirable en toutes sortes de bonnes œuvres et de grandes choses entreprises pour la gloire de Dieu et le bien des âmes, étant allé recevoir sa récompense le vingt-huit décembre 1841, son successeur, le P. Dalin, qui avait connu M. de Larnay au Séminaire de Saint-Sulpice, le pria de vouloir bien reprendre la direction des sourdes-muettes. M. de Larnay l'accepta de nouveau, mais à condition qu'elle ne lui serait plus enlevée ; ce qui lui fut accordé.

L'Œuvre prit désormais, sous sa conduite, des accroissements que le temps n'a pas ralentis, et qui ont été le fruit et la première récompense de son zèle infatigable.

XIII.

LE PETIT MAGASIN.

M. de Larnay se montrait toujours disposé à toutes les bonnes œuvres. On le savait bien, et s'il ne s'épargnait pas, on ne l'épargnait guères non plus.

Deux dames de la paroisse de Saint-Pierre de Poitiers, deux sœurs, Mesdames Turpault et Sachet, secondées plus tard et ensuite remplacées par leur fille et nièce, Mme Rédet, avaient imaginé un moyen d'augmenter les ressources de leur modeste aisance dans l'intérêt des œuvres de charité. C'était de fonder un petit magasin, principalement d'objets de piété, dont tous les profits seraient affectés à ces œuvres.

Mais il fallait, pour commencer, pour bien commencer et pour réussir, une première mise dehors qui servit à constituer dès le début un fond de magasin, lequel serait d'autant plus lucratif qu'il aurait été payé comptant. Il fallait, en un mot, des avances, que les pieuses dames ne pouvaient pas faire par elles-mêmes.

Rien ne leur parut plus naturel que de s'adresser à M. de Larnay, dont elles connaissaient l'ardeur pour le bien et avec qui d'ailleurs elles étaient en relation de bon voisinage.

La demande le surprit d'abord, parce qu'il crut qu'on voulait le mettre à la tête d'une entreprise de commerce. Mais quand on lui eut expliqué le but qu'on se proposait, il répondit de bon cœur comme on le désirait, et fit des avances à l'aide desquelles on put ouvrir immédiatement dans la rue de Notre-Dame-la-Petite un *petit magasin* d'objets de piété, de livres de religion et de dévotion, de fournitures ecclésiastiques, de fleurs artificielles, d'articles de bureau et même de mercerie. La tenue du magasin fut confiée à trois bonnes demoiselles à qui on assigna des appointements fixes. Les dames fondatrices se réservèrent la direction et la gestion, qui exigèrent de leur part un temps et une application qu'elles donnèrent avec une constance et un désintéressement que la foi seule peut inspirer.

Cette entreprise, en elle-même et dans ses proportions apparentes, fut vraiment bénie de Dieu et mit en effet les charitables dames à même de faire beaucoup de bien pendant les vingt-trois ans qu'elle subsista, depuis l'année 1835 jusqu'à l'année 1858.

Les profits étaient divisés en deux parts. L'une était dépensée chaque jour en secours et assistances de détail. L'autre était tenue en réserve et allait grossissant jusqu'à ce qu'elle pût suffire à des charités d'une certaine importance. Des dons assez considérables furent ainsi faits à plusieurs paroisses pauvres du diocèse.

M. de Larnay fut remboursé de ses avances, qu'il ne tarda pas à porter ailleurs, mais à tel titre qu'elles ne devaient plus lui revenir. Quant au *petit magasin*, il continua de le favoriser par ses sympathies et par ses efficaces recommandations.

XIV.

LE CABINET DE LECTURE.

Mais M. de Larnay voulut aussi mettre à contribution la bonne volonté des dames qu'il avait aidées à établir le petit magasin, et réaliser avec leur concours un projet qui l'occupait depuis plusieurs années.

Il s'agissait de créer à Poitiers un *Cabinet de lecture* pour la diffusion, comme on le pense bien, des bonnes et saines doctrines.

Déjà, nous l'avons vu, par les soins de M. de Larnay, une bibliothèque avait été attachée à l'Association du Rosaire vivant. Mais les livres dont elle se composait avaient à peu près pour unique objet la piété, la dévotion, et s'adressaient généralement au simple peuple, aux jeunes filles, aux personnes pieuses.

Or, M. de Larnay voulait arriver aux hommes, aux intelligences plus fortes et plus cultivées, aux classes les plus influentes de la société. Il voulait détourner des mauvaises lectures, il voulait combattre les mauvais livres en leur opposant des ouvrages honnêtes, purs, catholiques, agréables autant qu'instructifs, et d'ailleurs d'une supériorité de forme qui pût attirer et captiver les lecteurs.

On trouvait, est-il besoin de le dire? à Poitiers, comme hélas! dans toutes nos villes même d'une petite population, des salons fournis, mais de lectures malsaines, appât toujours avidement saisi par la légèreté et par l'oisiveté, qui aiment le facile et le frivole, qui ne s'effraient pas du dangereux, qui ne repoussent pas le mauvais, et qui, ces lectures aidant, conduisent par les sentiers du mensonge et du vice à toutes les débauches de l'esprit et du cœur.

M. de Larnay voulut arrêter ou diminuer ce fléau social. Le moyen était indiqué : il n'y avait qu'à offrir de bonnes lectures. Mais il fallait aussi les mettre aisément à la disposition de tout le monde. C'est ce qu'il essaya par la création d'une bibliothèque dont les ouvrages devaient être loués moyennant une rétribution qui était à la portée de tous. Chacun pouvait donc lire d'excellents ouvrages que le prix d'achat rend inaccessibles au plus grand nombre.

Plein de son idée, après l'avoir bien mûrie, M. de Larnay proposa aux deux dames qui avaient fondé le petit magasin d'y annexer la bibliothèque, dont elles auraient pareillement la surveillance et la direction pour les rentrées et les frais, et dont le service de location serait fait par les mêmes personnes qui tenaient le magasin. M. de Larnay se réservait de choisir et de désigner les ouvrages qu'il serait utile d'acquérir.

Sa propostion ayant été acceptée, il se mit en recherche de catalogues, en quête d'indications. Il prit les conseils qui pouvaient le mieux le servir pour mener à bien son intéressant projet. Il écrivit à Bordeaux, où une œuvre de ce genre existait déjà. Il s'adressa naturellement à Paris où il eut ensuite plusieurs correspondants. Il eut recours, dès le début, à l'obligeance, et nous pouvons dire aux lumières d'un laïque aussi instruit que pieux, auteur d'un grand et bel ouvrage sur l'art chrétien, M. le comte de Grimouard de Saint-Laurent, qui avait été l'un de ses jeunes gens à Poitiers, et qui séjournait depuis quelque temps dans la capitale.

Il lui écrivit, le lundi de Pâques, 1er avril 1839 :

« J'aurais dans ce moment le plus grand besoin d'une *liste considérable* de livres historiques écrits par les auteurs modernes les plus recherchés, et à l'abri de toute critique sage au sujet de la Religion et des mœurs. Je voudrais connaître aussi ce qu'il y a de plus intéressant dans la classe des voyages. Vous êtes dans une position unique pour me rendre cet immense service. Vous pourriez vous adresser au Père Jésuite Humphry, consulter les personnes qui tiennent le cabinet de lecture dont vous m'avez parlé, prendre des notes auprès des hommes vertueux qui ont beaucoup lu. Vous pourriez enfin consulter vos propres souvenirs. »

Le cabinet de lecture dont il est fait mention ici était une entreprise de spéculation, et les ouvrages étaient tenus à un taux élevé en raison du petit nombre de lecteurs d'élite qui les demandaient.

M. de Larnay continuait ainsi :

« Je compte donc sur votre charité pour m'envoyer la liste d'une centaine d'ouvrages dans les deux genres dont je vous ai parlé. »

M. de Larnay indiquait ensuite à son jeune correspondant quelques ouvrages, lui demandant s'ils étaient bons : « j'entends toujours », disait-il, « sous le rapport de la Religion et des mœurs. »

La lettre se terminait par ces mots : « Notre cabinet de lecture marche ; mais il faut, pour précipiter sa course, que vous y mettiez votre main. »

Le correspondant, pour entrer dans les vues de M. de Larnay, se mit particulièrement en relation avec le P. Moigno, qui venait de publier un catalogue de bons livres de toutes sortes ; puis, avec l'abbé des Billiers, qui était alors vicaire à Saint-Thomas-d'Aquin, où il avait déjà établi un cabinet de lecture, et qui fut depuis appelé à Arras auprès de Mgr Parisis. C'est M. des Billiers qui a commencé la *Bibliographie catholique*, publication mensuelle, dont le but est de faire connaître par des appréciations sommaires la valeur et surtout l'esprit des principaux ouvrages qui ont paru dans le mois.

M. de Larnay s'était bien adressé. Il reçut, comme il l'avait demandé, une longue liste de livres, qu'il examina et discuta avec des amis éclairés. Quand il fut fixé, il demanda d'un coup à Paris des ouvrages qui formèrent une quantité de dix-huit cents volumes, qu'il paya de son argent. Le cabinet de lecture fut ainsi définitivement établi au mois de mai de l'année 1839.

M. de Larnay a continué, jusqu'à sa mort, d'acheter les meilleurs ouvrages à mesure qu'ils paraissaient, et de subvenir aussi en partie aux frais du logement comme de la reliure et du renouvellement des livres, le modique prix de location ne suffisant pas, à beaucoup près, pour couvrir ces dépenses.

Le cabinet ne tarda pas à offrir aux lecteurs plusieurs milliers de volumes sur toutes les matières de Religion, de philosophie, d'histoire, de littérature, de science, qui pouvaient le plus intéresser les esprits cultivés. Outre les ouvrages de fond, le cabinet acquit des publications périodiques, les *Annales de philosophie chrétienne*, l'*Université catholique*, le *Correspondant*, qui n'était pas absolument alors ce qu'il s'est montré depuis dans sa triste campage contre le *Syllabus* et contre l'infaillibilité du Souverain Pontife.

M. de Larnay exerçait la plus grande sévérité dans le choix des livres de son cabinet de lecture. Il ne lui suffisait pas qu'un livre fût recommandé par des personnes autorisées. Aucun ouvrage n'était livré à la circulation avant d'avoir été lu, soit par lui-même, soit par quelqu'un dont il était sûr. Il est arrivé souvent que des ouvrages qui, après ce contrôle, n'avaient pas été jugés complétement inoffensifs, étaient mis au rebut au véritable détriment de sa bourse. D'autres étaient expurgés, ce qui entraînait encore des frais considérables. Mais c'était son moindre souci.

Il écrivait à son intelligent et zélé correspondant de Paris, le 28 mai 1840 :

« J'entreprends aujourd'hui une grande tâche (assisté, il est vrai, d'un pieux collaborateur), celle de corriger un certain nombre d'ouvrages, dans lesquels se trouvent des *pages fâcheuses* contre les mœurs et la Religion, mais qui du reste offrent beaucoup d'intérêt. Je fais imprimer des *onglets*, qu'on substitue d'une manière si parfaitement insensible aux pages entachées qu'on ne pourra pas soupçonner ma pieuse supercherie. J'écris à M. des Billiers et à M. Taillefer, à Bordeaux, pour les prier de me venir en aide du côté des finances ; car ces corrections me coûteront fort cher. Je leur dis que, s'ils veulent acheter chacun de mes onglets. c'est-à-dire deux pages d'impression, 50 centimes, je me tirerai facilement d'affaire. Je m'adresserai aussi à vous, mon petit père, pour vous débiter quelques feuilles de ma boutique à l'égard des ouvrages que vous possédez déjà, ou que vous voudrez acheter dans la suite. »

Au moyen de ces onglets, M. de Larnay mettait sans crainte entre les mains de tout le monde des livres de valeur, lesquels, sans cette précaution, auraient pu nuire à quelques personnes dans une certaine classe de lecteurs.

Il fut aidé dans ce travail difficile par des hommes dévoués au bien et très-capables, en particulier par le pieux collaborateur qu'il désigne lui-même et que nous regardons comme un acte de justice de nommer ici, M. le baron Henri de Constant, de si douce et si regrettable mémoire. C'était un fervent chrétien, qui avait fait de fortes études littéraires et même théologiques, comme les bons laïques d'autrefois. Il était donc parfaitement apte, à tous les points de vue, pour concourir dans cette œuvre de contrôle, à laquelle en effet il se livra tout entier.

Un autre homme d'étude, de principes non moins sûrs et d'un égal dévouement, M. Emmanuel de Curzon, fils d'un vénérable père et lui-même plus tard père vénéré de ses dix-sept enfants, sut aussi, malgré le courant d'occupations où l'entretenait la rédaction d'un journal dont on a pas oublié en Poitou le piquant intérêt (l'*Abeille*), trouver du temps pour seconder les efforts de M. de Larnay, de concert avec le baron de Constant.

Tous les trois étaient d'ailleurs unis entre eux par la plus intime et la plus touchante amitié. Nous ne croyons pas qu'il soit possible de rencontrer trois personnes ayant une plus grande conformité de goûts, de sentiments, d'opinions. Ils avaient les mêmes répulsions pour tout ce qui était mal, les mêmes préférences pour tout ce qui était bien. Ils avaient les mêmes amis. L'un ou l'autre d'entre eux a-t-il eu des ennemis ? Nous n'oserions le dire ; et nous ne voudrions pas révéler ou consigner dans ces pages quelques misères de l'humaine nature. Du reste, comme il est difficile d'être homme d'action dans le bien, sans exciter quelques étonnements, sans heurter certains caractères, sans soulever des oppositions plus ou moins ménagées, sans encourir enfin des critiques dont ne se rendent pas toujours compte ceux qui s'y laissent aller, s'il est arrivé quelque chagrin à l'un des trois amis, les deux autres en prenaient une égale part, ou plutôt ils se sont toujours affligés et réjouis ensemble.

Les circonstances de position des familles, de voisinage d'habitation à la campagne, de relations communes, d'application de chacun à la poursuite du bien, n'auraient pas suffi pour faire naître et pour entretenir une si étroite amitié. Mais elle avait pour principe et pour soutien la Religion qui était chez eux la maîtresse de l'intelligence et du cœur. Le prêtre ne disparaissait pas sous un prétendu nivellement d'égalité absolue de sentiments en toutes choses. Il gardait, comme tel, sa supériorité naturelle, non-seulement lorsque l'un de ses deux amis venait plein de foi s'agenouiller à ses pieds au tribunal de la pénitence, mais encore lorsqu'ils s'abandonnaient ensemble aux épanchements de leur intimité. Il en résultait, dans leurs rapports, une dignité qui n'avait d'ailleurs rien de trop grave, surtout avec l'élément de franche gaieté qu'y apportait toujours M. de Larnay.

C'est lui qui a manqué le premier à ses deux amis. Le baron de Constant a terminé, peu d'années après, une vie grandement éprouvée, en raison sans doute de la conduite que Dieu tient souvent envers ses plus fidèles serviteurs. Le dernier des trois amis continue, dans une vie retirée, à faire le bien, tout en donnant ses soins aux enfants que le Seigneur a multipliés autour de sa table comme au temps des patriarches.

Nous pardonnera-t-on de nous être laissé retenir par un tableau si charmant de la plus parfaite amitié ? *Rara avis in terris !*

Cette parfaite amitié n'est si rare que parce qu'on ne s'attache pas aux vérités et aux règles de notre sainte Religion. Les esprits sont entraînés hors de la voie par les maximes qu'on leur jette en pâture et qui tarissent ensuite toute sève de vertu dans les cœurs.

C'est à préserver de ce fléau les jeunes gens et les hommes sérieux, ou à délivrer ceux qui en étaient les victimes, que M. de Larnay aspirait en créant son cabinet de lecture.

Dans les établissements de ce genre on ne trouve communément que des romans, des ouvrages de circonstance, des livres tout au moins légers en morale comme en doctrine. Les bibliothèques publiques offrent principalement les anciens ouvrages de fond, qui sont à consulter plutôt qu'à lire.

M. de Larnay faisait entrer dans son cabinet de

lecture tous les meilleurs ouvrages qu'on ne trouve pas à louer parce qu'ils se vendent trop cher, et aussi parce qu'on ne peut pas avoir chez soi et à soi tous les livres dont il est utile sans doute de prendre connaissance, suivant toutefois l'aptitude et la position de chacun. Dans le cabinet de lecture de M. de Larnay on pouvait se tenir au courant de tout le bon mouvement littéraire contemporain, à l'aide des principales Revues conçues dans un bon esprit qu'on y avait sous la main.

M. de Larnay n'était pas lui-même étranger et insensible a ce mouvement. Il était, il est vrai, homme d'action surtout, et par conséquent il n'avait pas de temps à consacrer à l'étude suivie des questions qui se présentaient. Mais il avait un regard d'intérêt attaché sur elles toutes. Au moment où l'apologétique chrétienne s'était vivement portée sur les récits bibliques et sur la justification des textes sacrés, en présence des découvertes plus ou moins vraies plus ou moins complètes de la science, il s'abonna et resta fidèle aux *Annales de Philosophie chrétienne*, cette intéressante Revue qui, acceptant la lutte sur le champ où l'incrédulité croyait triompher, l'a soutenue et la soutient encore, sous la direction constante du fondateur, avec tant de persévérance et un si grand profit pour la vérité.

Le bien qu'a produit le cabinet de lecture de M. de Larnay est vraiment inappréciable. Beaucoup d'étudiants y sont venus et ont pu y sastisfaire, sans péril et avec les plus grands fruits, cette avidité, cette faim des livres dont on est tourmenté au sortir du collége. Il n'est pas d'hommes graves de notre ville de Poitiers, dont le renom d'études est étendu assez au loin, qui n'y aient eu recours : les de Curzay, les Guerry, les de Baudus, les Foucart, les de Pissis, les Duffaud.

Mais, bien plus, si les catholiques louaient ces livres pour se fortifier dans la foi, les hommes qui étaient étrangers ou même hostiles à la Religion les lisaient aussi parce qu'ils les rencontraient dans leur chemin. Si donc plusieurs de ces derniers sont revenus de leur erreurs, et s'ils ont laissé s'évanouir ou s'affaiblir leurs préjugés ; si les croyants se sont de plus en plus affermis dans la possession de la vérité ; si même quelques-uns ont su la défendre par d'excellents écrits : c'est à l'établissement de ce cabinet de lecture qu'il convient d'attribuer en partie de si précieux résultats.

M. de Larnay, profitant de la bonne volonté d'une personne très-zélée pour le bien, avait installé à Ruffec une succursale du cabinet de lecture de Poitiers.

Ainsi toujours se servait-il de ses relations de société pour étendre ses œuvres. C'est le motif qui le déterminait à entretenir des rapports avec les personnes du monde. Car, par goût et par attrait, par amour surtout pour le saint état du sacerdoce, il aurait préféré de vivre dans la plus complète solitude.

XV.

ÉCOLES CLÉRICALES PRESBYTÉRALES.

M. de Larnay était dans son élément au Séminaire. Il aimait les jeunes lévites. Il s'appliquait à favoriser les vocations. La révolution de 1830 y avait été fatale par l'esprit d'hostilité religieuse auquel elle avait donné l'essor, et par la diminution des Ecoles cléricales que le manque de concours avait empêché de subsister. Ainsi avait dû cesser, dans notre féconde Vendée, l'École de Saint-Amant, qui a fourni tant de prêtres au diocèse.

M. de Larnay, particulièrement affligé de la situation, eut la pensée d'établir comme de petites écoles presbytérales dans quelques cures de la Vendée. Il se persuadait justement que le premier soin à prendre pour avoir de saints prêtres était de les tirer du sein des familles patriarcales de cette religieuse contrée.

En conséquence, il s'adressa, au mois d'août de l'année 1839, à des prêtres dont il connaissait le zèle et la piété, aux curés des paroisses de Terves, de la Chapelle-Largeau, de Saint-Porchaire, de la Ronde, et du Puy-Saint-Bonnet, qu'il fit sans peine consentir à recevoir chez eux chacun trois enfants (la loi n'en permettait pas plus) de bons fermiers, auxquels ils apprendraient les éléments du latin, et qu'ils conduiraient jusqu'en quatrième ou jusqu'en cinquième.

Mais, pour mettre ces dignes prêtres en état de subvenir aux besoins des pauvres enfants sans trop se charger eux-mêmes, il les *força*, ainsi que s'exprime l'un d'eux, de recevoir chaque année deux cents francs, qu'il quêtait, affirmait-il, auprès de personnes charitables, dont les noms sont restés le secret de Dieu. Nous pouvons dire que l'une de ces personnes n'était autre souvent que lui-même.

Cette œuvre, petite de proportions, fut assez grande de résultats, si l'on considère que les enfants ainsi choisis et élevés ont été de saints prêtres, dont plusieurs sont devenus de zélés apôtres dans les Missions étrangères.

Le 21 septembre 1841, M. de Larnay écrivait à Mgr de Bouillé :

« Pour favoriser l'œuvre du Sacerdoce, j'ai entrepris de faire commencer le latin à un certain nombre de petits enfants. Depuis trois ans, ils ont coûté plus de 2,000 francs, qu'on m'a donnés pour cela. Les bons curés qui les ont élevés s'adressent à moi pour obtenir que les plus pauvres de ces enfants soient reçus gratuitement dans Vos petits séminaires. Je les ai engagés à s'adresser directement à Vous. J'ose espérer que Vous ne les refuserez pas, en considération de ces sacrifices d'argent et de la peine qu'ils se sont donnée. Ce sera un acte de bonté dont je garderai le souvenir. »

Les ressources personnelles ou autres dont pouvait disposer M. de Larnay soutinrent l'œuvre pendant plusieurs années. Lorsqu'elles allaient devenir insuffisantes, la Providence en suscita de nouvelles plus considérables, qui permirent de remplacer les écoles presbytérales par l'école cléricale de Châtillon-sur-Sèvre, laquelle se maintient dans un bel état de prospérité.

XVI.

URSULINES DE CHAVAGNES.

En la même année 1839, où M. de Larnay avait commencé à s'occuper des écoles presbytérales, son zèle le porta vers les écoles de filles, qui intéressent bien aussi la Religion.

Le vénérable curé de Charroux désirait fonder dans sa paroisse un Établissement de Religieuses enseignantes. Il fut secondé par une généreuse servante de Dieu, qui mit à sa disposition un local assez étendu pris parmi les ruines de la célèbre Abbaye bénédictine de cette ville. Mais le succès de l'œuvre ayant paru d'abord compromis, on s'adressa à M. de Larnay, qui se trouva prêt tout de suite, et qui contribua efficacement à aplanir les difficultés que rencontrent souvent au début, par une malice inspirée du démon, ces fondations qui doivent servir à la gloire de Dieu et au bien des âmes.

La pieuse servante de Dieu pria depuis M. de Larnay de lui ouvrir à elle-même les portes du Carmel ; mais la faiblesse de sa santé s'opposa à son désir. Elle fut reçue à la Visitation, où elle continua pendant quelque temps de vivre sous la direction de M. de Larnay.

L'Établissement de Charroux fut donné aux Ursulines de Jésus, dont la Maison-Mère est à Chavagnes, au diocèse de Luçon, et reconnaît pour son fondateur et père le vénérable M. Baudouin, dont la Vie édifiante fait le charme de tous ceux qui la lisent.

La Maison de Charroux commença avec neuf Religieuses, qui eurent bientôt un pensionnat florissant, un externat et des classes gratuites. Dans la première visite dont Monseigneur l'Evêque l'honora, Sa Grandeur fut accompagnée par M. de Larnay, qui fit don à la chapelle d'un ciboire et d'un ostensoir.

Il se montra toujours un père pour cette Maison. Il ne cessa d'exhorter les Religieuses à lutter courageusement contre les obstacles qu'elles rencontraient dans le bien qu'elles voulaient faire. Plus d'une fois, comme elles en ont témoigné, le souvenir de ses paroles pleines de gravité et d'onction les a soutenues dans les différentes épreuves dont elles ont été traversées.

Elles aiment à se rappeler la retraite qu'il leur prêcha au mois de juin de l'année 1861, l'avant-dernière de sa vie. Il prêcha aussi une petite retraite aux élèves, et, de concert avec M. le curé, il fit faire la première communion à plusieurs enfants, et il érigea la Congrégation des Enfants de Marie.

M. de Larnay aimait *sa Maison* de Charroux. Les élèves ne manquaient pas de lui écrire de charmantes lettres au renouvellement de l'année. M. de Larnay les remerciait en leur envoyant des livres et des jouets de récréation.

Il prit une vive part à la joie qu'éprouva cette Maison, quand eut lieu, en 1856, la découverte désormais célèbre des insignes Reliques du Sauveur, qui furent trouvées dans la démolition d'un mur d'arcade où elles avaient été cachées à une époque de révolution.

Dans un moment de crise où cette Maison se trouva, faute de ressources pécuniaires, comme il arrive aux Maisons religieuses, M. de Larnay aida la Supérieure à se tirer d'embarras. Si, plus tard, ses intentions bienveillantes furent entravées par des circonstances indépendantes de la volonté des personnes intéressées ; s'il fut réduit, comme nous le voyons dans ses notes, « à gémir sur son impuissance et à prier DIEU à deux genoux et les mains jointes », il resta toujours attaché à sa *chère Maison*. Dans ses derniers moments, il fit écrire à la Supérieure pour lui exprimer ses regrets de n'avoir pas pu suivre tous les élans de son cœur.

M. de Larnay montra son estime et son affection pour les Ursulines de Chavagnes, en leur procurant une fondation à Châteauroux. Il avait fait la connaissance d'un bon curé de cette ville pendant une des saisons qu'il passa à Néris-les-Bains. Confident des pensées et des désirs de ce zélé pasteur qui voulait doter sa paroisse d'une Maison religieuse d'instruction, il lui parla de la Congrégation de Chavagnes, et consentit à se charger des négociations, qui durèrent assez longtemps. Mais enfin, le 31 décembre 1850, il eut la satisfaction d'installer les Religieuses, qui occupèrent d'abord simplement une maison de loyer, mais qui, ne tardant pas à prospérer, achetèrent bientôt un terrain et bâtirent un très-beau Couvent.

XVII.

ENFANTS DE MARIE DU SACRÉ-CŒUR.
RETRAITES DE DAMES.

Les Religieuses du Sacré-Cœur de Poitiers mirent à contribution pour leur part, et dans une Œuvre spéciale, le zèle de M. de Larnay. La digne Supérieure, Mme Grosier, lui demanda son concours pour établir une Congrégation d'Enfants de MARIE, qui se composerait de pieuses personnes du monde et tiendrait ses réunions dans la Maison, où elle aurait ses fêtes et recevrait la direction dont elle aurait besoin. M. de Larnay se défendit d'abord d'accepter une entreprise dans laquelle il voyait bien qu'il ne s'agissait pas d'une simple action du moment, mais d'une Œuvre à continuer, qui réclamerait de lui beaucoup de temps et beaucoup de soins. Cependant il dut céder à l'insistance de la Supérieure, qui lui déclara qu'elle ne le laisserait pas partir avant d'avoir eu son consentement.

C'était en 1840. La Congrégation fut très-nombreuse dès le début, et elle n'a fait depuis que croître et prospérer. M. de Larnay assistait régulièrement aux réunions mensuelles et aux fêtes des Enfants de Marie. Toutes se rappellent avec bonheur ses charmantes conversations mêlées des plus sages avis et des plus pieuses exhortations. Du reste, il demandait en retour aux Enfants de Marie des dédommagements qu'elles s'empressaient de lui accorder, parce que c'étaient des actes de piété et de charité.

Ne pouvant entrer dans les détails, nous donnons en preuve cette lettre qu'il écrivait le 14 novembre 1851 :

« Monseigneur,

« Ma Congrégation d'Enfants de Marie du Sacré-Cœur vient de fonder un travail manuel pour les pauvres le deuxième mercredi de chaque mois. Elle me demande la bénédiction du Saint-Sacrement après le travail, s'il y a au moins vingt membres présents. Je Vous prie de vouloir bien nous accorder cette faveur. »

Les Enfants de Marie du Sacré-Cœur de Poitiers ont particulièrement montré leur reconnaissance envers M. de Larnay, en s'occupant de ses chères sourdes-muettes et aveugles, en se cotisant pour en assister plusieurs, ce qu'elles continuent de faire avec tout le zèle d'un profond et vivace souvenir.

Une œuvre en entraîne une autre. C'était vrai surtout dans les mains de M. de Larnay.

En effet, il n'eut pas plutôt établi la Congrégation des Enfants de Marie, qu'il institua des retraites annuelles, auxquelles assistèrent avec les

Enfants de MARIE d'autres personnes de la ville et de localités même assez éloignées. Cette excellente institution s'est maintenue, et elle produit, on le comprend, les plus précieux résultats.

L'exemple de Poitiers a été suivi au Sacré-Cœur de Niort.

XVIII.

MORT DE TANTE LUCETTE. — DÉLICATESSE DE M. DE LARNAY.

Ces Œuvres, avec les tracas et les sollicitudes qui en sont inséparables, apportaient à M. de Larnay des consolations et des jouissances dont il sentait tout le prix.

Mais il plut à DIEU de lui envoyer à cette époque une peine de famille à laquelle il fut très-sensible. Il perdit sa bonne tante Lucette. C'était l'unique sœur de son père, qui, en revenant de l'exil, avait reçu de ses généreuses mains ce qu'elle avait pu conserver de l'héritage patrimonial.

Douée du plus aimable caractère, elle s'était vue entourée dès sa jeunesse d'amies vertueuses avec qui elle entretint longtemps le plus doux commerce. Mais les infirmités la visitèrent. Les six dernières années de sa vie se sont passées dans les cruelles et incessantes souffrances d'une hydropisie de poitrine. Elle s'est alors entièrement séparée du monde, vivant dans la retraite, occupée à la prière et à la pratique des bonnes œuvres.

M. de Larnay assista sa tante avec une tendresse filiale. Il fut assidu à la visiter jusqu'au dernier moment, lui prodiguant ses exhortations et ses soins. La bonne tante en fut si touchée que, sans rien lui dire, revenant sur une disposition qu'elle avait prise en faveur d'une jeune personne étrangère, elle cassa le don qu'elle avait fait à celle-ci, afin de tout laisser à ses neveux.

La tante Lucette ayant succombé le quatorze août 1842, M. de Larnay questionna une dame qui était amie de sa mère, et qu'il savait avoir eu les confidences de sa tante, voulant que toutes ses intentions fussent fidèlement remplies. La dame interrogée ne crut pas pouvoir se dispenser de rendre hommage à la vérité. Elle dit donc à M. de Larnay comment sa tante avait agi au sujet de ce don particulier. M. de Larnay voulut que la première disposition fût rétablie et maintenue au profit de la jeune personne. C'est une rente que paye encore la Maison de Larnay.

Pas n'est besoin de dire que M. Victor ratifia ce que son frère avait fait.

Les deux frères s'aimaient tendrement, bien qu'ils n'eussent pas les mêmes goûts ni les mêmes tendances, bien que cette diversité, nous allions dire cette opposition, amenât quelquefois des situations difficiles ou délicates dans leurs rapports fraternels, comme on va le voir tout à l'heure

TROISIÈME PARTIE

DEPUIS LA SORTIE DE M. DE LARNAY DU GRAND SÉMINAIRE JUSQU'A SA NOMINATION DE CHANOINE.

I.

M. DE LARNAY SORT DU GRAND SÉMINAIRE.

Les peines n'ont pas manqué à M. de Larnay, les peines les plus intimes. C'est le lot principal du juste ici-bas.

Que cela même nous serve de transition pour aborder une époque et un fait de la vie de M. de Larnay, où son âme tout entière va paraître à nos yeux, avec ses qualités, et, si l'on veut, avec ses défauts, que les premières, nous le croyons, rachèteront abondamment.

C'est pourquoi nous entrerons dans quelques détails, soulevant même les voiles, autant que la sagesse chrétienne nous le permettra.

Il s'agit de la sortie de M. de Larnay du Grand Séminaire.

Nous avons pu dire comme il s'y plaisait, comme il aimait à s'y reposer de ses Œuvres extérieures, comme il s'était attaché aux Séminaristes, comme il possédait leur affection.

Il n'avait sans doute pas au Séminaire d'autre fonction que celle de maître des cérémonies ; mais, de même que les autres Directeurs, il prenait sa part des exercices, il s'occupait des consciences des Séminaristes qui s'adressaient à lui, et il donnait son vote dans la grave question des appels aux saints Ordres. Il prêchait aussi à son tour dans les retraites des ordinands, à qui il parlait avec une grande vivacité de foi et avec l'élan de son zèle pour la gloire de DIEU et l'honneur de la sainte Église. Il donnait, à sa semaine, le sujet de l'oraison et faisait la méditation après une diligente préparation écrite, dont témoignent les cahiers qu'il en a laissés.

Du reste, n'étant pas chargé de cours, il employait volontiers le temps que lui laissaient ses Œuvres *à embellir la cage*, comme il disait.

C'est lui qui a changé le coteau du Séminaire, tout à fait inculte et sauvage jusque-là, en ce délicieux bosquet qu'on y voit aujourd'hui, mais auquel la proximité de la voie de fer a fait depuis perdre son charme d'isolement et de paix. Il employait à couvrir les frais de ces travaux le traitement de Directeur de Séminaire qui lui revenait, mais auquel il a toujours renoncé.

M. de Larnay se croyait donc pour longtemps et comme indéfiniment fixé au Séminaire, lorsque le changement de Supérieur lui parut au premier moment changer aussi à tel point sa situation, qu'il jugea d'abord que c'était son devoir de demander à Monseigneur sa sortie du Séminaire. Mais son amour pour cette sainte Maison aurait pris le dessus, et il y serait resté, si cette affaire n'avait pas été engagée dans un autre sens par son cher frère, dont on ne saurait inculper les intentions, mais qu'on ne pourrait justifier de quelque précipitation.

L'un et l'autre avaient eu plusieurs entretiens avec leur Evêque au sujet des difficultés qu'ils allaient rencontrer, pensaient-ils, dans la nouvelle administration du Séminaire. Mais rien n'avait été conclu, et ils étaient convenus tous les deux de prendre du temps pour réfléchir sur une question dont ils comprenaient justement la grande importance.

M. Charles de Larnay s'en alla à Paris consulter ses anciens et toujours vénérés maîtres du Séminaire de Saint-Sulpice.

M. Victor, de son côté, alla voir l'Evêque de Luçon, Mgr Soyer, l'ami de la famille, qui tâcha de le consoler dans sa peine, et qui lui parla sérieusement de le présenter pour l'Épiscopat.

Cette idée, exprimée par une si auguste personne, lui fit impression. Mais il ne paraît pas qu'il se soit prêté pour le moment à ce qu'il y fût donné suite.

Il revint bientôt à Poitiers, où, dominé sans doute par ses sentiments, excité certainement aussi par sa mère qui prenait vivement cette affaire, et d'ailleurs se persuadant que le nouveau Supérieur serait aise de trouver devant lui une situation bien définie, il se détermina, croyant entrer au fond dans la pensée de son frère, à écrire à M. de Rochemonteix, Vicaire général, une lettre dans laquelle il le prie, étant au fait de la question, de vouloir bien exposer à Monseigneur l'Evêque tout le vrai de la situation et toute la force des raisons qui dictent sa démarche, afin que Monseigneur ne soit plus surpris de la persistance qu'ils mettent, son frère et lui, pour que Sa Grandeur les retire dès cette année du Séminaire, étant à mille lieues de leur pensée de vouloir faire entendre une seule plainte, une seule improbation, ne désirant qu'une chose, qu'on soit convaincu d'une véritable nécessité pour eux de sortir du Séminaire, mais nécessité qu'ils n'ont ni provoquée, ni désirée, à laquelle même ils ne pouvaient penser par avance, puisqu'ils avaient ignoré le changement qui se faisait ; qu'ils ne doutent pas que Monseigneur comprendra que c'est par sagesse qu'ils demandent leur sortie ; qu'il leur suffit que Sa Grandeur la leur accorde de bonne grâce et veuille conserver, après la nouvelle organisation du

Séminaire, la bonté et l'obligeance de ses rapports avec eux, de manière à ne laisser croire à personne que, dans leur propre ville, ils soient disgraciés dans l'esprit de leur Evêque.

Cette lettre était du 10 août 1841. Le bon M. Victor, qui l'écrivait avec mesure mais avec une insistance inquiète et affligée, ne savait pas qu'il avait moins de quatre ans à vivre.

M. de Rochemonteix lui répondit le 18 en ces termes :

« Mon bien cher Confrère,

« Il vous tarde sans doute de recevoir réponse à la lettre que vous m'avez fait l'honneur de m'écrire ; je ne sais s'il ne me tardait pas encore plus de vous l'adresser. Mais ce n'est qu'aujourd'hui qu'il m'a été possible de vous dire quelque chose de positif. J'avais préparé les voies, même avant de recevoir votre lettre ; mais il n'était pas facile de faire passer la mesure que je proposais pour rendre moins fâcheuse votre sortie du Séminaire. Votre détermination était trop précise et trop fixe pour laisser à Monseigneur l'espérance que vous changeriez d'avis. Aussi il n'y a plus songé. Sur ce point tout s'est bien passé ; il n'en conserve point d'impression pénible ni contre vous, ni contre Monsieur votre frère. Vos rapports avec Lui seront comme par le passé. Il a exigé que votre lettre fût lue au Conseil. Comme elle était mesurée et qu'elle ne renfermait rien qui pût blesser qui que ce soit, j'en ai donné lecture, et elle n'a pas provoqué d'observation ; c'était là le plus facile. Il me restait à vous rendre un service d'ami ; je l'ai tenté. Y aurai-je réussi ? Vous allez en être juge. Du moins j'ai fait le possible : j'ai proposé à Monseigneur et aux membres de son Conseil de créer à Poitiers ce qui existe dans le plus grand nombre des diocèses, une Officialité dont vous seriez le Président.

Ma proposition a été agréée ; il n'y manque plus que votre acceptation. Je suis bien persuadé que vous ferez revivre dans cette place de haute confiance le zèle et la sagesse de M. de Cressac qui vous a devancé dans ces nobles fonctions.

» Je n'ai pas oublié Monsieur votre frère. Il a été nommé grand-maître des cérémonies du Chapitre ; il le sera pour tout le diocèse.

» Comptez toujours sur ma bonne volonté, lorsqu'il s'agira de vous rendre quelque service. Le cœur ne manque pas à ma puissance, mais la puissance manque souvent à mon cœur. L'affaire se termine avec honneur pour vous. Je dois en bénir la bonté divine, qui console ceux qui sont dans la peine et qui me procure la satisfaction d'avoir rendu justice à votre mérite. »

Le 27 du même mois d'août, M. Victor écrivait à M. de Rochemonteix une lettre que nous reproduisons par justice et par charité, parce qu'elle montrera que, s'il a pu se tromper et manquer de courage ou de prudence, du moins ses intentions étaient pures.

Voici cette lettre :

« Maulévrier, 27 août 1841.

« Monsieur,

« La chose la plus essentielle pour moi, c'est que Monseigneur n'éprouve nul mécontentement au sujet de l'insistance que je me suis permis de mettre dans la lettre que j'ai eu l'honneur de vous adresser, et cela non par aucun motif de crainte ou d'autre considération humaine, mais uniquement par une pensée de foi, c'est-à-dire, par la crainte qu'en sortant du Séminaire malgré mon Évêque, je m'expose à n'être plus dans l'ordre de la Providence et dans la place où Elle me voudrait. Cette crainte a toujours fait sur moi une impression si forte, que je me sentirais disposé à tout pour me conformer aux desseins manifestés par ceux qui La représentent à mon égard ; et toutes les fois que mes Supérieurs, assez bons pour écouter mes observations, insisteront néanmoins dans leurs désirs, j'espère avec la grâce divine que rien ne me coûtera, et que je ne serai jamais pour eux un sujet de peine ou de gêne. Puisque vous m'assurez que Monseigneur n'est nullement indisposé, mon esprit sera tranquille. Il serait encore plus heureux si j'apprenais que les observations que je vous avais prié de présenter à Sa Grandeur auraient éclairé Ses sentiments sur la vérité de ma position, et l'auraient convaincue qu'il était sage, tout bien considéré, qu'Elle me retirât du Séminaire. Car alors je paraîtrais dans la démarche que j'ai faite, non une tête vive et susceptible, qui exagère et tient à son vouloir, mais un esprit réfléchi et raisonnable, qui se détermine à changer de position sans la moindre contrariété et uniquement par un principe de discernement et de sagesse qui fait juger le changement convenable. Je serais trop heureux si c'était là le jugement qu'on doit porter sur ma conduite présente. J'ose l'espérer surtout de vous, Monsieur, et de tous ceux qui me connaissent particulièrement. »

Passant après cela à la place d'Official dont lui parlait M. de Rochemonteix, M. Victor s'en exprime avec une libre simplicité, qui nous engage à ne rien retrancher de cette seconde partie de sa lettre :

« Quant à la place d'Official, dont vous me parlez, je ne puis avoir aucune pensée à ce sujet, puisque vous n'entrez dans aucun détail. Si l'Officialité devait être ce qu'elle était autrefois, on conçoit tout le zèle et toute la sagesse qui seraient nécessaires pour la remplir ; et l'on serait, comme vous dites, très-honoré d'être en cela le successeur de M. de Cressac. Mais les temps ont bien changé les institutions et les choses. Aujourd'hui, les Évêques, conjointement avec leurs grands vicaires, administrent tout le *contentieux*, tout bonnement, comme disent les canonistes, *de plano, sine strepitu fori et judicii*. D'un autre côté, les Secrétariats des Évêchés ont l'habitude d'expédier tout ce qui concerne les dispenses avec les formalités toutes simples du bureau. Je ne vois donc pas trop ce qui resterait à faire dans les attributions des anciens Officiaux. Aussi paraît-il que, dans les diocèses où on a voulu les rétablir, l'entreprise n'a eu que peu ou point de succès. Mais si Monseigneur, modifiant cette institution ecclésiastique, se proposait de créer près de lui une Officialité à laquelle il attribuerait des fonctions importantes et déterminées, qui, d'un côté, supposeraient des rapports de confiance avec Sa Grandeur, et, de l'autre, des rapports d'administration habituelle avec le clergé du diocèse, il n'est pas douteux que je me retrouverais dans une position qui ferait suite avec celle que j'avais au Séminaire, et qui utiliserait les connaissances que j'ai sur le personnel du clergé. Ne sachant donc pas quelles sont les intentions de Sa Grandeur au sujet de cette institution nouvelle, je ne puis mieux faire que de m'abandonner à sa Sagesse pour qu'Elle dispose de moi comme Elle le jugera convenable. Elle m'a parlé avec trop d'obligeance pour que je puisse hésiter à le faire. Veuillez communiquer cette lettre à Monseigneur, afin qu'il connaisse mes sentiments et qu'il soit convaincu de plus en plus que je serais désolé de Lui causer plus longtemps de l'embarras.

» Quant à mon frère, je ne sais quelles sont et quelles seront plus tard ses pensées, car il est toujours à Paris. »

M. Victor avait écrit le vingt et un à son frère la lettre suivante :

« Vous avez vu, par ma lettre de mercredi dernier, que j'étais décidé à faire tous les sacrifices, et que même il ne m'en coûterait pas personnellement pour les faire, ce qui aura pu vous convaincre que mes dispositions intérieures étaient plus rassurantes pour la conscience et le salut que vous ne paraissiez le croire. La lettre de M. de Rochemonteix que je vous envoie, vous fera comprendre ma position présente. Je vous envoie mon projet de réponse ; écrivez-moi vos réflexions à ce sujet. Quant à la place dont parle M. de Rochemonteix, vous êtes aussi libre que quand vous êtes sorti de l'entretien de Monseigneur, ou de l'accepter ou de la refuser, ou peut-être même de l'accepter en restant au Séminaire. Je désire plus que jamais que vous ne suiviez que vos goûts, et cela pour votre bonheur. Pour moi, vous voyez que tout ne sera réglé définitivement que quand j'aurai vu Monseigneur. Ce qui me rassure, c'est que je me sens également disposé à accepter la conclusion que Dieu voudra donner à mon affaire, et que par conséquent je dois croire que je ne me trouverai pas hors des voies de la Providence, ce qui serait pour moi un malheur inconsolable.

« Aimons-nous toujours de plus en plus, et prions l'un pour l'autre. »

M. Charles de Larnay, qui passait alors paisiblement son temps à Paris au Séminaire de Saint-Sulpice, ne s'attendait pas à la lettre et à la communication de son frère. Voici quelle fut sa réponse.

« Mon Très-Cher,

« Votre lettre à M. de Rochemonteix m'a surpris. Il avait été convenu que nous n'écririons rien à l'Évêché sans nous le communiquer. Notre position mieux méditée consistait, je crois, à attendre Monseigneur. Je crains que, en allant si vite, nous n'ayons à nous repentir. Voyez, méditez, et surtout placez-vous en dehors des influences de famille, qui sont toujours pernicieuses en pareille circonstance.

» M. *** était d'avis, il est vrai, que nous quittassions le Séminaire. Mais l'avis de tous les Sulpiciens est diamétralement opposé.

» L'embarras de notre position vient se compliquer de la différence de nos goûts. Vous paraissez désirer l'exercice du ministère, et moi j'y répugne. Vous viviez dans la pensée que vous sortiriez du Séminaire, et moi je me berçais sans cesse de l'espérance que j'y resterais indéfiniment. Vous comprenez qu'il n'est pas facile de faire concorder tout d'abord deux volontés si différentes.

» Mon projet est de m'éloigner de Poitiers le plus longtemps possible. Je resterai à Paris au moins tout le mois d'août; je passerai dans la Vendée une partie du mois de septembre, et je ne me rendrai à Larnay que lorsque tout cet *embrouillamini* sera terminé. Je crois que moins nous parlerons et écrirons dans cette affaire, mieux cela vaudra. Je crois que nos sentiments doivent être nobles par les sacrifices plutôt que par tout le reste. C'est le seul moyen pour ne pas descendre au rôle des petites passions dont tant d'autres sont victimes.

» La lettre de Maman est violente. Je regretterais d'être sous l'influence de telles pensées. Pour vous y soustraire, du moins pendant quelque temps, si vous alliez faire une visite aux Pères de la Trappe, les consulter?

» Adieu, je vous aime et vous embrasse bien cordialement. Ne faites pas connaître ma lettre à Maman. Je lui écrirai dans quelques jours. »

Voici cette lettre de M. Charles à sa mère :

« MA BONNE MÈRE,

» Je regrette que Victor n'ait pas suivi votre conseil, lorsque vous lui avez proposé de retirer des mains du courrier la lettre qu'il a écrite à M. de Rochemonteix. Tous les Sulpiciens, qui sont vraiment nos amis, s'accordent à dire que notre position était plus belle en nous taisant qu'en parlant, et qu'il fallait attendre les propositions que nous ferait Monseigneur. Pour moi, c'est le parti que je prends. Je regrette que Victor ait été si vite, et Dieu veuille qu'il ne s'en repente pas un jour.

» Le pire de tous les rôles est la résistance, *directe* ou *indirecte*. Le plus noble est celui des sacrifices que l'obéissance impose. La meilleure manière de sanctionner tous les discours que nous avons adressés au clergé depuis quinze ans sur l'obéissance aveugle aux Supérieurs, est d'en donner nous-mêmes l'exemple. Plus ce sacrifice nous aura coûté, plus il servira à l'édification générale du clergé, et peut-être que de toutes nos œuvres pour le ciel, celle-ci sera la meilleure.

» Vous me conseillez de fuir Saint-Sulpice. Je m'en garderai bien. Si Victor m'eût suivi, au moins pour quelques jours, il aurait infailliblement modifié ses idées, et il est certain qu'il n'eût pas écrit à M. de Rochemonteix comme il l'a fait.

» J'ignore si le Supérieur nommé ne sera pas le premier à demander à Monseigneur une organisation nouvelle. J'ignore ce que Monseigneur me demandera; j'ignore par conséquent ce que je lui répondrai. Mais ce qu'il y a de bien certain, c'est que je préfère accepter tous les sacrifices plutôt que de manquer à l'esprit d'obéissance que je lui dois. Si je quittais le Séminaire pour une question d'amour-propre, j'aurais peut-être à m'en faire des reproches toute ma vie.

» Après cela, vous remarquerez que la position de mon frère et la mienne sont un peu différentes à cause de nos goûts. Il accepterait volontiers une place dans le ministère, et moi j'en suis très-éloigné. Il s'est nourri de la pensée qu'il sortirait tôt ou tard du Séminaire; pour moi, je suis encore resté étranger à cette pensée. Vous voyez qu'il ne faut pas me faire passer par les mêmes conséquences.

» Adieu, ma bonne Mère; je vous embrasse et vous aime de grand cœur. J'en fais autant pour mon frère. »

M. Charles de Larnay avait bien à cœur d'établir nettement sa position, car il écrivait à son frère :

« Je n'ai aucun conseil à vous donner pour ce qui vous concerne. Vous ferez donc tout ce que vous jugerez convenable.

» Quant à moi, je vous prie, et cela très-instamment, de me mettre complétement de côté dans toutes vos communications, soit verbales, soit écrites, à Monseigneur ou à ses grands vicaires, ou à qui que ce soit enfin.

» Je vous demande aussi, et cela est de justice, que dans la lettre prochaine que vous écrirez à M. de Rochemonteix vous insériez ce paragraphe : « Quant à mon frère, Monsieur, je

» dois vous dire que, lorsque j'eus l'honneur de vous écrire,
» j'avais supposé que sa manière de voir était semblable à la
» mienne. Mais je crois essentiel de vous déclarer ici que je n'ai
» été autorisé ni directement ni indirectement à vous écrire
» en son nom, et qu'il ignorait complétement, quand je vous
» l'ai écrite, l'existence et le contenu de ma lettre. Aussi je
» vous prie de regarder comme non avenu tout ce qui pourrait
» dans ma correspondance se rapporter à lui. »

» Adieu, mon cher ; je vous aime et vous embrasse de tout mon cœur. »

M. Charles de Larnay avait bien eu d'abord, comme nous l'avons dit, une première volonté, ou plutôt une tentation de sortir du Séminaire. Il était alors sous l'impression que lui avaient faite et la nomination du Supérieur qui était appelé à remplacer son vénérable ami M. Samoyault, et les changements que le nouveau Supérieur se proposait d'introduire dans le Séminaire. Il ne se défendait pas non plus de l'influence qu'exerçaient sur lui son cher frère et sa chère mère, qui opinaient, celle-ci surtout, pour que tous les deux sortissent du Séminaire.

M. Charles avait même envoyé en communication à son frère une lettre à Monseigneur pour exposer à Sa Grandeur les motifs qui les obligeaient, à leur sens, de sortir du Séminaire. Mais cette lettre ne fut pas adressée en effet à Sa Grandeur.

M. de Larnay avait passé tout le mois d'août au Séminaire de Saint-Sulpice. Les réflexions qu'il fit dans cette pieuse Maison, les avis et conseils de ses anciens maîtres, en affaiblissant les influences de la famille contre lesquelles il écrivait à son frère de se tenir en garde, rétablirent le calme dans son âme, et le ramenèrent à son intime et véritable sentiment, qui était de rester au Séminaire.

Aussi écrivit-il de Chartres à Monseigneur, le 3 septembre, une lettre dans ce sens, mais qui arriva trop tard et ne put faire revenir Sa Grandeur sur la résolution qu'Elle avait prise après la lettre de M. Victor à M. de Rochemonteix.

En effet, Monseigneur écrivit lui-même à M. de Larnay, le 6 septembre, la lettre suivante, où l'on verra et la gravité de l'affaire et la considération dont MM. de Larnay jouissaient auprès du digne Evêque :

« Poitiers, le 6 septembre 1841.

« Monsieur l'Abbé,

« Il me paraît, par votre lettre du 3, que mutuellement nous nous sommes mal entendus. Quoique, à votre départ, vous me paraissiez à peu près déterminé à quitter le Séminaire, j'ai cru cependant que vous vous proposiez de faire de nouvelles réflexions, et qu'à la fin de la retraite que vous aviez projet de faire au Séminaire de Saint-Sulpice, vous me feriez part de votre dernière résolution. Quand je vous ai demandé votre adresse à Paris, ce n'était pas pour vous y faire de nouvelles propositions ou instances, mais uniquement pour profiter de votre obligeance, dans le cas où j'aurais quelques affaires à traiter avec le ministre ou tout autre.

« M. Cousseau, qui savait combien je désirais qu'il y eût le moins de changement possible dans le personnel du Séminaire, était sur le point de vous écrire pour réclamer votre coopération ainsi que celle de votre frère dans ses nouvelles fonctions, lorsque la lettre de votre frère à M. de Rochemonteix est arrivée. Cette lettre était si positive que j'ai dû croire, et cette croyance a été partagée par tous les membres de mon Conseil, que toute tentative était inutile, et qu'il n'y avait plus qu'à s'occuper de trouver trois sujets pour remplir le vide : ce qui a été fait.

« Cette affaire m'a d'autant plus contrarié, qu'au regret de voir vous et votre frère quitter le Séminaire, se joignait celui de n'avoir pas à vous offrir des postes qui, en vous prouvant ma satisfaction, vous fussent agréables. Votre frère veut bien se contenter pour le moment du titre d'Official avec quelques fonctions qui y seront attachées. Quant à vous, j'espère que vous voudrez bien continuer les bonnes œuvres dont vous êtes l'âme et auxquelles il vous sera possible de donner plus de soin. Plus tard, nous verrons ce qu'il sera possible de faire. J'espère que vous me rendrez la justice de croire au désir que j'ai de vous être agréable. A votre arrivée, nous nous entretiendrons plus particulièrement de votre position.

« Agréez, Monsieur l'abbé, l'assurance de mon sincère attachement.

« † J.-B., *Évêque de Poitiers.* »

On est vraiment touché de la paternité qui respire dans cette lettre, qu'a écrite de sa main le vénérable Prélat, étant âgé de quatre-vingt-trois ans.

M. de Larnay écrivait à sa mère le 15 septembre :

« MA BONNE MÈRE,

« Je ne suis arrivé à Maulévrier qu'hier mercredi 14 septembre. J'y ai trouvé la lettre de Monseigneur, d'après laquelle il est décidé que je ne retournerai pas au Séminaire. La voici. (Suit la lettre.)

» Je ne sais quels seront les desseins de la Providence sur moi ; mais il faut avouer que mon frère a compromis ma position d'une étrange manière. Il a assumé sur lui une responsabilité qui me paraît bien forte, en écrivant d'une manière aussi positive en mon nom, lorsque je ne l'en avais pas prié, lorsqu'il m'avait promis de ne rien écrire sans me le montrer, lorsque je lui avais écrit que les Sulpiciens m'engageaient à rester. Eh bien ! j'ai écrit de Chartres à Monseigneur, et je lui ai dit que je n'avais nullement donné à mon frère la mission d'écrire en mon nom. Ainsi, à notre position déjà si pénible aux yeux du public, il a fallu encore ajouter une déclaration pénible à mon cœur.

» Vous avez cru voir l'un et l'autre quelque chose de fort heureux dans mon retour à la maison. Je crains bien que vous ne vous soyez trompés. Les tracasseries d'affaires de ménage, de domestiques, m'avaient désespéré jusqu'à l'âge de vingt ans. Depuis ce temps-là, j'avais vécu heureux dans le calme de la vie de communauté. Victor n'a pas compris cela ; il m'a jugé par lui ; il a eu tort.

» Voilà, ma chère Mère, les sentiments assez tristes qui occupent mon âme ! Je ne me console de tout cela que par la pensée que j'en suis tout à fait innocent, que la Providence a dirigé cette affaire d'une manière inconcevable, qui me paraît encore un rêve, qu'ainsi Elle a sans doute des desseins nouveaux sur moi, puisqu'Elle m'a fait sortir malgré moi du Séminaire.

» Vous me dites de revenir vite. Que voulez-vous donc que je fasse et que je dise au regard de gens qui me fatigueront par leurs questions depuis le matin jusqu'au soir ? Hélas ! j'y serai toujours assez tôt ! Il est vrai que je suis séparé de vous deux, ce qui est une grande peine pour moi ; mais il me semble qu'il me faut bien du temps pour remettre du calme dans mes idées.

» Je me propose d'aller faire deux ou trois jours de retraite chez les Trappistes. Donnez-moi de vos nouvelles, et mandez-moi ce que vous faites. Cela me désennuiera un peu.

» Adieu, ma bonne Mère ; je vous embrasse et vous aime de tout mon cœur. »

M. de Larnay transcrit ici sa réponse à la lettre de Monseigneur ainsi que suit :

« Monseigneur,

» Je suis arrivé, hier 14 septembre, à Maulévrier ; j'y ai trouvé la lettre que Vous m'avez fait l'honneur de m'écrire. Quoiqu'elle ne demande pas de réponse, mon cœur m'en a dicté une, qui ne sera, je pense, à Vos yeux que le langage de la résignation, du respect et du dévouement.

» La Providence a, sans mon concours, et je puis dire malgré moi, dirigé les événements de telle sorte qu'il est aujourd'hui décidé, d'après Votre lettre, que je ne retournerai pas au Séminaire.

» J'ignore, Monseigneur, quelles sont les peines que le Ciel me destine, et par quelle série d'épreuves il a résolu de me faire accomplir ses desseins. J'ignore sous quelles couleurs on m'a peint à Vos yeux, comment on a interprété les différents actes de ma vie, et en dernière analyse ce que Vous comptez faire de moi. Mais tout ce que je sais, c'est qu'il était impossible que ma retraite du Séminaire eût lieu sous de plus tristes auspices, qu'elle fût plus opposée à toutes mes prévisions, et qu'elle dérangeât davantage tous mes projets d'avenir. Dieu l'a voulu ainsi sans doute pour m'éprouver ; il ne me reste qu'à baisser la tête et à y souscrire.

» Toutefois, comme je tiens par-dessus tout à prouver que ce n'est pas moi qui me suis retiré d'une Maison à laquelle je tenais par le fond de mon âme, j'oserai Vous exposer les faits suivants dans toute leur simplicité.

» La première fois que j'eus l'honneur de Vous voir, je souscrivis de suite au nouvel ordre de choses que Vous veniez de fonder, tout en exprimant mes inquiétudes sur son avenir. La communication de cette nouvelle me livrait à tout ce qu'elle avait de saisissant. Cependant je ne fis entendre aucune récrimination.

» La veille de mon départ, après Vous avoir fait mes adieux, je Vous exprimai, d'une manière explicite et vive, mes chagrins et mes craintes : mes chagrins sur la forme de cette affaire, mes craintes sur son avenir. A la suite de ces observations qui réveillaient toute ma sensibilité, j'ajoutai que le plan de nouvelle organisation, communiqué d'une façon si inattendue, me paraissait combiné avec notre sortie du Séminaire. Vous Vous récriâtes par un geste, et peu après il fut convenu que je ferais mes réflexions pendant les vacances. Depuis ce temps, Monseigneur, Vous n'avez reçu d'autre communication de moi que la lettre dans laquelle je me suis mis à Votre discrétion. (Lettre du 3 septembre, datée de Chartres.)

« Il est vrai que, pendant cet intervalle, mon frère a adressé une lettre à M. de Rochemonteix, dans laquelle il m'a fait partager ses sentiments. Mais je Vous ai déclaré, quoiqu'il en coûtât infiniment à mon cœur, n'avoir connu ni l'envoi ni le contenu de cette lettre, et que, aussitôt que j'en ai eu connaissance, j'ai refusé d'y souscrire.

« Il me semble qu'il serait injuste, après cela, de dire que c'est moi qui me suis retiré du Séminaire ; il me semble que, dans une affaire de cette importance, une lettre de ma part devait paraître indispensable. Comment, si l'on voulait me garder au Séminaire, a-t-on omis de Vous prier de faire pour moi ce qui se fait pour tous les autres ?

« Je ne dis cela, Monseigneur, que pour me disculper de reproches qui me sont déjà adressés par ceux dont je devrais, ce semble, attendre plus de loyauté et plus de générosité. C'est trop malheureux d'être victime, et d'être accusé tout à la fois d'en avoir été la cause !

« Pour Vous, Monseigneur, dont l'âme est aussi grande et délicate que le cœur est généreux, Vous me dites : « J'espère « que vous voudrez bien continuer les bonnes œuvres dont « vous êtes l'âme ». Oui, sans doute, elles se trouvent gravées dans mon cœur, et à elles seules se sont toujours bornés tous mes projets d'ambition. Mais pourrai-je bien les continuer ? La bienveillance générale que m'avait conciliée Votre estime ne sera-t-elle pas bientôt ruinée par la défaveur qui doit naturellement s'attacher et que plusieurs attachent déjà à ma sortie si brusque du Séminaire ? Je l'ignore ; mais j'ai tout lieu de le craindre. Je travaillerai bien à tirer de mon âme toute l'énergie qu'elle pourra me donner pour lutter

6***

contre une position difficile. Mais pourra-t-elle la vaincre ? Dieu le sait. La confiance a quelque chose de capricieux qui tient aux positions, et qu'on ne peut suppléer malgré son courage. Toutefois, rien ne m'arrêtera, je l'espère. Et, si je ne réussis pas, j'aurai toujours pour me dédommager le souvenir de Vos bontés et le témoignage encore actuel de Votre estime.

« Vous ajoutez dans Votre lettre : « Plus tard, nous verrons ce qu'il sera possible de faire ». — Ne pensez pas, Monseigneur, que je Vous exprime jamais le désir d'avoir un titre ou une de ces places qui présentent aux yeux du monde quelque chose de flatteur. Je n'en veux d'aucune sorte. Une seule chose suffit à mon ambition, le pouvoir de faire du bien. Passé cela, mon cœur n'a plus aucun désir.

« Ces pensées, Monseigneur, s'accommoderont peut-être assez mal dans Votre esprit avec un certain air tranchant et avide d'autorité qu'on m'a supposé et reproché auprès de Votre Grandeur.

« Il peut se faire, il est vrai, que les contradictions et les reproches et l'exercice de la charge de maître des cérémonies, toute hérissée de tracasseries sans fin, aient aigri et faussé momentanément mon caractère. Mais ces dehors n'étaient pas moi, encore moins l'expression de mon cœur. Mes véritables sentiments sont ceux que je dépose ici à Vos pieds. Toute mon ambition, je Vous l'atteste, n'a été, depuis que je suis prêtre, que de faire du bien. C'est ce qui me faisait aimer la vie du Séminaire, quoique je n'y remplisse que la dernière fonction. Je m'étais attaché de cœur et d'âme à cette pieuse Maison, et je comptais bien y rendre mon dernier soupir. »

Dans ces diverses pièces, que nous avons cru devoir mettre sous les yeux du lecteur, il y a sans doute beaucoup de vivacité. Mais on y voit en même temps que la sensibilité, qui en était la source, n'a rien ôté à la pureté d'intention, à la fermeté de foi, à la franchise de résignation de cette âme qui avait à soutenir des luttes qui lui étaient plus difficiles qu'à bien d'autres.

M. de Larnay était alors entré dans sa quarantième année. Avec la force et la persévérance de son caractère, ses goûts étaient fixés et ses habitudes prises. Mais s'il s'attachait au Séminaire, c'était, ne l'oublions pas, parce qu'il s'y croyait mieux que partout ailleurs pour le progrès de sa vie sacerdotale. C'était pour lui un avantage inappréciable, en considération duquel il acceptait d'avoir pour Supérieur un ancien collègue dont il n'avait pas les sympathies.

Il y a de ces nuages dans les horizons les plus purs ; il y a, si l'on veut, de ces misères dans les meilleures âmes.

Quels services n'a pas rendus au Séminaire et au diocèse de Poitiers, quels précieux souvenirs n'a pas laissés dans un diocèse voisin, que ses infirmités l'ont forcé de quitter après vingt années d'une féconde administration, celui-là même qui, en devenant Supérieur du Séminaire, fit naître la cause ou l'occasion de la sortie de M. de Larnay de cette chère Maison !

Qui a été, plus que ce vénérable Supérieur et Prélat, cordial, affable, prévenant ? Mais il était, par là même peut-être, facile aux influences. L'amitié, d'ailleurs très-justifiée, qu'il contracta avec un homme que ses talents ont élevé à une haute position judiciaire, sembla le faire dévier de la ligne politique où le plaçait naturellement son origine vendéenne, tandis que MM. de Larnay, qui demeuraient inébranlables dans leurs convictions de famille.

Assurément nous sentons combien il est difficile d'exprimer ces choses, et combien il est délicat de les aborder, pour nous surtout qui avons personnellement envers le respectable Supérieur et Evêque des obligations dont nous gardons fidèlement le souvenir. Mais nous croyons n'avoir pas manqué à la reconnaissance en prenant souci de la vérité pour bien expliquer un événement qui a tenu une si grande place dans la vie de M. de Larnay, et qui lui a laissé une impression de douleur qu'il a conservée jusqu'à ses derniers jours.

Nous trouvons écrites de sa main, vingt ans plus tard, ces paroles :

« Au mois d'août 1841 je quittai, je puis le dire, en versant des larmes amères, le Grand Séminaire de Poitiers ; je m'étais bercé de l'espérance que je devais y passer ma vie tout entière. »

Le temps put adoucir, mais non pas éteindre ses regrets. Il a gardé une clef de la bibliothèque et une du jardin, comme fiches de consolation.

II.

M. VICTOR EST NOMMÉ OFFICIAL DU DIOCÈSE. — M. DE LARNAY EST NOMMÉ MAÎTRE DES CÉRÉMONIES DE LA CATHÉDRALE.

M. de Larnay rentra donc dans sa famille « avec son vertueux frère ». Ce sont ses paroles, qui exhalent dans la circonstance un plus doux parfum d'estime et d'affection pour ce cher frère toujours tendrement aimé. Telle était la nature de M. de Larnay.

Aussi se réjouit-il de voir son frère Official du diocèse, charge que M. Victor avait acceptée avec autant de reconnaissance que de soumission, et trouva-t-il naturel d'être lui-même uniquement Maître des cérémonies de la Cathédrale, comme il l'avait été au Grand Séminaire.

III.

MORT DE Mgr DE BEAUREGARD. — MORT DE Mgr DE BOUILLÉ.

Cette année 1841 fut marquée à Poitiers par la mort de Mgr Brumauld de Beauregard, qui rendit son âme à Dieu dans la nuit du 25 au 26 novembre. Il était né à Poitiers le 2 novembre 1749. Il avait été nommé Chanoine de Notre-Dame en 1762. Il avait été installé curé de la Cathédrale le 12 janvier 1804. Nommé d'abord à l'Évêché de Montauban, puis à celui d'Orléans, il fut sacré le 1er mars 1823. Lorsque ses infirmités se furent accrues avec son grand âge, il interrogea sa conscience, et il se détermina, quelques instances qu'on lui fît pour l'arrêter, à se démettre de son siége en 1839. Il se retira dans sa ville natale et dans sa maison de famille, rue des Feuillants.

Le vénérable vieillard aimait à recevoir, et on se faisait fête de le visiter. Il édifiait par ses vertus, il instruisait par ses connaissances variées, il intéressait par les récits de sa longue expérience à travers les événements qui se sont succédé de Louis XV à Louis-Philippe. Son amabilité charmait tout le monde.

M. de Larnay, par son amitié avec M. de

Curzon, petit-neveu de l'auguste vieillard, avait plus que tout autre accès auprès de lui. Comme il était aussi tout oreilles et tout cœur en sa présence ! Que de questions il lui adressait, et comme il lui exprimait vivement sa satisfaction ! C'étaient pour M. de Larnay des heures délicieuses.

Le bon Evêque le tenait d'ailleurs en haute estime et lui portait un véritable attachement. Il avait déclaré vouloir lui léguer sa chapelle épiscopale ; mais il ne fit point de testament.

M. de Larnay assista pieusement le vieillard mourant, et il a religieusement gardé son souvenir.

Quelques semaines après, il eut à pleurer avec tout le diocèse la mort d'Illustrissime et Révérendissime Père en Dieu Monseigneur Jean-Baptiste de Bouillé.

Il avait eu l'imposition des mains de l'auguste Prélat, qui l'ordonna diacre et prêtre. Il avait reçu les témoignages de bienveillance les plus constants et les plus touchants du vénérable Evêque, qui voyait en M. de Larnay un prêtre dévoué à toutes les bonnes œuvres, étant bien capable lui-même d'apprécier ce dévouement, puisqu'il a mérité qu'on dît de lui que « ses jours furent pleins de bonnes œuvres, qui se succédaient les unes aux autres sans interruption, et qu'il entreprenait encore alors même qu'il ne pouvait pas se dissimuler la fin prochaine de sa carrière ». (Mandement de MM. les Vicaires-généraux capitulaires.)

M. de Larnay avait cédé aux conseils de Mgr de Bouillé en renonçant à la vie religieuse et en restant dans le clergé séculier. Le digne Evêque ne l'oublia jamais, et il ne se fit pas faute de mettre son zèle à contribution, comme il se plut aussi à soutenir son initiative. Il l'admit, avec son frère, après leur sortie du Séminaire, à faire partie de son Conseil. Il eut toujours pour les deux frères et pour leur mère et pour toute cette noble famille une estime et une affection particulières. Il en donna, la veille même de sa mort, une preuve singulièrement attendrissante.

MM. de Larnay étaient seuls alors auprès de son lit. Le malade souffrait beaucoup, mais il gardait sa patience et sa tranquillité d'âme ; seulement il parlait peu, tant il était affaibli. Tout à coup il fit effort, et, attachant sur les deux frères un regard qui les pénétra jusqu'au fond du cœur, il leur dit : « Et votre pauvre tante ? » C'était une sœur de leur mère, qui restait obstinément dans la dissidence ou petite-église, qu'on retrouve encore dans notre Bocage. « Hélas ! Monseigneur, » répondirent les deux frères, « nous n'avons rien gagné jusqu'ici. » — « Mettez-vous à genoux, » reprit l'auguste malade, « et disons un *Pater* et un *Ave* pour le retour de votre tante à la vraie Eglise. »

IV.

ŒUVRE DU BON-PASTEUR. ÉPREUVES ET PROGRÈS. LES *Madeleines*.

Mgr de Bouillé avait aussi, avant de mourir, recommandé d'une manière toute particulière à ceux qui l'entouraient sa chère Maison du Bon-Pasteur.

On peut penser si M. de Larnay donna au vénérable Evêque l'assurance de son propre dévouement pour cette Œuvre. Il allait se trouver comme en demeure de le montrer dans une circonstance qui a été trop publique pour que nous passions le fait sous silence.

Le Couvent du Bon-Pasteur de Poitiers, également protégé par Mgr Guitton, digne successeur de Mgr de Bouillé, prospérait à merveille depuis dix ans qu'il avait été fondé. Le chiffre des pénitentes s'élevait d'année en année. Leur vie régulière dans son austérité comblait de consolation les bonnes Religieuses. Des protestantes même avaient abjuré leur erreur. Les Dames de la Providence, encouragées par le succès, s'attachaient de plus en plus à l'Œuvre. Les dons se multipliaient, la dette principale était en bonne voie de s'éteindre.

M. de Larnay venait toujours aux réunions avec la joie au cœur et des félicitations sur les lèvres.

Mais voilà que le démon, jaloux de tant de bien, suscita une persécution qui faillit détruire l'Établissement.

C'était en 1843. Depuis quelques années, les libertins d'une certaine classe s'étaient fort inquiétés de la fondation d'une Maison destinée à leur ravir les malheureuses victimes de leurs passions. Une sourde rumeur, partie de leurs rangs, avait gagné de proche en proche et faisait pressentir l'orage. La Maison du Bon-Pasteur était marquée par le noir charbon de la haine ; elle était vouée à la dénonciation et à la suppression. Il ne manquait qu'une occasion qui fût favorable à un tel dessein. L'enfer la fournit. Elle fut saisie avec une incroyable avidité et poursuivie avec le plus scandaleux acharnement.

Un procès criminel fut intenté au Couvent sous l'inculpation de sévices et de mauvais traitements exercés sur une pénitente par ses compagnes à l'instigation des Religieuses. On en prit thème pour renouveler les déclamations rebattues contre les séquestrations, les tortures et autres aménités supposées de la prétendue intolérance de l'Eglise catholique. Les honnêtes gens eurent la douleur et les méchants se procurèrent le plaisir de voir conduire sur le banc des *Assises* deux Religieuses avec neuf pénitentes.

Ces onze prévenues furent citées à comparaître en Cour d'assises, et durent, au préalable, se constituer prisonnières un mois avant les débats.

Dès que cet événement fut connu, l'indignation éclata de toutes parts dans la ville et dans les faubourgs. Néanmoins les plus vives instances de Mgr Guitton, de douce mémoire, n'eurent d'autre résultat que de faire réduire à huit jours la prison préventive. La Supérieure conduisit elle-même en prison, dans deux voitures, les deux Religieuses et les neuf pénitentes. M. de Larnay obtint du moins la grâce de leur dire la messe à la prison tous les jours à une heure très-matinale.

Les débats du procès durèrent deux jours et une nuit. Nous ne pourrions pas dire ce que furent durant tout ce temps-là et la violence de plusieurs au dedans et l'agitation générale au dehors. Enfin, le dix-huit novembre, un jugement fut rendu, qui mettait hors de cause les deux Religieuses et huit pénitentes. La neuvième seule fut condamnée à trois mois de prison. La malheureuse avait jeté de l'eau sale à la figure de la plaignante, pendant que celle-ci se mettait en train de s'évanouir.

Ce résultat suffit sans doute pour ôter quelque chose à la joie du retour au Couvent. Mais il fut célébré par l'expression publique des plus vives sympathies. Un *Te Deum* fut chanté dans toutes les Communautés religieuses de Poitiers.

A la réunion du 5 décembre, M. de Larnay lut

aux Dames de la Providence, avec une émotion qu'il avait peine à contenir, la lettre que l'Évêque d'Angers écrivait à Mgr Guitton, et celle que la Supérieure générale adressait à ces Dames, pour les remercier de l'intérêt qu'elles avaient temoigné au Couvent du Bon-Pasteur pendant le cours de cette triste affaire.

Ce précieux Établissement ne devait plus être troublé. Il a continué de prendre les plus heureux développements.

Pour créer une sorte d'émulation dans la vie pénitente, et aussi pour fixer sans retour les fâcheuses irrésolutions qui l'accompagnent, il est d'usage, dans les Maisons du Bon-Pasteur, d'offrir un asile à part aux pénitentes qui expriment la volonté bien arrêtée d'y terminer leurs jours. Elles prennent alors un costume religieux ; elles prononcent des vœux et elles sont distinguées des autres pénitentes par le nom de *Madeleines*.

« Les *Madeleines*, création prodigieuse de la très-honorée Mère Supérieure, acte sublime d'espérance dans la bonté divine, idée vraiment née au pied de la croix du Sauveur, où la pécheresse repentante est appelée à partager avec la Vierge immaculée la place de choix sur le Calvaire ; les *Madeleines*, destinées à rivaliser de piété, de mortification, de pauvreté et d'amour avec les âmes les plus saintes. » (L'abbé R., Compte-rendu de la consécration de la chapelle du Bon-Pasteur d'Angers. *Journal de Maine-et-Loire*, 14 mai 1859.)

Il existe près de Berlin une espèce de couvent protestant de femmes, appelé *Magdalenstift*, et destiné à la moralisation des filles perdues repentantes. Cette maison n'a que quarante-cinq pensionnaires et ne suffit sous aucun rapport pour une ville où la onzième partie des femmes est classée dans cette catégorie. (*Le Monde*, 14 juin 1864.)

Le démon se fait ainsi partout et toujours le singe de Dieu ; c'est un repoussoir qui fait ressortir d'autant les œuvres inspirées par le Dieu de vérité et d'amour.

L'établissement des *Madeleines* au Bon-Pasteur de Poitiers, en vue duquel la Maison avait fait une nouvelle acquisition en 1842, ne put être réalisé que cinq ans plus tard. Il fut définitivement fondé le 28 août 1847. Il y eut dès ce jour sept pénitentes admises à commencer leur postulat. M. de Larnay fut l'un des trois membres de la Commission nommée par Mgr Guitton pour arriver aux moyens de faire construire dans la chapelle des Religieuses un chœur spécial pour les Madeleines. Le 22 juillet 1848, les sept pénitentes, ayant terminé leur postulat, prirent l'habit des Madeleines. Mgr Guitton chargea M. de Larnay de cette intéressante cérémonie. C'était une délicate attention ; c'était aussi la juste récompense d'un zèle dévoué et persévérant.

Le 18 août 1850, M. de Larnay eut encore la

satisfaction de recevoir à la profession des Madeleines six novices, dont une prononça ses vœux sur son lit de mort.

Que nous aurions de touchants détails à raconter à cette occasion ! Comme aussi quels traits admirables de conversion et de vertu, et surtout quelles morts édifiantes sont consignés dans les archives de la Communauté ! Nous voudrions pouvoir en reproduire quelque chose ; mais cela nous mènerait trop loin. Nous devons nous attacher à la vie de M. de Larnay.

Il assista, plein de joie, le 2 avril 1852, à la bénédiction de la première pierre des nouvelles constructions qu'avait exigées le nombre croissant des pénitentes.

L'Œuvre du Bon-Pasteur, établie à Poitiers par Mgr de Bouillé, soutenue par Mgr Guitton et par Mgr Pie, a valu à M. de Larnay de la part des trois Prélats des témoignages de confiance et de gratitude, s'il est permis de le dire, auxquels il fut très-sensible. Non pas certes qu'il songeât à être remercié pour son dévouement ; il aurait plutôt témoigné sa reconnaissance des occasions qui lui étaient fournies de travailler et de concourir au bien.

V.

M. VICTOR EST NOMMÉ CURÉ DE SAINTE-RADEGONDE, PUIS CHANOINE. DÉSINTÉRESSEMENT DE M. DE LARNAY.

M. de Larnay ne demandait pas à être autrement employé dans le diocèse : il n'y ambitionnait ni titre, ni place, ni honneur.

Après sa sortie du Séminaire, Mgr de Bouillé l'avait nommé membre de son Conseil, avec M. Victor. Le vénérable Évêque étant mort le 14 janvier 1842, les vicaires généraux capitulaires renommèrent MM. de Larnay membres du Conseil.

Le nouvel Évêque de Poitiers, Mgr Guitton, qui prit possession du siége le 14 juillet, eut bientôt remarqué les deux dignes prêtres.

M. Victor parut toutefois entrer plus avant dans sa confiance, ou du moins M. Charles fut d'abord laissé tout entier aux bonnes œuvres qui se multipliaient sous ses pas.

M. Victor ne cachait pas le désir qu'il avait déjà manifesté de pouvoir exercer les fonctions pastorales. La paroisse de Sainte-Radegonde attira son attention ; nous ne voudrions pas dire qu'elle excita son ambition.

Cette paroisse avait alors pour curé M. Pruelle, un des vétérans du sanctuaire, un confesseur de la foi, un ministre de Jésus-Christ vénérable et vénéré, un pasteur aimable et aimé entre tous, le père de ses paroissiens dans ces quartiers où demeura sainte Radegonde et dans ce faubourg de Montbernage, si fidèle à la religion ; mais enfin un vieillard que ses infirmités semblaient contraindre à se décharger d'obligations qu'il ne pouvait plus remplir.

Cette paroisse n'offrait pas d'avantages temporels ; on y trouvait beaucoup de pauvres à assister. Mais aussi la Religion y était en honneur, et l'église paroissiale possédait le tombeau de sainte Radegonde.

Un canonicat était vacant. M. Victor se persuada que ce serait une légitime récompense et un repos honorable accordés au bon M. Pruelle, à qui il pourrait succéder dans le gouvernement de son humble et pieuse paroisse.

Le Secrétaire de l'Évêché, ancien Supérieur du petit-séminaire de Bressuire, M. Chauveau, se chargea de faire des ouvertures dans ce sens à Mgr Guitton, qui envoya son Vicaire général, M. Samoyault, s'assurer des dispositions de M. Pruelle. Celui-ci, à la proposition qui lui est faite du canonicat de la part de Mgr l'Évêque, donne son consentement formel. M. Samoyault, dans sa prudence consommée, ne se contente pas de cette réponse. Il emmène M. Pruelle à l'Évêché, où Mgr Guitton lui déclare qu'il a toute liberté d'accepter ou de refuser. M. Pruelle renouvelle son consentement et donne sa démission de curé de Sainte-Radegonde. Monseigneur l'avertit qu'il va immédiatement le proposer à Paris pour le canonicat vacant, et il lui recommande en attendant le silence le plus absolu.

Le secret fut bien gardé. Au bout d'un mois peut-être, arriva l'approbation du gouvernement.

M. Samoyault vient aussitôt de la part de Monseigneur trouver M. Pruelle et lui dit qu'il est agréé pour le canonicat, qu'il n'a qu'à prendre ses dispositions définitives pour quitter sa cure et se faire installer chanoine.

Mais à ces mots, quitter sa cure, le bon vieillard s'écrie en pleurant : « Quitter mes chers paroissiens, mes enfants ! » Ce fut alors une scène attendrissante. M. Samoyault s'empressa de calmer ce bon pasteur, et s'en retourna auprès de Monseigneur, qui, apprenant ce qui venait de se passer, laissa M. Pruelle reprendre sa démission. Le bon vieillard parut alors avoir recouvré une nouvelle vigueur.

Ce fut aussi une joie dans toute la paroisse, où l'on avait, sans réflexion, éprouvé et manifesté un grand éloignement pour le pieux M. Victor de

Larnay, en qui on ne voulait voir que l'homme de société, que le noble, qui ne se ferait pas tout à tous, qui ne s'intéresserait pas au pauvre peuple, qui ne se laisserait pas approcher par les petits.

Rien n'était plus injuste que ces préventions, qui seraient certainement tombées dès les premiers jours que ce bon peuple aurait vu le nouveau pasteur à l'œuvre.

La vertu de M. Victor parut dans la docilité, très-méritoire devant Dieu, avec laquelle il donna sa démission sur la première demande de son Évêque, qui le nomma d'ailleurs immédiatement au canonicat redevenu vacant.

M. Charles de Larnay trouva tout simple qu'on se fût ainsi occupé de son frère puîné, et se réjouit de le voir arraché, par le titre qui lui était conféré, aux sollicitudes et aux dangers d'une vie de prêtre sans emploi.

Pour lui, il se livra avec une parfaite tranquillité d'esprit à ses Œuvres, dans lesquelles il dépensait son temps et sa personne, non moins que les ressources dont il pouvait disposer.

Cela n'empêcha pas que Mgr Guitton craignît d'avoir paru s'occuper trop exclusivement de M. Victor. C'est pourquoi l'excellent Prélat, suivant les mouvements de son cœur bon et sensible, exprima ses regrets à M. Charles de le laisser comme de côté, lui promettant de songer efficacement à lui à la première occasion favorable. Mais

M. de Larnay reçut avec une sorte de confusion ce haut témoignage de bienveillance, et répondi seulement qu'il était heureux de ce qui avait été fait en faveur de son frère, qu'il n'avait de son côté ni le droit ni la pensée de former aucune prétention, et qu'il lui suffisait de pouvoir compter sur l'approbation et au besoin sur le concours de son Évêque dans les Œuvres, auxquelles il voulait se consacrer de plus en plus.

VI.

LES DEUX FRÈRES.

Les sentiments d'estime et d'amitié de M. Charles pour son frère étaient vrais et profonds, et ils méritent d'autant plus d'être remarqués que les caractères des deux frères étaient bien différents.

Sans rien ôter à la solide vertu, à la tendre piété, aux bonnes intentions de M. Victor, nous pouvons dire que sa manière de voir et de penser, opposée en plusieurs points à celle de son frère, donnait à celui-ci des occasions de mérite et faisait ressortir sa condescendance, sa simplicité, et parfois, quand il le jugeait indispensable, sa fermeté et sa résolution.

M. Victor, qui se fût certainement consacré tout entier aux obligations de la charge pastorale s'il était resté curé de Sainte-Radegonde, maintenant qu'il était chanoine, se reprenait à nourrir dans son esprit la pensée que de hauts personnages ecclésiastiques, après Mgr Soyer, lui avaient fait concevoir d'arriver à l'Épiscopat. Il passait beaucoup de temps à l'Évêché. Il était très-assidu auprès de Mgr Guitton, qui l'entretenait dans cette idée, persuadé du bien que cet excellent prêtre pourrait faire s'il était à la tête d'un diocèse.

M. Charles suivait dans un silence discret les démarches ou plutôt les allures de son frère, gardant la confiance qu'il finirait par envisager d'une tout autre manière l'avenir que Dieu pouvait lui réserver. Le voyait-il se livrer avec une sorte de complaisance aux mêmes préoccupations, il ne pouvait alors se défendre de la pensée que Dieu même viendrait au secours de son frère, le visiterait dans sa miséricorde, et, après l'avoir éclairé et disposé par des grâces particulières, le retirerait de ce monde pour lui assurer le bonheur éternel.

M. Victor, se croyant obligé de faire honneur à la position de sa famille, voulait mettre en un état convenable l'hôtel que les deux frères avaient acquis rue Saint-Paul, non loin de la cathédrale, autant pour leur *chère mère* que pour eux-mêmes.

C'était aussi cette considération que M. Victor invoquait pour amener son frère à son sentiment, en cherchant à lui persuader que personne ne trouverait à redire aux dépenses qu'ils feraient pour réparer, pour embellir la maison, puisqu'ils étaient chez leur mère qui devait conserver son rang dans la société.

Le bon M. Victor ne voyait pas que Mme de Larnay n'aspirait pas du tout à vivre en femme du monde, ou même de société, mais en femme de piété et de dévotion, et presque en recluse, ne sortant guère que pour aller à l'église.

Quant à M. Charles, il tenait bon ici contre son frère, parce qu'il n'était frappé que de l'argent à dépenser, tandis qu'il y avait tant d'œuvres à soutenir pour la gloire de Dieu, pour le salut des âmes, pour l'assistance des pauvres et des malheureux de toutes sortes.

C'est aussi pourquoi il ne pensait pas, comme son frère, qu'ils fussent tenus, par leur position, de donner de grands repas, même aux seuls ecclésiastiques. Outre qu'il voyait là toujours une cause de beaucoup de frais au détriment des œuvres de charité, il estimait encore que ces nombreuses réunions à table participent inévitablement de l'esprit du monde, du genre du monde, de sa sensualité, de son luxe, de sa dissipation enfin, pour ne rien dire de plus.

Il préférait inviter, comme il le faisait souvent, quelques personnes, deux ou trois confrères, qu'il traitait assurément très-bien, mais avec qui surtout on s'entretenait simplement, paisiblement, et on pouvait parler religion, piété, œuvres. Sa pensée était toujours là.

L'opposition que nous n'avons pas craint de signaler entre les deux frères, quant aux idées et aux appréciations sur certains points, ne faisait aucun tort, nous l'avons dit, à leur mutuel attachement.

M. Victor, avec les préoccupations que nous

avons signalées, se livrait néanmoins d'affection aux exercices et aux œuvres de la piété sacerdotale, donnant des retraites dans les Communautés, passant de longues heures dans la confession et la direction des Religieuses, tellement que M. Charles, se regardant comme un homme tout livré à la vie extèrieure, vénérait son frère autant qu'il l'aimait et n'entreprenait rien sans en avoir conféré avec lui. Ce dernier le rendait bien à son aîné.

C'était, on peut le dire, merveille d'esprit chrétien et sacerdotal, merveille d'édification, de voir deux frères, si différents de caractère et de penchant, s'entendre si bien et vivre dans une si intime union. Quelle n'était pas leur commune tendresse pour leur *chère mrèe*! Celle-ci inclinait davantage du côté de M. Victor, lequel s'appliquait justement à faire valoir son frère, à lui donner raison et ne balançait pas à prendre son parti en de certaines circonstances, disant : « Ma chère mère, laissez faire mon frère ».

Les deux frères prêchèrent ensemble, à l'édification de la paroisse et à la joie du pasteur, le carême de 1842, à Cissé, dont le curé, M. Boulanger, devint plus tard missionnaire et fournit dans sa belle vie et dans sa sainte mort la matière des pages intéressantes que M. de Larnay nous a laissées sur ce généreux prêtre.

VII.

MORT DE M. VICTOR. DOULEUR DE M. DE LARNAY.
IL EST NOMMÉ CHANOINE ET THÉOLOGAL.

L'attachement de M. Charles pour son frère se montra, comme il était naturel, à la mort prématurée de celui-ci.

Ce fut en 1845, dans cette année où la terrible suette, ayant fait invasion dans nos contrées, y moissonna tant de victimes, notamment à Poitiers.

M. Victor arrivait de Niort, où il venait de prêcher une retraite aux Religieuses de La Puye, Filles de la Croix. Il paraissait jouir d'une bonne santé ; mais le mal couvait dans son sein. Étant en visite chez le digne curé de la cathédrale, on y parla de la suette et de ses ravages. Il demanda quels étaient les premiers symptômes de la maladie. A mesure qu'on les lui décrivait, il se sentait tressaillir, tellement qu'il eut hâte de rentrer à la maison. Sa figure déjà était tout altérée ; son regard était fixe, et il avait peine à parler.

M. Charles fut saisi, effrayé. Il n'a jamais oublié ce regard de son frère. Il crut comprendre dès lors que la volonté de Dieu allait s'accomplir, une volonté de miséricorde. Voyant son frère atteint de cette maladie qui était si meurtrière dans la cité, il ne put se défendre de la pensée que c'était une grâce qui allait purifier son frère des imperfections auxquelles nous sommes tous sujets, et le préserver des dangers, le soustraire même au malheur, selon la conviction de M. Charles, de la haute position qu'on avait fait entrevoir à son frère, et à laquelle il ne le croyait pas appelé.

Il lui prodigua les soins les plus dévoués pendant cette cruelle et courte maladie, ne le quittant ni le jour ni la nuit, le fortifiant dans la foi et la soumission, l'assistant jusqu'à la fin et recueillant pieusement et tout en larmes son dernier soupir. C'était le 11 août. M. Victor n'avait que trente-neuf ans. Ses dernières paroles, quelques minutes seulement avant sa mort, et comme il sortait, vers minuit, d'un profond sommeil, furent celles-ci : « Ah ! je me meurs ! Mon DIEU, avoir fait si peu de bien, et déjà paraître devant vous ! » Ceux qui l'ont connu lui ont au contraire appliqué la belle parole de l'Écriture : *Consommé en peu de temps, il a rempli une longue carrière.* M. de Larnay a tracé de sa main le portrait de son frère. On nous saura gré de le reproduire ici :

« Né avec une âme de feu et un caractère pétillant, mon frère était devenu le plus calme et le plus modéré des hommes. Son maintien digne et grave, son esprit intérieur, la sagesse de sa direction dans la conduite des âmes, la solidité de sa doctrine, sa haute piété enfin, avaient formé en lui un exemplaire accompli de la vie sacerdotale. Aussi a-t-il eu en mourant les regrets et la vénération de tous ceux qui l'ont connu. »

Comme il s'était trouvé dans le secrétaire du défunt, dont la mort avait été si prompte, une somme de quinze cents francs sans désignation, M. Charles s'en affligea d'abord beaucoup, et il ne se consola qu'après que sa mère lui eut dit que c'était pour une vocation religieuse.

Il n'avait eu certainement aucun doute sur la délicatesse de son frère. Mais il s'était attristé à la seule pensée d'une négligence ou d'une omission dans la désignation d'emploi de cette somme, ce qui pouvait retenir son frère dans le purgatoire. C'est qu'il prenait lui-même tant de soins et de précautions, comme on en put juger après sa mort, pour que, à quelque moment et de quelque manière que Dieu disposât de lui, on trouvât tout si bien en règle que les droits et les intérêts qu'on lui avait confiés pendant sa vie fussent aussi pleinement sauvegardés et satisfaits alors que s'il avait été encore là pour s'en occuper lui-même !

Les témoignages de sympathie ne manquèrent point à M. de Larnay. Les visites et les lettres lui arrivèrent de toutes parts à la nouvelle du coup qui venait de le frapper.

Il fut particulièrement sensible à la visite de

Mgr Guitton, qui le consolait en pleurant avec lui le bon prêtre que perdait le diocèse.

Les lettres qu'il reçut soulagèrent sa douleur en lui donnant le moyen de la répandre du trop plein de son cœur dans les cœurs de ses amis. Qu'on nous permette de consigner dans cette histoire de sa vie l'une de ses réponses qui nous a été communiquée :

« Merci mille fois, mon bon ami, d'être venu mêler vos larmes aux miennes et à celles de ma pauvre mère. Que ce témoignage d'amitié nous a fait grand bien ! Soyez donc béni d'avoir été notre Ange consolateur au milieu de nos déchirantes douleurs. L'intérêt qu'on nous témoigne de toutes parts fait du bien à notre pauvre cœur. Les secousses que je viens d'éprouver m'ont atterré. Je suis tombé dans un état de faiblesse excessive. Priez le bon Dieu pour moi, car je ne sais trop ce qu'il adviendra de ma santé. »

Plus d'un an après, le 5 décembre 1846, il écrivait au même : « Vous ne pouvez soupçonner combien je suis devenu triste, depuis que le bon Dieu m'a ôté mon frère. »

Dix ans plus tard, dans les *Vies des trois Missionnaires Poitevins*, parlant du carême que M. Boulanger, alors curé de Cissé, lui avait demandé, il dit : « Il s'adressa à moi ainsi qu'à mon vertueux frère, que la mort, hélas ! m'a ravi mille fois trop tôt. »

Ce fut la douleur de toute sa vie. On peut croire pleinement à la sincérité de ces paroles, que nous trouvons écrites de sa main : « Le 5 octobre 1845, j'eus la douleur de succéder à mon frère dans son canonicat titulaire. »

Mgr Guitton, en nommant ainsi M. de Larnay, accomplissait du mieux qu'il pouvait la promesse qu'il lui avait faite de ne pas l'oublier, promesse à laquelle tenait le bon Évêque, bien que M. de Larnay eût répondu à Sa Grandeur qu'il ne demandait que de la liberté et du concours pour ses Œuvres.

Le vingt-cinq octobre suivant, M. de Larnay fut nommé théologal du chapitre, et, le vingt et un janvier 1847, maître des cérémonies de la cathédrale.

Nous verrons que ces deux charges créèrent des occupations et des soucis à M. de Larnay. Mais il nous faut parler des Œuvres qui ont rempli sa vie.

QUATRIÈME PARTIE

DIVERSES ŒUVRES DE M. DE LARNAY.

I.

ÉCOLES RELIGIEUSES DE FILLES DANS LES CAMPAGNES.

Mme de Larnay représentait à son fils, pour le consoler de la mort de son cher frère, qu'il aurait plus de moyens pour pratiquer la charité. C'était bien ainsi que M. de Larnay entendait profiter de l'accroissement de ses revenus.

Ce zélé prêtre se préoccupait, depuis plusieurs années, de la nécessité et des moyens de raviver la foi dans les campagnes.

La nécessité en devenait chaque jour plus évidente. Le moyen qui lui parut justement le plus efficace fut de multiplier dans les paroisses rurales les écoles religieuses de filles. Mais où trouver des Religieuses, et comment se procurer les secours nécessaires pour les entretenir ?

Le choix des Religieuses semblait tout indiqué. M. de Larnay s'adressa à la Congrégation des Filles de la Croix, dites *Sœurs de Saint-André*, du prénom de leur fondateur, le vénérable M. André Fournet, et dont la Maison-Mère est à la Puye. Cette Congrégation avait pris dès lors de grands accroissements. Elle comptait des Établissements non-seulement dans le Poitou, mais dans le Midi de la France, et aussi à Paris et dans les environs de la capitale. Elle en a maintenant à Rome et dans plusieurs autres villes d'Italie.

Ces bonnes Sœurs se consacrent, dans les campagnes et parmi la population pauvre des villes, à instruire les filles et à assister les malades. Le zèle qu'elles déploient, les soins qu'elles donnent, expliquent et justifient l'extension continue de leur Congrégation.

C'était bien là, semblait-il, ce que pouvait désirer M. de Larnay. Mais il se présenta un obstacle qu'il ne put surmonter.

Les Filles de la Croix n'ont et ne peuvent avoir que des écoles gratuites. C'est un article formel de leur règle. La conséquence est donc qu'elles ne peuvent accepter d'écoles qu'autant que l'existence des Sœurs et la tenue de l'école sont l'objet d'une solide fondation, d'une dotation sûre, qui les mette autant que possible à l'abri de toute éventualité de cessation ou de départ. Aussi faut-il toujours trouver préalablement des ressources fixes et constantes.

Or, c'est le difficile ; c'est souvent l'impossible.

M. de Larnay, qui voulait, et tout de suite, procurer aux paroisses de campagne le bienfait de l'instruction religieuse, fit instances sur instances auprès des Supérieurs de la Congrégation de la Puye, pour qu'ils lui accordassent des Religieuses là où les honoraires des mois d'école, nécessaires à défaut de fondation, seraient assurés dans une proportion suffisante au maintien de l'Établissement. La réponse fut toujours : « Notre règle ne nous le permet pas. »

M. de Larnay eut de la peine à renoncer à ces saintes filles. Mais enfin il fallait se tourner d'un autre côté. Il songea aux Sœurs institutrices et hospitalières dites *Filles de la Charité du Sacré-Cœur de Jésus*, Congrégation dont la Maison-Mère est à la Salle-de-Vihiers, en Anjou, et qui a pour fin le service des pauvres et des malades et l'instruction des petits enfants et des jeunes filles.

C'était un Établissement fondé récemment par un vénérable prêtre, M. Catrou, et qui ne demandait qu'à s'étendre. Les Sœurs étaient pour la plupart des filles vendéennes. M. de Larnay se complut à trouver en elles la foi, la piété, le zèle, le caractère, les habitudes du pays de ses affections. Il s'attacha à cette Congrégation et lui voua le plus vif intérêt.

Il n'y avait encore à ce moment que deux Établissements des Sœurs de la Salle-de-Vihiers dans le diocèse de Poitiers : ceux des Aubiers et de Saint-Amant : à la mort de M. de Larnay, le nombre de ces Établissements dans le diocèse était de soixante-cinq.

C'est notre devoir de transcrire simplement ici le témoignage qu'on a bien voulu nous envoyer de la Salle-de-Vihiers :

« Depuis 1841, époque où fut fondé notre troisième Établissement dans le diocèse de Poitiers, à Terves, par Mme de Langardière, tante de M. l'abbé de Larnay, et où notre Père Fondateur eut l'avantage de faire connaissance avec lui, jusqu'en 1862, époque de la mort du premier de ces deux zélés prêtres, les rapports qu'ils ont eus entre eux ont été vraiment des rapports d'intimité. Dès leur première entrevue, ces deux grandes âmes s'étaient comprises. L'un et l'autre brûlaient du zèle de la gloire de DIEU et ne cherchaient qu'à l'étendre. Aussi, dans l'espace de vingt-deux ans, soixante-trois Établissements des Filles de la Charité du Sacré-Cœur de JÉSUS avaient été fondés dans le diocèse de Poitiers et plusieurs autres dans les diocèses de Bourges et d'Angoulême, et à peu près tous, nous pouvons le dire, par le zèle et la coopération de M. l'abbé de Larnay.

« Il a contribué à l'acquisition de la Maison d'école de Saint-Martin-la-Rivière, de Lussac-les-Châteaux, de Chef-Boutonne et de Senillé. Dans plusieurs de nos autres Maisons il a payé tout ou partie du mobilier.

« Si les Sœurs lui manifestaient le désir d'avoir des livres, soit pour former une bibliothèque pour la jeunesse, soit pour l'enseignement dans les classes, soit pour une utilité particulière, il s'empressait de les leur donner. « Allez, leur disait-il chez tel libraire ; achetez, et je paierai. »

« Quelquefois, quand les Sœurs se rendaient dans leurs obédiences, il se chargeait des frais du premier voyage.

« De ces secours matériels la Congrégation lui sera toujours reconnaissante. Mais surtout elle gardera à jamais le souvenir du zèle, de l'empressement qu'il a mis à son extension en tournant les vues des Curés et des Bienfaiteurs vers la Communauté de la Salle-de-Vihiers, et en les engageant à nous demander des Sœurs, de sorte que nous pouvons dire qu'il est le premier Bienfaiteur de presque tous nos Établissements du Poitou, qu'il a travaillé de concert avec notre Père, et qu'il a été, pour ainsi dire, l'âme du bien que nous avons pu faire dans ce diocèse. Il a présidé à l'installation de presque tous les Établissements du Poitou. Il a été ainsi faire l'installation des Établissements : de Terves, en 1841 ; de Saint-Martin et d'Anché, en 1842 ; de Chef-Boutonne, en 1843 ; de Lussac-les-Châteaux et de Ligugé, en 1844 ; de Saint-Sauvant, en 1846 ; de Vouillé, de Brigueuil-le-Chantre et de Sainte-Verge, en 1847 ; de Vouneuil-sous-Biard en 1848 ; de Saint-Maurice-en-Gençay, en 1849 ; de Couhé-Vérac et de Cirière, en 1850 ; de Senillé, en 1851; de Concrémiers (Indre) et d'Amailloux, en 1852 ; de Saint-Georges-les-Baillargeaux, de Pressac et de Celle-l'Evescault, en 1853 ; de Saint-Pardoux et de Pressigny, en 1854 ; de Persac, en 1855 ; de la Mothe-Saint-Héray, en 1856 ; de Béruges et de Berrye, en 1857 ; de Chizé, de Saint-Jouin-de-Marnes, de Chaulnay et de Lezay, en 1858 ; de Gourgé et de Saint-Courçon (Charente), en 1859 ; de Chasseneuil, en 1860 ; de Lézigny et des Forges, en 1861 ; de Vouneuil-sous-Vienne, en 1862, et d'autres.

« Dans ces installations, il faisait l'éloge des Sœurs au point que leur modestie en était souvent blessée. Mais il savait merveilleusement disposer les mères à envoyer leurs petites filles à l'École, et en général les populations à donner leur confiance aux Religieuses. Alors il aimait à rappeler l'histoire de Tobie. Selon lui, les Sœurs c'était l'ange Raphaël; les enfants, le jeune Tobie, et les parents, le père et la mère du jeune voyageur.

« Avant que nous ayons la Maison de la Providence à Poitiers, sa maison était à notre disposition. Nous pouvions y aller en toute liberté et confiance ; car il nous a toujours témoigné, ainsi que Monsieur son frère, une bonté touchante. Aussi nous étions chez lui comme des enfants chez leur père. Il aimait voir chez lui les Sœurs en grand nombre. Alors il les rangeait en cercle et paraissait joyeux au milieu d'elles. Il interrogeait les Sœurs de chaque obédience sur ce qui intéressait cet Établissement. « Je suis votre père, » leur disait-il, « je veux que vous me regardiez comme tel. » Il leur recommandait surtout de travailler à former à la vertu le cœur des jeunes enfants qu'elles étaient appelées à instruire. « Persuadez-vous bien, » leur disait-il, « que vous n'êtes point des maîtresses d'écriture, de géographie, d'arithmétique; mais que votre but principal est de faire connaître, aimer et servir le bon DIEU. Il reprenait librement et cordialement les Sœurs de leurs défauts et les engageait à lui demander conseil dans leurs difficultés. En un mot, il s'intéressait à tout ce qui avait rapport à leur Établissement, tant pour le spirituel que pour le temporel.

« Notre vénérable Père Fondateur lui faisait part de tous ses projets, de ses craintes, de ses espérances. En 1854, M. l'abbé de Larnay le pressait fortement de transporter la Maison-Mère dans le diocèse de Poitiers. Mille fois il revient sur cette pensée dans ses lettres. Néanmoins cette translation ne s'effectua pas. »

Le document qu'on vient de lire donne une vue générale du zèle de M. de Larnay dans l'établissement de toutes les écoles religieuses de La Salle-de-Vihiers. Mais il y a, ce nous semble, un véritable intérêt à considérer le digne prêtre dans les détails de cette Œuvre. Nous les emprunterons à ses propres paroles: c'est un moyen sûr de rester dans le vrai et d'intéresser en édifiant.

M. de Larnay avait fait l'installation des Religieuses de Terves. Mais c'était l'œuvre de sa tante, Mme de Langardière.

« Je commençai », dit-il, « ma première fondation (1842) à Saint-Martin-la-Rivière, canton de Chauvigny, sur les instances d'une très-vertueuse famille, qui ne pouvait mettre à ma disposition qu'un colombier, mais qui me l'offrait de si bonne grâce que je ne crus pas devoir le refuser. On fit aussitôt déménager les pauvres pigeons. Je divisai le colombier en trois : au rez-de-chaussée, la cuisine, qui servait de classe ; au premier étage, la chambre à coucher des Sœurs ; et au galetas, le dortoir des petites filles pensionnaires. Tel fut le berceau de ma première fondation dans les campagnes. Rien ne m'a paru plus intéressant que mon *céleste colombier.* »

« Je viens de visiter notre *céleste colombier* », écrivait quelques mois après M. de Larnay au P. Catrou, « tout y va à merveille. »

Et dans une autre lettre au même :

« Saint-Martin-la-Rivière sera un jour pour vous la source de grandes consolations. »

Et encore :

« Saint-Martin-la-Rivière est prêt à recevoir les Religieuses que vous lui destinez. Ce triste *colombier*, dont vous redoutiez jusqu'à la pensée, excite déjà la jalousie des Sœurs de Saint-Laurent. (Plaisanterie sans méchanceté, on le sent bien.) Ce qu'il y a de certain, c'est que, indépendamment des générosités de M. et de Mme M., j'expédie pour ma part un sac de cinq cents francs consacrés aux réparations du *céleste colombier.* »

M. de Larnay parle de l'école d'Anché. Il écrit au P. Catrou, le 18 avril 1842 :

« Je vous offre un lit à la maison et bonne figure d'hôte. Ayez soin de me préparer quatre Religieuses modèles. Vous ne vous en repentirez pas. J'ai un cœur qui sent vivement.

« J'ai été poser la première pierre de notre petit Couvent d'Anché. La maison sera terminée à la Saint-Jean. Cette modeste habitation sera un vrai paradis terrestre, où tout se passera comme avant le péché.

« Tous les gens du pays sont remplis de reconnaissance. On a conféré avec les Maires des deux localités [Saint-Martin-la-Rivière et Anché]. Ils sont l'un et l'autre remplis de dévouement pour l'œuvre. Tous les habitants attendent les Sœurs avec impatience. Vous ne pouvez pas vous figurer tout le bien que vous êtes appelé à faire dans ces deux contrées. J'irai choisir de concert avec vous nos quatre bonnes Religieuses. Disposez les choses de manière à nous donner des filles douces et bonnes. Je compte qu'il y en aura une, dans chaque Établissement, sachant la médecine; c'est indispensable. »

Dans une lettre précédente, du 21 février, nous lisons :

« Je pars demain pour Chef-Boutonne, j'y achète une petite maison fort gentille au compte du diocèse. [M. de Larnay la donnait par testament aux Évêques de Poitiers.] Les âmes d'élite m'assurent sept cents francs de revenu pour les trois Sœurs que nous allons y mettre à la Toussaint. »

On lui écrivait de Lussac-les-Châteaux :

« Il y a une belle maison à vendre ici, presque pour rien. Que d'heureux vous feriez, si vous vouliez l'acheter pour y mettre des Religieuses ! »

M. de Larnay n'était pas homme à résister à une pareille provocation. Un prix est proposé et accepté. Quelques minutes après, l'acte était passé par-devant notaire. Dire quelle fut la joie du bon prêtre est impossible. Qu'il est doux aussi de faire des heureux, et à ce prix-là ! Comment se fait-il que des hommes se refusent pendant toute leur vie ce délicieux plaisir ?

M. de Larnay s'était bien toutefois donné quelque mal pour cette fondation. Voici ce qu'il en a écrit au P. Catrou, le 18 octobre 1844 :

« Nos affaires s'acheminent, quoique lentement. DIEU le voulait ainsi. Il y a deux mois que je suis paralysé et cloué dans ma chambre par un rhumatisme universel, qui doit, d'après les médecins, durer une grande partie de l'hiver, ce qui me réduira à l'état de zéro.

« La violente peine que je ressentais de voir que l'Établissement de Lussac pouvait ne pas avoir lieu cette année m'a poussé à faire une imprudence. On m'a mis dans une diligence avec la fièvre. J'ai passé trois heures à Lussac pour y décider tout ce qui était nécessaire, et la même diligence m'a ramené le même jour avec la fièvre. Depuis ce temps-là, je n'ai pu dire la messe que par intervalles, et c'est à peine si je puis me tenir debout.

« Néanmoins, l'Etablissement de Lussac sera prêt pour la Toussaint. Je viens de faire l'acquisition d'une demi-boisselée de pré à côté de la maison pour la modique somme de sept cents francs. Je fais faire une citerne. L'intérieur de la maison est entièrement réparé. Tout est dans un état de propreté remarquable.

« Je viens d'acheter ici trois lits tout neufs et très-complets pour les Sœurs avec un grand buffet. J'ai pareillement acheté des tabliers de cuisine, des torchons, des serviettes et des nappes faits avec de la toile neuve.

« M. le Curé a recueilli parmi ses paroissiens dix-huit draps de lit. Je lui ai fait savoir que ma bourse était plus qu'épuisée et qu'il fallait que ses paroissiens fissent le reste.

« Je laisse à faire pour l'année prochaine un mur de clôture du côté du pré et un hangar. Nous ne pouvons pas tout faire en un clin d'œil. »

M. de Larnay parle ensuite de Ligugé :

« Ce sera », dit-il, « un petit bijou. Le Maire a peur de faire venir tout de suite trois Religieuses. Moi, j'estime qu'elles sont nécessaires. Écrivez-lui vite une lettre très-polie, très-émolliente et bien raisonnée, dans laquelle vous le remercierez de son zèle pour cette fondation dont il est la cheville ouvrière.

« Je ne saurais trop vous répéter que, ces bonnes Filles devant se trouver en regard de nos grandes dames de Poitiers, il faut nous envoyer ce que vous avez de mieux pour les bonnes manières, le savoir-vivre, l'amabilité du caractère. »

« Il nous faut », dit ailleurs M. de Larnay, « pour Saint-M..., des Religieuses de distinction : 1º à cause de Mme et de Mlle de *** ; 2º à cause des châteaux voisins ; 3º à cause de la proximité de cette petite ville, qui voudra bientôt avoir de vos Religieuses, si celles de Saint-M... lui plaisent. »

M. de Larnay était ainsi tout ardeur dans l'établissement de ses écoles religieuses. Il y avait des consolations et des joies, mais aussi des peines, que sa nature lui rendait plus vives. Il s'en épanchait dans sa correspondance avec le P. Catrou.

Celui-ci, dans une lettre du 16 juillet 1845, lui faisait ses condoléances sur le manque de ressources qu'il déplorait d'un côté, sur le déficit qui l'effrayait d'un autre, sur les difficultés qu'avait suscitées quelque part le défaut de simplicité et d'obéissance :

« Je voudrais à tout prix, disait le P. Catrou à M. de Larnay, vous éviter de pareilles secousses. Oh ! vous êtes malheureux, en faisant tout le bien qui est en votre pouvoir. Humainement parlant, oui. Mais n'est-ce pas la croix qui perfectionne nos œuvres et nos vertus ?

« Si la confiance d'un ami peut vous soulager dans les peines qui vous arrivent, comptez sur moi. »

M. de Larnay ne se laissait pourtant point aller

au découragement. Après avoir sollicité la charité privée, il frappait aux portes officielles qu'il voyait encore s'ouvrir devant lui. On en jugera par les lettres suivantes.

C'est M. le Ministre de l'Instruction publique qui écrit au Recteur de l'Académie de Poitiers, le 5 mars 1847 :

« Monsieur le Recteur,

« J'ai l'honneur de vous prévenir que je viens d'allouer une somme de cinq mille francs à la commune de Chef-Boutonne, pour aider à la salle d'asile.

« Je suis heureux de pouvoir seconder ainsi les généreuses intentions de M. l'abbé de Larnay, qui veut bien s'employer avec tant de zèle et de désintéressement à la propagation de l'utile Institution des Salles d'asile.

« Signé : Delebecque. »

M. de Larnay lui-même écrivit, le 21 septembre suivant, à M. Rendu, Conseiller royal de l'Université et Président de la commission supérieure des salles d'asile, pour le prier de solder le paiement de ces cinq mille francs qui n'arrivaient pas.

M. Rendu lui répondit dès le 25 septembre :

« Monsieur l'abbé,

« J'ai souvent ouï parler de votre zèle ardent pour la belle et chrétienne Institution des asiles de l'enfance et en général pour toutes les œuvres pies que suggère et que fonde la charité catholique. Et au Conseil royal et au Conseil de la Propagation de la foi, votre nom a été plus d'une fois salué et béni. Je suis particulièrement heureux d'avoir pu, dans l'une et dans l'autre de ces assemblées, rappeler les généreuses dispositions que vous devaient ces différentes œuvres. Je serai donc charmé de contribuer à lever toute difficulté dans l'affaire Chef-Boutonne comme dans l'affaire Lussac »

On voit que M. de Larnay dut faire plusieurs démarches pour toucher les deux sommes qui lui avaient été allouées, et qui lui furent payées au bout de quelque temps.

Son impatience venait de ses besoins.

« L'Université », dit-il dans une lettre du vingt-huit septembre, « ne se presse pas à me payer la somme qu'elle m'a promise pour Chef-Boutonne. Pour délivrer la Sœur des huissiers, j'ai été obligé d'emprunter trois mille francs, qui lui ont été portés. »

M. de Larnay continuait néanmoins ses Établissements. Il installait des Religieuses à Saint-Sauvant, en 1846, à Vouillé, à Brigueil-le-Chantre, à Sainte-Verge, en 1847.

Au sujet de l'école de Saint-Sauvant, nous trouvons cette note :

« J'ai donné pour cinquante francs de livres à la Communauté de Saint-Sauvant. J'ai prévenu M. de *** que je n'en donnerai plus. »

Les Établissements n'allaient pas assez vite au gré de l'ardent désir de M. de Larnay pour le bien.

Il se peint lui-même dans ces lignes d'une de ses lettres au P. Catrou :

« J'écris aujourd'hui (vingt-sept janvier 1848) une Circulaire à trente curés de canton, qui n'ont pas encore d'école religieuse, pour leur pousser l'épée dans les reins. Nous verrons ce qu'il en adviendra. »

Voici cette Circulaire, aussi modérée dans les termes qu'elle est pressante dans l'idée :

« MONSIEUR ET CHER CONFRÈRE,

« L'éducation religieuse de la jeunesse étant l'unique moyen de conserver et de sauver la foi autour de nous, c'est vers ce but que doivent tendre tous nos efforts.
« Je viens donc vous demander quel pourrait être votre concours et quelles seraient vos ressources pour l'exécution de ce projet dans votre paroisse.
« Seriez-vous assez bon pour me fournir, à titre de documents, des réponses claires et précises aux questions suivantes :
« 1º Jusqu'à quel point désirez-vous posséder dans votre paroisse une école de filles dirigée par des Religieuses ?
« 2º Quel serait le vœu de la population à cet égard ?
« 3º Quelle serait la quantité présumée de petites filles qui pourraient fréquenter l'école depuis l'âge de quatre à sept ans jusqu'à l'âge de quinze à seize ans ?
« 4º Quelle serait l'opposition présumée du Maire et du Conseil municipal ?
« 5º Quelles seraient les ressources que vous auriez déjà, ou sur lesquelles vous pourriez certainement compter pour commencer la fondation de l'école ?
« 6º Quels sont les noms des personnes habitant votre paroisse, ou y possédant du bien, qui pourraient concourir à la dépense de la fondation ?
« 7º Enfin, connaissez-vous au chef-lieu de votre paroisse

une maison convenable susceptible d'être achetée pour cette œuvre, et quel en serait approximativement le prix ?

« Je ne parle ici que d'une Maison *dirigée par des Sœurs*, parce qu'il est désormais prouvé par plus d'une expérience faite dans notre diocèse qu'un Établissement semblable suffit parfaitement, dans chaque paroisse de campagne, pour *l'éducation religieuse et morale de tous les enfants des deux sexes.*

« En effet, plusieurs de nos confrères, forts de cette expérience, ayant annoncé au prône qu'aucun enfant, garçon ou fille, ne pourrait désormais faire sa première communion sans avoir suivi au moins pendant trois ans, une ou deux heures par jour, un cours d'instruction religieuse donné par les bonnes Sœurs depuis la Toussaint jusqu'à la Trinité, cette mesure a réussi au gré de leurs vœux, même dans des paroisses où ils avaient à redouter la plus vive opposition de la part de l'instituteur ou du Maire.

« Si donc l'enfance était ainsi partout sauvegardée dans sa foi et dans ses mœurs par un enseignement aussi orthodoxe, aussi pieux et aussi complet que celui des Sœurs, la Religion n'aurait pas à s'inquiéter qui apprend à lire, à écrire et à compter, ne craignant plus qu'on plaçât sous les yeux des enfants des exemples où la moralité et la piété ne seraient pas respectées.

« D'ailleurs, une considération m'a vivement frappé : c'est l'avantage immense de l'éducation donnée par les femmes. En effet, outre que la dépense d'une Maison de Sœurs est beaucoup moins considérable que celle d'une Maison de Frères, et que la première peut toujours être ouverte aux deux sexes, du moins pour *l'Instruction religieuse*, tandis que la seconde est rigoureusement fermée aux petites filles, il est certain que l'éducation la plus pieuse et la plus complète est celle qui est donnée par les femmes. Car si, d'après les observations les plus judicieuses, la piété de l'enfant prend toujours sa source dans le cœur de sa mère, qui peut mieux remplacer celle-ci que la Vierge consacrée à Dieu, que la Sœur de charité, que l'infirmière quelquefois de la famille tout entière ?

« D'après ces principes et ces faits, un curé qui a le bonheur de posséder dans sa paroisse deux ou trois Religieuses n'a donc plus rien à désirer pour *l'éducation* complète, au point de vue religieux et moral, de toute la jeunesse qui est confiée à sa sollicitude pastorale.

« Puisse cette pensée être votre conclusion, comme elle est la mienne !

« Agréez, etc. »

Si quelqu'un était tenté de trouver de l'exagération dans cette préférence accordée à l'*éducation* donnée par les femmes, nous l'engagerions seulement à considérer et à comparer des orphelins de père et des orphelins de mère, et nous lui demanderions si ce n'est pas chez les premiers que se développent à un plus haut degré la piété, la bonté, la douceur, le sentiment de la justice, le savoir-vivre, le respect des personnes, l'amour des malheureux, la force de caractère, l'estime de l'ordre, le zèle du bien, en un mot, toutes les qualités que l'éducation doit donner, et qui vont au profit des individus, des familles et de la société tout entière.

La Circulaire de M. de Larnay fut généralement accueillie comme il pouvait l'espérer du zèle de ses confrères. Il nous paraît intéressant de publier quelques-unes de leurs réponses :

« Je sens comme vous toute l'importance d'un Établissement de Religieuses dans ma paroisse pour l'instruction de la jeunesse. Je ferai tout ce qui dépendra de moi pour procurer à ma paroisse et à moi ce précieux avantage. (DOUILLARD, curé de Moncoutant, le 9 janvier 1848.)

« Personne n'aura reçu votre Circulaire avec autant de joie que moi, parce que le projet qu'elle renferme est mon idée depuis longtemps bien arrêtée en fait d'instruction religieuse. Votre projet sera pour nous en particulier la pensée la plus heureuse qui ait pu être conçue.

« J'appelle de tous mes vœux le prompt et parfait accomplissement de votre projet si favorable à la Religion. » [GAUFFRETEAU, curé de Vasles, le 4 février 1848.]

« Je regarderais comme une bénédiction du Ciel sur ma paroisse une École de filles dirigée par des Religieuses. Cette École ferait un bien immense à cette même population, qui dans son ignorance et dans son aveuglement emploiera tous les moyens humains pour repousser un si rare bienfait...

« Nul n'est plus capable que vous, respectable confrère, d'inspirer des sentiments généreux aux personnes que je viens de vous désigner. Aussi permettez-moi de compter sur votre bienveillante sollicitude, et j'aurai bientôt à vous remercier du succès de l'entreprise et des heureux fruits qu'elle produira dans ce pays. Il y a longtemps, je vous assure, que j'appelle de tous mes vœux sur ma paroisse la faveur signalée d'une école tenue par des Religieuses. L'instruction de la jeunesse, comme vous l'observez fort judicieusement, est, dans les temps difficiles où nous nous trouvons, le seul moyen de conserver la foi. Je reconnais comme vous qu'un curé qui a le bonheur de posséder dans sa paroisse deux ou trois Religieuses, n'a plus rien à « désirer pour l'éducation complète, au point de vue religieux et moral, de la jeunesse confiée à sa sollicitude pastorale ».

« La confiance que la divine Providence réveille en moi m'empêche de désespérer du succès. Car Celui qui vous a inspiré le zèle de nous communiquer votre sublime pensée trouvera bien les moyens d'en assurer la fin. » [D., curé de C., le 3 février 1848.]

« Votre Circulaire que je reçois vous met en demeure de faire droit au plus tôt à l'engagement que vous avez pris en personne aux yeux de la population, qui aspire tout entière avec son pasteur à posséder les Religieuses que vous leur avez promises. Cette portion de notre vaste diocèse n'a besoin que du concours en question pour produire les fruits les plus abondants dans l'ordre du salut. Et vous, Monsieur l'abbé, qui aurez pris une part si active à la bonne œuvre, vous ferez bénir à toujours votre nom et votre mémoire dans ces contrées. » [BARROUX, curé de la Trimouille, le 8 février 1848.]

« Votre lettre au sujet des écoles de filles a vivement ému ma sympathie ; car elle m'a touché le cœur à l'endroit où il est depuis longtemps plein de désirs.

« Tous les considérants de votre beau projet sont absolument conformes à mes propres idées. Mais moi je n'ai que des idées, et il me faudrait d'autres moyens pour faire de la réalité.

« Je vous répète qu'il y a ici grand besoin de Religieuses pour ma paroisse et pour les paroisses voisines. Elles feraient promptement un bien immense dans nos environs. Mais je ne puis rien faire par moi-même que de vous dire ma peine et mes vœux bien pressants. Or, puisque DIEU vous a donné un grand cœur, un zèle plein d'industrie, et que la Providence vous a remis entre les mains d'abondantes ressources, je me livre à votre générosité.

« Faites donc, je vous en prie, que je vous bénisse encore comme mon puissant auxiliaire dans cette entreprise que le Ciel vous a inspirée et qui sera une suite bien digne à vos autres bonnes œuvres. » [BIGNONNET, curé de Saint-Varent.]

« Je m'empresse de répondre aux questions, si pleines d'intérêt pour les âmes, que vous m'adressez.

« Il y a si peu de foi et tant d'attache aux choses de la terre que je perdrais tout espoir si je ne comptais sur la Providence divine qui a bien voulu se servir de vous pour apporter un terme à mes chagrins. Soyez avec Elle mille fois béni ! Et si ce n'était rapprocher une chose trop minime de la magnifique récompense que vous attirera une si grande œuvre j'aimerais à vous assurer de l'éternelle reconnaissance. » etc. [CHAUVEAU, curé de Pleumartin, le 8 février 1848.]

« Le désir le plus cher de mon cœur serait de posséder une école de filles dirigée par des Religieuses ; et certes, s'il est

8

une localité où la présence des bonnes Sœurs serait utile à la Religion, c'est incontestablement dans ce canton. » (PERRAIN, curé de Beauvoir, le 23 février.)

« Notre désir le plus ardent serait de voir dans la paroisse une école de filles dirigée par des Sœurs. Comme vous, nous ressentons tous les jours l'avantage immense de l'éducation donnée par des personnes consacrées au Seigneur. » [ROCHER, curé des Trois-Moutiers.]

« Je commence avant tout par rendre grâces à DIEU pour les inspirations si pieuses et si généreuses qu'il sait donner à des âmes d'élite.

« Vous me demandez, respectable Confrère, jusqu'à quel point je désire avoir dans ma paroisse une école tenue par des Sœurs. Oh! n'en doutez pas, je le désire infiniment, et, à quelques exceptions près, c'est aussi le vœu le plus ardent de ma population.

« La jeunesse se perd, emportée qu'elle est par le torrent des mauvais exemples. DIEU veuille que vous nous procuriez du moins un abri pour l'enfance! Oh! combien nous bénirions le Seigneur, combien aussi nous bénirions votre nom, si nous vous devions une œuvre à laquelle, comme vous le dites fort bien, se rattache la conservation de la foi et des mœurs parmi nous! » [GARNIER, curé de Gençay, 5 février.]

« Je rends hommage à la prudente activité de votre zèle. Vos vues pour paralyser les efforts de l'irréligion ne manqueraient pas d'efficacité si elles étaient remplies. Comme vous je suis intimement convaincu que l'instruction religieuse de la jeunesse est le plus solide rempart que l'on puisse opposer au torrent de l'immoralité de plus en plus envahissante. Honneur donc à celui qui sait trouver ce remède au mal et ne cherche qu'à en faire l'heureuse application!

« Je regarderais comme un très-grand bonheur et un bienfait signalé de la Providence l'établissement dans ma paroisse d'une école de filles dirigée par des Religieuses. Pas un habitant qui n'en fût enchanté. J'admire votre zèle à sonder les divers terrains. Heureux celui où se formera un Établissement comme vous l'entendez. Poursuivez vos nobles projets, et, plus utile au diocèse que ne le sont à l'État nos hommes à grandes entreprises commerciales, vous ferez moins de bruit et plus de bien, vous aurez droit à une reconnaissance moins bruyante mais plus sincère. Laissant à d'autres les vaines récompenses de la terre, vous travaillerez pour une autre récompense que vous désirez uniquement. » (CHERPRENET, curé de La Villedieu, le 8 février.)

« Je partage vos sentiments. Je pense que les mœurs ne s'amélioreront dans ma paroisse qu'autant qu'il y existera une école de filles dirigée par des Religieuses.

« Si vous pouviez, Monsieur et charitable Confrère, rendre à ma paroisse le même service que vous avez rendu à celle de Chef-Boutonne, c'est-à-dire acheter de vos deniers une maison (4,000 fr.), cette bonne œuvre, comme tant d'autres que vous faites tous les jours, contribuerait puissamment au salut des âmes. » (LARGEAU, curé de Sauzé-Vaussais, le 16 mars 1848.)

Les autres lettres renferment les mêmes éloges, expriment des regrets, demandent des explications, et surtout, comme on a vu, sollicitent des secours, les bons Curés *se livrant* à la charité de M. de Larnay.

L'un d'eux reçut cette réponse :

« J'ai apprécié vos lettres et votre zèle ; j'apprécie vos vertus sacerdotales. Nous commencerons sans doute par vous. Je guette l'occasion ; travaillez de votre côté et surtout faites prier. »

M. de Larnay ajoutait :

« J'ai écrit aux trente Curés de canton qui n'avaient pas d'école religieuse. Je n'ai pas encore reçu toutes les réponses. Vous comprenez que le dépouillement de toute cette correspondance, joint aux calculs qui en seront la conséquence, doit m'engager dans un travail long et difficile. »

Les intentions et les désirs des Curés étaient évidents. Mais les ressources manquant à peu près partout, l'effet se produisit lentement. Néanmoins, l'idée était jetée, ou plutôt l'élan était donné. M. de Larnay allait recueillir les fruits de son zèle chaque année de sa vie jusqu'à son dernier jour.

C'est ainsi qu'il fonda et installa les écoles : de Vouneuil-sous-Biard, en 1848 ; de Saint-Maurice-en-Gençay, en 1849 ; de Couhé-Vérac et de Cirière, en 1850 ; de Senillé, en 1851.

Au sujet de cette dernière école, M. de Larnay a écrit la lettre suivante :

« Monsieur le Ministre,

« Je me suis dévoué, depuis huit ans, à fonder des Écoles de filles et des Salles d'asile dans les deux départements de la Vienne et des Deux-Sèvres, dont se compose le diocèse de Poitiers, et je consacre à cette œuvre une partie de ma fortune ainsi que les dons que la charité veut bien déposer entre mes mains.

« J'ai déjà eu le bonheur de fonder quinze É tablissements dont les succès ont dépassé toutes mes espérances.

« M. le Recteur de l'Académie de Poitiers, touché de cela, a bien voulu m'offrir son concours dans deux circonstances pour solliciter des secours du Gouvernement.

« Il a en effet obtenu pour moi, en 1845, trois mille francs pour Lussac, et, en 1846, cinq mille francs pour Chef-Boutonne. Ces sommes m'ont été allouées et remises directement et sans aucune condition, à titre d'encouragement.

« Je viens aujourd'hui, Monsieur le Ministre, par l'intermédiaire et avec le même concours généreux de M. le Recteur, au même titre et avec les mêmes conditions, vous demander un secours en faveur d'une École de petites filles et d'une Salle d'asile que j'entreprends de fonder à Senillé.

« Je déclare que j'ai pris des mesures pour assurer après ma mort la perpétuité de l'École et de l'Asile. »

La lettre suivante donnera une idée de la manière et du tour que prenait le zèle de M. de Larnay pour arriver à ses fins :

« M. le Curé de ** m'avait demandé, il y a cinq ans, de lui procurer deux Religieuses de la Salle de Vihiers. Je me rendis à ses vœux. Deux Religieuses lui furent accordées. M. le Curé est mort sans avoir pu pourvoir à l'avenir de cet Établissement. Les Supérieurs généraux vont être obligés d'y renoncer.

« J'ai pensé qu'un parti si funeste blesserait les habitudes de générosité des principaux habitants de la paroisse, qui voudront maintenir cette Maison pour verser dans le sein des classes indigentes les trésors de charité qui s'échappent chaque jour isolément de leurs mains. Ce serait un monument élevé par eux sous les yeux de leurs enfants

« J'ai eu la pensée d'interroger leurs vœux par une souscription. Leur acquiescement ou leur refus deviendra une sentence de vie ou de mort pour cette Maison. »

Suivent les motifs : la gloire de DIEU, le salut des âmes, le soulagement des misères humaines ; et la lettre continue :

« Nous n'avons aucune dotation pour nos Religieuses. La Providence les a nourries jusqu'ici comme les oiseaux du ciel, avec les miettes de chaque jour. »

Il était difficile d'exprimer plus délicatement une prudence de conduite que dictait à M. de Larnay le nombre croissant des demandes d'écoles qui lui arrivaient de tous côtés.

Une dame de haute condition et de grande vertu, qui voulait établir un ouvroir de jeunes filles pauvres surveillé par des Religieuses, lui écrivait le 15 juillet 1851 :

« Je n'ignore pas, Monsieur, tout le bien que vous faites par le placement dans un grand nombre de communes des Religieuses de la Salle de Vihiers. Veuillez me dire les conditions... Je ne crains pas que mes questions vous soient importunes, puisqu'elles se rapportent à la charité, que vous pratiquez avec tant de zèle et de désintéressement. »

Un digne curé de canton écrivait à M. de Larnay :

« Ayez donc égard à nous, je vous prie, et daignez remplir avec la perfection qui vous est habituelle le mandat providentiel que vous avez reçu. »

Le 31 juillet 1852, M. de Larnay, qui était alors à Néris, où sa triste santé le contraignait d'aller assez souvent, sans que le cours de ses Œuvres en fût ralenti, écrivit au Curé d'une paroisse importante une lettre de réponse qui commençait ainsi :

« En vous offrant des Sœurs, je ne puis rien leur donner, ni aujourd'hui, ni demain. Il ne faut donc nullement compter sur mon concours pour les faire vivre, quel que soit l'état de détresse dans lequel elles pourraient tomber.

« Ces préliminaires loyalement et nettement posés, je viens vous demander quelle est votre manière de voir... »

Cette netteté de langage, fidèle expression de

sa loyauté de caractère, attirait bien quelquefois à M. de Larnay des difficultés et des désagréments, qui avaient au reste leur source principale dans cette misérable jalousie que le diable réussit toujours à souffler dans quelques esprits qu'il rend chagrins, mécontents et méchants.

Il arrivait à M. de Larnay de ne pas pouvoir acquiescer aux désirs qu'on lui manifestait, ou donner suite aux engagements qu'il avait lui-même commencé de prendre. On l'accusait alors de manquer à ses promesses ; on lui reprochait les démarches qu'on avait faites et les peines qu'on s'était données.

M. de Larnay ne se décourageait pas ; il tâchait de mieux aviser à tout. Il se transportait sur les lieux, et il ne dépendait pas de lui que le projet n'allât à bien.

« Tant que vous ne viendrez pas ici mettre les choses en train », lui écrivait un prêtre, « rien ne marchera. »

D'un autre côté, le tour poli et les précautions oratoires, qui formaient la manière habituelle des démarches de M. de Larnay, ne les faisaient pas toujours réussir.

Par exemple, il avait écrit, le 30 mai 1853, la lettre qui suit :

« Monsieur le Maire,

« L'installation de deux Sœurs de la Charité que j'ai faite à Saint-Georges [les Bailargeaux], le 17 avril dernier, m'a mis en rapport, d'une manière aussi heureuse qu'inattendue avec plusieurs notables de la paroisse, qui m'ont exprimé le désir d'avoir aussi des Sœurs.

« J'ai pensé que, à l'exemple de votre chef-lieu de canton et de presque toutes les paroisses qui en dépendent, vous seriez heureux de pouvoir confier votre Salle d'asile, vos jeunes filles, vos infirmes et vos malades à la sollicitude et au dévouement de femmes qui excitent aujourd'hui partout l'admiration et la reconnaissance de la part de ceux qui recueillent le bénéfice de leurs travaux. Une telle institution ne peut que faire bénir ceux qui en ont été les auteurs, et il est permis d'être fier d'en avoir doté une commune. »

M. le Maire répondit par une lettre doctorale, où il prêchait l'union et la concorde, et disait qu'on peut faire le bien sans avoir fait des vœux.

« Je ne sache pas, ajoutait-il, que notre divin Maître ait jamais fait de vœux, et pourtant lui seul, au milieu d'une foule rassemblée autour de lui, a pu dire sans crainte d'être contredit : Qui de vous me convaincra de péché? Et lui seul peut-être entre les hommes est descendu vierge et immaculé au tombeau. »

Ce Maire avait une position sociale d'une irrégularité publique, et nous ne voulons pas dire à qui il avait fait confier la Salle d'asile de sa commune.

Qu'on juge du malheur des populations dont les intérêts, non-seulement matériels, mais intellectuels et moraux, sont livrés à de tels personnages !

L'offre de M. de Larnay fut repoussée au Conseil municipal par sept voix contre trois. Mais, ô bonté de la divine Providence ! sept ans plus tard, M. de Larnay, sur l'invitation que le Curé de cette paroisse lui envoyait le 21 octobre 1860, allait y installer des Religieuses le dimanche suivant.

L'installation de l'école de Saint-Georges avait été précédée de celle de l'école d'Amailloux, qui eut lieu en 1852, et au sujet de laquelle M. de Larnay écrivait au P. Catrou, le 27 janvier :

« Une belle fondation à faire à Amailloux. C'est une dame veuve sans enfants, amie intime de ma famille, qui me charge de faire cette fondation, et qui me donne une maison restaurée et meublée avec une borderie adjacente. Il est évident qu'il faut accepter avec une vive reconnaissance.

« Mais il y a une difficulté. Mme Sauvestre (nous pouvons nommer cette respectable dame, maintenant que sa vie est terminée sur la terre, où sa mémoire reste en bénédiction dans tant de lieux qui possèdent les monuments de sa charité) est une femme de beaucoup d'esprit et très-difficile sur l'article *charité*. Il lui faudrait deux Religieuses dans le genre des Supérieures de ***. Êtes-vous en mesure ? Répondez vite; sinon la fondation nous échappe.

La fondation d'Amailloux fut suivie de celle de Saint-Georges-les-Baillargeaux, en 1853, comme nous avons dit.

La même année, eut lieu la fondation de Pressac. La lettre suivante montrera combien M. de Larnay s'occupait de près des Établissements qu'il était si ardent à fonder. Il écrit au P. Catrou, le 10 janvier :

« Je vous expédie le traité en bonne forme passé avec la commune de Pressac. C'est une affaire consommée.

« Envoyez de suite au maire deux copies bien soignées, paraphées, scellées, etc., etc., de l'état complet de tout ce que vous exigez pour le mobilier de trois Sœurs et celui de la salle d'asile. Mettez partout les points sur les *i:* c'est-à-dire, par exemple, le linge sera tout en fil et non en coton, etc., etc., etc.

« On vous donnera en outre un mandat de cinq cents francs pour frais de premier établissement. On paiera le premier semestre, c'est-à-dire, trois cents francs le jour de l'arrivée des Sœurs.

« J'écris aujourd'hui au Maire pour le charger de l'achat, et de la confection de tout le mobilier. Ni vous ni moi ne pouvons nous en mêler à cause des difficultés inextricables de l'Administration pour toutes les formalités à remplir. »

Après la fondation de Pressac, se firent celles : de Celle-l'Evescault, même année ; de Saint-Pardoux et de Pressigny, en 1854 ; de Persac, en 1855 ; de La Motte-Saint-Heraye, en 1856.

Cette dernière était en projet depuis sept ans. Le 14 janvier 1856, M. de Larnay répondait au Maire :

« Je me suis jeté dans un si grand nombre d'entreprises de ce genre, que je me vois dans l'impossibilité de vous offrir autre chose que mon intérêt. Je sollicite votre concours, me réservant de demander plus tard celui des habitants par une souscription...

« J'ai toujours eu beaucoup à me louer des Conseils municipaux, quand j'ai fait appel à leur dévouement pour soulager par des Établissements religieux les misères du peuple. Je n'hésite pas à croire qu'il en sera de même de celui que vous présidez. »

Dans une seconde lettre, du 26 du même mois, M. de Larnay disait au Maire :

« L'opinion qu'on m'avait donnée de vous comme administrateur ne me permettait pas de douter du succès de ma demande.

« J'accepte bien volontiers votre conseil de solliciter de suite par une souscription le concours des habitants. Toutefois comme je suis étranger aux habitudes ainsi qu'à l'esprit de votre cité, et que je pourrais m'aventurer dans une démarche qui n'aurait pas été assez étudiée, je vous demande votre avis sur ce qu'il y aurait de mieux à faire...

« Dans mon appréciation, il y aurait des inconvénients graves à ce que j'allasse recueillir moi-même de porte en porte les souscriptions. Je me réserverais de faire plus tard une visite de remerciement.

« Je prierais donc quatre dames de La Mothe de recueillir en mon nom les souscriptions en présentant à chaque personne la lettre close ci-incluse, munie d'une souscription individuelle. J'ai employé ce moyen ailleurs avec un plein succès. »

Dans la lettre close, qui était parfaite de clarté, de convenance et de modération, M. de Larnay s'efforçait de présenter cette bonne œuvre de la souscription de la manière la plus propre à faire succomber à la tentation du bien.

On se laissa vaincre en effet de toutes parts, et M. de Larnay installa très-solennellement les Religieuses le dimanche 21 septembre. La Maison des Sœurs fut bénite le dimanche 26 octobre suivant, au milieu d'une nombreuse assistance.

La fondation de l'école de Béruges eut lieu en 1857, ainsi que celle de Berrie.

Celle-ci était due à Mᵐᵉ la marquise de Brezé, qui informa M. de Larnay qu'elle avait fait arranger une belle maison pour les Sœurs, et qu'elle viendrait exprès dans ses terres pour assister à leur installation, dont elle priait M. de Larnay de se charger. « Mon fils, l'Évêque de Moulins, ajoutait-elle, est persuadé que vous ferez autant pour lui que pour moi, ce que j'ai l'honneur de vous demander. »

Nous ne savons pas à quelle fondation se rapporte le trait suivant, que nous nous reprocherions de laisser dans l'oubli :

Une pauvre paysanne, déjà très-âgée, vint trouver M. de Larnay et lui dit qu'elle voulait une école de Sœurs dans sa paroisse et qu'elle donnerait ce qu'il faudrait pour cela. La proposition fut accueillie sur-le-champ, et la fondation eut lieu. Mais il ne restait alors plus rien à la généreuse bienfaitrice, qui n'avait d'ailleurs d'autre ambition que d'être nourrie par les Sœurs en les servant. Le jour de l'installation, il fut impossible de faire mettre à table cette excellente chrétienne, qui voulut vaquer comme les autres jours aux travaux de la cuisine.

M. de Larnay racontant un jour cette touchante histoire, termina par ces mots prononcés avec feu : « J'aime les gens de cœur ! » Mais aussi c'est qu'il était lui-même un de ceux-là. Les personnes qui l'ont connu le savent, et ceux qui auront lu sa vie en demeureront convaincus.

M. de Larnay a fait encore les fondations : de

Chizé, de Saint-Jouin-de-Marnes, de Chaulnay et de Lezay, en 1858; de Gourgé et de Poitiers, en 1859.

La fondation de Poitiers se présente avec un caractère tout particulier.

Le P. Catrou avait sérieusement songé à transférer la Maison-Mère de sa Congrégation dans le diocèse de Poitiers. Ce dessein, auquel M. de Larnay n'était pas resté étranger ni indifférent, si même il n'en avait pas eu la première idée, n'ayant pas pu se réaliser, les deux serviteurs de DIEU regardèrent comme une attention de la Providence l'Établissement inespéré qu'ils purent installer à Poitiers même dans une Maison dite justement *de la Providence*, parce qu'elle avait été fondée par les Religieuses de ce nom, dont la Maison-Mère est à Saintes, au diocèse de La Rochelle. Il n'y avait qu'une dizaine d'années que ces Religieuses étaient à Poitiers. Elles venaient de faire construire une gracieuse chapelle gothique, due à l'habile architecte, M. l'abbé Tournesac. Leur Évêque les réclamait à La Rochelle ; Mgr l'Évêque de Poitiers profita de cette disposition pour procurer, ainsi qu'il le désirait vivement, une Maison en quelque sorte provinciale au pieux et utile Institut de la Salle-de-Vihiers. Les négociations pour la cession de leur Établissement furent entamées par M. de Larnay, au nom du P. Catrou, et elles aboutirent heureusement, si bien que la Congrégation de la Salle-de-Vihiers put prendre possession de cette belle Maison en 1859.

Le P. Catrou écrivait à M. de Larnay, le 16 juillet 1860 :

« La Mère Supérieure m'est arrivée tout émerveillée de la Maison de la Providence, qu'elle a vue pour la première fois. »

Cet Établissement, par sa situation dans la ville épiscopale, est comme un centre pour les Maisons que la Congrégation possède dans le diocèse de Poitiers, à l'occasion des rapports qu'elles ont avec l'Ordinaire de ce diocèse.

Aussi M. de Larnay y donnait-il des soins particuliers, et y faisait-il de fréquentes visites, se plaignant seulement parfois que cette fondation rendît désormais inutile aux Sœurs l'hôtel de la rue Saint-Paul, qu'il avait toujours tenu à leur disposition avec tant d'empressement et de bonheur.

Du reste, malgré le mauvais état de sa santé, Dieu ne lui faisait pas pressentir qu'il achèverait bientôt sa carrière de dévouement.

Il put encore fonder les écoles : de Chasseneuil, en 1860 ; de Lézigny et des Forges, en 1861 ; de Vouneuil-sur-Vienne, en 1862.

D'autres s'établirent, et toujours par les soins de M. de Larnay, même en dehors du diocèse, telles que celles : de Concrémier, dans le Berry (Indre), en 1852 ; de Ruffec et de Saint-Courçon, dans l'Angoumois (Charente), en 1858 et 1859.

Nous n'avons pas à parler, on le comprendra, des projets de fondation qui n'ont pas été réalisés. Il y en eut un grand nombre, tant à cause du zèle des Curés pour le salut des âmes, que de la confiance que M. de Larnay leur inspirait.

Que de lettres ne recevait-il pas de tous les côtés !

« Votre inépuisable bonté, lui écrivait un Curé d'une petite paroisse, inspire tant de hardiesse que moi aussi j'ai recours à vous et à Madame votre Mère dont toute la vie n'est qu'une suite de bonnes œuvres. »

Parler ainsi à M. de Larnay, c'était le toucher au cœur.

« C'est vous, Monsieur le Chanoine, écrivait un autre, qui par votre charité pourrez réaliser mon projet. Sans votre appui la réforme de la paroisse ne pourra avoir lieu, puisque ce n'est que par l'éducation des enfants que je ferai un peu de bien dans cette paroisse, la plus misérable du diocèse sous le rapport religieux. »

Un Curé écrivait à M. Samoyault, Vicaire Général :

« Dites-le à M. de Larnay, qui a tant de zèle pour les Établissements religieux ; dites-lui combien cette paroisse devra profiter d'une éducation religieuse. »

D'autres s'adressaient à Mgr l'Évêque lui-même,

et priaient Sa Grandeur de vouloir bien intervenir en faveur de leurs paroisses pour obtenir que M. de Larnay y établît des Religieuses.

Le digne prêtre ne refusait évidemment que faute de ressources ou de sujets. Il était d'ailleurs bien pressant, sous ce dernier rapport, dans ses lettres au P. Catrou. Il demandait, et avec des instances réitérées, des Sœurs, et des Sœurs de choix. C'est ainsi qu'il écrivait :

« Il me faut absolument deux Sœurs bien choisies pour le mois de mars à Saint-Georges. Tout le monde le veut : je ne suis plus libre. »

M. de Larnay aurait aussi désiré que les Sœurs étendissent leurs efforts en dehors même de leurs classes.

Le P. Catrou lui écrivait, dès le commencement, le 26 janvier 1848 :

« Votre zèle admirable, et que je suis loin de vouloir éteindre, va cependant aller bientôt jusqu'à épuisement des forces de mes Sœurs. Ces catéchismes aux enfants qui ne sont pas de la classe sont bien nécessaires sans doute. Mais qui pourra y suffire ? Viendra la nécessité, non d'abandonner la bonne œuvre que vous proposez, mais d'augmenter le personnel des Sœurs de chaque Maison.

« Je crains encore que votre Circulaire ne précipite les Établissements bien plus vite que nous ne pouvons aller. »

Le P. Catrou répondait de même le 19 mai suivant. Il écrivait encore, le 17 août 1849 :

« S'il vous est utile d'avoir une réponse à faire en quelque occasion, faites observer que, pour vous obliger, vous et votre diocèse, nous avons refusé un très-grand nombre d'Établissements qu'on nous a offerts dans la Bretagne, la Vendée, la Touraine. Vous en savez déjà quelque chose. »

Et le 8 novembre :

« Toutes vos demandes nous épuisent. »

Et le 10 janvier 1850 :

« Je voudrais bien que mes moyens me permissent de seconder en tout et toujours votre zèle et votre générosité. Il m'en coûte et beaucoup de vous refuser. Nos Sœurs pensent qu'il est nécessaire de consacrer nos ressources à acquérir des sujets plutôt que des Maisons. Ce sera le moyen de pouvoir plus tard répondre aux demandes d'Établissements qui nous viennent de toutes parts. »

M. de Larnay se récriait et représentait les peines qu'il prenait, les preuves d'intérêt qu'il donnait dans toutes les fondations en s'appliquant à les soutenir.

Le P. Catrou lui répondait le 3 février 1853 :

« Je conviens qu'en effet vous nous avez *gâtés*, du côté de la tendre et paternelle affection que vous nous avez constamment témoignée et qui vous a bien vivement gagné tous les cœurs parmi nous ; du côté des soins que vous avez prodigués à l'âme de mes chères Filles, devenues *les vôtres* ; du côté des considérations et des attentions habituelles et encourageantes qui ont aidé au développement de nos bonnes œuvres. Ce sont bien là les côtés les meilleurs sans contredit. Mais, quant au côté pécuniaire, je vous ai donné la preuve que vos Établissements ne sont pas les plus brillants de la Congrégation. Ne prenez pas cela comme un reproche. Je vous le dis parce que je suis toujours à cœur ouvert avec vous, comme je pense que vous le faites toujours avec moi. La véritable et divine *amitié* n'est pas flatteuse. »

Le 7 juin, mêmes observations du P. Catrou. Mais M. de Larnay, sans se décourager, faisait de nouvelles demandes et se persuadait qu'elles seraient accueillies.

Le P. Catrou lui écrivait en effet le 13 octobre 1854 :

« Vous allez bien vite en besogne dans votre diocèse. Encore un Etablissement, et impossible de le refuser. Merci de vos peines et soins en tout cela. »

Et le 22 mars 1855 :

« Vous croyez que je veux vous faire la guerre ? Oh ! cela est loin de ma pensée. Mes allures avec vous sont aussi simples que toujours.

« Pour vous prouver notre bonne volonté, hier au soir, la Mère et moi nous avons encore essayé si nous pourrions prendre dans les Établissements ; nous ne l'avons pu. Nous allons encore essayer pour la troisième fois. »

Les difficultés venaient en partie du règlement, d'ailleurs très-sage, que Mgr l'Évêque d'Angers imposait au P. Catrou.

« Hier, dit celui-ci dans une lettre du 2 avril, j'ai reçu de Monseigneur d'Angers un règlement qui défend de faire aucun Établissement nouveau sans avoir fait signer auparavant les conventions. »

Et dans une lettre du 24 mai :

« Monseigneur d'Angers a fixé trois cent cinquante francs par Sœur. Vous pensez bien que je ne puis pas m'en départir. »

Le P. Catrou apportait bien toute la bonne volonté désirable. Il écrivait à M. de Larnay, le 7 février 1858 :

« Malgré notre répugnance à mettre des Sœurs à une demi-lieue de l'église, nous en ferons le sacrifice à la demande que vous faites au nom de notre vieille amitié. »

Et le 15 mars 1859 :

« Vous plaidez si bien les causes que vous les gagnez tout de suite. »

C'est aussi que ces deux bons prêtres étaient étroitement unis en Dieu, dont ils cherchaient uniquement la gloire en travaillant à sauver les âmes. Ils s'étaient compris dès les premiers rapports qu'ils eurent entre eux. Leur confiance et leur affection réciproque s'accrurent avec le temps et durèrent jusqu'à la fin.

M. de Larnay avait rencontré, dès le commencement même de son Œuvre des Écoles religieuses, des difficultés qui lui avaient été très-pénibles.

Le P. Catrou, en compatissant à ses ennuis, lui témoignait aussi sa reconnaissance.

Il lui écrivait, le 5 janvier 1847 :

« Je vous remercie bien sincèrement de la délicatesse que vous mettez dans vos procédés à notre égard. Je n'en suis pas surpris; je ne puis jamais en attendre d'autres de vous. »

Et le 5 juillet suivant :

« C'est bien humble de votre part de nous demander si nous aurons pour agréable que vous installiez nos Filles de Sainte-Verge. Vous savez combien nous sommes heureux des bontés que vous avez pour nos chères Filles. »

Le P. Catrou épanchait aussi lui-même ses peines dans le sein de son ami.

C'est ainsi qu'il lui écrivait le 21 juillet 1848 :

« Je vous remercie de la confiance dont vous m'honorez. Je ne pense pas que ma simplicité et ma franchise soient des vertus bien méritoires pour moi. Elles me sont nécessaires, indispensables. Je ne pourrais aller autrement. Je sens trop que c'est Dieu qui fait le bien, et non mon industrie. Je n'ai pas même la tentation d'agir autrement. Jugez aussi combien j'ai à souffrir quand il m'arrive de pareilles misères, et quand j'ai eu à supporter des soupçons de la part de personnes placées sur ma tête, même bien haut.

« Je vous en ai dit quelque chose parfois dans l'intimité. Un peu de courage donc, puisque le Seigneur veut que nous souffrions à son service. »

Et le 3 septembre suivant :

« Priez pour moi, je vous en conjure. J'ai mille fois plus de peines dans cette année que je n'en ai rencontré dans les vingt-cinq ans qui ont précédé. »

Et encore le 4 octobre :

« Je vous écrivais, hier au soir et ce matin encore, le cœur brisé de douleur. Je me sens plus calme ce soir. J'espère que le bon DIEU nous préservera du scandale dont la seule idée m'écrasait. Je me hâte de vous en faire part pour vous rassurer vous-même. Espérons donc que tout marchera de mieux en mieux. »

La confiance du P. Catrou en M. de Larnay se montre d'une manière charmante dans cette lettre du 6 mars 1849 :

« Je travaille, depuis la mort de la Fondatrice, à faire des *Mémoires* de sa vie et de la fondation de sa Communauté. Quand j'aurai fini, je vous prierai d'être mon critique. Je me trouve un peu à la gêne dans ce travail, parce que je parle trop souvent de moi, et parce qu'il y a des acteurs encore vivants dont je ne flatte pas l'amour-propre. Je serai bien aise de faire passer ce travail par une censure sévère et amie tout ensemble. »

Et dans cette autre lettre, écrite le 22 juillet, à propos d'un Établissement difficile :

« Je vous envoie la lettre ... afin que vous jugiez s'il n'y a rien de trop. Si vous la jugez convenable, envoyez-la. Si vous jugez que je m'avance trop, mettez-la au feu, et m'écrivez ce qu'il faudrait y mettre. Je ne sais pas trop faire de la diplomatie. Ordinairement, c'est le bon DIEU qui la fait pour moi; j'en suis heureux. Je ne vous en remercie pas moins bien sincèrement des avis que vous m'en donnez. Veuillez ne pas vous gêner et croire que je trouve tout bon. »

Et dans celle-ci du 21 octobre 1850 :

« Je vous ouvre mon cœur comme à l'ami fidèle et au conseiller prudent et discret. »

L'amitié ne nuit pas à la franchise et ne sacrifie pas la vérité. Le P. Catrou écrit à son ami, le 26 décembre 1851 :

« M. le Curé avoue qu'il n'avait pas de reproches à faire à mes Sœurs, mais qu'il était impatienté des observations que je lui avais faites. Il me donne là-dessus une bonne mercuriale sur la manière dont j'aurais dû lui parler.

« Je vous assure que je me suis rappelé que vous-même vous vous étiez laissé battre par *quelqu'un* sur un sujet à peu près semblable.

« Je vais garder pour moi la leçon. »

C'était, on le voit, une manière fine d'insinuer à M. de Larnay qu'il pouvait la prendre aussi pour lui.

Les deux amis n'avaient pas à craindre de se froisser l'un l'autre. Si intime et si pure était leur amitié !

Quoi de plus suave que le langage du P. Catrou dans cette lettre du 4 janvier 1854 :

« Au milieu des misères de cette vie, la divine Bonté daigne nous soulager le cœur, quand nous pouvons rencontrer des âmes qui sympathisent avec nous dans le zèle et les bonnes œuvres qu'Elle demande de nous. Voilà déjà longues années que nous jouissons avec vous de cet avantage précieux dont nous bénissons le Seigneur. Nous le prions de conserver cette sainte et surnaturelle amitié entre nous. »

Aussi, quand M. de Larnay écrivait à son ami, le 27 septembre 1849 :

« On vient de m'apprendre que vous nous arrivez ici dans la seconde semaine d'octobre. Je compte que vous ne descendrez nulle part ailleurs que chez moi. C'est en mon nom et au nom de ma bonne mère (toujours et à tout âge le fils tendre et dévoué) que je vous adresse cette réclame. Vous, votre cheval et votre voiture, avez une place retenue pour toujours à l'hôtel de Larnay, rue Saint-Paul, n° 26 ; ne l'oubliez pas. »

Le P. Catrou répondait, le 4 octobre :

« Merci de votre aimable invitation, merci mille fois. Vous avez toujours la bonté de m'accueillir trop bien pour que j'eusse l'idée de descendre ailleurs. L'amitié qui nous unit en DIEU et pour les bonnes œuvres sera, je l'espère, aussi longue que notre vie. »

Cette belle amitié unit en effet les deux bons prêtres jusqu'à la fin.

Une seule fois, M. de Larnay, qui n'avait pas obtenu ce qu'il demandait, crut, au premier moment de son désappointement, que le P. Catrou n'apportait plus la même sympathie aux efforts de son zèle, et il en exprima son chagrin à sa *chère mère*, à qui cet excellent fils, on verra plus tard pourquoi nous insistons à le dire, parlait avec abandon de ses Œuvres et des soucis et des peines qu'elles lui apportaient.

Du reste, ce chagrin s'évanouit complétement à la première explication, et même, comme il arrive, la confiance de l'un pour l'autre s'en augmenta d'autant.

Il nous paraît, et nos lecteurs seront sans doute de notre avis, que ce fut un mérite, et que c'est un éloge pour M. de Larnay d'avoir ainsi possédé la confiance du vénérable Fondateur de la Congrégation de la Salle-de-Vihiers.

On en serait convaincu bien davantage, s'il nous était permis de soulever le voile qui doit couvrir les amertumes dont le P. Catrou fut abreuvé, les désolations qui l'accablèrent pendant les dernières années de sa vie, lorsque, se trouvant en désaccord avec son Évêque sur une autre marche à imprimer, sur d'autres règles à donner à sa Congrégation, il eut à choisir entre une éclatante disgrâce et une entière soumission.

C'est bien à ce dernier parti que le serviteur de Dieu s'arrêta, sans écouter le conseil que plusieurs lui donnaient de recourir à Rome, craignant par-dessus tout que ce ne fût pas la volonté de Dieu.

Mais de rudes combats s'étaient livrés dans son âme. Il en faisait ses confidences à son ami avec toute la vivacité du sentiment paternel pour ses chères Filles, et en même temps avec une grande générosité de foi, avec une plénitude d'abandon à la divine volonté.

Ce fut durant le cours de ces tribulations que l'idée lui vint ou lui fut suggérée de transporter la Maison-Mère de sa Congrégation dans le diocèse de Poitiers, où elle avait déjà un si grand nombre d'Établissements.

M. de Larnay l'en pressait vivement.

Un ecclésiastique, aussi zélé pour les choses de DIEU depuis qu'il était prêtre, qu'il avait été ardent pour les agitations du monde lorsqu'il était engagé dans ce monde et qu'il en suivait les maximes, M. de Vielbanc, qui vient de rendre à DIEU son âme pleine de foi, faisait l'offre séduisante d'une très-belle propriété dont il se serait dessaisi en faveur de l'Œuvre. Mais ce projet ne put pas se réaliser.

Il n'y eut pas plus de succès en ce qui concerna une acquisition importante, qui fut empêchée par des difficultés insurmontables.

La plus grande d'ailleurs pour cette négociation tendant au transférement de la Maison-Mère de la Congrégation, la plus grande difficulté était toujours l'opposition épiscopale, que le P. Catrou était résolu de respecter au prix de tous les sacrifices.

M. de Larnay, qui était tout entier à la pensée du bien que la Congrégation faisait dans le diocèse de Poitiers, et qui ne se désintéressait pas autant que le P. Catrou des peines que celui-ci éprouvait,

8**

avait cru pouvoir, sans consulter son ami, qui lui en fit plus tard de tendres reproches, exposer ses idées, exprimer ses désirs à l'Évêque d'Angers lui-même.

Ce Prélat n'eut pas la chose pour agréable, et en écrivit à Mgr l'Évêque de Poitiers.

La réponse de ce dernier, qui fut écrite de La Puye à la date du 28 juin 1854, se termine par ces lignes :

« M. l'abbé de Larnay, qui porte le plus vif intérêt à cette Œuvre et de qui l'on peut tout attendre en fait de générosité et de sacrifices, ne conseillera et ne fera jamais rien qui blesse vos droits. Sa délicatesse de sentiments égale sa piété et sa libéralité. »

Voilà certes, dans cette dernière phrase, une formule complète d'éloge à l'honneur de M. de Larnay. Nous ne pouvions donc mieux achever ce que nous avions à dire sur son Œuvre des Écoles religieuses, sur ses Établissements de Sœurs de la Salle-de-Vihiers, sur ses relations avec le P. Catrou.

Quel bien s'est fait et se continue dans toutes les paroisses auxquelles M. de Larnay a procuré l'avantage de ces écoles ! Mais aussi quelles peines et quels soins ne lui en a-t-il pas coûtés !

Appels aux curés, sollicitations auprès des notables de chaque localité, négociations d'acquisitions ou de développements, démarches d'autorisations ; correspondance avec le Supérieur ; relations avec les Sœurs, qui recouraient, pleines d'une si légitime confiance, à leur protecteur, non-seulement dans leurs besoins temporels, mais encore dans leurs nécessités spirituelles et dans leurs difficultés de conscience ; enfin, et par suite, lettres sans nombre : c'est au prix de toutes ces sollicitudes que M. de Larnay s'est tenu constamment à son Œuvre, depuis qu'il l'eut entreprise jusqu'à la fin de sa vie, c'est-à-dire pendant l'espace de vingt ans, durant lequel il fonda, ainsi que nous l'avons dit, soixante-trois Écoles de la Salle-de-Vihiers, qu'il installa lui-même pour la plus grande partie, et qu'il aimait à visiter.

Ici vient se placer encore la réflexion que nous avons déjà faite, et qu'il faudrait répéter après l'exposé de chacune des Œuvres de M. de Larnay, à savoir : qu'il n'était absorbé par aucune, que les unes ne se poursuivaient pas au détriment des autres, et qu'il était bien l'homme de DIEU, prêt pour toute bonne œuvre.

Réunions de jeunes gens, Propagation de la Foi, Églises pauvres, Bon-Pasteur, Rosaire vivant, Sourdes-Muettes, Cabinet de lecture, Enfants de MARIE, Écoles religieuses, étaient autant d'Œuvres permanentes, qui se continuaient en apportant à M. de Larnay les assujettissements qui étaient propres à chacune d'elles.

A ces Œuvres, qui, une fois commencées, étaient

en quelque sorte de tous les jours, s'en joignaient d'autres qui n'occupaient leur zélé fondateur qu'à certaines époques de l'année.

II.

RETRAITES DES VIEILLARDS. — RETRAITES DES BONNES FEMMES.

Telle fut l'Œuvre qu'il institua à Poitiers en 1847, et dont l'idée montre sa vive foi et son zèle ardent pour le salut des âmes rachetées par le sang de Jésus-Christ.

Nous voulons parler des Retraites pour les pauvres vieillards abandonnés.

La retraite commençait le dimanche de la Passion et finissait le dimanche des Rameaux. Les exercices se donnaient dans le local précédemment habité par les Religieuses de Notre-Dame, impasse Sainte-Radegonde, et occupé pour lors par la Conférence de Saint-Vincent-de-Paul. Ces Messieurs avaient joyeusement accepté de présider et d'assister les retraitants.

Le règlement avait été dressé par M. de Larnay lui-même.

Les vieillards étaient invités à se rendre, le dimanche de la Passion, dans le local désigné, à trois heures. Ils se réunissaient dans la grande salle ou dans le jardin. Deux membres de la Conférence prenaient les noms et prénoms des retraitants et les noms de leurs paroisses. On allait ensuite à la chapelle, où l'on chantait le *Veni, Creator Spiritus*. Puis avait lieu l'instruction, qui était suivie du Salut du Très-Saint-Sacrement et de la prière du soir, après quoi on se retirait.

Pour les jours suivants, l'ordre était ainsi :

A sept heures et demie, réunion dans la grande salle, et appel nominal.
A huit heures, prière du matin à la chapelle, sainte messe, première instruction, temps libre.
A dix heures, déjeuner avec lecture ; temps libre.
A onze heures et demie, lecture de la Vie de Notre-Seigneur ; à midi, temps libre.
A une heure, chapelet à la chapelle, conférence; temps libre.
A trois heures et demie, seconde instruction à la chapelle, bénédiction du Très-Saint-Sacrement avec le saint ciboire ; temps libre.
A cinq heures, dîner avec lecture.
A six heures, prière du soir et départ en silence.

Deux confesseurs étaient mis à la disposition des retraitants, à qui on demandait dans la journée du lundi le nom du confesseur qu'ils avaient choisi. Les confessions commençaient le mardi.

Le vendredi, tous les retraitants, présidés par le prédicateur de la retraite, faisaient le Chemin de la Croix à la cathédrale, à une heure et demie, ce qui leur tenait lieu de la conférence.

Le dimanche des Rameaux, jour de la clôture de la retraite, la messe était dite par Mgr l'Évêque, qui donnait la communion pascale et qui confirmait ceux qui ne l'avaient pas été.

Quand Monseigneur était empêché, M. de Larnay se trouvait heureux de dire cette messe de la communion générale. L'exhortation qu'il adressait alors à ces vieux, à ces mendiants, avait un tel accent, qu'on ne pouvait l'entendre sans en être touché.

« C'est là », nous disait un des membres de la Conférence de Saint-Vincent-de-Paul, « que je le vis et l'entendis pour la première fois, parlant à ces pauvres gens du bonheur du ciel qui les attendait en dédommagement de leurs privations de cette vie de la terre. Il fut si ému que son visage se couvrit d'abondantes larmes. »

Le soir de ce jour de clôture, avaient lieu, à l'heure ordinaire, les vêpres, l'instruction et les complies. Le Salut solennel du Très-Saint-Sacrement et le *Te Deum* terminaient la retraite.

Les repas se préparaient chez Mme de Larnay. « C'était », dit le fils tendre et pieux, « ma vertueuse mère qui faisait chez elle la cuisine pour les vieillards. » M. de Larnay avait acquis en conséquence les marmites et autres ustensiles nécessaires. Chaque retraitant devait seulement apporter le lundi une assiette, une cuiller, une fourchette, un gobelet, un couteau, et déposer ces objets à la place qui lui était assignée dans la grande salle, pour ne les remporter que le dimanche après la clôture de la retraite.

Les moins impotents allaient chercher les vivres chez Mme de Larnay quelques minutes avant chaque repas. Deux Sœurs de la Sagesse de l'Hôpital général, qui venaient au lieu de la retraite à neuf heures et demie et à quatre heures et demie, faisaient la distribution en présence des membres de la Conférence.

Le menu du repas avait été fixé dans tout le détail. Rien n'était oublié. Contentons-nous de dire que la nourriture était abondante et appétissante : qu'il y avait, outre la soupe, trois plats, du fromage et des fruits ; que le pain était bon, et le vin très-potable.

On ne peut pas estimer à moins de 350 à 400 fr. la dépense de chaque retraite, qui était entièrement à la charge du généreux instituteur de cette bonne œuvre.

Quand le temps était mauvais, les salles du patronage de la Société de Saint-Vincent-de-Paul étaient changées en réfectoires. Autrement, on installait les bancs et les tables dans la cour.

Les exercices de piété, qui étaient pour la réfection de l'âme, comme les repas pour la réfection du corps, étaient suivis de récréations que Messieurs de Saint-Vincent-de-Paul s'appliquaient à rendre agréables, et que M. de Larnay venait aussi égayer par de charmantes conversations, remplies de traits parfaitement à la portée de ces bonnes gens, qui écoutaient avec de grands yeux et la bouche ouverte, et qui partaient souvent d'un rire qui se communiquait à tous nos Messieurs de Saint-Vincent-de-Paul.

Les vieillards regagnaient chaque soir, tranquilles et satisfaits, leurs misérables réduits, et revenaient contents et empressés chaque matin au rendez-vous de la retraite.

Un mois avant l'époque de la retraite, M. de Larnay adressait à MM. les Curés de la ville la Lettre suivante :

« Monsieur et cher Confrère,

« J'ai le bonheur de vous apprendre qu'il sera prêché cette année, comme les précédentes, une retraite pour les vieillards.
« Elle commencera le dimanche de la Passion et finira le dimanche des Rameaux.
« Vous êtes prié de la faire connaître en la publiant au prône de votre messe paroissiale, et de recommander aux Dames de charité qui sont sous votre direction de faire la recherche du plus grand nombre de mendiants possible, de dresser une liste de leurs noms et de me la transmettre dans quinze jours. »

Le samedi qui précédait l'ouverture de la retraite, MM. les Curés recevaient cette seconde Lettre :

« M. le Curé de *** est prié d'annoncer demain à son prône :
« Que la retraite des vieillards indigents commencera ce jour même, à trois heures précises, dans l'ancien local de la

Communauté des Filles de Notre-Dame, près de Sainte-Radegonde, pour finir le dimanche des Rameaux.

« Son respectueux et dévoué confrère,

« Ch. DE LARNAY, Chanoine.

« *P. S.* M. le Curé de *** est prié de donner la bénédiction du Très-Saint-Sacrement, le ..... »

C'était un moyen délicatement choisi pour intéresser MM. les Curés à cette œuvre extra-paroissiale.

M. de Larnay faisait aussi porter à chacun des vieillards dont il avait l'adresse ce petit billet :

« Mon bon Ami,

« Je viens vous engager à la retraite qui sera prêchée pour les vieillards du dimanche de la Passion au dimanche des Rameaux.

« Votre tout dévoué,

« L'abbé DE LARNAY, Chanoine. »

M. de Larnay tenait un état de ces vieillards par paroisses, fait avec beaucoup de soin et de clarté.

A la première retraite, en 1847, il y eut soixante-seize vieillards. Les années suivantes, le nombre des retraitants fut habituellement de quatre-vingts à cent, en y comprenant douze à quinze Auvergnats et Savoyards.

L'établissement des Petites-Sœurs des pauvres *fit tort* à l'Œuvre de M. de Larnay, qui s'en plaint à sa manière dans cette intéressante lettre qu'il adresse aux Dames de charité, le 16 février 1861 :

« Madame,

« Notre précieuse retraite des vieillards, qui n'avait pas cessé, depuis quatorze ans, d'être très-florissante, menace aujourd'hui de décliner, parce que les Petites-Sœurs des pauvres nous ont successivement enlevé un grand nombre de nos retraitants.

« Il s'agit donc aujourd'hui, comme au moment de la fondation de cette Œuvre, de faire une *recherche générale* dans toute la ville, pour y dépister tous les hommes pauvres, âgés ou infirmes, à qui une retraite serait si utile pour les préparer à la communion pascale, et qui, avant de mourir, auraient si grand besoin peut-être de mettre sérieusement ordre à leur conscience.

« Je m'adresse dans ce but à toutes les *Dames de charité* des paroisses de Poitiers, et je leur demande avec les plus vives instances :

1. De rechercher dans leur paroisse les mendiants ainsi que tous les hommes spécifiés ci-dessus, habitant les galetas, les échoppes et les petites maisons ;

2. De les voir et de les solliciter pour les déterminer à faire la retraite ;

3. De m'adresser, avant le 23 du mois courant, leurs noms et prénoms avec le numéro de leur domicile, quelles que soient d'ailleurs leurs dispositions favorables ou défavorables pour la retraite. Car les membres de la Conférence de Saint-Vincent-de-Paul qu'aucun obstacle n'arrête quand il s'agit de faire le bien, sont résolus à aller trouver ces pauvres gens pour ébranler leur résolution.

« Il serait bien à désirer que, pendant ces huit jours, on fît savoir aux hommes mendiant dans les rues qu'ils y sont alors d'autant plus déplacés qu'ils seraient entièrement nourris à la retraite, s'ils y allaient.

« Agréez, Madame, etc. ».

M. de Larnay reçut plusieurs réponses à cette lettre et s'empressa de les communiquer au Président de la Conférence de Saint-Vincent-de Paul, M. le comte de Bizemont (que nous ne pouvons nous empêcher de nommer, tant son nom rappelle de bonnes œuvres et de vertus chrétiennes), en le priant de les lire à la Conférence, et de charger quelques membres d'aller s'efforcer de décider les récalcitrants, et d'engager aussi les Membres de la Conférence à faire, comme les Dames de charité, une *recherche générale* dans toute la ville des vieillards qui auraient besoin de faire la retraite.

Cette retraite de 1861, ainsi préparée, fut une des plus consolantes. Il n'y eut bien, le premier jour, que quarante-huit retraitants. Mais, le lendemain, ils étaient soixante-dix-huit, quoiqu'il ne s'y trouvât ni Auvergnats, ni Savoyards, ni même de pauvres de l'Hôpital général.

On avait donc fait une bonne battue dans la ville, et Messieurs de Saint-Vincent-de-Paul avaient ainsi été récompensés de leurs efforts.

L'un d'eux écrivait à M. de Larnay :

« Monsieur le Chanoine,

« J'ai l'honneur de vous adresser un bonhomme de notre paroisse, âgé de soixante-dix ans, qui se rappelle avoir fait sa première communion, et qui serait disposé à la renouveler, après avoir suivi les exercices de la retraite sous votre patronage.

« Dr CHASSELOUP DE CHATILLON. »

M. de Larnay parla le jour de la clôture. La cérémonie fut fort belle. Le soir, cinq jeunes gens de Saint-Vincent-de-Paul chantèrent les vêpres avec accompagnement d'harmonium et de plusieurs instruments.

Dans cette retraite, M. de Larnay fut pris d'un scrupule, qu'il a raconté lui-même en ces termes :

« J'ai proposé à la réunion générale des Conférences de Saint-Vincent-de-Paul de supprimer la communion générale et de laisser aux retraitants la liberté de faire leurs pâques à leur paroisse. J'en ai parlé pour la seconde fois à un Conseil particulier. Tous ont conclu qu'il fallait maintenir la communion générale : je leur ai laissé la responsabilité de cette décision : j'ai soulagé par là les inquiétudes de ma conscience. »

Nous croyons que l'esprit paroissial n'avait point à souffrir de cette communion pascale faite dans une telle spécialité de conditions, et nous pensons que nos confrères MM. les Curés n'auraient fait aucune difficulté d'absoudre M. de Larnay, qui était d'ailleurs bien autorisé, en ce que Monseigneur même disait ordinairement cette messe de communion générale.

Ce fut lui qui prêcha les conférences de la retraite de 1862.

Ces retraites se sont ainsi continuées jusqu'à la dernière année de sa vie ; et quels excellents résultats n'ont-elles pas produits ! Combien de ces heureux pauvres vieillards y ont trouvé leur salut ! Un certain nombre croupissaient dans les vices que l'extrême indigence entraîne avec elle ; ils en ont été retirés. Plusieurs en ont été préservés. Quelques-uns ont abjuré l'hérésie.

Mais, dépravation étrange et profond abrutissement, il se trouvait, chaque année, des malheureux, oui vraiment malheureux en cela, qui refusaient huit jours de saine nourriture et de bons soins dans une honnête compagnie, parce que c'étaient huit jours de retraite !

M. de Larnay s'en affligeait. Mais il ne cédait pas, comme beaucoup de personnes, à la tentation de rebuter ou de négliger les pauvres. Il était bien dans les sentiments que la Sœur Rosalie a exprimés en ces termes :

« Aimez les pauvres ; ne les accusez pas trop. — « C'est leur faute », dit le monde, « ils sont lâches, ils sont inintelligents, ils sont vicieux, ils sont paresseux. » — « C'est avec de telles paroles qu'on se dispense du devoir si strict de la charité. Haïssez le péché ; mais aimez les pauvres... Le pauvre est encore plus sensible aux bons procédés qu'aux secours. Un des plus grands moyens d'action sur lui est la considération qu'on lui témoigne. »

L'Œuvre des retraites des vieillards a cessé deux ou trois ans après la mort de M. de Larnay.

Ce digne prêtre avait encore établi, en 1854, la retraite pour les vieilles bonnes femmes, qui en suivaient les exercices au Sacré-Cœur, sous le patronage des Enfants de MARIE.

Les Dames Religieuses donnaient aussi avec empressement leur concours à cette Œuvre de miséricorde tout à la fois spirituelle et corporelle.

Il y eut quarante bonnes femmes la première année.

Une dame de la Congrégation des Enfants de MARIE a écrit naïvement ces lignes :

« Comme il aimait aussi nos pauvres vieilles bonnes femmes ! Cela n'est pas étonnant : la vie de pauvreté a souvent été son partage. »

M. de Larnay se faisait pauvre pour mieux assister les pauvres.

Il est arrivé quelquefois que M. de Larnay ne paraissait que très-peu à la retraite des vieillards. C'est qu'il donnait dans le même temps les exercices de la retraite des bonnes femmes.

Ces retraites, qui ont fait beaucoup de bien, se sont continuées.

III.

MISSION DE NÉRIS-LES-BAINS.

M. de Larnay portait partout avec lui comme un feu dévorant le zèle dont il était embrasé pour le salut des âmes. Il se sentait tout ému de compassion pour celles qu'il voyait délaissées ou privées de secours religieux.

Il y en avait de cette sorte en grand nombre à la station thermale de Néris-les-Bains, où l'amenait souvent le mauvais état de sa santé.

Nous ne pouvons mieux faire connaître l'idée qu'il conçut, la suite qu'il y donna, le bien qui en résulta, qu'en reproduisant ses propres paroles :

« J'eus la pensée, en 1849, de fonder à Néris, dans le diocèse de Moulins, une Mission annuelle pendant la saison des eaux thermales. J'avais remarqué avec douleur, depuis vingt ans que la Providence m'avait condamné à prendre les eaux, que les quatre cents pauvres rhumatisés qui se succédaient chaque année à l'Hôpital de Néris, étaient entièrement abandonnés et que ces malheureux n'avaient rien qui pût les défendre contre l'ennui et l'oisiveté qui les tuaient pendant vingt jours. De plus, je pensais que des exercices spirituels, donnés aux douze cents baigneurs qui viennent, année commune, à Néris, pouvaient ménager des conversions de la part d'un grand nombre de mondains que la souffrance devait prédisposer aux idées graves et amener à la pénitence.

« Je communiquai mes pensées à Mgr l'Évêque de Moulins et au R. P. Provincial des Jésuites. Ils goûtèrent mon projet, et la Mission de Néris fut fondée. Depuis cinq ans, elle n'a cessé de nous donner de grandes consolations. Tous les pauvres gens de l'Hôpital font leur mission, et leur exemple est suivi par la plupart des baigneurs. »

Les lettres suivantes compléteront les paroles de M. de Larnay :

« Hospice thermal de Néris-les-Bains.

« 7 septembre 1858.

« Monsieur l'Abbé,

« Je crois vous faire plaisir de vous dire que Monseigneur l'Évêque de Moulins, avant de quitter Néris, avait choisi M. l'Aumônier de l'Hospice de Montluçon pour venir faire les deux dernières retraites de nos pauvres.

« Ce saint prêtre s'y est prêté avec un zèle admirable. La dernière s'est terminée aujourd'hui.

« Ce matin, à six heures et demie, a eu lieu la communion générale.

« Ces deux retraites ont fait un bien infini. Aussi ce bon prédicateur me charge de vous dire qu'elles lui ont donné les plus grandes consolations, et qu'il était bien certain que ces âmes de bonne volonté, converties par les moyens que vous avez bien voulu établir à Néris, vous béniraient éternellement dans le ciel que vous leur aviez ouvert.

« Vous pensez bien, Monsieur l'Abbé, que c'est un grand bonheur pour nous de voir que ces pauvres gens en venant ici chercher la santé du corps y trouvent en même temps celle de l'âme.

« Monseigneur, en partant de Néris, m'a dit qu'il serait très-heureux si vous vouliez bien continuer à contribuer à cette bonne œuvre, et qu'il vous laissait parfaitement libre d'arranger cela avec nous, d'après la demande qu'il a faite à MM. les Administrateurs.

« Nous désirons vivement, M. l'Abbé, que vous vous trouviez bien de vos bains. Nous prions le Seigneur de vous conserver une santé que vous employez si bien à la gloire de DIEU et au salut des âmes.

« Mes Sœurs et moi nous recommandons à vos bonnes prières. Soyez bien persuadé que nous sommes très-reconnaissantes de ce que vous avez toujours daigné faire pour notre Maison.

« Soyez assez bon pour permettre que Madame votre Mère trouve ici l'assurance de nos sentiments bien respectueux.

« Sr BRUNO, »

La même nous a écrit le 10 janvier 1864 :

« Monsieur le Chanoine,

« Il est vrai que nous connaissions M. l'abbé de Larnay depuis longtemps; mais comme il ne logeait pas à l'Hospice, nous n'avions pas de relations intimes avec lui.

« Tout ce que je puis vous dire, c'est que c'était un homme rempli de foi, de piété, de charité, de zèle et d'amour pour les pauvres. Il avait surtout à cœur de procurer des secours spirituels aux malades de notre Hospice, et pour cela il s'était entendu pendant quelques années avec plusieurs ecclésiastiques pour leur faire des retraites.

« M. l'abbé de Larnay voyant l'heureux résultat qu'elles produisaient, pour en assurer la réussite, a payé la dépense du Missionnaire pendant les quatre dernières années de sa vie.

« Il est bien fâcheux que le bon DIEU l'ait retiré sitôt de ce monde. Car il est bien probable qu'il eût continué cette bonne œuvre, qui faisait tant de bien pour le salut des âmes, non-seulement des malades de notre Hospice, mais encore de tous les étrangers. Car il y avait affluence à toutes les cérémonies.

« Les bons Missionnaires sont mieux à même que nous de dire tout le bien que ces retraites opéraient.

« Le bon Dieu a voulu récompenser les vertus du bon M. de Larnay. Nous ne doutons pas qu'il jouisse maintenant du bonheur éternel.

« Quant à nous, nous garderons toujours la mémoire de tout ce qu'il a bien voulu faire pour nos pauvres malades. »

Le maître d'hôtel qui logeait M. de Larnay à Néris nous a écrit le 2 mai de la même année :

« Monsieur,

« C'est avec bonheur que je viens m'entretenir avec vous du prêtre le plus digne et le plus zélé que j'aie connu, que j'aie aimé, et dont le souvenir ne s'effacera jamais de ma mémoire.

« M. de Larnay a fait don d'un harmonium à la chapelle de l'Hospice de Néris. Il employait tous les moyens afin d'attirer le plus de monde possible aux instructions qui se donnaient dans cette chapelle, et son zèle a été couronné de succès.

« C'est M. de Larnay qui par son zèle et par son argent a contribué à faire établir à Néris une Mission qui a lieu pendant une partie de la saison des eaux, dans le but d'évangéliser non-seulement les pauvres de l'Hospice, mais tous les étrangers qui se rendent à Néris pour y faire usage des eaux. Il désirait que les malades qui viennent chercher la guérison de leurs maux auprès des sources de Néris, trouvent en même temps les moyens de guérir leurs âmes.

« Aussi tous les soirs à sept heures la chapelle de l'Hospice se remplissait de fidèles de toutes les classes, et M. de Larnay se tenait à la tribune pour encourager le chant d'un cantique favori qu'il avait composé.

« D'après le traitement thermal que les malades font à Néris, beaucoup de personnes perdaient la sainte messe le dimanche, parce qu'elles ne pouvaient pas assister à celle de la paroisse. J'observai cela à M. de Larnay. Il demanda et obtint de Monseigneur l'Évêque de Moulins la permission qu'une messe se dît tous les dimanches à onze heures dans la chapelle de l'Hospice.

« M. de Larnay se rendait à la chapelle de l'Hospice trois ou quatre fois dans la journée.

« Tout le monde, riches comme pauvres, étaient enchantés de lui avoir parlé. Il était regretté lorsqu'il partait de Néris.

« Veuillez agréer, etc.

« LÉOPOLD. »

IV.

LE CERCLE CATHOLIQUE. LE JÉSUS.

Le zèle pour les âmes des pauvres et des malheureux de ce monde était un caractère tout particulier de la charité de M. de Larnay, que touchaient bien aussi les intérêts spirituels des classes plus aisées de la société.

Ainsi avait-il, en 1848, excité d'ailleurs par M. l'abbé Combalot, fondé dans une maison située rue de la Mairie, un Cercle catholique destiné à offrir aux hommes et surtout aux jeunes gens de ces classes les avantages d'une distraction honnête à la fin de la journée.

Dans cette circonstance encore, M. de Larnay déploya un grand zèle. Comme les ressources lui manquaient, à cause de tant d'autres Œuvres qu'il menait de front, il se fit frère quêteur, ce qu'il s'interdisait ordinairement par discrétion.

Le Cercle se composa de membres fondateurs qui apportaient une cotisation annuelle de quarante francs ; de membres actifs, à vingt-cinq ou vingt francs ; les jeunes gens, à dix francs ; et de membres correspondants, à cinq francs de cotisation.

Le nombre, dans ces diverses catégories, s'est élevé jusqu'à cent vingt-trois membres, appartenant à l'élite de la société aisée et instruite de la ville. Le premier Président a été M. Derome, Doyen de la Faculté des Lettres.

Cette institution nous a valu la belle Allocution que Mgr Pie prononça dans ce Cercle, le 13 juin 1851. Les jeunes gens y sont conviés, avec le meilleur à-propos, à prendre pour leur amie et leur compagne de tous les jours et de toutes les situations la Sagesse divine, telle que la dépeint l'Esprit-Saint même, au chapitre huitième du Livre de *la Sagesse*.

C'était évidemment une excellente recommandation, qui renfermait tous les conseils et qui aurait assuré, si elle avait été suivie, l'existence et les développements de l'institution avec tous les plus précieux résultats.

Mais, comme plusieurs, dont le nombre allait croissant, ne s'inspiraient pas assez de la Sagesse divine, qui est sur la terre la sagesse chrétienne, la sagesse de l'Évangile et de la sainte Église, les réunions, qui auraient dû se passer en honnêtes conversations, en récréations modérées, en lectures de bons journaux et de saines revues, devinrent bientôt des rendez-vous de pure oisiveté, de propos offensants pour la charité et pour une autre vertu, de jeux passionnés et ruineux. On venait donc au Cercle pour causer et jouer de la sorte, et la soirée finissait quelquefois à l'arrivée du jour.

C'est que les très-sages statuts qui devaient faire loi n'étaient pas observés.

Au 12 mars 1852, le nombre des membres était réduit à soixante-trois, et il déclina de plus en plus très-rapidement. Dès la cinquième année, le Cercle avait cessé d'exister.

« Cette Œuvre », a dit M. de Larnay, « qui aurait réussi si elle fût restée entre des mains sages, a péri au bout de cinq ans, parce qu'elle est tombée au pouvoir d'hommes qui n'avaient pas assez l'esprit religieux. »

Sans cette condition, en effet, les cercles ne sont et ne peuvent être que des réunions d'hommes qui perdent entre eux la vertu même en perdant la dignité et l'urbanité qui sont les sauvegardes de la vertu ; tandis que, pendant leur absence, la famille incomplète sous le toit domestique peut être considérée comme ayant perdu la vie que leur retour attardé ne lui rendra pas.

Au milieu de ses Œuvres qui se continuaient, M. de Larnay trouvait du temps pour donner son concours du moment là où du bien se présentait à faire.

C'est ainsi que nous le voyons entreprendre une souscription pour la construction d'une chapelle chez les RR. PP. Jésuites.

Il était porté de respect, d'estime et d'amour pour les fils de saint Ignace. Il aimait à les recevoir chez lui, à donner l'hospitalité à ceux qui prêchaient la station quadragésimale de la cathédrale.

Ces excellents Religieux étaient à Poitiers depuis quelques années déjà, et M. de Larnay n'avait pas été étranger à leur premier établissement dans le local occupé auparavant par les Religieuses de Notre-Dame.

C'est aussi par ses soins qu'ils purent acquérir la belle maison particulière qui est devenue le lieu définitif de leur résidence. Mais ils n'avaient encore là qu'une existence gênée et précaire.

Ici, comme toujours, M. de Larnay attaqua la question largement et de front. Il rédige, le 2 février 1852, une Lettre circulaire qu'il envoie cachetée à trois cents personnes notables, et dans laquelle il expose qu'une vaste chapelle est devenue indispensable pour faire tout le bien qu'on est en droit d'attendre de fervents Religieux, et qu'il s'adresse pour cela à la générosité des âmes d'élite du diocèse. Il fixait le *minimum* de la souscription à cent francs.

Cet appel fut accueilli avec une sympathie très-effective. Les bons Pères purent bientôt mettre la main à l'œuvre et construire le « beau monument dont ils ont doté la ville de Poitiers ». Ce sont les paroles qu'a prononcées le Maire de Poitiers lors de la consécration de la magnifique chapelle ou église du Jésus.

On sait qu'il est beaucoup plus difficile, en semblable matière, de recueillir les trente premiers mille francs nécessaires pour commencer une construction importante que d'obtenir les moyens de la continuer et de l'achever quand l'élan est donné et que l'entreprise, par son caractère monumental, attire les regards et commande les sympathies.

Ce fut donc ce premier effort qui porta presque tout entier sur M. de Larnay. Or il lui fallut tant travailler pour obtenir le résultat désiré, qu'il avait peine à comprendre ensuite que les constructions pussent prendre les proportions que leur donna M. l'abbé Tournesac, devenu plus tard un des membres de la Compagnie de Jésus.

Les sommes recueillies par M. de Larnay furent sans doute grandement dépassées par celles qui arrivèrent directement aux Révérends Pères. Mais il eut le mérite de commencer et d'ouvrir le courant.

Il a applaudi plus que personne à l'heureuse détermination que prit un peu plus tard Mgr Pie de confier aux PP. Jésuites son collége de Saint-Vincent-de-Paul, qui s'est transformé bientôt dans le collége de Saint-Joseph.

V.

ŒUVRE DE LA SANCTIFICATION DU DIMANCHE.

M. de Larnay a pris la principale part à l'établissement dans le diocèse de l'Œuvre *de la Sanctification du Dimanche.*

La violation du Dimanche par le travail servile des jeunes ouvriers, le mépris ou la négligence du Dimanche par l'abstention des saints offices, la profanation du Dimanche par les écarts de l'intempérance et par de criminels divertissements : voilà bien, dans les temps modernes et surtout, hélas ! dans notre pauvre France, qui peut en revendiquer l'initiative et qui doit en assumer la principale responsabilité, voilà bien le scandale tout à la fois et le fléau qui fait frémir et qui épouvante les âmes chrétiennes et françaises.

Telles sont éminemment les âmes sacerdotales. Que ne devait donc pas éprouver l'âme de M. de Larnay ?

Aussi l'Œuvre de la sanctification du Dimanche fut une de celles qu'il entreprit le plus chaudement.

La pensée de cette Œuvre avait été jetée à Paris depuis quelques années par M. Gossin. Mais l'Œuvre comme telle n'y existait que depuis 1852.

M. de Larnay l'étudia avec soin et se mit bientôt en action pour l'introduire dans le diocèse.

Les prêtres et les fidèles s'y étaient sans doute émus de ce scandale de la profanation du Dimanche. Il s'était même déjà formé dans le diocèse une Association pour la sanctification des Dimanches et des Fêtes. Mgr Guitton avait approuvé, le 2 septembre 1842, la touchante prière *O très-doux Jésus*, que les Associés étaient invités à réciter chaque jour de Dimanche et de Fête en réparation du scandale.

Mais l'Œuvre proprement dite n'existait pas. M. de Larnay prit donc la chose à cœur.

Il en écrivit d'abord à Mgr Pie, qui était alors à Néris-les-Bains, et qui lui répondit de là, le 11 juillet 1853 :

« Monsieur l'Abbé,

« Je serai très-heureux que vous vouliez bien vous occuper de la sanctification du Dimanche, et je m'en rapporte à la fois à votre zèle et à votre prudence à cet égard...

« Croyez-moi, Monsieur l'Abbé, etc.

« † L.-E. *év. de Poitiers.* »

Ainsi encouragé, M. de Larnay, avec ses habitudes d'organisateur, forma chez lui un Comité de cinquante pères de famille bien choisis, chrétiens d'esprit et de cœur. Puis il établit dans chaque paroisse de la ville, du consentement et avec le concours de MM. les Curés, un Comité de dames dirigé par les Enfants de Marie du Sacré-Cœur. Il fit ensuite répandre partout de petits livres, des avis, des exhortations, enfin des imprimés de tout format, pour expliquer l'Œuvre et y attirer des adhérents.

Le zèle des dames chrétiennes ne faisait point défaut à M. de Larnay.

C'est ainsi que l'une d'elles écrivait aux Associées, le 10 novembre 1853 :

« M. l'abbé de Larnay, qui a composé les deux Circulaires ci-jointes avec la haute approbation de Mgr de Poitiers, et qui vous les adresse par mon intermédiaire, vous prie d'employer tout votre zèle ainsi que celui des personnes vertueuses qui vous entourent pour faire signer par le plus grand nombre possible l'engagement qu'elles contiennent.

« Vous voudrez bien les retourner à M. l'abbé de Larnay lorsqu'elles seront tout entières couvertes de signatures.

« La Circulaire intitulée : *L'Œuvre de la sanctification du Dimanche* devra être présentée à ceux qui refuseraient de signer la première, ne voulant appartenir à aucune Association ni Confrérie.

« Sidonie DE NUCHÈZE. »

La moralité, l'utilité, l'à-propos de l'Œuvre étaient si manifestes que les commencements en furent très-heureux, sauf toujours les difficultés venant de l'inertie du grand nombre.

M. d'Olivier, vice-président de l'Œuvre, à Paris,

instruit de ces résultats par une lettre de M. de Larnay, du 17 novembre, lui répondit, le 23 :

« L'approbation que vous donnez à notre publication (*l'Observateur du Dimanche*) est un précieux encouragement pour nous. Le courant des idées est aujourd'hui en notre faveur. Nous n'en sommes pas encore à la sanctification. Ce sera beaucoup que d'avoir obtenu le respect du Dimanche.

« Nous avons lu avec beaucoup d'intérêt les détails que vous nous mandez sur tout ce que vous avez fait pour l'établissement de l'Œuvre du Dimanche à Poitiers. Ce *Conseil permanent* est très-bon.

« L'apathie que vous rencontrez ne nous étonne pas. Nous sommes ainsi faits. Résolûment bons chrétiens, nous désirons vivement que le repos du Dimanche soit observé, mais nous ne voulons rien faire pour obtenir ce résultat. »

Le même écrivait à M. de Larnay, le 16 janvier 1854 :

« Si vous croyez qu'il soit temps d'organiser l'Association à Poitiers, je vous envoie quelques exemplaires de notre règlement, comme base autorisée par notre expérience, pour ce que vous pourrez faire. »

Le Comité diocésain de Poitiers, dans sa séance du 8 avril, tenue sous la présidence de M. de Larnay, adopta en effet le règlement de l'Association générale de Paris pour l'observation du repos du Dimanche.

L'article premier de ce règlement porte :

L'Œuvre du Dimanche a pour but de propager, par l'exemple et par la persuasion, l'observation du Dimanche et des Fêtes.

L'article troisième porte :

Les membres ordinaires prennent l'engagement, sauf les exceptions autorisées par la loi religieuse, de ne pas travailler ni faire travailler le Dimanche ; de plus, ils s'engagent, sauf des considérations particulières, à donner, autant que possible, la préférence aux marchands qui ne vendent pas habituellement le Dimanche et aux maîtres-ouvriers qui ne travaillent pas habituellement le Dimanche.

Dans la réunion du 3 juin, M. de Larnay constata le développement de l'Œuvre, et demanda qu'on lui adjoignît quelques membres du Bureau pour partager ses travaux. Il fut aussi arrêté que la réunion générale des membres de l'Œuvre aurait lieu à la fin de juillet, et que le Bureau tiendrait ses séances la première et la troisième semaine de chaque mois.

Nous voudrions pouvoir, par la reproduction des procès-verbaux, faire assister nos lecteurs aux diverses séances, soit particulières, soit générales, du Bureau et du Comité. Ils y entendraient les communications les plus intéressantes, des observations pleines de sens et de jugement ; souvent ils y seraient égayés par de curieux incidents ; ils seraient toujours édifiés du zèle déployé par tous les membres de l'Association.

Nous donnerons du moins le Rapport lu par M. de Larnay au Comité diocésain dans sa séance générale du mois de juillet 1854 :

Messieurs,

Il y a un an, je fus prié d'établir à Poitiers l'*Œuvre de la sanctification du Dimanche*. Je consultai Monseigneur, qui me conseilla d'accepter. Je m'entourai aussitôt des conseils d'un certain nombre d'amis, et l'Œuvre fut fondée.

Voyons ce qui a été fait ; nous examinerons ce qui reste à faire.

Pour le passé, j'ai à vous entretenir des moyens d'action qui ont été employés et des résultats qui ont été obtenus.

D'abord des moyens d'action.

1. Il a été formé un Comité composé de cinquante pères de famille pour diriger l'Œuvre dans tout le diocèse. Son premier travail à été de faire annoncer dans tous les journaux de la localité un certain nombre de publications propres à réveiller l'attention publique sur la profanation du Dimanche et à disposer les esprits pour entrer dans une voie de réparation à cet égard.

Sa seconde sollicitude devait être de chercher à vivifier tous ses travaux par la vertu d'un règlement sage et puissant. Il a adopté celui qui a été soigneusement élaboré par le Comité de Paris.

Pour faire connaître l'Œuvre dans tout le diocèse, une Circulaire était indispensable, et le Comité a fait imprimer à trois mille exemplaires un écrit intitulé : l'*Œuvre de la sanctification du Dimanche dans le diocèse de Poitiers*. La diffusion de cet écrit a été confiée à MM. les Curés et aux Congrégations religieuses.

II. Pour obtenir la bénédiction du Ciel sur une Œuvre qui offrait de grandes difficultés, il fallait réclamer le secours de la prière de la part de toutes les bonnes âmes. C'est ce qui a été fait.

Il existait à Notre-Dame, depuis 1849, une Affiliation à l'Archiconfrérie établie à Saint-Dizier, au diocèse de Langres, pour la réparation des blasphèmes et de la profanation du Dimanche. Le clergé de la paroisse a été prié de donner à cette Affiliation, qui n'était pas assez connue, l'extension dont elle était susceptible. Le registre, qui portait, il y a un an, cinq cents noms, en offre aujourd'hui plus de quinze cents. Tous les mois, il est fait une amende honorable du haut de la chaire, et le dimanche de la Trinité, fête principale de l'Archiconfrérie, a été célébré cette année avec une grande solennité.

Afin de multiplier dans les familles du diocèse les membres de l'Affiliation, il a été imprimé et répandu trois mille exemplaires de l'écrit intitulé : *Archiconfrérie réparatrice de la violation du Dimanche et des blasphèmes.*

Dans le même but, il a été érigé à Saint-Porchaire une Affiliation à l'*Archiconfrérie de Notre-Dame de la Salette.* Le registre des Associés contient aujourd'hui près de quinze cents noms.

III. Désirant munir de toutes armes ceux que leur position comme leur zèle appellerait à défendre la sanctification du Dimanche, le Comité a exprimé le vœu que tous ses membres fussent abonnés à l'*Observateur du Dimanche,* et qu'il fût fait par chacun d'eux une active propagande en faveur de cette publication.

IV. Afin de grossir dans les plus grandes proportions possibles la liste des adhérents à la sanctification du Dimanche et aussi pour obtenir d'une manière plus générale la cessation du travail et la fermerture des magasins, il a été créé dans chacune des six paroisses de Poitiers un Comité de dames dont les réunions ont été jusqu'ici hebdomadaires.

Leur règlement contient les instructions suivantes :

Art. 1er. Il ne sera jamais question dans les Comités d'aucune affaire politique. On s'y abstiendra de toute causerie ou critique à l'égard du Gouvernement ou de ses agents, même en ce qui concerne la sanctification du Dimanche.

Art. 2. Les Comités ne se réunissent que pour s'occuper de la sanctification du Dimanche ; on en éloignera *sévèrement* tout ce qui ne se rattachera pas à cela ; et aussitôt que toutes les questions auront été traitées on lèvera la séance.

Art. 3. Toute discussion ou opposition est rigoureusement

prohibée. Chaque membre propose ses idées sans les imposer.

Art. 4. Toutes questions de conscience se rattachant à la sanctification du Dimanche seront renvoyées *sans exception* à la décision des curés ou confesseurs.

Art. 5. Les Comités ayant pour mission de faire disparaître *tous* les scandales qui blessent la sanctification du Dimanche, ils organiseront, par des *personnes intermédiaires*, la plus active propagande dans ce but.

Art. 6. On demandera d'abord aux commerçants de fermer leurs boutiques ; s'ils s'y refusent, on insistera pour qu'ils suppriment au moins l'*étalage* et ferment leurs *volets*, ne laissant que la porte du magasin ouverte.

On demandera pareillement aux ouvriers de cesser *entièrement* leur travail le Dimanche ; s'ils s'y refusent, on leur conseillera de se retirer du moins dans le secret de leur maison pour éviter le scandale.

Art. 7. Le Comité se composera dans chaque paroisse de toutes les femmes *vraiment* chrétiennes. La Présidente sera choisie par le prêtre directeur, et tous les membres le seront par la Présidente *seule*.

Art. 8. Les réunions auront lieu au moins une fois par mois sur une convocation de la Présidente.

Art. 9. Comme il n'y a *aucune* œuvre de charité sagement établie et prudemment dirigée que par le clergé, les Comités auront les rapports les plus intimes avec le clergé de la paroisse.

V. Enfin comme un certain nombre de Comités en France ont été assez heureux pour déterminer les commerçants à s'entendre entre eux pour fermer de concert leurs boutiques, le Comité de Poitiers n'a pas voulu qu'on pût lui reprocher d'être resté en arrière à cet égard, et, voyant que la corporation des chapeliers était peut-être la seule qui n'avait fermé jusqu'ici aucun de ses magasins, il a tenté récemment, par des démarches individuelles, d'amener le corps de métier tout entier à une résolution générale.

Voilà, en abrégé, les moyens d'action qui ont été employés.

J'arrive aux résultats. En somme, ils ont été plus décisifs qu'on ne l'espérait.

MM les notaires et avoués ont fermé leurs études.

L'esprit du commerce, loin d'être hostile aux vœux du Comité, s'y est montré généralement favorable.

La population presque tout entière de notre ville accepte la réforme religieuse ou au moins la mesure d'ordre et la jouissance d'un jour de repos qu'on lui fait entrevoir.

La plupart des grands magasins de commerce sont aujourd'hui fermés entièrement. Plusieurs autres le sont en partie, et témoignent d'une bonne volonté qui peut paraître suffisante, du moins pour le moment.

Depuis plusieurs années, nous avions la douleur de voir des chantiers en activité le Dimanche pour la construction des bâtiments. Le mal gagnait d'une manière effrayante. Plusieurs membres du Comité ont eu le courage d'aborder directement les entrepreneurs de travaux, et ils ont été assez heureux pour obtenir d'eux la promesse que tout travail serait suspendu de leur part le Dimanche. Depuis cette époque en effet les grands chantiers ont été généralement abandonnés ce jour-là.

Plusieurs propriétaires, qui s'étaient rendus coupables sur ce point, ont réparé leurs scandales en donnant congé en secret à leurs ouvriers, de telle sorte que, sauf de rares exceptions, non-seulement on n'affiche plus de travailler dans nos rues, mais on semble en avoir de l'inquiétude et craindre de soulever l'indignation commune.

Voilà, sommairement, ce qui a été fait ou tenté. Voyons ce qui reste à faire.

1. La fermeture de tous les petits magasins et en particulier de ceux qui vendent aux habitants de la campagne.

2. La cessation des transports de denrées, soit de la part des propriétaires pour leur propre consommation, soit de la part des habitants des campagnes pour les livrer aux acheteurs.

Pour atteindre au but énoncé dans ces deux articles, nous allons former un Comité dans chacune des paroisses de la banlieue de Poitiers, présidé par un membre du Comité diocésain.

3. La suppression de tous les petits travaux autorisés ou du

moins tolérés avec trop de facilité par les familles chrétiennes et même par les Corps religieux.

Pour cela, nous allons faire parvenir nos vœux au clergé, aux Communautés religieuses et aux familles chrétiennes, en leur députant des membres du Comité.

4. Enfin une propagande exercée d'une manière plus générale sur tous ceux qui font travailler ou qui achètent le Dimanche. Car il est bien certain que la vente et le travail ne disparaîtront ce jour-là que dans la proportion où les acheteurs et les maîtres les feront cesser. Donc, ce sont les consommateurs qu'il faut amener, avant tous autres, à la sanctification du Dimanche.

« C'est pourquoi chaque membre du Comité diocésain et des six Comités de dames de la ville est prié de faire souscrire par le plus grand nombre de personnes possible l'engagement de ne pas travailler et de ne pas acheter le Dimanche.

« Une copie de ce Rapport a été envoyée à MM. les Curés de canton pour être lue au clergé dans les Conférences ecclésiastiques, afin de communiquer à tout le diocèse le mouvement de réforme qui s'est manifesté dans notre ville. »

C'est ainsi que s'exprimait M. de Larnay dans son Rapport de l'année 1854. C'est aussi pourquoi nous l'avons inséré ici en entier, et d'ailleurs parce qu'il met M. de Larnay tout en action sous les yeux du lecteur.

On le voit de même dans les pièces suivantes.

C'est d'abord la Circulaire aux laïques dont il est parlé au commencement du Rapport, sous le titre : *Œuvre de la sanctification du Dimanche...* proposée surtout aux pères de famille, maîtres de maisons, chefs de magasins ou d'ateliers ; et que voici :

La loi du repos et de la sanctification du Dimanche, cette grande loi divine, se trouve indignement violée aujourd'hui dans les villes et dans les campagnes par un grand nombre de catholiques dont le funeste exemple devient de plus en plus entraînant.

Il n'est pas rare, en effet, de voir, dans certaines contrées, faucher, moissonner, battre, faire vendange, bêcher la terre, le Dimanche. De même, il est difficile de parcourir nos cités sans y voir, ce même jour, des commerçants faisant étalage, des acheteurs occupés d'emplettes, des artisans fabriquant dans l'atelier, et quelquefois même des maçons et manœuvres construisant des édifices sur la voie publique.

Un tel état de choses est vraiment un très-grand désordre ; et, parce qu'il a sa source dans l'oubli presque absolu des lois divines et dans cet amour passionné du bien-être matériel qui fait soupirer après le gain d'une manière effrénée, DIEU sait où il peut nous conduire et quels châtiments épouvantables il peut attirer sur la France !

Il est donc urgent que tous les hommes sages qui veulent le bien de leur patrie et qui s'inquiètent d'assurer des jours heureux à leurs enfants, que tous les hommes sincèrement chrétiens qui ont à cœur les grands intérêts de la gloire de DIEU et de la conservation parmi nous de la foi de nos pères, s'unissent pour faire disparaître ce déplorable scandale.

Ces considérations ont paru si puissantes à un grand nombre d'esprits réfléchis, que partout aujourd'hui ils se mettent à l'œuvre pour obtenir le repos et la sanctification du Dimanche. Pourrions-nous rester étrangers ou indifférents à cet heureux mouvement ? Non sans doute. L'esprit de notre cité et de notre province ne nous permet pas de le croire.

Nous faisons donc un appel à tous ceux qui se sentent capables de dévouement en faveur de l'ordre et des principes religieux pour procurer, par tous les moyens que la sagesse et le zèle inspirent, le repos et la sanctification des Dimanches et des Fêtes.

Quiconque voudra prendre part à cette glorieuse entreprise est prié d'apposer sa signature au bas de l'engagement suivant ; ou, s'il ne sait pas signer, d'y faire inscrire son nom, après l'avoir fait précéder d'une croix tracée de sa propre main.

Cet engagement, qui n'est autre après tout que celui du

baptême, recevra cependant par là une sorte de consécration qui lui fera produire, nous l'espérons, les plus heureux effets.

ENGAGEMENT,

Nous, soussignés, nous engageons à ne pas travailler ni faire travailler, à ne pas vendre ni faire vendre, à ne pas acheter ni faire acheter, les Dimanches et jours de Fêtes conservés, hors les cas autorisés par l'Église et avec sa permission. Nous promettons de plus d'user de notre influence auprès des personnes qui nous entourent pour les engager à agir de même. En foi de quoi nous avons scellé le présent engagement de notre signature ou permis qu'on y inscrivît notre nom.

M. de Larnay adressa ensuite aux Curés de canton la Circulaire suivante :

« Monsieur et cher Confrère,

« *L'Œuvre du repos du Dimanche* prenant de jour en jour de nouveaux accroissements dans le diocèse, le *Comité diocésain* m'a chargé de faire imprimer le règlement ci-inclus et de l'adresser à MM. les Curés de canton, avec prière de le faire connaître à tout le clergé de la circonscription dans les Conférences ecclésiastiques. C'est avec bonheur que je remplis cette mission auprès de vous.

« Le Comité diocésain ayant pareillement résolu de se procurer un correspondant laïque dans chacun des cantons du diocèse pour travailler, sous les auspices du clergé, à l'Œuvre du repos du Dimanche, voudriez-vous avoir la bonté d'aider ce correspondant aussi puissamment que possible dans cette difficile mission, et de lui remettre un exemplaire de toutes les Circulaires qui vous seront adressées ?

« Agréez, etc.

« L'Abbé Ch. DE LARNAY,

« *Président du Comité.* »

Cette lettre produisit son effet, et le Comité diocésain compta de suite un certain nombre de correspondants cantonaux, qui reçurent de lui les instructions les plus précises et les plus propres au succès de l'Œuvre.

Le 18 septembre 1854, M. de Larnay adressa aux Curés de canton cette nouvelle Circulaire bien faite pour exciter leur sympathie et leur zèle ;

« Monsieur et cher Confrère,

« J'ai pensé que je vous serais agréable, si je vous faisais connaître où en est aujourdhui *l'Œuvre de la sanctification du Dimanche* à Poitiers. Seriez-vous assez bon pour en donner communication à tous les membres de votre Conférence ecclésiastique et pour les engager à profiter de l'heureuse impulsion des esprits afin d'opérer autour de vous la même réforme ?

« L'expérience apprend aujourd'hui partout que, en chargeant certains laïques de la fondation de cette Œuvre sous la haute direction du clergé, on lui assure un succès plus complet qu'avec le seul concours du clergé le plus dévoué.

« Nous avons maintenant dans la banlieue de Poitiers *onze* Comités composés d'agriculteurs et de propriétaires qui nous donnent de belles espérances. Je suppose que vous essaierez de partager notre bonne fortune, et que le Ciel couronnera vos efforts, comme il a eu la bonté de commencer à couronner les nôtres.

« Agréez, etc. »

Quelle aimable et engageante urbanité dans cette autre Circulaire, adressée, le 26 décembre suivant, aux Curés de la banlieue de Poitiers :

« Monsieur et cher Confrère,

« Le *Bureau* du Comité pour la sanctification du Dimanche

se réunit chez moi le mardi 2 de janvier, à une heure précise, dans l'espérance de vous y voir et pour s'entendre avec vous sur ce qu'il y aurait de plus opportun à tenter dans votre paroisse relativement à cette question.

« Seriez-vous assez bon pour vous rendre à notre invitation et à nos vœux ? Vous trouverez chez moi d'excellents chrétiens qui vous offriront leur généreux concours, et probablement les douze confrères curés de la banlieue de Poitiers qui y sont convoqués avec vous.

« Tout à vous bien respectueusement et bien affectueusement en N.-S. »

Ces diverses pièces montrent ici, comme dans les autres Œuvres de M. de Larnay, la manière toujours délicate et distinguée de ses instances les plus vives.

L'Œuvre de la sanctification du Dimanche marchait donc très-bien dès son début dans le diocèse de Poitiers.

M. d'Olivier écrivait en particulier ceci à M. de Larnay le 4 juillet 1854 :

« Vous avez très-bien fait d'engager les dames à travailler à cette Œuvre. Elles y peuvent beaucoup. Il me semble que votre organisation générale est excellente. Il ne vous reste plus qu'à faire la moisson, c'est-à-dire, à répandre les listes d'adhésion. Chaque nom qui y sera inscrit fera faire un pas de plus à l'Œuvre. »

M. de Larnay n'était point insensible à ces louanges ; il s'en réjouissait pour le bien. C'est par le même motif et toujours avec une très-pure intention que, ayant remarqué que le Bulletin de l'Œuvre, l'*Observateur du Dimanche*, était muet sur le Congrès de Poitiers, malgré les notes qu'il lui avait envoyées, il réclama contre ce silence avec une certaine vivacité.

M. d'Olivier lui répondit aimablement, le 15 janvier 1855 :

« En effet, Poitiers ne figure pas dans le compte-rendu de l'*Observateur*. Il vous est arrivé ce qui arrive quelquefois, à savoir, que ce sont ceux qui font le moins parler d'eux qui en réalité font le plus de besogne. Et de vrai le *post-scriptum* de votre lettre montre que vous faites d'excellentes choses. Nous réparerons l'omission dans le prochain numéro. »

Les excellentes choses que faisait M. de Larnay, dans cette Œuvre qu'il avait si chaudement adoptée, lui demandaient beaucoup de temps, plus que ne lui en laissaient ses autres Œuvres, qui étaient en si grand nombre.

Aussi ne faut-il pas s'étonner de trouver dans le procès-verbal de la séance du Comité, tenue le 19 novembre 1854, que les fonctions de trésorier furent acceptées par un des membres du Comité, « afin de décharger M. de Larnay d'une partie du travail qu'il s'est imposé pour organiser une Œuvre dont les heureux résultats sont dus principalement à son initiative et à ses efforts ».

Notre Saint-Père le Pape Pie IX ayant donné à Rome, le 22 décembre, un Bref en faveur de l'Association de Paris pour l'*observation du Dimanche* et des Associations affiliées à celle de Paris dans les autres villes de France, M. de Larnay, dans une lettre du 26 février, pria Monseigneur l'Évêque de vouloir bien autoriser la publication et l'exécution du Bref dans le diocèse, ce que Sa Grandeur fit aussitôt, le 28 du même mois.

Ce Bref accorde aux Associés de nombreuses indulgences plénières et partielles.

M. de Larnay, par une Circulaire du 4 mars, s'empressa de donner communication du Bref, au nom du Comité diocésain, à tous les Comités qui travaillaient avec celui-ci à procurer l'observation du repos du Dimanche.

Ce fut aussi une très-bonne pensée que de faire imprimer en petit format et répandre partout le Bref du Saint-Père pour attirer de nouveaux membres à l'Association.

Voyant d'ailleurs que l'Œuvre était désormais bien établie, M. de Larnay fit décider, à la séance du 9 mars, de demander l'agrégation du Comité diocésain de Poitiers au Comité central de Paris.

Dès le 12 du même mois, M. d'Olivier envoyait cette agrégation avec les meilleures félicitations.

Plusieurs laïques zélés, parmi lesquels nous nommerons seulement, parce qu'ils n'existent plus, MM. Foucart et de Constant, furent priés de se charger de la création et de la direction des Comités ruraux dans la banlieue de Poitiers.

Pour la ville, les Comités de dames furent invités, par une lettre de M. de Larnay, du 9 juillet, à rédiger une liste de tous les commerçants et de tous les chefs d'atelier qui respectaient le Dimanche entièrement ou en partie.

M. de Larnay demandait qu'on apportât le soin le plus diligent pour que ces listes, qui devaient être imprimées, fussent exactes, et il déclarait que chaque Présidente de Comité répondrait de cette exactitude.

Cette lettre fut communiquée au Comité central, et, pour en tirer toute l'utilité qu'on en pouvait espérer, elle fut adrsssée à tous les Comités de dames avec l'instruction suivante :

1. La présente liste, de même que celles qui lui succéderont, restera déposée sur le bureau pendant les séances pour être facilement consultée. Il sera tenu note, dans chaque procès-verbal, de toutes les corrections et variantes qui auront eu lieu sur la fermeture des boutiques et l'abstention du travail dans les ateliers.

2. Les Comités feront savoir par tous les moyens possibles aux commerçants, aux artisans et surtout aux jeunes ouvrières que des listes sans cesse corrigées circulent entre les mains des consommateurs pour faire connaître partout quels sont les magasins qui ne sont pas ouverts et les ateliers où l'on ne travaille pas le Dimanche. »

Nous n'avons pas à prendre la défense de cette disposition. Il n'est que raisonnable que ceux qui respectent le Dimanche rencontrent plus de confiance ; il n'est que juste aussi qu'ils soient soutenus contre la concurrence anti-religieuse des profanateurs du Dimanche.

D'ailleurs l'opposition qu'on fait au bien est la preuve et la condition de son établissement.

C'est ce que montre parfaitement cette lettre qu'un docte et pieux Archiprêtre du département de la Vienne écrivait à M. de Larnay, le 26 avril 1856 :

« Monsieur l'Abbé,

« J'ai tenté, il y a un an, très-sérieusement, d'établir l'Œuvre ici.

« Il y eut agitation ; à mon avis, c'était un bon symptôme. L'hésitation vint d'où elle n'aurait pas dû venir. Je recueillis environ trente signatures, et d'ouvriers ; les autres s'abstinrent. La malveillance, la satire, la chanson s'en mêlèrent. Tout le monde se tut, par crainte. Cependant le commerce se conduisit bien. Le jour de l'Ascension, dans la principale rue, je comptai cinquante-neuf magasins, petits et gros, c'est-à-dire, tous, moins deux ou trois, complétement fermés. Le plus grand nombre a continué depuis à ne pas s'ouvrir.

« Personne, ni vendeur ni acheteur, ne veut se mettre en évidence.

« Pour que cette Œuvre ne fût pas entreprise humainement et seulement avec des appuis humains, j'ai établi canoniquement l'*Archiconfrérie réparatrice de la violation du Dimanche* qui, avec la grâce de DIEU, semble porter quelques fruits et soutenir l'Œuvre du *Repos*.

« Les caractères énergiques manquent ici. On veut être *prudent, tranquille*. Chacun regarde l'Œuvre comme très-nécessaire et très-avantageuse, mais aussi comme au-dessus de ses propres forces. »

On voit par cette lettre que le zèle de M. de Larnay, que certains trouveront peut-être intempestif, produisait d'excellents résultats.

Du reste, M. de Larnay, toujours défiant de lui

même, consultait fréquemment ceux qui l'avaient précédé dans les Œuvres qu'il entreprenait.

M. d'Olivier lui écrivait, le 26 février 1856 :

« Monsieur et très-excellent abbé,

« Vous m'avez demandé de vous envoyer quelques considérations sur l'esprit de notre Œuvre et sur les moyens pratiques de l'accomplir. L'Œuvre marche si bien à Poitiers, grâce à votre prudente et persévérante impulsion, que c'est vraiment bien inutile d'y venir mêler mes conseils. J'ai plutôt à en recevoir. Mais, pour vous obéir, je vous soumettrai quelques impressions. »

M. d'Olivier se laisse aller ici à une suite d'explications, d'observations et de conseils que nous regrettons de ne pouvoir pas reproduire. M. de Larnay recevait le tout avec joie et ne prenait les éloges qu'à titre de leçons et d'enseignements.

La marche et la situation de l'Œuvre ne peuvent être mieux décrites que ne l'a fait M. de Larnay lui-même.

Voici donc le Rapport qu'il a lu à la séance générale du Comité central, au mois de juillet 1855 :

Messieurs,

Je déroulerai devant vous le même tableau (que l'année dernière.)

I. D'abord les moyens d'action.

Pour propager l'Œuvre dans tout le diocèse, il était nécessaire de faire connaître ce qui se passait dans la ville épiscopale. Cette mission appartenait de droit au clergé. C'est pourquoi j'écrivis, le 18 septembre, la lettre suivante (citée plus haut).

L'établissement de Comités d'hommes dans les paroisses de la banlieue de Poitiers avait paru éveiller des soupçons d'insuccès chez MM. les Curés de ces mêmes paroisses. Ils craignaient d'ailleurs ou que le temps opportun ne fût pas encore venu ou que les moyens employés pour détruire le scandale ne le fissent éclater autour d'eux avec plus d'énergie. Il fallait faire évanouir ces inquiétudes et relever le courage de ceux qui devaient être nos plus puissants auxiliaires. Je fus chargé de leur écrire pour leur proposer une conférence. Elle eut lieu ici le 2 janvier dernier. La plupart y assistèrent entourés de MM. les membres du Bureau. La lumière se fit, les craintes s'évanouirent. Les Comités furent résolus, et, il faut le dire, nous devons leur établissement, surtout dans certaines paroisses rurales, au zèle pastoral qui y a présidé.

Depuis longtemps votre Bureau se préoccupait des grands avantages qui devaient résulter du prompt établissement d'un Comité dans les deux principaux centres de population de notre diocèse, Niort et Châtellerault. Après de nombreux efforts, un Comité a été constitué à Châtellerault sous le patronage de tout le clergé réuni au presbytère de Saint-Jacques et avec le concours des plus honorables habitants de la ville.

Quant à Niort, les difficultés se présentaient plus que partout ailleurs. Les hommes les plus zélés paraissaient désespérer du succès. Cette triste conviction, communiquée au moment de la réunion générale des conférences de Saint-Vincent-de-Paul à Poitiers, avait suspendu le départ des deux membres du Comité qui devaient se mettre en rapport avec le clergé et les habitants de cette cité. Tout paraissait fini, du moins pour le présent, lorsque le Ciel, dans sa miséricordieuse bonté, nous a fait parvenir l'assurance que sous peu la fondation de l'Œuvre allait être tentée par le clergé. Il y a lieu de croire que, à l'heure qu'il est, l'Œuvre est commencée.

Pour entraîner tout le diocèse vers la réforme appelée par nos vœux, il fallait l'envelopper tout entier dans un vaste réseau de propagande religieuse. Votre Bureau a dû se préoccuper des moyens à prendre pour se créer, par l'intermédiaire d'un correspondant, un centre d'action dans chaque canton du diocèse. Une lettre a été écrite dans ce sens à vingt-sept personnes de choix.

Le travail qui a été entrepris pour le département de la Vienne a eu un très-heureux succès. Mais parce qu'il n'est pas encore complet, vous serez priés aujourd'hui de nous venir en aide à cet égard.

On a exprimé le vœu qu'il fût formé à Poitiers, dans chacune des paroisses, un Comité d'hommes pris parmi les artisans et les travailleurs. J'ai été chargé d'écrire au correspondant que le Bureau, applaudissant à sa pensée, le priait de vouloir bien faire lui-même le premier essai, et nous rendre compte du résultat.

M. d'Olivier nous ayant fait parvenir la copie d'un Bref de Notre Saint-Père le Pape Pie IX, qui accorde de nombreuses faveurs spirituelles à tous ceux qui voudront offrir leur concours à l'Œuvre de la sanctification du Dimanche, et Monseigneur l'Évêque ayant donné l'*Exequatur*, j'ai adressé, le 4 mars, au nom du Comité, un écrit à tout le clergé du diocèse.

Enfin de nouveaux Comités se formant de jour en jour, et la nécessité d'avoir dans chaque localité plusieurs exemplaires du Règlement se faisant sentir de plus en plus, le Bureau a fait imprimer le *Règlement de Paris* adopté par le Comité diocésain de Poitiers. Un exemplaire de ce Règlement sera adressé dans quelques jours à tout le clergé du diocèse, qui recevra en même temps le Rapport qui vous est fait aujourd'hui.

II. Les résultats qui ont été obtenus.

A Poitiers, les succès de l'année dernière ont été généralement maintenus. Si la progression n'a pas été plus marquée, l'esprit général s'est constamment montré favorable à l'Œuvre. Enfin le peuple a paru se préoccuper davantage de la gravité du scandale ainsi que des raisons puissantes qu'il y avait de travailler à le détruire.

Nous devons attribuer ces heureux résultats aux Comités de dames, qui n'ont cessé d'agir de la manière la plus énergique sur l'esprit de notre population.

Sur un grand nombre de points du diocèse, MM. les Curés se sont empressés de recommander du haut de la chaire l'Œuvre de la sanctification du Dimanche. Plusieurs se sont vivement préoccupés, dans les Conférences ecclésiastiques, des moyens à prendre pour arrêter le scandale. Quelques-uns même ont fondé des Comités dans leurs paroisses. L'un d'entre eux, Archiprêtre dans le département de la Vienne, qui a subi à cette occasion de tous les traits le plus redoutable, celui de la satire, m'apprenait avec bonheur, il y a quelques jours, que son inébranlable constance venait d'être amplement récompensée par la fermeture du plus grand nombre des magasins de sa paroisse. (*V.* la lettre citée p. 319.)

III. Ce qu'il est urgent de faire pour obtenir un succès plus général et plus décisif.

Tout d'abord nommer un correspondant dans chaque canton du diocèse, pour y travailler à la formation d'un Comité qui sera chargé de la propagande.

En second lieu, répandre le plus possible, surtout dans les classes ouvrières, l'*Observateur du Dimanche*, la lecture de cette excellente publication étant un puissant moyen de propagande. »

Ainsi l'Œuvre marchait sous l'impulsion de M. de Larnay, mais non pas sans difficulté ; le Rapport précédent l'atteste.

On peut encore en juger par la lettre suivante, qu'un vénérable et docte curé-doyen écrivait en réponse à M. de Larnay, le 2 septembre 1855 :

« Monsieur le Chanoine,

« Après mûre réflexion, je ne pense pas qu'il soit possible ni même utile d'établir ici l'*Observation du Dimanche*. Des prédications répétées sur cet objet auront plus d'efficacité et moins d'inconvénients. C'est du reste l'avis général de toutes les personnes chrétiennes.

« Je pourrais vous citer des paroisses de la plus haute importance, où l'on s'est emparé de cette idée pour monter les têtes contre le clergé et chasser des Conseils municipaux tous les gens de bien et les amis du prêtre. Je sais que pour opérer le bien il ne faut pas s'arrêter à quelques inconvénients. Mais c'est une chose d'appréciation locale, et dont chaque curé est plus à même que personne d'apprécier l'avantage et le désavantage. Certaines paroisses ont besoin de cette Association ; d'autres n'en ont pas besoin. Certaines paroisses la voient s'établir sans en prendre ombrage ; d'autres la voient avec inquiétude et même avec une certaine irritation. C'est donc une affaire de prudence. »

M. de Larnay n'en voulait pas manquer ; mais il pensait qu'il fallait agir, et que précisément en agissant on ferait disparaître les inconvénients,

Il ne se trompait pas. Écoutons-le encore dans son Rapport lu par lui en séance générale du Comité diocésain, le 12 mars 1856 :

Messieurs,

Je suis vraiment trop heureux de pouvoir vous annoncer que l'*Œuvre de la sanctification du Dimanche* n'a pas cessé, epuis trois ans, d'être en voie de progrès dans la ville et le ocèse de Poitiers. Sa marche, il est vrai, est lente ; mais aussi elle n'a pas été un seul instant rétrograde.

Nous devons ce succès, après la protection divine, au zèle et à la prudence tout à la fois des chrétiens qui nous ont généreusement offert leur concours.

DIEU en soit béni ! Celle de toutes les réformes qui paraissait devoir être la plus difficile à obtenir à cause des intérêts qu'elle blesse ; celle qui devait être contrecarrée plus qu'aucune autre par l'esprit du siècle qui n'admet pas qu'on lui impose des pratiques religieuses ; celle-là même a été acceptée chez nous avec une facilité, je pourrais dire avec un bon vouloir qui étonne de la part des nombreux délinquants que de vieilles habitudes semblaient avoir engagés pour toujours dans une voie mauvaise où l'amour-propre autant que l'intérêt pouvait leur conseiller de persévérer.

Aucun écrit, que je sache, n'a été publié dans notre province contre cette sainte réforme. Aucun murmure général ne s'est élevé contre elle du sein des catégories coupables. Aucune commotion n'a éclaté ni dans les magasins ni dans les ateliers ; ceux même qui n'ont pas eu le courage d'embrasser la réforme en ont approuvé la sagesse et l'opportunité. S'il y a eu quelques voix discordantes, très-rares d'ailleurs ; s'il y a été fait quelques objections et s'il a été lancé quelques traits, ç'a été par une certaine classe de journaux qui, tout en affectant des idées religieuses, ont la triste habitude de s'élever contre tout ce qui n'a pas reçu préalablement leur haute approbation.

Il était difficile d'espérer un tel succès. Je vous prie donc d'y voir avec moi le doigt de DIEU et de le remercier avec un cœur mille fois reconnaissant de ce qu'il vous a fait l'insigne honneur de vous associer à son Œuvre et de vous en faire les apôtres. Cette mission de propagateur et de défenseur de la Foi sera le titre de noblesse que vous léguerez avec le plus de bonheur à vos enfants ; et, si vos aïeux dans les croisades ont su s'immoler pour elle au-delà des mers, vous l'aurez défendue dans la patrie avec non moins de courage et de succès.

L'*Œuvre de la sanctification du Dimanche* a eu pour fondateurs à Paris des hommes remarquables par leur foi et leur piété. Le Règlement qu'ils ont rédigé était à prendre les yeux fermés. C'est ce que vous avez eu la sagesse de faire, et vous pouvez aujourd'hui vous en applaudir. Car le Souverain Pontife y a mis *pour perpétuelle mémoire* le sceau de son autorité dans son Bref du 22 décembre 1854.

L'Épiscopat français tout entier s'en est réjoui ; et, pour ce qui nous regarde en particulier, notre auguste Prélat nous a remis une copie de ce Bref, en y ajoutant ces mots : *Nous l'avons vu, et Nous ordonnons qu'il soit mis à exécution.*

Nous n'avons donc rien à examiner, à ajouter ou à retrancher dans les Constitutions de cette belle Œuvre. Notre seul désir est de nous pénétrer le plus parfaitement possible de l'esprit des fondateurs, de nous conformer principalement au Règlement qu'ils ont rédigé, et d'embrasser avec toute l'énergie de notre foi les divers moyens qui peuvent en assurer la meilleure exécution.

Or, c'est ce que nous avons fait ; et je demande à votre modestie la permission de placer sous les yeux de l'assistance les moyens d'action que vous avez employés pour procurer autour de vous la sanctification du Dimanche.

1. Vous avez créé un Comité de dames dans chacune des six paroisses de Poitiers. Leur action a produit les plus heureux effets. Ils sont présidés par MM. les Curés : c'est vous dire que leur conservation et leur force d'expansion sont assurées. Votre idée sur ce point a paru si heureuse qu'on s'est empressé de la prendre à Paris, à Tours et dans d'autres grandes villes.

2. Vous avez tenté d'établir dans chaque chef-lieu de canton du diocèse un Comité d'hommes ; et vous m'avez prié d'écrire une Circulaire à MM. les Curés.

Leurs réponses ont été en général formulées selon les habitudes plus ou moins religieuses de leurs populations. Tous ont accueilli la Circulaire avec reconnaissance. Mais, tandis que les uns se sont mis résolûment à l'œuvre, les autres, effrayés des difficultés, l'ont ajournée à des temps meilleurs. Il faut donc que le temps et l'entraînement de notre part fassent le reste.

3. Pour réveiller le sentiment du devoir à l'égard de la sanctification du Dimanche dans toutes les consciences endurcies, vous avez jugé à propos de prendre occasion des épidémies qui viennent d'affliger la ville et plusieurs autres points du diocèse pour répandre partout un nouvel *Appel* aux consciences que la voix du remords pourrait ramener à de meilleurs sentiments, et cet écrit a été tiré à six mille exemplaires.

4. Enfin, étant frappés de l'inconvénient du marché qui se tient tous les Dimanches sur la place Notre-Dame, du concours des acheteurs et vendeurs qui s'y trouvent et de la durée de ce marché qui ne se termine qu'à une heure après midi à l'égal des autres jours, vous avez pensé que, si la partie saine de la population exprimait le vœu que ce marché fût limité quant à sa durée et se terminât, chaque Dimanche et jour de Fête chômée, à neuf heures, M. le Maire se rendrait certainement à un tel désir. Vous avez alors fait connaître par une Circulaire

adressée aux Comités de dames qu'il fallait entraîner l'opinion publique dans ce sens ; et aujourd'hui chacun y travaille.

Je termine en soumettant au Comité les trois questions suivantes :

1. Quel est le meilleur moyen pour répandre l'*Appel à tout le monde* ?

2. Est-il expédient de réimprimer ici, pour le répandre dans tout le diocèse, le beau *Discours* sur la sanctification du Dimanche prononcé à Saint-Roch par le R. P. Félix ?

3. Comment s'y prendre pour amener la population à manifester le vœu que le marché de la place Notre-Dame soit limité dans sa durée les Dimanches et jours de Fêtes chômées ?

Ce Rapport, comme les précédents, montre assez le zèle de M. de Larnay et l'action qu'il se donnait. Du reste, sachant se multiplier, il présidait souvent les Comités de dames de la ville. Sa présence, ses communications et ses exhortations jetaient un vif intérêt dans les séances et augmentaient le zèle des Associées.

Dans une séance du Comité de la paroisse de Saint-Hilaire, du 2 août 1855, il se plut à raconter les succès toujours croissants de l'Œuvre dans le diocèse. Il cita telle ville où quatre-vingts magasins fermaient le Dimanche : heureux fruit d'une lutte dont le précepte divin est sorti victorieux. Les préjugés tombent de toutes parts. Les négociants ne craignent plus, en fermant le Dimanche, de compromettre leurs intérêts. Ils remercient le Ciel de les avoir affranchis d'un joug insupportable, tout en assurant la réussite de leurs affaires par le concours des gens de bien. L'erreur est dévoilée sur tous les points par la lecture de l'*Observateur du Dimanche,* qu'il faut donc répandre de plus en plus.

Dans la séance du 7 février 1856, qui fut une des meilleures, M. de Larnay rapporte comment M. d'Olivier veut établir à Paris des Comités de dames à l'instar de ceux de Poitiers. Ces derniers sont donc engagés à faire de nouveaux efforts.

Il arrive d'excellents renseignements de tous les points du diocèse. Les Comités sont présidés partout par MM. les Curés, qui trouvent dans les membres propagateurs de puissants auxiliaires. Mais, pour bien faire connaître l'Œuvre, il faut répandre de nombreux imprimés parmi les chefs d'ateliers. Des maîtresses-ouvrières forcent à travailler le dimanche jusqu'à quatre heures du soir! M. de Larnay engage vivement les Associées à user de toute leur influence pour faire cesser un tel scandale, qui ne peut qu'être fatal à la France.

Dans la séance du 17 mars, M. de Larnay invite les Associées à manifester devant M. le Maire le désir que le marché ferme à neuf heures comme autrefois. Il donne lecture, à ce propos, d'un Décret remarquable de la police de Vienne en Autriche pour la sanctification des Dimanches et des Fêtes.

La séance du 26 juin 1856, tenue peu après les terribles inondations, offre un intérêt tout particulier.

M. de Larnay y raconte que, depuis les inondations, l'*Appel à tout le monde* a été distribué à trois mille cinq cents exemplaires. On en demande partout, à la gare, chez les négociants. On y a lu avec effroi ces paroles prophétiques : « Il est évident qu'un pareil état de choses ne pourrait subsister longtemps sans attirer sur nous la colère de Dieu. » — « C'est joliment vrai », disaient des ouvriers ; « il faut revenir à la Religion. Dieu nous punit d'avoir négligé son saint jour. » Ville et faubourgs, partout la Circulaire a produit un effet merveilleux. Il est impossible de ne pas reconnaître le doigt de Dieu dans un tel accueil Un seul quartier a fait entendre quelques murmures qui ont été bientôt étouffés par des démonstrations générales. Dieu aidant, le Dimanche sera sanctifié.

Dans la séance du 26 février 1857, le Comité de Saint-Hilaire, s'associant à la pensée de M. de Larnay, vota les plus vifs remerciements à la plume éloquente qui a su obtenir des Administrateurs du chemin de fer d'Orléans un succès aussi prompt qu'inespéré. Le triomphe n'est pas complet. Mais le mal était tel que cette amélioration est presque miraculeuse.

Dans les procès-verbaux des séances du Comité de Notre-Dame, nous remarquons que M. de Larnay recommande une propagande persévérante, beaucoup de personnes travaillant à l'Œuvre sans vouloir se faire connaître.

« Les maîtresses de maison », dit M. de Larnay, « peuvent beaucoup pour la sanctification du Dimanche. » — « Il faudrait », ajoutait-il, « qu'il n'y eût point de grands repas le Dimanche. »

Les procès-verbaux du Comité de la paroisse de Saint-Pierre attestent que les séances les plus animées ont été celles que présidait M. de Larnay. Nous le voyons y exciter le zèle, et bien recommander aussi de ne rien brusquer. On y constate qu'on avait obtenu, sur plusieurs points, que les ouvriers ne seraient pas payés le Dimanche.

Dans les Comités des autres paroisses, de Saint-Porchaire, de Sainte-Radegonde, de Montierneuf, la présence de M. de Larnay est toujours vivement désirée, toujours accueillie avec joie.

Ce sont de sa part les mêmes recommandations de zèle et de prudence. Il en donne l'exemple lui-même quand il dit : « Que les faibles se tiennent sur leurs gardes, pour qu'on ne dise pas que l'Œuvre avait été commencée à la légère et qu'elle est abandonnée comme impossible. »

L'Œuvre, si bonne en elle-même et si propre à attirer les bénédictions divines, devait donc réussir, au moins dans une mesure consolante et encourageante.

Voici, du reste, en quels termes M. de Larnay en exposait la situation dans un Rapport sommaire, du 31 mai 1857 :

L'Œuvre de la sanctification du Dimanche, établie à

Poitiers depuis plus de trois ans, a dépassé toutes nos espérances.

On peut dire que les magasins sont généralement fermés le Dimanche.

Nous n'avons plus à gémir sur les grands travaux en plein air. Quiconque travaille le Dimanche se cache.

Il est aujourd'hui de *bon ton* de ne pas travailler le Dimanche. Il y a des exceptions ; mais elles sont rares.

L'Œuvre a été conduite à Poitiers avec énergie. On a évité toute tergiversation, et quiconque, même dans le clergé, paraissait vouloir pactiser ou temporiser, a été mis de côté. Les premiers succès sont venus de là.

Le mouvement qui s'est opéré à Poitiers s'est fait sentir dans les autres villes du diocèse, dans une mesure qui a été en raison de l'action qu'ont pu exercer MM. les Curés.

« Quant à notre banlieue et à plusieurs paroisses de campagne où la foi a déplorablement diminué, c'est affreux ! Les paysans, entraînés par les exemples pervers des villes, se sont mis à travailler le Dimanche comme les autres jours. Le clergé de ces tristes campagnes est réduit à se persuader sans doute que le désordre est passé à l'état de mal incurable.

Là donc, la plaie est profonde, et les moyens pour la guérir semblent bien faibles.

Nous avons cherché à organiser des Comités d'hommes ; mais nous avons échoué presque généralement. Nous nous proposons d'essayer par les propriétaires chrétiens et influents. Mais il nous est difficile de les mettre en action si notre zèle leur est représenté comme intempestif. »

C'est ici, on le voit, l'expression du chagrin d'un bon prêtre qui poursuit une œuvre excellente et qui voudrait à tout prix le succès.

Le zèle de M. de Larnay est apprécié d'une manière encourageante dans la lettre que lui écrivait, le 3 juillet 1857, M. Gaudry, successeur de M. d'Olivier à la présidence de l'Œuvre.

La lettre se termine par ces lignes :

« Le Conseil central a reçu votre lettre du 24 juin avec le plus vif intérêt et m'a chargé de vous en remercier.

« M. d'Olivier a parlé, dans l'*Observateur*, des heureux résultats obtenus à Poitiers par votre zèle et la salutaire influence de vos Comités. Nous profiterons avec empressement des intéressants détails que vous nous donnez pour notre édification et pour celle des lecteurs de l'*Observateur*. »

Nous pensons nous-mêmes que nos lecteurs ne nous reprocheront pas de placer ici sous leurs yeux le Rapport lu par M. de Larnay au Comité diocésain, le 7 février 1858 :

Messieurs,

Il y a cinq ans, je fus sollicité par un des hommes les plus distingués de notre cité d'établir à Poitiers l'*Œuvre de la sanctification du Dimanche*. Je consultai Monseigneur l'Évêque, qui applaudit à ce pieux projet et m'encouragea à en procurer la délicate exécution. Je m'entourai aussitôt des conseils d'amis vertueux, et l'Œuvre fut fondée.

Notre cité offrait alors le tableau navrant d'un travail qui allait toujours croissant aux jours de Dimanches et de Fêtes. Partout en effet le commerce ouvrait ses magasins avec un luxe d'étalage qui semblait augmenter précisément dans les jours spécialement consacrés au repos religieux et à la prière publique.

Je me souviens parfaitement que, lorsque les Révérends Pères Jésuites vinrent s'établir à Poitiers, leur surprise fut grande d'y trouver tous les magasins ouverts et un grand nombre d'ateliers résonnant au loin du bruit des instruments de travail. « Votre ville », me dit un jour le Révérend Père Supérieur, « nous avait été dépeinte comme vraiment religieuse.

C'était sans doute une méprise, car partout ici on travaille le Dimanche, et personne ne s'en inquiète ni n'en paraît même surpris. »

Il est positif, en interrogeant mes souvenirs ainsi que ceux de mes amis, qu'il ne nous fut pas possible alors de compter dans la ville et dans les faubourgs plus de trois magasins qui fussent constamment fermés le Dimanche ; de même qu'il est vrai que cet abus était tellement passé en usage que la plupart n'y faisaient même plus attention.

Il était résulté de cet état de choses qu'un grand nombre d'employés de magasins, étant rivés à leurs comptoirs, restaient complètement étrangers le Dimanche à tous les exercices du culte divin et n'obtenaient un peu de repos vers la fin du jour qu'au moment où s'illuminaient pour eux les cafés et les spectacles.

Voilà des faits aussi incontestables que lamentables !

Or, depuis l'établissement de l'Œuvre de la sanctification du Dimanche parmi nous, c'est-à-dire depuis cinq ans, la plupart des grands magasins sont restés complètement fermés ; beaucoup d'autres ont entièrement supprimé l'étalage ; un grand nombre ferment du moins en partie leur devanture ou leurs volets, indiquant par là qu'ils ne vendent que par nécessité et qu'ils respectent à tel ou tel point de vue le repos du Dimanche.

Les commerçants qui ont des rapports presque exclusifs avec les gens de la campagne devaient naturellement, ce semble, rester étrangers à cet heureux mouvement de réforme, du moins jusqu'à ce que les agriculteurs eussent perdu l'habitude de faire leurs emplettes le Dimanche. Cependant nous en connaissons plusieurs qui ont eu le courage de résister à tout ce que les calculs d'intérêt et les prétextes de conscience pouvaient leur offrir de plus plausible et de plus séduisant. Ils ont fermé et ils ferment constamment leurs boutiques.

Nous pouvons même le dire ici, Messieurs, sans craindre d'être contredit, les commerçants de Poitiers, sauf quelques très-rares exceptions, se sont prêtés, avec une bonne grâce qu'on ne saurait trop louer, à la réforme que vous leur avez demandée. Si elle n'est pas consommée aujourd'hui, nous pouvons bien dire que c'est par notre faute, ne l'ayant voulue ni d'une façon assez énergique, ni surtout d'une manière assez générale, pendant que nous nous mettions à l'œuvre.

Des esprits qui incidentent sur tout ont perdu le temps à discuter sur la forme, sur le droit, sur les conditions, sur les exceptions. Ils se sont mis à équilibrer pour certaines positions le pour et le contre ; et, avec l'apparence d'un zèle qui paraissait plus précieux parce qu'il se disait plus prudent, ils ont semé sur leurs pas le doute, l'hésitation, l'incertitude, qui ont ralenti la marche d'une réforme qui autrement eût été aujourd'hui complète. Mais Dieu, nous n'en doutons pas, nous accordera le succès plus tard, à l'aide de votre patience, de votre zèle et de vos travaux.

En second lieu, avant l'établissement de l'Œuvre de la sanctification du Dimanche parmi nous, un grand nombre d'ouvriers travaillaient dans l'atelier au moins pendant la matinée du Dimanche, et surtout avec un tel fracas que toute la rue en retentissait. Ce désordre allait si loin que la Société de Saint-Vincent-de-Paul, pour sauvegarder la foi des jeunes apprentis, avait été obligée de mettre pour conditions, dans les traités avec les patrons, qu'ils ne les forceraient pas de travailler le Dimanche, et qu'on se bornerait à leur faire nettoyer l'atelier.

Aujourd'hui, nous pouvons vous annoncer que beaucoup d'ouvriers et d'ouvrières ont cessé de travailler les jours de Fêtes, et que, parmi ceux qui continuent de le faire, il y en a du moins un certain nombre qui se cachent avec soin : ce qui est déjà un beau triomphe. Car, à l'aide du remords qui leur fait aujourd'hui éviter le scandale, il faut espérer qu'ils finiront par écouter la voix de leur conscience qui les ramènera au devoir.

En troisième lieu, avant l'établissement de l'Œuvre parmi nous, l'oubli des principes religieux et des antiques habitudes de famille, le mépris des simples convenances à l'égard de la société chrétienne, avaient été poussés si loin dans notre cité à l'exemple de Paris et de plusieurs autres villes, qu'il n'était pas rare de voir, dans nos rues les plus fréquentées et les mieux habitées, des scieurs de long, des tailleurs de pierres, des charretiers, des goujats et des maçons travaillant au chantier pendant toute la journée du Dimanche avec une activité qui égalait celle du travail de la semaine. Ce n'est pas assez. Il avait été même constaté plus d'une fois que le cynisme des ouvriers pendant ce saint jour avait été tel que les membres du clergé, obligés de parcourir ces mêmes rues, s'étaient vus forcés de les éviter pour échapper aux plus grossières insultes. Ce fut à cette époque douloureuse qu'un ouvrier qui ravalait la pierre à l'étage supérieur d'un édifice ayant cru voir dans la physionomie d'un homme de bien qui passait un air désapprobateur de sa conduite, se mit à vomir contre lui le blasphème et l'injure avec une telle fureur qu'il en perdit l'équilibre et fit une chute qui détermina la mort. Nous pouvons même dire en soupirant qu'il est telles maisons de luxe construites dans les nouveaux quartiers de Poitiers qui l'ont été, hélas! même le saint jour du Dimanche.

Aujourd'hui, cet état de choses a disparu. Sauf peut-être quelques hommes, voltairiens ou perdus de mœurs, qui, par haine pour notre foi, condamnent de malheureux ouvriers à continuer de travailler le Dimanche, les travaux des chantiers sont généralement abandonnés ce jour-là. Nous dirons même plus. Nous savons que les entrepreneurs de travaux publics y veillent avec attention, et ont soin de faire déclarer dans le cahier des charges l'abstention du travail le Dimanche. Aussi nous n'avons pas été surpris d'apprendre que l'un d'entre eux, inquiet des dispositions de ses ouvriers, s'étant rendu un Dimanche à l'improviste dans un de ses chantiers reculés et y ayant rencontré deux tailleurs de pierres qui travaillaient malgré sa défense, il leur fit à l'instant vider les lieux et emporter leurs outils.

Enfin, Messieurs, avant l'établissement de l'Œuvre du Dimanche parmi nous, les idées sur l'obligation du repos dominical étaient tellement affaiblies ou confuses chez les personnes dont les habitudes étaient peu religieuses, l'esprit de tolérance aveugle les dominait de telle sorte, elles étaient enfin victimes de telles erreurs et de telles illusions à l'égard de ce grand précepte divin que nous avons entendu plus d'une fois des hommes graves dire avec un air de conviction qui nous consternait : *Que voulez-vous ? cet usage du travail et du commerce le Dimanche étant désormais passé dans nos mœurs, il est inutile de chercher à le détruire ; ce serait impossible.* Et l'un d'eux, dans un sentiment de bonne foi qu'il serait difficile de suspecter, disait un jour à un des Messieurs ici présents, pour justifier des ouvriers qui travaillaient le Dimanche à la construction d'une maison : *Que voulez-vous ? Après tout, vous savez que celui qui travaille prie.* Il était difficile d'aller plus loin en fait d'illusion, et de comprendre le précepte divin de la prière d'une façon plus déplorable.

Aujourd'hui, grâce à Dieu, les choses ont bien changé. Tous se préoccupent plus ou moins des infractions à la loi de la sanctification du Dimanche ; on en parle ; on s'en inquiète. Les scandales, qui passaient jadis en quelque sorte sans en être, étonnent maintenant et vont même jusqu'à effrayer. Un esprit de réforme a pris faveur dans la plupart des familles, et là où on aimait à rire de soi-disant scrupules surannés, on craint aujourd'hui de se compromettre avec la conscience publique et de scandaliser. Enfin, si l'urgence et la nécessité condamnent à un travail professionnel, on veut du moins y être autorisé par le pouvoir compétent. Il me serait facile de citer à cet égard un grand nombre d'exemples. Je me bornerai à un seul. L'automne dernier, la ville faisait construire un aqueduc sous les rues de Saint-Porchaire et des Basses-Treilles. Il fallait ouvrir une tranchée profonde qui pouvait faire courir des risques soit aux bâtiments voisins, soit aux passants de nuit. Il y avait évidemment urgence à presser l'exécution de ces travaux, et aussi à les continuer même le Dimanche. Eh bien ! Messieurs, vous apprendrez avec bonheur que Monsieur le Maire de Poitiers alla lui-même demander préalablement à Monsieur le Curé de Saint-Porchaire la permission de faire continuer les travaux le Dimanche. Cet exemple de haut respect pour la loi divine a produit les plus heureux effets.

L'Œuvre de la sanctification du Dimanche a donc opéré dans notre cité depuis cinq ans tout ce qu'on pouvait raisonnablement en attendre. Le reste sera le résultat du temps et de votre zèle patient et persévérant.

Mais comment avons-nous recueilli de tels succès ? Par l'action incessante de votre Comité, Messieurs, et par l'heureux concours des six Comités de dames dont le zèle et le dévouement sont vraiment au-dessus de tout éloge. En effet, les membres de votre Bureau n'ont cessé de se réunir périodiquement chaque année pour mettre en œuvre tous les moyens que leur foi et leur dévouement pouvaient leur suggérer. Et je dois dire que chaque fois que j'ai eu l'honneur de les présider, mon cœur a bondi de joie en retrouvant chez eux les plus nobles inspirations de la foi chrétienne et les plus beaux élans du zèle sacerdotal.

Les Comités de dames n'ont pas cessé pareillement de se réunir plusieurs fois chaque année ; et c'est à leur action vive et pressante, il faut bien le dire, que nous devons attribuer la plus grande partie des résultats obtenus. Ces dames se sont chargées avec un généreux désintéressement de la mission la plus délicate et la plus difficile, celle d'atteindre directement les infracteurs de la loi, et de les déterminer par des voies de douceur et de persuasion à abandonner les tristes calculs d'un insatiable intérêt et à se placer eux et leurs familles sous la salutaire protection de la loi divine. Elles ont réussi même au-delà de leurs espérances et des nôtres. Que DIEU leur rende au centuple ce qu'elles ont si heureusement entrepris pour sa gloire !

L'Œuvre a donc fructifié à Poitiers, parce qu'on l'a embrassée et soutenue avec zèle et persévérance. En est-il ainsi du reste du diocèse ? Hélas ! non, Messieurs ; et c'est ici l'objet de nos regrets amers et de nos plus douloureuses préoccupations. Nous vous avons convoqué pour vous signaler de graves scandales. Nous ne voulons pas vous laisser partir sans avoir sollicité de votre esprit si élevé et de votre cœur si chrétien les moyens de les faire disparaître.

Le diocèse se divise naturellement en deux catégories principales : les villes et les bourgs, d'une part ; les campagnes, de l'autre.

Or, si l'on excepte les contrées éminemment religieuses, où le travail du Dimanche est grâce à DIEU totalement inconnu, et un certain nombre de paroisses privilégiées où le zèle du pasteur joint à l'activité de quelques pieux fidèles a comprimé ou étouffé le scandale du travail du Dimanche, on peut dire que partout ailleurs le jour du Seigneur est profané comme par le passé d'une façon lamentable et révoltante. En effet, dans les bourgs, beaucoup travaillent dans l'atelier, du moins jusqu'à la grand'messe. Dans les villes, les commerçants continuent sans interruption leurs affaires, et restent par là étrangers à tous les exercices du culte divin. Dans les campagnes, c'est encore pis. Les malheureux cultivateurs, entraînés par l'amour effréné du gain, voulant, à quelque prix que ce soit, faire leur petite fortune, acheter des champs ou payer leurs fermes qu'ils ont louées trop cher, en sont venus à faucher l'herbe, à couper le blé, à faire les vendanges, à transporter les engrais dans les champs et même dans quelques endroits à piocher et à labourer la terre, le Dimanche à l'égal des autres jours.

Il m'est arrivé, en parcourant une de nos vallées, le Dimanche. de rencontrer une famille tout entière occupée à faire les semailles. Touché de compassion de les voir ainsi sans inquiétude commettre leur conscience et compromettre leur salut, je demandai aux femmes et aux enfants de suspendre leurs travaux du moins pendant une heure et de me suivre à l'église paroissiale où j'allais célébrer la sainte messe. Tous se prirent à sourire et me dirent qu'ils n'avaient pas le temps.

Dans une autre circonstance, j'eus la pensée de monter au haut d'un clocher le Dimanche pour jeter un coup d'œil sur les plaines qui m'entouraient. Eh bien ! j'eus la douleur d'apercevoir de tous côtés dans les champs ceux que j'aurais dû rencontrer à l'église et qui y avaient laissé par leur absence un vide effrayant.

Je m'étais plu à croire pendant quelque temps que les scandales dont je viens de vous parler étaient très-rares, exceptionnels. Mais, hélas ! j'ai acquis la certitude qu'ils se généralisent de jour en jour. En effet aux gémissements des pasteurs à cet égard je puis ajouter ceux d'un grand nombre d'hommes sincèrement chrétiens et de presque toutes les dames composant les Comités de notre ville qui sont chaque année révoltés, pendant la belle saison, de tous les travaux qu'on exécute sous leurs yeux dans les différentes parties de notre diocèse.

Je dois surtout signaler ici à votre juste indignation un calcul d'intérêt, que j'appellerai justement satanique, de la part de ces entrepreneurs des machines à battre le blé, qui spéculent d'une manière indigne sur l'empressement et la cupidité de nos agriculteurs pour réclamer leurs services.

« Je veux », disent à un fermier ces industriels, « que ma machine me rapporte vingt francs par jour, même le Dimanche. Voyez, vous êtes libre de ne pas vous en servir le Dimanche ; mais vous me paierez vingt francs pour ce jour-là comme pour les autres. » Le malheureux hésite, et bientôt il s'effraie de payer ainsi vingt francs le repos de cette machine. Il se persuade qu'il y a nécessité, que les lois de l'Église n'obligent pas sous une si grande perte. Bref, il convoque ses domestiques et ses voisins, et il met la machine en mouvement. Or, vous savez qu'il faut bien autour de la machine de vingt à trente hommes depuis l'aube du jour jusqu'à neuf heures du soir. Le bruit de la machine retentit à toutes les extrémités de la paroisse. Chacun dit : « Puisque mon voisin, qui est un honnête homme, s'en sert aujourd'hui, je m'en servirai Dimanche prochain. » Ainsi de ferme en ferme la machine ira fonctionner par toute la paroisse jusqu'à ce qu'il n'y ait plus un épi de blé à battre.

Encore ce n'est pas tout. Il y a quelque chose de pire : ce ne sont pas seulement les paysans, qui gagnent leur pain à la sueur de leur front, qui reculent devant cette perte de vingt francs. Ce sont des propriétaires, des hommes qui jouissent d'une certaine fortune. Nous en connaissons plus d'un dans le diocèse qui n'ont pas rougi de donner au peuple cet exemple de sordide avarice et de honteuse dépravation.

Quand les choses en sont venues à ce point, il faut que quiconque a une goutte de sang chrétien dans les veines emploie toute son énergie à détruire de pareils scandales. Sinon, il n'y aurait plus qu'à se voiler la tête en attendant les terribles fléaux qu'enverrait tôt ou tard la Justice divine pour venger l'honneur de ses lois si lâchement transgressées. »

Ce Rapport, mieux encore que les précédents, nous fait voir M. de Larnay, nous le fait entendre, nous fait vivre avec lui, nous ouvre son cœur, met son âme tout entière à découvert devant nous.

Les Rapports des années suivantes ne se sont pas trouvés dans ses papiers. Mais nous ne pouvons pas douter que cette Œuvre de la sanctification du Dimanche n'ait excité sa sollicitude, son zèle, ses efforts jusqu'au dernier jour de sa vie.

On en peut juger par la peine qu'il se donna pour le fait particulier de la tenue du marché de Notre-Dame aux jours de Dimanches et de Fêtes.

Il renouvela à cet égard auprès des Comités de dames l'instance la plus pressante de répandre et de faire partout répandre, comme c'était la vérité :

« Que le vœu de la partie saine de la population était que le marché de la place Notre-Dame fût limité quant à la durée, les Dimanches ainsi que les jours de Fêtes autorisées, et fût terminé ces jours-là à neuf heures. »

M. le Maire paraissant tout disposé à se rendre sur ce point au vœu qui lui en serait exprimé, il reçut la lettre suivante, dont il n'est pas besoin de nommer l'auteur :

« Monsieur le Maire,

« Plusieurs dames de toutes les paroisses de Poitiers, qui s'intéressent vivement à la sanctification du Dimanche, viennent vous prier de recevoir l'expression de leur profonde reconnaissance pour tout ce que vous avez bien voulu faire déjà en faveur de cette Œuvre tout à la fois religieuse et sociale.

« Encouragées par le bien que vous avez obtenu et par l'accueil bienveillant que vous faites à ceux qui vous offrent le moyen d'en faire davantage, ces dames viennent vous demander de fixer de nouveau à neuf heures la cessation du marché les Dimanches et jours fériés. Elles savent que cette mesure, déjà prise sous votre administration, s'est modifiée peu à peu, et elles voient avec peine qu'on est arrivé jusqu'à onze heures, ce qui gêne les offices de Notre-Dame et met en souffrance l'édification des fidèles.

« Ces dames soumettent en toute confiance leur désir à votre sage appréciation. Elles ne veulent que la gloire de DIEU et le bien de la société. Vous accueillerez donc favorablement leur demande. »

Et il en fut ainsi tout d'abord, comme l'atteste la lettre suivante que M. le Curé de Notre-Dame écrivit à M. de Larnay le 29 avril 1859 :

« Monsieur et cher Confrère,

« La pétition des dames des Comités paroissiaux pour la sanctification du Dimanche a eu pour résultat de faire terminer le marché, depuis trois Dimanches consécutifs, à neuf heures très-précises. »

La sage mesure administrative ne tint pas longtemps. Le zèle de M. de Larnay persista, témoin cette lettre qui fut adressée à M. le Maire, le 8 septembre 1860 :

« Monsieur le Maire,

« Permettez à plusieurs personnes qui vous veulent tout le bien possible, et qui seraient heureuses qu'on pût attacher à votre nom les plus honorables souvenirs, de vous faire ici une demande instante et presque une prière.

« Nous allons avoir bientôt à Poitiers deux marchés couverts et par conséquent *fermant à clef*. Est-ce qu'il ne vous serait pas très-facile de réglementer leur fermeture, les Dimanches et Fêtes, de telle sorte qu'il n'y ait plus ni acheteurs ni vendeurs à dix heures précises? Toute la partie saine de la population applaudirait à cette sage mesure et serait heureuse de vous offrir ensuite son concours empressé pour les différentes œuvres que vous auriez la pensée d'entreprendre.

« Vous avez déjà acquis l'estime, les années précédentes, pour les réformes que vous avez commencées à cet égard. Nous vous élèverions dans nos cœurs un monument de reconnaissance si vous acheviez de couronner nos vœux sur ce point.

« Agréez, etc. »

Il faut dire que cette lettre n'était point signée, non plus que celle-ci, adressée à un particulier, le 24 août 1860 :

« Monsieur,

« Permettez à quelques personnes qui vous veulent tout le bien possible, et qui seraient désolées de vous faire la moindre peine, de vous dire ici que tout le quartier est profondément affligé de voir qu'on travaille *tous les Dimanches* à la construction de votre maison depuis fort long-temps. Est-ce qu'il ne vous serait pas possible de donner des ordres à votre entrepreneur ou à vos ouvriers pour faire cesser cet énorme scandale ?

« Nous vous conjurons, Monsieur, de prendre en bonne part la prière que nous vous adressons. »

Il y avait peut-être plus de zèle que de discrétion dans cette manière d'agir. Mais ce qui en ressort, comme de tout ce que nous avons exposé de l'établissement et de la marche de l'Œuvre de la sanctification du Dimanche dans le diocèse de Poitiers, c'est que des résultats précieux ont été obtenus, lesquels aussi ont été solides et durables sur beaucoup de points, notamment à Poitiers, dans les riches quartiers commerçants, où la fermeture d'un grand nombre de magasins date de l'époque de ce changement opéré dans les esprits, introduit dans les habitudes par les efforts persévérants de M. de Larnay pendant les neuf dernières années de sa vie.

Nous ne croyons pas pouvoir mieux conclure cette matière qu'en citant et en appliquant à M. de Larnay lui-même les belles paroles que le R. P. de Ravignan, applaudissant à l'Œuvre naissante de la sanctification du Dimanche, adressait, le 18 janvier 1847, au vénérable M. Gossin, si justement surnommé le Doyen des bonnes œuvres :

« Au milieu des soins accablants dont vous vous êtes si généreusement chargé, vous avez encore été conduit par DIEU même à chacune des pensées les plus utilement pratiques. La profanation du Dimanche est un fléau bien autrement alarmant que la disette ou la crise financière. Comment DIEU ne serait-il pas irrité contre nous, quand véritablement il est pour le peuple comme s'il n'était pas? Je ne crois pas en effet qu'on puisse trouver une expression plus réelle de l'athéisme pratique que la violation habituelle, publique et universelle du jour du Seigneur. Plus de culte alors, plus de religion, pratiquement plus de DIEU. Oh! soyez donc béni mille fois, au nom de l'Église de France, de vos saintes pensées! La prière, l'association prudente de quelques personnes s'engageant à observer le Dimanche, ce sont de précieux commencements qui conduisent à de grands résultats. De toute mon âme, je vous applaudis. » (*Vie du P. de Ravignan* par le P. Pontlevoy, c. 1, p. 390.)

Des résultats sérieux ont en effet suivi les précieux commencements de l'Œuvre de la sanctification du Dimanche dans le diocèse de Poitiers, et nous en rendons hommage, c'est justice, à la mémoire de M. de Larnay.

VI.

ŒUVRE DES LAMPES.

A cette Œuvre générale de la sanctification du Dimanche, qui nous rapproche de Dieu notre créateur et qui nous rend plus facile l'accomplissement de nos devoirs de chrétiens, nous voulons rattacher ici une Œuvre plus particulière, qui concerne le culte suprême que nous devons aussi au Fils de Dieu fait homme, Notre-Seigneur Jésus-Christ, résidant en personne, Dieu et homme, sous les espèces sacramentelles de l'adorable Eucharistie.

Nous voulons parler de l'*Œuvre des Lampes*, qui eut aussitôt les sympathies de M. de Larnay.

Notre-Seigneur est la vraie lumière qui éclaire tout homme venant en ce monde, et sa présence eucharistique au milieu de nous ne peut être mieux attestée que par une lumière toujours subsistante devant le divin Sacrement.

Le Souverain Pontife Pie IX a manifesté, à plusieurs reprises, et dans des conversations privées et dans des Brefs authentiques, combien il était affligé de voir Notre-Seigneur si délaissé au Sacrement de l'autel, et combien il souhaitait qu'il y eût, notamment en France, une Association en l'honneur du Saint-Sacrement.

Le Souverain Pontife a particulièrement désiré qu'on prît les moyens d'entretenir des lampes devant le Saint-Sacrement.

Aussi Sa Sainteté a-t-elle daigné accorder une double faveur à une pieuse personne qui, depuis longtemps, était préoccupée de la même pensée.

Mlle de Mauroy, étant à Rome, présenta une supplique au Pape pour obtenir la bénédiction apostolique en faveur de l'*Œuvre des Lampes du Saint-Sacrement.*

Sa Sainteté, en date du 12 juin 1853, a daigné écrire de sa propre main : *Benedicat Deus opus quod in precibus exponitur, quia valde desiderabile est:* Pius PP. IX. (Que Dieu bénisse l'œuvre qui est exposée dans la supplique, parce qu'elle est très-désirable.)

Monseigneur l'Archevêque de Paris s'empressa d'écrire au-dessous des paroles du Pape ces mots : « Nous adhérons de tout notre cœur aux désirs exprimés par Notre Très-Saint-Père le Pape Pie IX. † M.-D. Auguste, arch. de Paris. »

Quelque temps après, il fut adressé à Mlle de Mauroy un Bref apostolique, donné à Rome, à Saint-Pierre, sous l'anneau du Pêcheur, le 23 mars 1855, lequel accorde, dans la forme et aux conditions ordinaires, de précieuses indulgences à la

Confrérie de l'Œuvre des Lampes du Saint-Sacrement.

Ainsi encouragée et autorisée, Mlle de Mauroy revint à Paris et s'y occupa, avec une nouvelle ardeur, d'organiser une Association religieuse destinée à procurer gratuitement des lampes aux églises indigentes, et à exciter par tous les moyens, sous le patronage des Évêques, le zèle de tous en l'honneur de la divine Eucharistie.

L'Œuvre des Lampes, approuvée pleinement pour le diocèse de Paris, fut donc constituée.

Un Comité fut établi, composé d'un certain nombre de dames chrétiennes, et présidé, au nom de Monseigneur l'Archevêque, par Mgr de Ségur, Chanoine-Évêque de Saint-Denis.

Ce Comité eut à s'occuper de faire fabriquer, au moyen d'aumônes et de souscriptions, des lampes convenables qui seraient fournies gratuitement aux églises du diocèse qui en feraient la demande.

Cette première dépense de la lampe épargnée aux paroisses pauvres, il serait facile de pourvoir à son entretien perpétuel.

Dieu bénirait sans doute l'*Œuvre des Lampes du Saint-Sacrement*. Peu à peu, des Comités semblables à celui de Paris se formeraient dans chaque diocèse avec l'assentiment et le concours de l'autorité ecclésiastique, et le Comité central de Paris ferait son possible pour assister, en cas de besoin, les autres Comités diocésains.

Il en a été ainsi pour le diocèse de Poitiers, grâce au zèle de M. de Larnay, qui ne pouvait pas manquer de se prendre d'amour pour une Œuvre qui va si bien au cœur du prêtre.

Mlle de Mauroy lui écrivait le 3 janvier 1857 :

« Monsieur l'Abbé,

« Je réponds avec le plus grand plaisir à la lettre par laquelle vous exprimez le désir de fonder dans votre diocèse de Poitiers l'*Œuvre des Lampes du Très-Saint-Sacrement*. Vos bons désirs sont regardés comme d'heureux auspices pour cette Œuvre. »

Le 18 mars, Mgr de Ségur écrit à M. de Larnay :

« Permettez-moi de vous demander de faire connaître aux ecclésiastiques de votre diocèse avec qui vous entretenez des relations, et que vous savez exercer une certaine influence, notre *Œuvre des Lampes*, et plus encore l'importance et la nécessité du luminaire eucharistique. Croyez à ma reconnaissance pour ce que vous voudrez bien faire dans cette circonstance. »

Ces paroles furent accueillies avec un vrai bonheur par l'âme toute sacerdotale de M. de Larnay.

Nous regrettons de n'avoir pu retrouver les lettres qu'il écrivit soit à Mgr de Ségur, soit à Mlle de Mauroy.

Celle-ci lui répondait le 20 juin :

« Puisque vous avez le désir de vous occuper de cette Œuvre dans votre diocèse, le Comité de Paris sera charmé de se mettre en rapport avec vous. J'espère que nous aurons le bonheur de vous voir à Paris pour que nous puissions compléter les renseignements que je vous donne ici. Le Comité sera heureux de voir un aussi zélé correspondant que vous voulez bien l'être... Je remercie le Seigneur de vous avoir inspiré tant de zèle. »

Le 3 juillet, Mlle de Mauroy écrit à M. de Larnay :

« M. l'abbé L... m'a dit tout l'intérêt que vous portez à notre chère Œuvre. C'est pourquoi je n'ai plus balancé à vous envoyer ces trois lampes que nous serons heureux de vous offrir afin que vous puissiez commencer l'Œuvre à Poitiers.

« Le désir que m'a manifesté le Souverain Pontife est qu'une lampe au moins brûle nuit et jour devant le Saint des Saints. Son Bref est pour m'encourager à former des Associations dans les paroisses pauvres pour fournir l'huile nécessaire. Vos idées sur ce point sont parfaitement d'accord avec l'intention de Sa Sainteté. Votre pensée de la proposer à vos bons Curés pendant la Retraite est le seul moyen de réussir. Mais, pour nous venir en aide, il faudrait former une Association de personnes du monde qui par leurs offrandes viendraient en faciliter les moyens. »

Monseigneur l'Évêque de Poitiers, suivant la pensée de M. de Larnay, annonça publiquement à ses prêtres, à la retraite qui s'ouvrait le 7 juillet, que, par l'entremise et les soins de M. de Larnay, ils pourraient obtenir gratuitement une lampe pour placer devant le Saint-Sacrement, à la condition qu'elle serait toujours allumée.

M. de Larnay crut devoir rédiger la Circulaire que voici :

« Monsieur et bien cher Confrère,

« Je tiens à votre disposition une belle lampe pour votre église, *quand vous serez venu signer à Poitiers sur mon registre la déclaration suivante :*

« Je, soussigné, etc., n'ayant aucune lampe ni aucune lumière entretenue devant le Saint-Sacrement dans mon église, m'engage rigoureusement et par conséquent *en conscience*, en mon nom et au nom de mes successeurs, à faire entretenir nuit et jour dans mon église une lampe allumée devant le Saint-Sacrement, à condition que M. le Directeur diocésain de l'Œuvre des Lampes devant le Saint-Sacrement me fasse don de ladite lampe. Comme aussi je prends l'engagement, en mon nom et au nom de mes successeurs ainsi que de la Fabrique, de la lui faire remettre, si, par quelque événement indépendant de la bonne volonté, nous nous trouvions, moi ou mes successeurs, après six mois de tentatives inutiles, dans l'impossibilité de la conserver allumée nuit et jour. »

Cette lettre, que M. de Larnay communiqua en toute simplicité au Comité de Paris, lui valut la réponse suivante, que lui adressa Mlle de Mauroy, le 6 août :

« Mgr de Ségur, qui sait si bien apprécier votre zèle pour notre Œuvre, trouve cependant un peu rigoureuse la forme de l'engagement que vous voulez exiger de MM. les Curés.

« La dissertation en dit assez, ce semble, par ces paroles : *pas de lampe, pas de Saint-Sacrement !* C'est une question de bonne foi et de foi vive. Ne leur demandons pas davantage.

« Toutefois, Monsieur l'Abbé, nous sommes bien touchés des sentiments que vous nous exprimez. »

La confiance de M. de Larnay dans le Comité de Paris, était entière, et cette réponse, qu'il avait franchement provoquée, ne ralentit en rien son ardeur.

Il s'en trouva parfaitement récompensé par cette lettre que lui écrivit Mgr de Ségur, le 1ᵉʳ février 1858 :

« Cher Monsieur le Chanoine,

« J'ai la joie de vous annoncer que vingt lampes vous sont octroyées pour le diocèse de Poitiers, mais à condition que vous continuerez à vous donner de tout votre cœur à cette pieuse croisade contre les ténèbres extérieures et que l'Œuvre des Lampes prospérera dans tout le diocèse. »

Le même jour, Mlle de Mauroy écrivait à M. de Larnay cette intéressante lettre :

« J'ai été heureux de faire part, et verbalement, au Saint-Père, du zèle de Monseigneur et du vôtre pour l'Œuvre des Lampes.

« En apprenant que l'Œuvre vous en a déjà envoyé quinze, le Saint-Père a dit : *Mais c'est beaucoup, mais c'est beaucoup !*

« Que dirait-il donc aujourd'hui que nous vous en adressons vingt, sinon que votre zèle croît avec l'Œuvre elle-même ? Que ne m'est-il donné de faire pénétrer dans tous les cœurs, dans tous les esprits, et surtout des prêtres, les désirs ardents du Saint-Père à l'égard de la lampe devant le Saint-Sacrement !

« Il me serait difficile de vous décrire la douleur qu'il éprouve quand il apprend qu'on manque à ce devoir, et le bonheur qu'il exprime quand on l'observe. Cette scène ne s'est traduite que par des larmes. »

Nous avons tenu à reproduire ces détails, aimant à penser qu'on ne les lira pas sans se sentir plus de zèle pour procurer en tous lieux l'entretien de la lampe devant le Saint-Sacrement.

M. de Larnay avait donc su obtenir gratuitement du Comité de Paris jusqu'à trente-cinq lampes, qu'il ne lui fut pas difficile de placer dans le diocèse, où les églises pauvres sont assez nombreuses, comme on sait, sans que nous ayons à en chercher ou à en dire les causes.

Ces trente-cinq lampes ne suffisaient pas aux besoins. M. de Larnay avait cru pouvoir promettre au Comité de Paris que l'envoi de tant de lampes à la fois exciterait un élan dans les paroisses, et que le but de l'Œuvre serait atteint par l'établissement spontané de nouvelles lampes dues à la sollicitude des pasteurs et à la foi ravivée des fidèles.

Le mouvement ne répondit point aux espérances de M. de Larnay, qui néanmoins, se voyant sollicité pour de très-pauvres paroisses, s'adressa courageusement au Comité, duquel il ne put pas obtenir d'autres lampes.

Il en eut de la peine, sans s'étonner que les nouvelles demandes n'eussent pas été accueillies, ne pouvant oublier la confiante générosité du Comité à l'égard du diocèse.

Il s'employa donc désormais à stimuler en toute occasion le zèle de ses confrères pour un acte de religion qu'il avait tant à cœur. Ce fut, nous pouvons le dire, un des grands soucis de ses dernières années.

Du reste, l'Œuvre des Lampes a continué après sa mort, et plusieurs autres lampes ont été accordées par le Comité de Paris et envoyées à de pauvres églises du diocèse.

VII.

LA CHARGE DE MAITRE DES CÉRÉMONIES. LA CHARGE DE THÉOLOGAL.

M. de Larnay avait une foi trop vive et une âme trop sensible pour ne pas prendre un intérêt tout particulier au Culte divin.

Le zèle de la Maison de DIEU dévorait son âme. Il était heureux de voir les saints offices s'accomplir dignement. Aussi n'a-t-il rien négligé pour bien remplir la charge de Maître des cérémonies de la cathédrale, que Mgr Guitton lui confia, le 21 janvier 1846.

Il faut dire qu'il n'avait aucunement désiré cette charge, dans laquelle il voyait d'une part une responsabilité qui alarmait sa conscience, et d'autre part un assujettissement qui devait gêner ses Œuvres.

C'est pourquoi la communication que lui en fit le Vicaire-général, M. de Rochemonteix, lui fit de la peine ; et il ne se retint pas d'exprimer ses sentiments dans une lettre à son Évêque, où l'on voit comment il traitait sérieusement toute chose, voulant avant tout son salut, et le croyant attaché au travail de la sanctification des âmes par les Œuvres de charité.

Ses respectueuses observations n'ayant pas été accueillies, il se soumit, et, devenu Maître des cérémonies, il s'efforça du moins de remplir les obligations de cette charge telles qu'il les comprenait.

Comme il aimait en tout l'ordre, la règle, l'unité, il se persuadait à juste titre que le Culte, livré à l'arbitraire, en descendant au niveau des petites conceptions individuelles, manquerait tout à la fois de dignité et de sûreté, et ne répondrait plus bientôt ni à la grandeur de son objet, ni à la sainteté de son but. La fidélité et l'exactitude qu'il y apportait scrupuleusement lui-même, il ne se croyait pas permis de ne pas la demander aux autres. Il observait donc la tenue générale et particulière du clergé non moins que des fidèles, et, nouveau Bourdoise, tout entier à la chose, il avertissait sans égard à la personne. Il fallait que la règle eût raison. Le Souverain Pontife lui-même dans les fonctions sacrées ne sait qu'obéir au Maître des cérémonies.

Ainsi M. de Larnay, en observant et en avertissant, restait dans son droit et dans son devoir. Mais, à cause de l'infirmité de notre nature, il n'était pas pas toujours compris ni goûté. Lui-même parfois se lassait à la peine et ne se sentait plus la même ardeur pour maintenir les prescriptions et les usages du Culte divin.

Sa charge lui attira d'autre part un travail auquel il ne s'attendait pas. Voici comment il s'en est expliqué : « Je fus chargé par Mgr Guitton de publier un *Cérémonial pour le diocèse*. Je le fis avec une grande répugnance, pensant qu'avant peu la liturgie romaine serait rétablie dans notre diocèse, et qu'ainsi tout mon travail serait perdu. Toutefois, enchaîné à mon Évêque par l'amitié encore plus que par l'obéissance, je publiai un gros volume qui a été le tourment de mon esprit pendant près de deux ans. »

Ce volume parut à la fin de 1847. Il était le résultat de nombreuses séances d'une Commission nommée à cet effet par Mgr Guitton. Mais M. de Larnay avait eu tout le poids de la rédaction.

Le Mandement épiscopal, en date du 24 juillet, déclare que le travail a été heureusement accompli, et que la notification qui en est faite a pour but d'en rendre l'exécution obligatoire dans toutes les églises du diocèse.

Le vénérable Prélat a eu soin d'ajouter : « Nous sommes bien loin de vouloir par cet acte préjuger en quoi que ce soit l'une des plus graves questions de liturgie dont les esprits se soient occupés de nos jours ; mais, en laissant à la divine Providence le soin de la résoudre parmi nous, Nous n'en avons pas moins senti que l'uniformité dans la célébration de l'Office divin était un bien réel et même indispensable. »

Ces paroles, il nous semble, doivent être regardées comme une réponse suffisante aux critiques qui se sont arrêtées en cette matière à la personnalité de M. de Larnay.

La question liturgique n'était pas alors parfaitement éclaircie en France, bien qu'une grande lumière y eût été jetée par les doctes écrits de l'illustre abbé de Solesmes dont la mémoire est désormais si chère à l'Église. La solution pratique surtout ne se présentait pas encore. Il a été donné, sept ans plus tard, au digne successeur de Mgr Guitton de surmonter toutes les difficultés, et de faire enfin rentrer le diocèse de saint Hilaire dans l'unité de la liturgie romaine.

M. de Larnay n'était pas resté insensible ni indifférent à ce retour. Il avait suivi avec le plus vif intérêt le mouvement liturgique qui s'opérait en France. Il avait eu à cœur de se procurer des ouvrages importants sur la matière, notamment le Recueil des Décisions de la Congrégation des Rites de Gardellini et la collection des *Analecta*.

Lorsque la mort eut subitement arrêté, en cours de tournée pastorale, le 7 mai 1849, la vie de Mgr Guitton, au presbytère de Notre-Dame de Niort, M. de Larnay déploya pieusement son activité aux obsèques du regretté Prélat, qui furent célébrées dans l'église cathédrale avec une grande solennité et un ordre parfait.

M. de Larnay savait prévoir, régler, mettre à

exécution. Il se faisait un devoir d'entrer dans les moindres détails.

Il prit la peine, lors du premier synode de Poitiers, qui fut célébré avec pompe à la cathédrale, les 6, 7 et 8 octobre 1852, de transcrire du Cérémonial des Évêques, pour le faire mieux observer, tout l'ordre des trois journées.

Nommé par Mgr Pie, le 18 octobre de cette année, membre du Conseil de Fabrique de la cathédrale, il y apporta son assiduité, son initiative et son zèle, qui furent souvent pour lui des sources de chagrin, parce que la modicité des ressources ne permettait pas de donner au Culte la splendeur que sa foi lui faisait concevoir et désirer.

Néanmoins, il s'employait avec empressement dans toutes les attributions de Maître des cérémonies. Les grands jours de fête le réjouissaient, malgré le tracas qu'ils lui donnaient.

Le rite romain, qui venait d'être heureusement rétabli dans le diocèse de Poitiers, en 1854, n'autorisant que deux reposoirs dans le parcours des processions de la Fête-Dieu, M. de Larnay fut chargé par Mgr Pie de leur donner un plus grand développement.

Rien ne pouvait être plus agréable au digne prêtre.

Fidèle à ses habitudes d'organisation, il forma un Comité composé de laïques pieux et intelligents, saisissant toujours les occasions d'étendre ou d'entretenir l'amour de la Religion. Chaque année, deux membres du Comité, habiles dessinateurs, faisaient les plans des reposoirs et les soumettaient à M. de Larnay, qui les adoptait tels ou les faisait modifier, et arrêtait les emplacements où on aurait à les dresser.

On fit une quête générale, la première année. Puis les six paroisses se cotisèrent pour une certaine somme. Les dons arrivèrent aussi, et l'on eut un fonds de matériel très-considérable. On trouvait d'ailleurs dans les Communautés des mains habiles et promptes pour les décorations et ornements.

Un membre du Comité, véritable architecte, dirigeait les travaux des charpentiers ; un second était chargé des décorations ; un troisième s'occupait de tout le détail. Tous les autres se laissaient commander. Chacun restait fidèle à son emploi, et la ruche travaillait dans la plus parfaite harmonie sous la direction générale du bon abbé de Larnay qui était excellent pour tous et qui se rendait de la meilleure grâce du monde aux observations fondées qu'on lui présentait.

Après la procession, quand les reposoirs étaient défaits, M. de Larnay mettait en ordre les notes de dépenses et les joignait aux plans. Le tout était déposé dans un carton spécial. On avait ainsi des points de comparaison pour modifier et changer les reposoirs des années suivantes. La perte de ce carton est regrettable. Le matériel considérable que

M. de Larnay était parvenu à amasser d'année en année ne s'est pas non plus conservé après lui.

En même temps que sa personne, M. de Larnay consacrait, dans une notable mesure, ses ressources au Culte divin.

L'église cathédrale lui doit l'orgue de chœur, et il a payé pendant six ans la rétribution de l'organiste et du souffleur. Il a, durant un assez long temps, donné un repas tous les jours au prêtre qui faisait les fonctions de diacre aux messes de la semaine.

Il avait promis, dans le cas où on réédifierait le clocher, de faire les frais d'une sonnerie de quatre cloches.

C'est lui qui a donné le banc-d'œuvre et divers accessoires. La garniture de l'ancien trône épiscopal en velours rouge cramoisi avec galons à crépines d'or est également due à sa libéralité.

Mais c'est aussi à M. de Larnay qu'on doit ces *tambours*, mis aux portes latérales, qui ont fait assez de bruit pendant quelque temps sous la plume d'un historien de la cathédrale, et desquels un pieux fidèle, auteur d'un grand et remarquable ouvrage sur l'Art chrétien, a dit que, « s'ils provoquaient la critique au point de vue de l'art, ils préservaient du moins des rhumes et fixaient dans l'église les auditeurs, désormais tranquilles pour leur santé ». « C'était », ajoute le même, « le succès d'une station dont M. de Larnay avait attiré le prédicateur, qu'il hébergeait souvent lui-même. »

M. de Larnay tirait volontiers cette conséquence de la charge de Théologal du Chapitre, qui lui avait été confiée, le 25 octobre 1846.

Pendant les seize années qui se sont écoulées depuis, il s'est appliqué à procurer à la Cathédrale les meilleurs prédicateurs pour les stations de l'Avent et du Carême et aussi pour les Fêtes.

Pour ces dernières prédications, il ne manquait pas, quelques jours à l'avance, d'avertir, comme il disait, « par une lettre de rappel qui ne demandait pas de réponse », le prêtre qui avait accepté de prêcher. Lorsque, malgré ses précautions, le prédicateur faisait défaut, il s'exécutait lui-même, comptant sur l'assistance de Dieu qu'il n'avait pas tenté et se soutenant par la conscience du devoir accompli.

C'est par ce sentiment qu'il se tenait pour obligé à parler dans les cérémonies d'installation de Religieuses. Il s'exprimait d'une voix accentuée, avec une émotion qui se communiquait à l'auditoire. Du reste, il ne négligeait pas, en cette occasion, l'à-propos du compliment pour assurer le succès de l'œuvre en encourageant la bonne volonté par un éloge qui était un acte de justice.

Ces discours ou plutôt ces allocutions lui allaient mieux que les grands sermons qui n'étaient point dans son caractère. Il parlait du cœur et s'inspirait de la circonstance.

Il se trouvait, un jour de dimanche, dans une petite paroisse de la Vendée, qui était privée de prêtre depuis la Révolution, et qui était annexée à une paroisse voisine. La population, qui ne s'accommodait pas du service d'un prêtre voisin qu'elle ne voulait pas regarder comme un pasteur, vivait loin de Dieu, et la plupart ne remplissaient pas leurs devoirs de chrétiens. M. de Larnay, touché d'un tel état de choses, voulut être, ce jour-là, le pasteur de cette pauvre paroisse et y dire la messe. La nouvelle s'en étant aussitôt répandue, l'église se remplit, et M. de Larnay fit le prône avec tant d'âme et tant d'onction que plusieurs dans l'auditoire furent pénétrés jusqu'aux larmes.

Nous le voyons, en 1842, accepter de prêcher dans la paroisse de Cissé, qui avait alors le bonheur d'être administrée par M. Boulanger. « Cet excellent pasteur », dit M. de Larnay, « voulait une mission. Il s'adressa à moi ainsi qu'à mon vertueux frère ; notre cœur lui était enchaîné ; nous volâmes à son secours. »

Voilà bien dans quelles circonstances il aimait à prêcher.

Le curé d'une grande paroisse lui écrivait en 1855 :

« Si vous ne pouvez, à cause de votre santé, prêcher le Carême tout entier, daignez nous accorder deux de vos bonnes instructions pendant chacune des trois semaines qui précèdent le dimanche de la Passion. Je suis persuadé que vous procurerez le salut de bien des âmes et que Celui pour qui vous travaillerez vous récompensera au centuple. Un jubilé prêché par M. de Larnay avec sa parole animée sous les auspices de MARIE obtiendrait un succès complet. Je serai personnellement heureux et pour le bien que vous ferez à mes paroissiens et pour le bonheur que me procurera votre présence. »

M. de Larnay résista à une si pressante invitation. Il craignit d'être obligé là à quelques sermons plus étudiés, dont la préparation lui aurait demandé un temps que ses Œuvres réclamaient impérieusement.

Ses Œuvres, elles s'étaient multipliées comme nous avons vu, et elles ne s'étaient point succédé ; mais elles s'étaient ajoutées les unes aux autres : Réunions de jeunes gens, Propagation de la Foi, Églises pauvres, Bon-Pasteur, Rosaire vivant, Cabinet de lecture, Écoles religieuses, Retraites des vieillards, Cercle catholique, Sanctification du Dimanche, Lampes du Saint-Sacrement.

CINQUIÈME PARTIE

L'ŒUVRE DE LARNAY, ET INCIDEMMENT LA FONDATION DU CARMEL DE NIORT.

I.

LES PREMIÈRES SUPÉRIEURES A PONT-ACHARD.

Par-dessus tout, l'Œuvre de M. de Larnay, son Œuvre de tous les jours, ce fut l'*Œuvre de Larnay*, l'Œuvre de l'éducation des sourdes-muettes et des jeunes aveugles.

Le nom et la mémoire de M. de Larnay sont attachés à jamais à cette Œuvre, comme à sa terre qu'il lui a consacrée.

Nous avons dit, plus haut, comment il fut engagé dans cette œuvre, par la désignation spontanée de Mgr de Bouillé, dès l'année 1833. Nous avons raconté ses vives impressions et les premiers élans de sa charité pour le soulagement d'une si grande infortune. Nous l'avons vu se faire écolier sous la direction de ma Sœur Marie-Victoire pour apprendre les signes, afin de pouvoir se mettre en communication directe avec les chères enfants.

Le P. Dalin, nommé Supérieur-général des Pères de la Compagnie de MARIE et par conséquent des Filles de la Sagesse après le P. Deshayes, qui était mort le 28 décembre 1841, avait livré en toute confiance les sourdes-muettes de Pont-Achard à la sollicitude de M. de Larnay qu'il avait connu et apprécié au Séminaire de Saint-Sulpice.

L'Établissement de Pont-Achard pouvait être considéré comme tout à fait fondé désormais. Ma Sœur Marie-Victoire en était toujours la Supérieure. On lui avait adjoint successivement pour la classe mes Sœurs Sainte-Sophie, Angélique de Saint-Bernard, Anne-Marie, Saint-Gérault, Sainte-Célestine, Saint-Emery, Saint-Patient, Sainte-Louise, Saint-Gélase et Marie-Léoncie.

La Maison prenant toujours plus d'importance, mes Sœurs Sainte-Sophie, Saint-Gérault et Saint-Emery restèrent ensemble avec ma Sœur Marie-Victoire.

Celle-ci, au mois de mai 1842, fut appelée à Saint-Laurent pour le Chapitre général et envoyée comme Supérieure à la Maison des aliénés de Cadillac. Son départ fut un chagrin pour M. de Larnay, qui avait été son docile écolier.

Ma Sœur Marie-Victoire fut remplacée par ma Sœur Liduwine, qui était Supérieure à Châtellerault, et qui ne resta à Pont-Achard que jusqu'au mois de septembre 1845.

La Provinciale de Poitiers, ma Sœur Hermance-Joseph, vint alors se fixer dans la Maison pendant près de trois mois, jusqu'au 30 novembre, que ma Sœur Saint-Emery, qui était à Pont-Achard depuis 1839, en fut nommée Supérieure.

Il ne peut pas entrer dans notre pensée de faire l'éloge de cette chère Sœur qui est encore de ce monde. Mais il nous est permis de dire qu'elle a toujours possédé l'entière confiance de M. de Larnay qui la consultait simplement et se rendait souvent à son avis. On nous permettra également d'ajouter que la chère Sœur est encore Supérieure du vaste Établissement de Larnay. Nous croyons enfin pouvoir et devoir déclarer ici que c'est elle qui, par ses instances réitérées, a su vaincre nos hésitations et nous déterminer à faire ce travail de la Vie de M. de Larnay, en quoi nous nous réjouissons d'avoir trouvé l'occasion et le moyen de montrer à cette chère Sœur que nous sommes bien à son égard dans les mêmes sentiments que M. de Larnay. Mais assez sans doute là-dessus.

II.

LA DISTRIBUTION DES PRIX ET LE DISCOURS DE M. DE LARNAY.

M. de Larnay lui-même nous donne l'exemple de la réserve dans les éloges, lorsque, dans le discours prononcé à la distribution des prix des sourdes-muettes, après avoir rendu grâces à la Religion, qui ouvre un asile à ces infortunées ; à Mgr Guitton, qui adopta cette famille comme la sienne ; aux Magistrats, qui, établis de Dieu au-dessus des peuples pour être l'emblème de la Providence, remplissent ici leur sublime mission en entourant l'Établissement de leur bienveillance, en le protégeant de leur autorité, en l'enrichissant de leurs largesses ; il termine par ces paroles : « J'allais dire grâces surtout à vous, mes Sœurs, qui, après Dieu, avez sauvé ces pauvres enfants à force de courage, de douceur, de patience et de zèle. Mais la modestie vous a placées trop loin de nos éloges pour qu'ils puissent vous atteindre. Nous laisserons ce soin à Dieu, et vous n'y perdrez pas. Car nos louanges sont rapides, elles passent comme le temps ; mais les siennes demeurent, elles sont éternelles. »

C'est le 14 juin 1843 qu'eut lieu cette distribution de prix, qui se fit solennellement sous la présidence de Monseigneur l'Evêque, assisté des principaux membres de son clergé, en présence des premiers magistrats et notables de la cité, et devant un public nombreux.

Le discours que M. de Larnay prononça en cette circonstance est un exposé historique et philosophique sur l'éducation des sourds-muets. Il fut écouté avec un vif intérêt, et plusieurs fois il excita un attendrissement général. On aimait à se rendre compte avec lui du développement intellectuel du sourd-muet qui, ne voyant que le signe qu'il perçoit par les yeux, arrive à exprimer des pensées telles que celles-ci : La reconnaissance est la mémoire du cœur. — L'espérance est la pensée de l'imagination. — La pensée éclôt ou sur la tige du hasard ou sur celle de l'attention. — La vivacité est l'éclair des opérations de l'esprit. — L'homme franc est l'honneur en relief. — Le geste est à la parole ce que le sentiment est à la pensée. — La parole est l'enveloppe la plus transparente du cœur et de l'esprit. — L'imagination heureuse est un miroir à facettes qui trompe et multiplie les objets. — Une beauté sans grâces est un canevas sans broderie. — Le génie ne se manifeste pas plus sans le cœur que l'étincelle sans le feu.

M. de Larnay, pour montrer que le sourd-muet est susceptible aussi de toutes les délicatesses du sentiment le plus exquis, répéta cette touchante conversation entre une Religieuse et une sourde-muette très-malade : « Que vous souffrez, mon enfant ! — Ma chère Sœur, je ne le regrette pas, puisque mes souffrances doivent me conduire au ciel. — Penserez-vous à moi, quand vous serez dans cette belle patrie ? — Oh ! oui. Le premier jour, je serai occupée à contempler le Seigneur ; le second jour, je prierai pour mes parents ; le troisième, je prierai pour vous. — Demandez alors au bon Dieu que je vous suive bientôt. — Et les pauvres muettes que deviendraient-elles ? Non, je prierai Dieu de vous faire vivre long-temps pour leur bonheur. »

M. de Larnay charmait ainsi son auditoire, et il réussit facilement à ouvrir les bourses comme il avait dilaté les cœurs. La sympathie la plus efficace était acquise désormais à son Œuvre de prédilection.

En cette même année 1843, il s'adressa au département des Deux-Sèvres, dont il obtint quatre demi-bourses.

III.

LETTRE AU CLERGÉ.

Comme M. de Larnay généralisait toujours son action, le 14 juin, jour de la distribution des prix dont nous venons de parler, il envoya à tous les prêtres du diocèse une Circulaire, où il se montre si bien que nous la reproduisons tout entière :

Monsieur et cher Confrère,

Chargé, depuis quelques années, de diriger l'Établissement des sourdes-muettes fondé à Poitiers dans l'Hospice de Pont-Achard, je me suis occupé d'y recueillir le plus grand nombre possible de ces infortunées ; mais le succès de mes démarches est resté bien en deçà de mes vœux. J'ai vu avec une douleur amère qu'il y avait dans le diocèse un certain nombre de ces pauvres enfants qui ne recevaient aucune instruction à cause de la profonde apathie ou de l'économie trop sévère de leurs parents. J'ai donc eu la pensée de vous envoyer le discours prononcé cette année à la distribution des prix de l'Établissement, dans l'espérance qu'il vous fera connaître cette belle Œuvre de la charité chrétienne, et vous engagera à lui consacrer toutes vos sympathies.

Je ne doute pas que le désir de faire vivre de la vie de la foi des enfants qui ne devaient vivre sous vos yeux que d'une vie presque animale ne vous entraîne à faire d'instantes démarches auprès des parents pour les déterminer à s'imposer quelques sacrifices et ne vous dicte à vous-même quelques inspirations de charité en faveur de ces infortunées qui sont vos enfants au même titre que ceux à qui vous offrez tous les jours le fruit de vos sueurs d'une manière si belle et si dévouée.

Dans ce but, voici les renseignements que j'ai l'honneur de vous soumettre :

1. Il y a dans le diocèse de Poitiers deux Établissements pour les sourds-muets : l'un à l'Hospice de Pont-Achard, destiné aux petites filles, dirigé par les Filles de la Sagesse; l'autre à Loudun pour les petits garçons, gouverné par les Frères du Saint-Esprit.

2. Il est à désirer que les enfants soient présentés dans ces deux Établissements dès l'âge le plus tendre ; car on a remarqué, en général, que leur éducation, commencée dans un âge avancé, restait entièrement infructueuse.

3. Les enfants présentés doivent être munis de leur extrait de baptême ; et, s'ils sont pauvres, d'un certificat d'indigence signé de M. le Curé et de M. le Maire.

4. Un ouvroir est fondé à Pont-Achard pour y conserver, si elles le désirent, les pauvres sourdes-muettes qui y ont été élevées. Elles y recueilleront le triple avantage d'une existence assurée, d'une société agréable et d'un éloignement absolu de tous les dangers du monde.

5. Chacun de nos chers et vénérables Confrères est prié instamment de faire inscrire, dans un bref délai, à Poitiers et à Loudun, tous les sourds-muets de sa paroisse, quels que soient leur âge et leur position sociale. S'ils sont pauvres, ils profiteront en temps utile des bourses accordées à l'Établissement ou des largesses que la charité voudra bien verser dans nos mains. S'ils ont de la fortune, on agira auprès de leurs parents pour les déterminer à s'imposer les frais si légitimes de leur instruction.

Agréez, etc.

C'est toujours, comme dans les autres lettres et les autres démarches, la charité délicate et polie autant que vive et pressante.

IV.

PROGRÈS DE L'ŒUVRE A PONT-ACHARD.

M. de Larnay allait plusieurs fois par semaine à Pont-Achard. Il parlait aux enfants ; il se mêlait à leurs récréations ; il les prêchait, les confessait. Sa récompense et son bonheur, c'était de les faire arriver au terme de la vie chrétienne en ce monde, à la sainte communion. Il les préparait à leur première communion par une retraite de quatre jours, dont il donnait souvent lui-même les principaux exercices.

C'est ainsi qu'il fit faire la première communion à quatre sourdes-muettes, le 6 juin 1844 ; et à quatre autres, le 12 mai 1846.

Une cinquième devait la faire aussi ce même jour ; mais elle se trouva malade. Comme sa maladie empirait, M. de Larnay lui fit faire sa première communion dans son lit. La chambre avait été jonchée de fleurs. Toutes les sourdes-muettes, vêtues de blanc, entouraient la malade, qui communia avec une ferveur attendrissante. Cette chère enfant vécut encore quelques jours dans les plus admirables sentiments. On peut dire que la nuit de sa mort fut de la plus grande beauté. Des désirs enflammés soulevaient sa poitrine ; ses yeux étaient parlants ; son geste était tout de prière. Vers deux heures elle se plaignit ainsi à la chère Sœur Supérieure : « Vous me dites toujours que je vais mourir bientôt ; vous me trompez... » Puis elle ajouta : « Que c'est long! Combien d'heures ai-je donc à attendre encore ? » Et quelques moments après : « Oh! que je désire mourir vite pour aller voir le bon Dieu ! » Enfin, vers quatre heures, son âme pure s'envolait au ciel, réalisant le nom qu'elle portait. Cette enfant s'appelait Valérie l'Espérance. Elle était venue de La Rochelle.

Le 3 mai de cette année, le Conseil général du département des Deux-Sèvres, sur la demande de M. de Larnay, avait voté cinq demi-bourses pour la somme de neuf cents francs ; le 14 mai de l'année suivante, sur de nouvelles instances de M. de Larnay, il augmenta de trois cents francs, pour compléter six demi-bourses.

Quatre enfants firent leur première communion, le premier mai de cette année 1847.

L'une d'elles, qui était atteinte d'une affection de poitrine, s'affaiblissait de jour en jour ; son père, riche paysan, vint pour la chercher, dans l'espoir que l'air natal la rétablirait et prolongerait ses jours. Mais la pauvre petite dit aux chères Sœurs : « Oh! non, je ne veux pas m'en aller ; je veux rester à mourir ici. Mes parents n'ont pas de religion, ils me laisseraient mourir sans recevoir les sacrements. » Comme le père insistait, l'enfant se détermina sur ce qu'on lui promit de la ramener à Pont-Achard pour y mourir. Mais elle termina sa vie chez ses parents qu'elle édifia par sa ferveur et qui ne purent s'empêcher, sur sa demande réitérée, de la laisser recevoir les derniers sacrements.

De pareilles scènes remuaient jusqu'à la dernière fibre de l'âme si sensible de M. de Larnay.

Le 24 juillet de cette année, il créa quatre demi-bourses de deux cents francs, qu'il se chargea de payer en acquittant ou en faisant acquitter des messes. Il continua cette charité jusqu'au mois d'août 1854, que ses quatre élèves terminèrent leur instruction. Depuis et jusqu'à sa mort, il se fit un devoir d'appliquer les honoraires de ses messes à l'Œuvre, non plus en payant des pensions, mais en embellissant la Maison des sourdes-muettes pour la leur faire aimer.

Ce ne devait plus être l'Hospice de Pont-Achard. C'était le manoir même de Larnay qui allait devenir le séjour définitif des sourdes-muettes en même temps que la propriété de la Congrégation des Filles de la Sagesse.

V.

L'ŒUVRE EST TRANSFÉRÉE A LARNAY.

L'occasion de ce transfert de l'Institution fut le passage du chemin de fer de la ligne de Paris à Bordeaux à travers les dépendances de l'Établissement de Pont-Achard.

Il n'était pas possible de laisser les pauvres enfants parmi cette multitude d'ouvriers que nécessitaient de semblables travaux, et qui d'ailleurs, ramassés de toutes parts, ont fait payer bien cher, au point de vue de la morale, les avantages incontestables des voies ferrées.

Les Supérieurs demandèrent donc à M. de Larnay, dont le zèle déjà éprouvé rendait leur démarche toute naturelle, de vouloir bien permettre que l'Institution fût se réfugier à Larnay momentanément. Bien que cette propriété eût alors dans son esprit une autre destination, il y consentit à titre provisoire, selon la demande. Mais quand il eut fait en conséquence les premiers aménagements de sa maison, il se sentit au cœur un mouvement irrésistible qui le portait à fixer les sourdes-muettes dans le domaine de Larnay.

Il s'en ouvrit alors à sa *chère mère*, qu'il consultait en toute chose importante, et qu'il se serait reproché de surprendre en cette circonstance, où il s'agissait de lui imposer à elle-même le sacrifice d'une agréable résidence de campagne.

La femme chrétienne autant que la tendre mère consentit pleinement à la proposition et approuva entièrement la généreuse idée de M. de Larnay.

Ce fut le 6 novembre 1847 que les sourdes-muettes quittèrent le local exigu et le vallon moins salubre de Pont-Achard pour s'établir plus au large dans les bâtiments et dans la plaine aérée de la terre de Larnay.

Le lendemain, qui était un dimanche, M. de Larnay célébra, dans une chambre disposée provisoirement en chapelle, la messe d'installation, en présence de M. Penot, curé de la paroisse de Biard, et de M. Laurent, Directeur au Grand Séminaire et confesseur extraordinaire des Sœurs et des sourdes-muettes. Mme de Larnay, présente aussi, ne put se défendre d'une grande émotion. M. de Larnay fit de vive voix et par gestes, une allocution bien sentie, dans laquelle il exprimait sa joie de voir ses chères enfants établies dans un séjour définitif où elles pourraient, si elles le voulaient, ser toute leur vie et laisser leurs corps dans une terre bénite et sanctifiée quand leurs âmes s'en iraient au ciel.

Le repas qui suivit la messe et auquel tout le

monde était réuni fut animé par la douce gaîté que Dieu met au cœur de ceux qui l'aiment.

Le personnel religieux de la Maison se composait d'abord des Sœurs : Saint-Emery, Supérieure ; Marie-Léoncie et Saint-Gélase, première et seconde maîtresses de classe ; Saint-Gérault, directrice de l'ouvroir ; et Sainte-Eustochie, converse, chargée de la cuisine. Il y avait ensuite les deux Frères Dominique et Dorothée, employés au travail du jardin et aux voyages à la ville.

Les sourdes-muettes étaient au nombre de trente. Elles avaient avec elles ma Sœur Saint-Léon, dont nous avons parlé, sourde-muette que sa grande vertu avait fait agréger par dispense du Pape Léon XII, à la Congrégation des Filles de la Sagesse.

Tels furent les modestes commencements de cette Maison de Larnay, qui compte aujourd'hui vingt-quatre Sœurs de classe et d'ouvrage, quatorze Frères occupés au service de ville et aux travaux de campagne, cent-cinquante sourdes-muettes et seize aveugles, et un Père Aumônier.

Quant à la résidence, c'était, lors du premier établissement, une très-simple maison de maître, qui avait été bâtie en 1837 sur l'emplacement du vieux château qu'on avait dû raser parce qu'il menaçait ruine.

Lorsqu'il s'était agi de cette réparation qui allait devenir une construction, M. de Larnay s'était tout d'abord refusé à s'en occuper, ne voulant pas, disait-il, avoir affaire aux ouvriers, parce qu'il en résulte souvent des contestations où le prêtre perd de son autorité sur les âmes. Les deux frères avaient d'ailleurs l'un pour l'autre une admirable condescendance. On entendait dire à chacun des deux qu'il se prêtait à ces constructions pour faire plaisir à son frère. Du reste, il paraissait que tous les deux voyaient avec satisfaction se relever, quoique sous une autre forme, le manoir dont ils portaient le nom, mais que, trouvant cette satisfaction trop humaine, ils ne voulaient pas se l'avouer, encore moins en faire leur motif déterminant. Puis ils entendaient bien tous les deux que leur *chère mère* prît la principale part dans les sollicitudes de cette affaire qui les auraient empêchés de vaquer librement à leurs saintes fonctions.

Il arriva cependant que M. de Larnay, soit par l'entraînement de son caractère, soit aussi parce qu'il s'aperçut que sa *chère mère* ne conduisait pas l'entreprise avec l'entente qu'il lui avait supposée, en prit peu à peu et définitivement toute la direction.

Ce fut, comme nous l'avons dit, un très-simple bâtiment, qui est devenu l'aile occidentale de l'Établissement.

Il y avait, au midi, à l'emplacement de la chapelle actuelle, une plantation d'arbres d'agrément qui conduisait à un pré.

Deux longues suites de servitudes précédaient le bâtiment ; celle de droite longeait le jardin et se terminait par un colombier ; celle de gauche bordait le vivier, le quinconce et le réservoir des bestiaux.

Il y avait enfin l'habitation isolée du fermier et une vaste grange au nord du vivier.

Les commencements de l'installation furent assez pénibles. Les Sœurs s'oublièrent pour leurs enfants et elles se résignèrent généreusement à coucher pendant six ans dans un grenier sous l'ardoise glaciale en hiver et brûlante en été.

Dès la première année de l'installation, les murs du jardin furent reculés pour donner à ce terrain une étendue plus en rapport avec les progrès et les besoins de l'Établissement. Les travaux d'agrandissement et d'amélioration n'ont pas cessé durant toute la vie de M. de Larnay, et ils se sont continués plusieurs années après sa mort jusqu'à ces derniers temps.

VI.

SOUCIS ET PEINES DE M. DE LARNAY POUR SON ŒUVRE.

Mais quelle peine ne s'est pas donnée le fondateur pour se procurer les ressources que réclamait son entreprise !

M. de Larnay s'était procuré non sans frais les statistiques officielles des sourdes-muettes, déposées aux bureaux des préfectures du Cher, de l'Indre, d'Indre-et-Loire, de la Vendée, de la Charente, de la Haute-Vienne et de la Creuse.

S'étant ainsi renseigné sur les noms, âge et demeure de chaque sourde-muette, il écrivit à leurs Curés la lettre suivante :

« Poitiers, ce 2 juillet 1849, fête de la Visitation de la Sainte-Vierge.

« Monsieur et cher Confrère.

« J'ai fondé à Poitiers, il y a environ douze ans, sous la direction des Filles de la Sagesse, dont la Maison-Mère est à Saint-Laurent-sur-Sèvre, une Ecole de sourdes-muettes, que la Providence a voulu bénir au-delà de mes espérances. Cet Établissement, qui compte aujourd'hui près de quarante enfants, a été successivement doté de plusieurs bourses par les Conseils généraux de la Vienne et des Deux-Sèvres.

« L'enseignement y est donné par les Sœurs d'une manière si remarquable, qu'il n'a cessé de provoquer les éloges les plus flatteurs de la part de tous ceux qui ont été appelés à en faire l'examen.

« D'aussi heureux succès viennent de réveiller chez moi le désir d'agrandir considérablement cette Œuvre. Pour atteindre mon but, j'ai demandé à Nos Seigneurs les Archevêques et Évêques de Bourges, de Tours, de Luçon, de La Rochelle, d'Angoulême et de Limoges, qui ne possèdent pas encore d'écoles de sourds-muets, qu'il me fût permis d'adresser sous leur couvert à chacun des Curés de leurs diocèses cet écrit, destiné à solliciter, en faveur des êtres les plus infortunés, la pitié et le concours de toutes les âmes sensibles au malheur et ainsi par excellence des âmes sacerdotales.

« La Providence, Monsieur le Curé, peut m'offrir, par votre intermédiaire, trois ressources pour recueillir ces pauvres enfants dans notre Établissement de Poitiers : 1º le concours des parents par le paiement de la pension ou d'une fraction de pension : il faudrait les y déterminer en leur rappelant avec force que l'éducation religieuse des enfants est pour la conscience des parents le devoir le plus impérieux ; 2º le concours de quelques personnes charitables qui suppléeraient les parents lorsque ceux-ci sont trop pauvres : et ce concours ne peut être sollicité par une bouche plus éloquente que la vôtre ; 3º enfin la concession de quelques bourses ou demi-bourses obtenues à votre instigation du Conseil général du département ; toutefois comme cette dernière mesure peut offrir de nombreuses difficultés, je me réserve de faire à cet égard, de concert avec vous, des démarches ultérieures auprès du Préfet.

« En attendant, Monsieur, et comme mesure préliminaire, je vous prie de m'adresser, sous un assez bref délai, une réponse nette et précise aux questions suivantes :

« 1º Quels sont les noms, prénoms, âges et fortunes des sourdes-muettes de votre paroisse ?

« 2º Quel est chez chacune d'elles le degré présumé d'intelligence ou d'idiotisme ?

« 3° Quel est le concours ou l'opposition des parents pour leur instruction?

« 4° Quel serait le chiffre de la pension offerte par les parents ou par des personnes charitables qui, prenant cette belle Œuvre à cœur, y concourraient sous votre direction par des quêtes ou par des souscriptions?

« Les lettres que j'adresse aujourd'hui à Messieurs les Curés des six diocèses ci-dessus devant provoquer une multitude de réponses, je sollicite de vous une grâce, celle de vouloir bien affranchir votre lettre. »

Il n'y avait pas alors de timbres-poste ni de taxe uniforme.

M. de Larnay envoyait avec cette letttre un exemplaire de son discours prononcé à la distribution des prix.

Au mois d'août de cette même année 1843, qu'il avait écrit la précédente lettre, il écrivit aux Préfets et s'adressa en même temps aux Conseils généraux des huit départements compris dans les six diocèses. Il obtint plusieurs bourses des départements de la Charente et de la Charente-Inférieure. Il eut des promesses de ceux d'Indre-et-Loire, de l'Indre, de la Creuse et de la Haute-Vienne.

Il ne négligeait aucun moyen de faire connaître son Œuvre. Il y eut par ses soins, au mois d'août 1849, une distribution solennelle des prix des sourdes-muettes dans la salle d'asile de Poitiers. Le Préfet, M. Bruno-Devès, y témoigna sa bienveillance pour l'Institution et voulut donner lui-même le prix d'honneur, qui fut mérité par Florence

Boissinot, devenue plus tard Fille de la Sagesse, par dispense spéciale de Notre Saint-Père le Pape Pie IX.

Le 1ᵉʳ janvier 1851, M. de Larnay se donna pour étrennes d'écrire une nouvelle Circulaire en faveur de l'Œuvre des sourdes-muettes à tout le clergé du diocèse de Poitiers. Cette lettre fut appuyée par Monseigneur l'Évêque, et les Curés envoyèrent leurs renseignements au secrétariat, qui se trouva en mesure de fournir à M. de Larnay la statistique des sourds-muets et des sourdes-muettes du diocèse.

M. de Larnay profitait de ses voyages, qu'il n'entreprenait jamais sans un motif sérieux, pour rechercher les sourdes-muettes, et il faisait des démarches selon les circonstances.

Ainsi, ayant été envoyé au Concile de la province de Bordeaux qui se tint à Périgueux en 1856, il se présenta devant le Préfet de la Dordogne pour obtenir des bourses en faveur des sourdes-muettes de son département qu'il avait à Larnay. Il échoua pour lors dans cette négociation de charité. Mais il la reprit plus tard, et il eut la joie de réussir.

VII.

CONSTRUCTION DE LA CHAPELLE DE LARNAY.
ÉRECTION DU CHEMIN DE CROIX.

Ce fut le 19 avril 1850 que le R. P. Dalin, Supérieur de la Congrégation de Saint-Laurent, M. de Larnay et M. l'abbé Tournesac, depuis membre de la Compagnie de Jésus, architecte, arrêtèrent les plans de la chapelle et des bâtiments. Ce même jour, on ouvrit les fondations.

Quelques jours après, M. de Larnay faisait voir le plan de la chapelle à une nombreuse réunion de personnes qui étaient venues pour visiter l'Établissement. On avait regardé le plan avec plus ou moins d'attention et d'intelligence et avec une sympathie très-silencieuse : ce qui n'allait pas à M. de Larnay. Mais voilà qu'une jeune personne, qui examinait de plus près, demanda ce qu'on se proposait de faire de petits espaces qu'elle voyait marqués de chaque côté et qui étaient pris en partie dans l'épaisseur des murs. « A la bonne heure », s'écria M. de Larnay, « voilà une observation ; vous vous intéressez à mon Œuvre, vous ; merci, vous me faites plaisir. » Et il expliqua que ces espaces étaient réservés pour y établir des confessionnaux qui, étant engagés dans la muraille, prendraient peu de place dans l'église. Dix ans plus tard, M. de Larnay, revoyant la même personne et lui faisant visiter la chapelle, se plut à lui rappeler l'observation qu'elle avait faite et l'explication qu'il lui avait donnée.

La chapelle a été placée sous le vocable de Notre-Dame-des-Sept-Douleurs.

La première pierre fut bénite et posée, le 16 août, par Mgr Pie, assisté de M. Samoyault, Vicaire général, et de M. Garnier, Curé de la cathédrale.

Les sculptures furent commencées, le 4 mai 1852 par quatre ouvriers d'Angers sous la direction de M. l'abbé Besny. Les verrières furent posées, le 2 juillet suivant, par quatre ouvriers de M. Lobin, le célèbre peintre-verrier de Tours.

Enfin, le 11 juin 1853, M. de Larnay bénit solennellement la chapelle de Notre-Dame de Larnay, et, le lendemain, qui était un dimanche, il y chanta la messe à un autel provisoire, où on continua de la dire jusqu'à la construction du bel autel qu'on y admire aujourd'hui.

Ce même dimanche, eut lieu dans la chapelle l'érection du *Chemin de la Croix* suivant le procès-verbal ainsi conçu :

« En vertu d'un Rescrit accordé en Cour de Rome, le 7 février 1838, signé Cardinal Castracane, visé au secrétariat de Poitiers le 19 mars, signé J. B. (de Bouillé);

« Vu la supplique adressée à Mgr de Poitiers, le 7 mars 1849 par M. Penot, curé de Biard, tendant à ce qu'il plaise audit Seigneur Évêque d'autoriser l'érection du Chemin de la Croix dans la chapelle de Larnay, et de commettre à cet effet Monsieur de Larnay ;

« Vu ladite autorisation accordée à M. de Larnay, le 10 mars 1849 ;

« Nous, Charles-Joseph Chaubier de Larnay, Chanoine Théologal de Poitiers, fondateur de l'Institution des sourdes-muettes et des jeunes aveugles de Notre-Dame-de-Larnay, avons érigé canoniquement le Chemin de la Croix dans ladite chapelle, le 12 juin 1853.

« De tout quoi avons dressé procès-verbal en double pour le secrétariat et pour Notre-Dame-de-Larnay, le 14 juin 1854. »

Ce Chemin de Croix était très-simple. Il a été remplacé, depuis la mort de M. de Larnay, par des médaillons peints sur cuivre qui sont du plus bel effet. Ils sont dus à la libéralité d'une sourde-muette.

Les sourdes-muettes de Larnay ont fait et feront souvent dans leur pieuse chapelle le Chemin de la Croix ; les aveugles aussi, conduites par les sourdes-muettes.

VIII.

LETTRE DE M. DE LARNAY A UN CURÉ DE CATHÉDRALE.

M. de Larnay n'était pas tellement absorbé par les travaux de sa chapelle qu'il perdît rien de son active sollicitude pour se procurer de nouvelles sourdes-muettes.

Il écrivait à un vénérable Curé de cathédrale, le 9 décembre 1853 :

« Je serais tout disposé à recevoir votre pauvre sourde-muette de 17 ans. Mais nous sommes tellement accablés de demandes !... Je plaiderai votre cause auprès de la Supérieure de Larnay.

« Nous éprouvons une très-vive contrariété qu'il dépend peut-être de vous de faire évanouir. Si vous y parveniez, vous nous rendriez un vrai service, dont je conserverais un précieux souvenir. Voici.

« Au mois d'août dernier, j'ai adressé une demande de bourses aux six Conseils généraux de....

« Quant à ce qui concerne celui de votre département, on m'a écrit qu'il a voté, comme pour les sourds-muets placés à Paris ou à Bordeaux, une somme de 750 francs pour les sourdes-muettes, en exprimant le vœu à M. le Préfet qu'elles soient placées à Larnay. Or M. le Préfet nous fait savoir que les fonds alloués au budget de son département pour cet objet sont absorbés et le seront pour longtemps.

« Il est maintenant évident pour moi que, si le Conseil

général m'a offert tout son bon vouloir, le Préfet m'offre tout autre chose.

« Ne vous serait-il pas possible, par vous ou par Monseigneur, de suggérer au Préfet le conseil de Daniel : *Revenez au jugement* ?

« Je ne demande au département que 250 francs par tête, vivres, instruction et vestiaire compris. Quand on ne me donnerait cette année que deux sourdes-muettes, je serais content. Et nous remuerions ciel et terre pour prendre la vôtre.

« Encore un autre service à nous rendre. Ce serait de faire inscrire à la Préfecture le plus grand nombre de demandes possible en faveur des sourdes-muettes, afin de me fournir plus tard un puissant argument pour solliciter des bourses en leur faveur. Car j'ai les bras cassés quand on me dit : « Nous « voterions volontiers ; mais on ne nous adresse aucune demande de bourses ! »

« Pardon de vous tant demander quand je vous promets si peu. Mais vous avez la mauvaise fortune de tous ceux qui s'adressent aux frères quêteurs, qui se voient forcés de leur rendre en cire le peu qu'ils ont reçu en miel. Comme vous invoquiez la charité, j'invoquerai votre indulgence, et je pense que nous ferons fortune tous les deux.

« Agréez, etc. »

Voilà bien M. de Larnay avec sa noble et gracieuse manière. Aussi aimait-on à le lire comme à causer avec lui, et l'on trouvait à gagner dans ses lettres et dans ses entretiens, qui n'étaient pas non plus sans quelques bons résultats pour ses Œuvres.

IX.

DESCRIPTION DE LA CHAPELLE, DES SCULPTURES, DE LA CRYPTE, DES VITRAUX.

Mais M. de Larnay revenait toujours de préférence à sa chère Maison de Larnay, et nous y retournons avec lui pour le suivre dans les embellissements de sa chapelle.

Les deux sacristies furent achevées, le premier avril 1854. Le 8 mai suivant, on commença les quatre autels, qui ne furent terminés qu'à la fin de décembre 1855.

Ce fut alors que M. de Larnay se sentit heureux de son Œuvre, et se réjouit de la satisfaction qu'en éprouvaient ses chères enfants, qui la lui témoignaient de la manière la plus touchante.

La chapelle de Notre-Dame de Larnay est de la seconde époque du style ogival, qu'on appelle le style fleuri.

Son plan est une croix latine, dont tout le pourtour intérieur est orné d'une arcature du plus gracieux effet.

Immédiatement au-dessus de cette arcature, d'immenses baies divisées par des meneaux en pierre et garnies de riches mosaïques jettent une masse de lumière dans l'intérieur du monument sans que cette lumière qui passe à travers des vitraux dépolis produise un mauvais effet, comme dans certaines églises où le soleil dessine sur le pavé les différentes couleurs des vitraux.

Cette disposition de baies fait que la voûte paraît être en quelque sorte suspendue en l'air et ne reposer que sur des verrières ; et, en effet, il n'y a absolument d'apparent que les faisceaux de colonnes qui reçoivent la retombée des arcs-doubleaux, des arcs-ogives et des formerets. Toute la résistance est en dehors.

Ce qui est particulier à la chapelle de Larnay, c'est qu'au bout de chaque bras de croix se trouve une petite chapelle à pans coupés et de même style, mais assez basse pour ne pas intercepter la lumière du dehors. Deux portes pratiquées dans l'arcade médiane y donnent entrée. Dans celle qui est du côté de l'épître se trouve la sacristie ; celle qui est du côté de l'évangile a été réservée aux Enfants de MARIE.

Au fond de la chapelle est une chapelle absidiale à laquelle on arrive par un joli déambulatoire à jour qui fait tout le tour du sanctuaire.

Au-dessus de la porte d'entrée, entre le clocher conventuel et la chapelle, se trouvent deux tribunes l'une sur l'autre où l'on arrive par les corridors de l'Établissement. La tribune supérieure sert aux malades. L'autre renferme l'orgue dans l'arcade du milieu et de chaque côté vis-à-vis de l'ouverture ogivale un confessionnal. Le buffet d'orgue et les confessionnaux à filets dorés font un effet charmant.

Cette jolie chapelle a pourtant un défaut qu'on ne saurait sans injustice imputer à l'architecte, qui n'a pas eu sa liberté d'action : elle manque d'élévation.

Au-dessous de la première travée se trouve la crypte ou chapelle sépulcrale, qui est d'un style plus sévère. C'est un beau type à imiter.

Quant aux sculptures de la chapelle de Larnay, nous nous ferions scrupule d'en rien dire autrement qu'en citant ce que M. de Larnay lui-même en a écrit :

« Celui qui avait eu la pensée d'élever à Larnay un beau monument à la gloire de Dieu, lui avait souvent adressé au fond de son cœur ces paroles de Salomon au roi de Tyr : Envoyez-moi donc un homme habile, qui sache faire toutes sortes de sculptures et de ciselures, pour le mettre à la tête des ouvriers que j'ai auprès de moi. Sa prière avait enfin été exaucée. Cet homme habile, que le Ciel lui destinait, devait être tiré de la tribu sacerdotale. C'était M. l'abbé René Choyer, né, le trente janvier 1814, à Saint-Clément-des-Levées près de Saumur, au diocèse d'Angers.

« Doué du génie de la sculpture religieuse, ce vertueux prêtre était, depuis longtemps, vivement attristé de voir que les restaurations et les décorations des monuments sacrés n'étaient plus caractérisées par l'expression du sentiment chrétien.

« Plein du désir de faire revivre les traditions des siècles de foi, il avait fait appel à tous les amateurs de cette vraie renaissance, et, dès l'année 1845, il avait fondé dans une maison, dite *du Colombier*, à l'extrémité d'un faubourg d'Angers, un vaste établissement de sculpture religieuse, où travaillaient un grand nombre d'ouvriers sous la direction de plusieurs prêtres, artistes distingués.

« Désigné par la renommée de ses travaux pour les sculptures de la chapelle de Larnay, M. Choyer jeta les yeux, pour les exécuter, sur son collaborateur et ami, M. l'abbé Besny, prêtre du diocèse de Poitiers, que son Évêque, Mgr Pie, dans un projet de restauration des églises de son diocèse, lui avait confié afin de perfectionner dans ses ateliers la remarquable aptitude de ce jeune prêtre pour la sculpture.

« Ce pieux mandataire, dont la modestie rehaussait le talent, arriva à Larnay, à la fin d'avril 1852, ayant sous sa direction quatre sculpteurs de mérite.

« Ces artistes se mirent résolûment à l'œuvre, le quatre mai, fête de sainte Monique, et terminèrent leur beau travail avec un remarquable succès, le vingt-neuf septembre, fête de la saint Michel.

« Le chantier de Larnay présentait alors le plus intéressant tableau. Debout dès l'aube, M. l'abbé Besny disait la sainte messe à cinq heures. Les Sœurs et les enfants y assistaient. Après son action de grâces, il récitait les Petites Heures de son Office. Il prenait ensuite une légère collation. Puis, ayant échangé sa soutane contre une longue robe de laine blanche, il se tenait la plus grande partie du jour, le ciseau dans une main et le marteau dans l'autre, comme suspendu avec ses jeunes élèves aux chapiteaux des colonnes, réalisant le beau travail qu'il a laissé à notre admiration. »

M. de Larnay ne dit pas ici que lui-même revêtit plusieurs fois la robe blanche et voulut apprendre à manier les instruments du sculpteur. Nous le laissons continuer :

« Oh ! combien le maintien grave, le respectueux silence et les habitudes religieuses de ces artistes chrétiens contrastaient avec la tenue des chantiers ordinaires ! Comme leur esprit ainsi que leurs travaux rappelait éminemment les beaux âges de la foi ! On eût été tenté de dire, en voyant le prix qu'ils attachaient à bien sculpter la pierre du temple du Dieu vivant, qu'ils avaient médité cette parole du Seigneur au prophète Zacharie : « Donnez-moi la pierre angulaire de l'édifice qui doit être élevé à ma gloire : je la taillerai moi-même et la graverai avec le ciseau. »

« Il y avait à sculpter, dans la chapelle de Larnay, cent quatre-vingt-huit chapiteaux de colonnes, neuf clefs de voûte et douze consoles. Sévères imitateurs de leurs devanciers du moyen âge, nos artistes voulurent chercher leurs modèles dans la flore du pays, copier les feuilles capricieuses dont ceux-ci avaient orné nos plus beaux monuments sacrés, faire régner enfin, dans toutes les sculptures, la plus grande variété. Ce programme a reçu la plus heureuse exécution.

« Les cent-trente chapiteaux des colonnettes de l'arcature supérieure représentent des feuilles capricieuses estampées sur les plus beaux chapiteaux de la Cathédrale de Poitiers, de Sainte-Radegonde de la même ville, de la Cathédrale du Mans, de Saint-Julien de Tours et de la Métropole de Paris.

« Dans l'arcature inférieure, le premier chapiteau, à droite en entrant dans la chapelle, représente deux Anges soutenant les armoiries de la famille de Larnay. Le deuxième, un serpent caché dans une branche de cerisier, qui cherche à attirer à lui un oiseau pour le dévorer ; le troisième, un écureuil sur une branche de chêne, rongeant un gland. Les chapiteaux qui suivent représentent toutes sortes de feuillages et de branches d'arbres, et l'on arrive aux trois derniers chapiteaux, dont l'un représente une grive mangeant des graines d'aubépine ; l'autre, une couleuvre cherchant à atteindre une pomme sur une branche de pommier ; le troisième, un Ange soutenant les armoiries de la famille Cossin de Belle-Touche.

« Les consoles et les clefs de voûtes représentent les sujets de tresses et de guirlandes les plus variés.

Après avoir parcouru ces délicieuses sculptures, on peut dire avec toute justice qu'elle ne laissent rien à désirer au point de vue des principes de l'art et du sentiment religieux; que la flore murale du monument est d'une grande variété et d'une étonnante exactitude; qu'ainsi l'habile ciseau de M. Besny et de ses collaborateurs a fait revivre dans cette végétation de pierre toutes les beautés de la sculpture du moyen âge.

« Dieu veuille », continue M. de Larnay, « récompenser ces pieux artistes pour leur beau talent et leur admirable dévouement, en leur assignant un jour une place dans ce temple ravissant de la gloire éternelle, bâti par Dieu lui-même, dont l'Esprit-Saint a fait la description au livre de Tobie ! »

On entre à la chapelle par trois portes. Dans le tympan de celle de droite, est le monogramme du Christ entre l'Alpha et l'Oméga ; dans celui de la porte de gauche, est le chiffre de la sainte Vierge.

Dans le tympan de la porte du milieu, on lit :

†

SINT OCULI TUI APERTI, DOMINE,
SUPER DOMUM HANC NOCTE AC DIE.

Que vos yeux soient ouverts, Seigneur,
Sur cette maison la nuit et le jour.

A l'entrée de la chapelle, dans le vestibule, il y a deux statues en fonte de grandeur plus que naturelle, représentant : celle à droite, saint Pierre ; celle à gauche, saint Jean l'Evangéliste ; l'une et l'autre tenant un bénitier formé d'une valve de l'hypope-géant.

Nous avons dit un mot de la crypte. M. de Larnay l'a fait construire avec la religieuse pensée que son corps y serait déposé, pour y attendre la résurrection, entre les corps de son père et de son frère, de sa mère et de sa sœur.

Laissons encore parler ici M. de Larnay :

« Celui qui a conçu au pied de son crucifix la pensée d'une crypte dans la chapelle de Larnay n'a eu d'autre but, en la faisant construire, que d'y réunir un jour ses restes à ceux de sa famille bien-aimée pour les placer tous, sous la sauvegarde de la Religion, le plus près possible de Dieu et de ses saints. Il lui a semblé, en effet, qu'il attendrait là, avec plus de patience, la bienheureuse résurrection des corps, qui a été pendant toute sa vie l'objet de ses plus douces espérances. De même qu'il a voulu recomposer auprès de lui, quoique dans les bras de la mort, une famille chérie, ravie, hélas ! à sa tendresse d'une manière aussi prématurée que déchirante. C'est donc une inspiration de foi autant qu'un sentiment d'amitié filiale et fraternelle qui a présidé à l'érection de ce pieux et douloureux monument.

« D'abord une inspiration de foi.

« Puisque nos cendres, comme l'atteste l'Esprit-Saint, sont pleines d'immortalité, n'est-il pas bien naturel de les faire reposer le plus près possible de Celui qui doit un jour les rappeler à la vie ? « Je « sais que mon Rédempteur est vivant et que je me « lèverai au dernier jour... » est-il dit au livre de Job. Ensuite, puisque Notre-Seigneur Jésus-Christ veut bien descendre chaque jour sur nos autels pour y solliciter notre grâce auprès de son Père céleste, n'est-il pas trop heureux pour des restes coupables de pouvoir se réfugier tout près de son divin Cœur au moment où il ouvre pour nous toutes les sources du pardon ? « Je ne craindrai aucun mal, « même au milieu de l'ombre de la mort, parce que « vous êtes avec moi », comme chante le Psalmiste.

« C'est aussi un sentiment d'amitié filiale et fraternelle.

« Ici les vœux de la nature s'accordent parfaitement avec les inspirations de la foi, et trouvent leur plus éloquente apologie dans l'exemple des Patriarches, nos pères et nos modèles dans toutes les vertus.

« En effet, Abraham voulut être enseveli avec Sara dans la double caverne d'Éphrem, qu'il avait achetée quatre cents sicles d'argent des enfants de Heth.

« Isaac, Rebecca et Lia réclamèrent la même faveur de leurs enfants.

« Quand Jacob vit qu'il allait mourir, il fit promettre à son fils qu'il ne l'enterrerait pas en Egypte, mais dans le tombeau de ses pères.

« Enfin, Joseph lui-même, étant sur le point de rendre le dernier soupir, demanda la même grâce à ses frères.

« Ainsi ont voulu être enchaînés, même entre les bras de la mort, tous ceux que l'amour de DIEU avait tendrement unis sur la terre. Qu'il est doux, en effet, de dormir du même sommeil à l'ombre de la même croix et au pied du même autel, quand on a la ferme espérance de se réveiller ensemble et de sortir en même temps de la poussière du tombeau pour se rendre de là en triomphe dans l'admirable patrie des cieux ! Ah ! quiconque n'a pas compris ces choses n'a rien senti de la joie indicible que causent les ravissantes promesses de la vie future, et par conséquent n'a jamais connu le bonheur d'avoir une âme et le plaisir d'avoir un cœur.

« Pour atteindre plus sûrement le but qu'il se proposait, celui qui a fait construire la crypte de Larnay a voulu y déposer le trésor des reliques de la Maison, afin de s'entourer d'un plus grand nombre de protecteurs célestes, et aussi pour attirer dans cette solitude souterraine les pieux habitants de la Maison, auxquels il demande ici humblement l'aumône de quelques-unes de leurs prières, en leur disant : *Ayez pitié de moi, ayez pitié de moi, vous du moins, mes amis.* »

Pouvions-nous rien retrancher de toutes ces fortes, douces et tendres paroles qui sont bien sorties de l'âme et du cœur de M. de Larnay sous la double impulsion de sa foi et de sa filiale tendresse ?

Nous verrons que la mort, hélas ! est venue le prendre avant qu'il eût pu réaliser ses pieux désirs.

Nous sommes assuré d'entrer dans sa pensée et aussi dans les sentiments de sa chère famille de Larnay en donnant ici la description faite par lui-même des trésors qu'il a confiés à la crypte de la chapelle.

C'est d'abord le bas-relief qui décore le retable de l'autel et qui représente la résurrection de Lazare. Il a été sculpté par M. l'abbé Besny, d'après un tableau de Jouvenet. Il contient vingt-quatre personnages.

« Notre-Seigneur est debout sur les degrés qui conduisent à la caverne où se trouve le tombeau de Lazare. Il paraît là avec cet air de sérénité et de majesté qui convient si bien à Celui qui fait tout ce qu'il dit : c'est au moment même où il vient de ressusciter son ami, en lui disant : Lazare, viens dehors.

« Celui-ci, à peine sur son séant, tend aussitôt les mains à son libérateur. Trois juifs, amenés là par la curiosité et visiblement en proie à la plus grande surprise, aident Lazare à se débarrasser de son suaire et à sortir de son sépulcre.

« Un quatrième veut constater, à l'aide d'une torche, la vérité de cette prodigieuse résurrection dont il doute encore ; mais, après l'avoir vérifiée, il paraît éprouver comme une fièvre d'horripilation.

« Un cinquième se livre sans mesure à tous les transports de l'admiration, levant les mains au ciel et proclamant le prodige. Il semble que nous entendions sortir de sa bouche ces paroles : « Gloire « au Fils de Dieu ! Hosanna au Fils de David ! »

« Ce groupe peint avec toute l'énergie possible les grands effets de surprise et d'admiration que dut produire la résurrection de Lazare sur ceux qui en furent les témoins.

« Sur les degrés du sépulcre apparaissent Marthe et Marie. A peine ont-elles vu leur frère sortir des bras de la mort que la reconnaissance les fait tomber à genoux aux pieds de Notre-Seigneur Jésus-Christ et diriger vers Lui leurs regards attendris, les accents de leurs voix et les élans de leurs cœurs. Il était vraiment difficile de peindre la reconnaissance d'une manière plus vive.

« Au bas des degrés, gît sur son grabat un pauvre paralytique. Il s'était fait transporter là pour obtenir du Fils de Dieu sa guérison ; et, en voyant Lazare sortir du tombeau, il ne doute plus que Jésus-Christ ne daigne abaisser pareillement sur lui ses regards de miséricorde. Aussi tressaille-t-il d'allégresse.

« Sur les pas du Fils de Dieu se presse le Collége des douze Apôtres. Leur manière de se grouper et la direction de leurs regards indiquent qu'ils attendent avec impatience un grand événement.

« Saint Pierre, toujours le plus empressé, se jette vite à genoux et se penche sur un parapet pour recueillir, sans en perdre aucune, toutes les circonstances du prodige. Son cou, tendu par la curiosité, exprime la véhémence de son désir.

« Saint Jean, placé, selon sa pieuse habitude, le plus près de Notre-Seigneur, regarde par-dessus ses épaules avec un air calme et tranquille. Vous diriez qu'il n'est pas plus ému de voir opérer des prodiges que son divin Maître n'est embarrassé pour en faire.

« Saint Thomas, avec un certain air querelleur, tire saint Jean par le bras pour le faire retirer. Il semble lui reprocher de s'être placé devant lui pour l'empêcher de voir.

« Saint André et saint Philippe montrent un vif empressement à devenir les témoins oculaires du prodige qui va s'opérer. Ils s'appuient et se penchent à l'envi sur le parapet.

« Il est visible que tous les membres du Collége apostolique participent plus ou moins à un grand mouvement de curiosité et d'intérêt.

« Mais, à l'extrémité du tableau, et comme pour lui servir d'ombre, apparaît l'infâme Judas tournant le dos aux autres, tenant sa bourse pressée sur sa poitrine, et se mordant les doigts en regard de l'éclatant triomphe de la toute-puissance de son Maître. Il personnifie, d'une manière frappante, la haine, la jalousie et toutes les mauvaises passions qui tournent le dos à la vérité et à la vertu, ne pouvant se décider à leur rendre hommage et méditant en secret contre elles les noirs projets de la vengeance.

« Enfin, au-dessous de l'Apôtre déicide et dans la même zone, apparaît l'infidèle Synagogue dans la personne de deux docteurs de la loi, qui concertent à part et mystérieusement comment ils s'y prendront pour atténuer la vérité et l'éclat de ce prodige.

« En somme, ce bas-relief reproduit d'une manière si vraie et si saisissante l'histoire de la résurrection de Lazare, que vous croiriez, en le contemplant, lire la page même du saint Évangile où elle se trouve écrite.

« DIEU veuille qu'en présence de ce beau tableau qui peint d'une manière si consolante la résurrection des corps, chacun sente son âme palpiter d'une sainte foi et d'une céleste espérance!

« Le tabernacle, qui représente la tour de David, portant sur ses créneaux cette inscription, *O Crux, ave*, renferme un beau reliquaire gothique en forme de croix dans lequel se trouvent : 1° deux parcelles considérables de la vraie Croix ; 2° une parcelle de la sainte Couronne d'épines ; 3° une parcelle de la sainte Colonne de la Flagellation ;

4° une parcelle de la pierre du saint Cénacle ; 5° enfin une parcelle du saint Sépulcre.

« Toutes ces précieuses reliques ont été déposées dans le susdit reliquaire par M. l'abbé de Larnay, qui les a reçues des vénérables Mères Carmélites de Poitiers, comme monument de leur vive reconnaissance pour le Couvent qu'il a fondé dans la ville de Niort en faveur de celles de leurs Sœurs qui y sont allées remplacer les Carmélites que la Révolution avait dispersées en 1793.

« La relique de la vraie Croix, placée au centre du reliquaire, se compose de deux parcelles dont l'une a été envoyée de Rome à M. l'abbé de Larnay ; l'autre a été primitivement apportée de Rome par un Révérend Père Jésuite, qui l'avait donnée aux Carmélites de Niort avant la Révolution, munie de ses preuves authentiques, et reconnue par Mgr de Beaupoil de Saint-Aulaire, Évêque de Poitiers, et elle a été léguée, après la Révolution, au Carmel de Poitiers par la Mère Constance, dernière Prieure du Carmel de Niort, morte en odeur de sainteté entre les bras de ses Sœurs de Poitiers.

« La relique de la sainte Couronne d'épines, placée au bas du reliquaire, a été apportée de Rome par le docteur Cornu, et reconnue authentique par Mgr d'Aviau, Archevêque de Bordeaux, de sainte mémoire.

« Les reliques de la sainte Colonne de la Flagellation et de la pierre du saint Cénacle, placées à droite et à gauche du reliquaire, ont été apportées en France en 1848 par des prêtres Lazaristes et envoyées aux Carmélites de Bourges sous le sceau du Révérendissime Père Gardien du Saint-Sépulcre à Jérusalem, lequel sceau a été reconnu authentique à l'Archevêché de Bourges.

« Enfin la relique du saint Sépulcre, placée en haut du reliquaire, a été apportée en France au temps des Croisades par un membre de la famille de Lusignan, et donnée, dans ces dernières années, par une pieuse personne de cette même famille aux Carmélites de Poitiers sous le sceau de l'Ordinaire du diocèse.

« La Mère Sous-Prieure des Carmélites de Poitiers, ma Sœur Aimée de Jésus, ayant rompu les sceaux de toutes ces précieuses reliques, en a fait deux parts, dont une pour Larnay et l'autre pour le Carmel de Niort. »

L'autel, qui est creux et tout entier à jour, contient une belle châsse, donnée après la mort et en mémoire de M. de Larnay par une pieuse demoiselle de Poitiers, Mlle Sidonie de Nuchèze qui a beaucoup aidé M. de Larnay dans la fondation de l'Établissement, où elle aime encore à porter des libéralités aussi intelligentes que gracieusement offertes.

Dans cette châsse sont renfermées deux reliques insignes.

La première est de saint Junien, qui fut d'abord reclus à Chaunay près de Couhé, et ensuite Abbé de Mairé-Lévescault, près de Sauzé-Vaussais. Cette précieuse relique consiste dans l'os principal du bras presque tout entier.

On sait que saint Junien mourut le même jour, treize août 587, et à la même heure que sainte Radegonde, avec laquelle il fut étroitement uni en Dieu.

M. de Larnay a écrit la légende de saint Junien. Nous transcrivons seulement l'historique de la conservation de la relique :

« Les restes de saint Junien furent d'abord transportés par les Religieuses de Chaunay, qui avaient reçu son dernier soupir, dans l'église de son Monastère de Mairé-Lévescault, où ils furent singulièrement vénérés pendant trois siècles à cause des nombreux miracles qui s'opéraient par leur vertu.

« Le Monastère de Mairé-Lévescault ayant été détruit sous Charles Martel, pendant la guerre dont l'Aquitaine était le théâtre, l'Abbaye fut réunie à celle de Nouaillé. Les restes de saint Junien, qu'on était parvenu à sauver, y furent transportés, le six novembre 830, dans la célèbre église abbatiale dont le Saint devait être plus tard le patron. Placés dans un sépulcre de pierre derrière le grand autel, ils échappèrent aux ravages des Normands, quand ces barbares pillèrent l'Abbaye en 863.

« Un siècle plus tard, en 990, ils furent

solennellement portés au Concile de Charroux, à la demande des Évêques, qui voulurent s'inspirer, pendant leurs travaux, des pieux souvenirs de cet illustre Saint. On les reporta, immédiatement après la tenue du Concile, à l'Abbaye de Nouaillé, où ils continuèrent d'être visités par de nombreux pèlerins.

« Lors de l'invasion des huguenots, en 1560, les Religieux se hâtèrent d'enfouir très-secrètement les reliques de saint Junien. Mais, quelques jours après, ils furent tous massacrés, et le lieu où ils avaient caché le précieux trésor est resté inconnu.

« La Providence avait heureusement permis que des parties très-notables de ces mêmes reliques fussent primitivement détachées en faveur de quelques Monastères. Or les Religieuses de l'Abbaye de la Trinité de Poitiers, qui en possédaient de considérables, s'empressèrent de les partager avec les Moines de Nouaillé, aussitôt après la restauration de cette Abbaye, et ce furent ces mêmes reliques qu'on y vénéra jusqu'à la Révolution.

« Soustraites alors comme par miracle aux profanations des révolutionnaires, elles furent déposées, après le rétablissement du culte, dans les Archives du palais épiscopal de Poitiers En 1855, Mgr Pie eut l'heureuse pensée de les restituer à l'église paroissiale de Nouaillé, qui était précédemment celle de l'Abbaye.

« Ce fut à cette époque que M. l'abbé de Larnay supplia son Évêque de lui céder un de ces précieux ossements pour en enrichir le trésor des reliques de sa chapelle, ce qu'il eut le bonheur d'obtenir, le 27 juillet 1856.

« La pensée d'avoir dans cette crypte une insigne relique d'un des plus illustres saints du Poitou, confident des secrets les plus intimes de la conscience angélique de sainte Radegonde, le bonheur de posséder quelque chose de ce bras dont la main s'était levée plusieurs fois sans doute sur la tête de cette séraphique reine au moment de l'absolution et avait façonné le rigoureux instrument de pénitence sous les pointes duquel la Sainte châtiait son corps, ont fait bondir de joie le cœur de celui qui a obtenu cette précieuse relique.

« Dieu veuille que ce même sentiment soit partagé par tous les cœurs qui viendront ici la vénérer ! »

N'est-il pas vrai que ces paroles et ces accents font connaître M. de Larnay au naturel mieux que tout ce que nous pourrions dire ? Il continue :

« La seconde relique insigne, renfermée dans la châsse de l'autel, est de saint Félicien, martyr : l'os de la cuisse.

« Cette précieuse relique, primitivement extraite du cimetière de Saint-Calixte à Rome, avait été envoyée, le 6 avril 1712, par S. E. Gaspar Cardini, Cardinal camerlingue du Pape Clément XI, à Claude Charton, Abbé de l'Abbaye du Pin, près de Poitiers.

« La relique avait été reconnue authentique par Mgr de la Poype de Vertrieu, Évêque de Poitiers, qui avait accordé à l'Abbé du Pin la permission de l'exposer à la vénération des fidèles.

« Au moment de la Révolution, la relique fut sauvée du pillage par l'abbé de Cressac, lequel, cédant plus tard aux vives et pieuses instances d'un M. Gautier, lui en fit don dans la semaine sainte de l'année 1809.

« Le 18 juillet de cette même année, elle fut visitée chez M. Gautier par M. Bamard, prêtre-archiviste et ancien Chanoine de Notre-Dame-la-Grande de Poitiers, lequel se permit d'en extraire cinq petits morceaux.

« La relique était restée en dépôt chez M. Gautier et Mme Madeleine Daunay, sa femme, pendant dix-huit ans, lorsqu'elle échut par droit de succession à Mme Gautier, née Magen, qui a, par un billet en date du 24 avril 1843, attesté que la précieuse relique n'était jamais sortie de sa famille, qui l'avait toujours religieusement conservée.

« Enfin, M. Lacroix, curé de Montierneuf de Poitiers, ayant su que M. de Larnay cherchait des reliques pour sa chapelle, proposa de lui faire céder par la famille Gautier ladite relique, mise en dépôt depuis deux ans au secrétariat de l'Évêché de Poitiers, à la condition qu'il ferait cadeau d'un Chemin de Croix à l'église de Fontaine-le-Comte, près de Poitiers, paroisse de campagne de la famille Gautier. La clause ayant été acceptée, M. de Larnay est devenu propriétaire de la relique, et, après en avoir fait reconnaître l'authenticité par Mgr Pie, Évêque de Poitiers, il en a fait don à sa chère Maison de Larnay, le premier janvier 1859. »

Nous avons maintenant à faire connaître les belles verrières de la chapelle de Larnay, et c'est encore M. de Larnay que nous laisserons parler, puisque c'est toujours le meilleur moyen de le faire revivre lui-même en cette histoire de sa vie.

« La pensée de faire placer de magnifiques verrières dans la chapelle de Larnay a été inspirée par le désir d'élever plus puissamment vers Dieu l'âme des jeunes sourdes-muettes, et de dédommager ces pauvres enfants, par les jouissances de la vue, des sacrifices que la Providence leur a imposés en les privant de l'ouïe.

« D'une autre part, l'idée de représenter dans les fenêtres de l'abside tous les membres de la famille de Larnay aux pieds de leurs patrons, a été suggérée par le désir de perpétuer, dans un hommage solennel, la foi religieuse d'une famille qui n'a rien estimé plus à honneur que de paraître à genoux aux pieds de Dieu et de ses Saints.

« M. Louis Lobin, de Tours, qui fut chargé de ce travail, le 8 mai 1851, fête de l'Apparition de saint Michel Archange, le termina, un an après, avec le plus heureux succès. Toutefois, la pose des verrières, qu'il avait fait commencer, le 2 juillet, fête de la Visitation de la très-sainte Vierge, ne put être achevée, malgré l'activité de ses ouvriers, que le 22 du même mois, fête de sainte Marie-Madeleine.

« Sincère admirateur du style du moyen âge, M. Lobin l'a suivi rigoureusement pour l'ensemble et les détails de l'ornementation architecturale. Ainsi les dais, les colonnettes, les chapiteaux, les enroulements ont été consciencieusement étudiés par lui sur les meilleures œuvres du XIII° siècle. Quant aux personnages, il a dessiné leurs traits et fait parler leur physionomie le plus parfaitement qu'il lui a été possible ; reculant absolument devant la pensée de les déguiser sous les costumes du XIII° siècle, il a cru avec raison ne pouvoir rien faire de mieux que de leur donner ceux qu'ils ont portés; et enfin, devant peindre pour des héritiers survivants des membres de la famille de Larnay, il a tout simplement fait leurs portraits.

« Les douze grandes verrières qui éclairent la nef et le transsept, ainsi que les neuf petites qui ornent la chapelle absidiale et les passages, présentent de magnifiques mosaïques composées sur le modèle de celles de la cathédrale de Bourges.

« Leur ensemble est d'une admirable richesse et produit l'effet le plus imposant. L'œil et l'esprit se perdent dans le détail infini de toutes les lignes qu'il a fallu tracer pour obtenir une si grande quantité et une si étonnante variété de dessins. Le jour qui traverse ces beaux vitraux est si religieux qu'il procure je ne sais quelle pieuse et indéfinissable extase. Enfin l'harmonie et la vivacité des couleurs sont telles que le regard qui les contemple va d'admiration en admiration et finit par s'immobiliser dans une sorte d'éblouissement. Que nos pères étaient donc divinement inspirés quand ils imaginèrent de ne laisser pénétrer dans la Maison de Dieu d'autre lumière que celle qui paraissait offrir un reflet de la splendeur des cieux !

« Les cinq verrières de l'abside représentent la famille de Larnay à genoux devant ses patrons. C'est tout simplement un acte de foi qu'on a voulu monumenter ainsi, dans ce lieu sacré.

« Dans le quatre-feuilles qui couronne chacune des cinq fenêtres de l'abside, le peintre-verrier a placé une légende tirée de la vie du saint.

« Première fenêtre à gauche. Dans la première baie, on voit M. Charles-Gabriel Chaubier de Larnay en costume d'officier des gens d'armes de la Garde (une des compagnies rouges de la maison du roi Louis XVI). Il met un genou en terre devant l'Archange Gabriel. Sa pose est aussi chevaleresque que religieuse. Il a rejeté derrière lui les insignes de sa gloire militaire, la croix de Saint-Louis.

« Il abaisse son épée de la main droite par respect pour son céleste Patron, et il proteste devant lui de sa fidélité à Dieu avec sa main gauche appuyée sur son cœur.

« Dans la seconde baie, l'Archange Gabriel sourit à sa prière et la renvoie à Dieu en lui montrant le Ciel. L'Archange a les pieds nus selon les prescriptions de l'iconographie chrétienne, et il tient dans sa main gauche le sceptre, emblème spécial des Archanges.

« La légende représente le mystère de l'Incarnation. L'Archange fait la génuflexion devant la Vierge Marie en lui annonçant qu'elle sera la Mère du Sauveur du monde, et il lui offre son sceptre de Reine du ciel et de la terre. Dans le même instant, l'Esprit-Saint sous la forme d'une colombe vient consommer en elle la plus ineffable de toutes les alliances.

« Seconde fenêtre à gauche. Dans la première baie, a été représentée Mme Catherine Cossin de Belle-Touche, v^{re} de Larnay, à genoux sur un prie-Dieu devant sa patronne, sainte Catherine d'Alexandrie. Ses vêtements, graves et presque austères, peignent le caractère de sa vie tout entière, celui de la femme de douleurs. Toutefois la sérénité qui est empreinte sur ses traits et la résignation qui se révèle dans ses gestes décèlent la femme forte dont elle n'a cessé d'être le modèle.

« Dans la seconde baie, sainte Catherine, la tête ornée de la couronne impériale, mais ayant auprès d'elle les instruments de son martyre, la roue et le glaive, semble l'exhorter à la patience en lui montrant le ciel. Reine, vierge et martyre, douce et modeste dans les grandeurs, victorieuse dans les luttes de la parole, inébranlable en face des séductions, invincible dans les tourments, elle semble lui dire qu'il n'y a pas de victoires qui ne soient promises à la vertu chrétienne.

« La légende représente sainte Catherine parlant, en présence de l'empereur Maximien II, dans l'assemblée des philosophes païens, qu'elle confond et qu'elle convertit jusqu'à en faire des martyrs.

« Troisième fenêtre au milieu de l'abside. Dans la seconde baie, se trouve représenté M. Charles-Joseph Chaubier de Larnay, Chanoine théologal de l'Église cathédrale de Poitiers. Il est à genoux. Il présente à saint Charles Borromée la chapelle de Larnay, dont il veut faire hommage à Dieu par l'intermédiaire de son illustre Patron. Sa figure est aussi suppliante que son geste ; l'une et l'autre révèlent son désir ardent d'être exaucé.

« Dans la première baie, saint Charles lui tend la main pour recevoir son offrande ; mais son regard un peu sévère, accompagné d'un geste hésitatif de la main gauche, semble indiquer qu'il ne l'accepte qu'à la condition que le suppliant adressera à Dieu, au fond de son cœur, ces paroles du Roi Prophète : *Ce n'est pas à nous, Seigneur, ce n'est pas à nous, mais à votre Nom qu'appartient la gloire.* La figure de saint Charles est d'une belle expression.

Les lignes sévères du bas du visage, d'une part, décèlent les mortifications de la vie intime de ce grand Cardinal ; et, d'une autre part, la pureté du front et la limpidité du regard donnent à cette noble figure l'expression de sérénité et de paix qui caractérise les saintes âmes.

« La légende représente saint Charles Borromée donnant la communion aux pestiférés de Milan. C'est le tableau de la charité dans tout l'éclat de son héroïsme.

« Quatrième fenêtre, en inclinant à droite. Dans la seconde baie, est représentée Mlle Louise Chaubier de Larnay, ravie à la tendresse de sa famille à l'âge de vingt ans ! Elle est vêtue comme au plus beau de ses jours de fête, celui de sa première communion. Elle est à genoux au pied de son auguste Patron. L'expression de sa prière révèle son âme vive et ingénue. Elle sollicite avec tant d'instance la gloire des Bienheureux que saint Louis semble lui dire qu'il y a déjà longtemps que sa prière est exaucée. Quelque angéliques que le pinceau ait fait ses traits, ils n'offrent encore qu'un pâle reflet de la pureté de son cœur et de la beauté de son âme.

« Dans la première baie, saint Louis, Roi de France, son sceptre à la main, et dans toute la magnificence de son costume royal, lui montre le ciel, sa future patrie, et semble lui confier, comme un secret, que son ardent amour pour DIEU a singulièrement abrégé son pèlerinage sur la terre ; vous diriez même que la figure de ce grand saint, tout empreinte qu'elle est de dignité et de gravité, sourit cependant à l'heureuse nouvelle qu'il lui annonce. DIEU soit loué de nous peindre l'innocence et la vertu sous des traits si beaux et si ravissants !

« La légende représente saint Louis prisonnier des Sarrasins, repoussant avec horreur l'assassin qui lui apporte la tête du sultan. « Lors », dit Joinville, « il s'en vint au Roy sa main tout ensanglan-
« tée, et lui dit en cette manière : « Que me don-
« neras-tu quand j'ai occis ton ennemi qui t'eust fait
« mourir s'il eust vécu ? » Et, comme le Roy saisi de
« dégoust ne daignait pas lui répondre : « Choisis »,
« lui dit le barbare, « ou de périr de ma main ou de
« me faire chevalier ». — « Fais-toi chrestien », lui
« dit avec dignité l'intrépide Monarque. Alors les
« admiraults tinrent conseil et furent en délibéra-
« tion de faire le Roy soudan de Babylone ; ils di-
« soient qu'il étoit le plus fier chrestien qu'ils eus-
« sent jamais veu. »

« Cinquième fenêtre, en terminant à droite. Dans la seconde baie, est représenté M. Victor-Marie Chaubier de Larnay, Chanoine et Official de l'Église cathédrale de Poitiers, mort, hélas ! à l'âge de trente-neuf ans, victime de son zèle dans une cruelle épidémie. Il est à genoux devant saint Victor son patron, à qui il proteste du désir dont il brûle de se sacrifier pour la gloire de DIEU et le salut des âmes. Son geste peint tout à la fois sa gravité, sa foi vive et son âme de feu.

« Dans la seconde baie, vous voyez saint Victor de Marseille, illustre officier romain et glorieux martyr. Il appuie une main sur son épée devenue le symbole de sa double gloire; et, portant l'autre vers le ciel, il indique à celui qui l'invoque que c'est là que *ceux qui sèment dans les larmes moissonneront dans l'allégresse*.

« La légende représente saint Victor renversant d'un coup de pied l'autel des idoles. L'empereur, après l'avoir soumis à la torture, l'avait fait paraître devant lui, et lui avait ordonné de sacrifier à Jupiter : « Je méprise vos Dieux », dit Victor, « et je « confesse Jésus-Christ. » Puis, poussant du pied l'autel, il le renverse. L'empereur lui fait couper le pied, broyer le corps sous une meule de moulin, et, voyant qu'il respirait encore, lui fait trancher la tête.

« Dieu veuille », dit en terminant M. de Larnay, « que le spectacle de ces belles choses éveille dans le cœur de tous ceux qui les verront l'amour de Dieu et le désir du ciel ! Ç'a été du moins l'unique ambition de celui qui les a ainsi fait exposer aux regards. Il a voulu retracer dans cette pieuse chapelle une petite image du ciel pour ravir tous les cœurs de ceux qui viendront y prier vers cette délicieuse Patrie des Saints, dont il a été dit par le Roi Prophète : *Jérusalem, Cité de Dieu, il m'a été ra-*

conté de toi des choses admirables. Que mon âme sèche d'impatience en pensant à tes sacrés tabernacles ! »

C'est toujours, comme on le sent, l'âme de M. de Larnay épanchant sa foi et sa religion. C'est aussi l'expression de la joie dont il est rempli en voyant son Œuvre des sourdes-muettes ainsi consacrée définitivement par la construction d'une si belle église.

X

LES CRITIQUES. Mme DE LARNAY. GÉNÉROSITÉ DE M. DE LARNAY.

La joie de M. de Larnay ne fut pas sans mélange, en ce sens que les critiques ne lui furent pas ménagées, comme il arrive lorsqu'on fait le bien et en proportion du bien qu'on fait.

M. de Larnay eut à justifier l'Établissement qu'il créait pour les sourdes-muettes ; car on dit bien haut que ces constructions étaient fastueuses et excessives. C'est toujours la parole de plainte qui sortit autrefois de la bouche d'un homme dont on devrait repousser l'exemple avec horreur. « Pourquoi cette perte ? » disait Judas, lorsque la pécheresse répandit un parfum précieux sur les pieds du Sauveur. La réponse à cette question est la justification de l'Œuvre et du plan de M. de Larnay ; il faut la chercher dans l'Évangile.

Nous ajouterons néanmoins là-dessus quelques mots d'éclaircissement.

Il faut d'abord distinguer entre les constructions

destinées au service des sourdes-muettes et la chapelle.

Les premières sont solides, confortables, bien distribuées, mais nullement luxueuses.

Tout le faste, puisque le mot a été dit, se concentre dans la chapelle. Un intime ami de M. de Larnay a cru devoir se faire auprès de lui l'écho des critiques dont il était l'objet, et il lui a répété ce qu'il entendait dire, ces critiques ne lui paraissant pas à lui-même dénuées de tout fondement. « Pourquoi », disait ou répétait cet ami à M. de Larnay, « pourquoi cette profusion ? En économisant sur ces constructions, vous auriez pu vous ménager des ressources pour en faire d'autres qui sont nécessaires, et vous auriez assuré plus de richesses à votre fondation. »

Or voici la réponse à peu près textuelle de M. de Larnay : « Mon ami, vous ne savez pas à quel point les sourdes-muettes, en raison même de leur infirmité, sont exposées à tomber quand elles entrent dans le monde. J'ai recueilli à ce sujet des faits lamentables. Je voudrais donc les retenir dans l'Établissement le plus longtemps possible, toujours même, si cela se pouvait. Or je ne puis pas les y retenir par la contrainte ; je ne puis les retenir que par l'attrait. Je m'étudie en conséquence à les entourer de séductions pieuses et à les rendre si heureuses par les yeux, par le confortable, qu'elles ne puissent espérer trouver ailleurs un sort pareil, et qu'elles s'attachent à cette Maison comme à leur plus grand bonheur ici-bas. »

Nous devons citer à l'appui de ces paroles de M. de Larnay le passage suivant de la vie du Père Deshayes :

« Son plus grand désir eût été d'assurer un sort à tous les sourds-muets et à toutes les sourdes-muettes après leur instruction. Il eût voulu les conserver tous pour les préserver des dangers du monde. Quand des élèves venaient lui demander la permission de rester toujours dans ses Établissements, oh ! c'était alors que son âme était émue ! Non-seulement il accueillait leur demande avec empressement, mais il leur accordait mille petites jouissances, jusqu'à leur prêter sa voiture et ses chevaux pour les promener.

« Espérons », continue l'auteur, » qu'un jour ses vœux se réaliseront dans toute leur étendue. Déjà le bel Établissement de Larnay près de Poitiers les réalise avec succès pour les sourdes-muettes. »

Ce fut donc pour atteindre à ce désirable succès que M. de Larnay s'efforça de procurer à ses chères enfants le confortable de l'Établissement.

« Quant à ce qu'on appelle le *luxe* de la chapelle, considérez, mon ami », disait-il, « que je ne saurais donner trop de splendeur à la Maison de DIEU, d'abord en raison de la Majesté divine, qui a droit à nos plus grands hommages, et puis parce que c'est par les yeux seulement que nous pouvons faire entrer la foi et la piété au cœur des sourdes-muettes. Les splendeurs du temple leur font comprendre la haute idée que nous avons de la Majesté de Dieu et du respect qui lui est dû. Elles n'entendent pas, comme nous, la prédication. Le langage par les signes n'a ni la même lucidité, ni la même onction que la parole. Il faut les faire voir, faute de pouvoir les faire entendre. Toutes ces beautés dont on se scandalise, c'est une prédication par les yeux ; elles leur parleront et se feront entendre d'elles. *Les pierres crieront*, comme disait Notre-Seigneur. »

Cette explication doit sans doute désarmer les critiques. Elle est de plus une belle manifestation de la vive foi et de l'ardente charité de ce généreux prêtre, et nous pouvons bien comparer son âme à ce vase d'albâtre rempli d'un parfum très-précieux dont le Sauveur agréa l'offrande. Ne vous semble-t-il pas aussi entendre Jésus dire aux détracteurs et aux mécontents : « Pourquoi *le* molestez-vous ? »

Ces critiques inconsidérées, plutôt que malveillantes, eurent, certainement contre les intentions de leurs auteurs, des conséquences regrettables pour le bonheur naturel de M. de Larnay et pour l'avenir de son Œuvre. Tant il est vrai qu'on ne peut pas calculer la portée non plus que réparer les effets d'un jugement téméraire et d'une appréciation formulée trop légèrement.

Nous touchons ici à un point bien délicat, la manière d'être où va se trouver désormais M. de

Larnay vis-à-vis de sa *chère mère*, comme il ne cessera de l'appeler, son cœur ne démentant jamais sa parole.

Disons que Mme de Larnay avait une foi imperturbable et un sentiment très-vif du devoir. Pour elle, la foi n'était pas seulement la croyance ; c'était une certitude entière sans la moindre hésitation, c'était comme une vision indiscutable et qui n'a pas besoin d'arguments. Cette foi était le mobile absolu de ses actions ; quand sa conscience avait parlé, aucun intérêt temporel, aucun respect humain, aucune affection n'était capable de la détourner de ce qu'elle considérait comme son devoir.

Avec une telle foi, avec une volonté si ferme, jouissant d'une fortune de beaucoup supérieure à ses besoins, affranchie même de toute préoccupation d'avenir, puisque sa famille devait s'éteindre avec son fils, elle eût pu faire beaucoup de bien et laisser après elle des œuvres vivantes. Or comment s'est-il fait que sa grande fortune et sa très-longue vie se soient écoulées sans qu'il en restât aucune de ces traces qui fixent le souvenir et provoquent la reconnaissance des survivants ?

C'est qu'il y avait dans Mme de Larnay des défauts qui devaient fatalement stériliser toutes ses éminentes qualités. Elle avait le cœur sec et l'esprit étroit, et elle manquait de rectitude dans le jugement. On sent tout de suite où cela pouvait la conduire. Ce qui la préserva de tomber, comme tant d'autres ainsi disposés, dans des erreurs coupables de doctrine ou de conduite, c'est qu'elle fut toujours occupée du service de DIEU et des œuvres de charité. Mais parce que les considérations et les arguments que nous pourrions appeler *de cœur* n'avaient sur elle aucune prise, elle mettait de la parcimonie dans ses charités, marchandant non pas pour garder l'argent dans sa bourse, mais pour faire le plus d'œuvres possible avec une somme donnée d'argent. D'autre part, à cause de la nature de son esprit et de son jugement, quand elle croyait avoir raison, sa détermination était prise, et nulle discussion, nulle raison ne pouvait la faire revenir ou changer.

Il semblait que ce fût là chez Mme de Larnay une disposition d'esprit héréditaire; car il se trouve dans le testament d'un de ses auteurs, Charles Cossin d'Oroux, une clause qui nous fournit un exemple curieux de la manière dont elle-même entendait l'économie dans les œuvres pies. Il est dit dans ce testament : « J'ordonne qu'après mon trépas il soit pris et prélevé sur mes plus clairs effets mobiliers une somme de *six cents livres* qui sera employée à faire dire *douze cents messes* pour le repos de mon âme, laquelle somme sera distribuée à Messieurs les Prêtres de Poitiers, s'ils veulent s'en charger à ce prix; sinon, à Messieurs les Prêtres de quelque autre diocèse qui voudront les dire à dix sols chacune afin de faire dire pour la somme de six cents livres *six cents messes de plus qu'en Poitou* pour le repos de mon âme, *ce qui pourroit être de la dernière conséquence pour son repos, le mérite d'une messe étant inappréciable.* »

Voilà bien le raisonnement de Mme de Larnay. Combien de fois ne lui a-t-on pas entendu dire : « Les bonnes œuvres sont d'un prix inestimable. Plus j'en pourrai faire avec mon argent, et mieux cela vaudra. Il faut donc marchander pour les faire faire au meilleur marché possible, afin d'en faire davantage. »

La pensée avait peut-être un bon côté. Mais il en résultait — pouvait-il en être autrement — qu'elle ne faisait ses bonnes œuvres qu'à demi, qu'elle les plaçait mal et qu'elle ne leur donnait ainsi ni efficacité ni chance de durée.

Ces détails étaient nécessaires pour faire comprendre l'opposition qu'il y avait entre Mme de Larnay et son fils, et par suite les épreuves de ce dernier et ses mérites dans sa constante affection pour sa mère.

M. de Larnay avait lui aussi une vive et inébranlable foi, un dévoûment absolu à la loi de Dieu, une passion pour les œuvres pieuses ; mais il avait en outre une sensibilité extrême, une charité éclairée, une générosité sans bornes, enfin une véritable grandeur d'âme.

Dans le principe, Mme de Larnay s'était associée franchement à l'Œuvre des sourdes-muettes. Elle se prêta aux combinaisons qui devaient leur assurer le domaine de Larnay, et elle contribua de ses deniers à certaines dépenses. Mais bientôt on fit arriver à ses oreilles les critiques sur les prétendues dépenses fastueuses. « Avec la même somme », disait-on, « l'on aurait bâti deux Communautés, on aurait sauvé le double d'âmes. » C'était exactement le même calcul que celui des messes de M. Cossin d'Oroux. De pareilles observations tombaient sur un esprit trop bien disposé pour les accueillir. Mme de Larnay se prit elle-même à juger sévèrement l'Œuvre de son fils, et elle ne put se défendre de la critiquer vivement. Elle s'en désintéressa dès lors, et porta toutes ses ressources propres d'un autre côté.

Ce qu'eut à souffrir là M. de Larnay, personne ne peut ni ne doit le dire. Ceux qui vécurent dans son intimité purent à peine surprendre non pas la moindre plainte, mais seulement quelques soupirs étouffés presque aussitôt. Du moins ses larmes versées en secret, ses souffrances de tous les instants dissimulées aux yeux de tous et soigneusement renfermées dans son cœur qu'elles torturaient, Dieu les a connues et en aura fait une couronne de gloire pour son fidèle serviteur. Quant aux hommes de ce monde, ils n'ont jamais vu chez M. de Larnay que l'amour attentif, la vénération affectueuse, les soins toujours délicats et empressés du meilleur des fils pour sa chère mère.

M. de Larnay n'avait pas encore assez à souffrir. Sa vertu de fils et de prêtre fut mise à une épreuve telle qu'on en trouverait difficilement de pareille.

Un homme se posa entre la mère et le fils, et se laissa entraîner à faire tous ses efforts, hélas! couronnés de succès, pour détacher la mère du fils. Cet homme était prêtre et il était le directeur de conscience de Mme de Larnay. Se rendait-il compte de ce qu'il faisait? Nous n'avons pas le droit de l'affirmer. Ne voyait-il que le but qu'il se proposait, de fonder une Œuvre à lui, dont il espérait du bien pour les âmes? Nous voulons le penser. Comme aussi nous devons croire qu'il ne sut pas dominer l'inquiétude de caractère et l'ardeur d'imagination qui ne lui permirent pas de rester dans la Compagnie de Jésus, et qui, d'autre part, lui firent prendre sur celle qu'il dirigeait un empire absolu, au point qu'il était devenu comme le maître de la maison, où M. de Larnay, hors de son cabinet, était presque comme un étranger. « Voyez ma position », dit-il une fois à un intime ami : « moi, l'un des amis les plus dévoués des Jésuites, je suis devenu malgré moi le soutien d'un homme qu'ils n'ont pu garder. Que vont-ils penser de moi? » C'est, croyons-nous, la seule plainte qu'il ait fait entendre à ce sujet. Du reste, par respect pour sa mère, il a toujours conservé vis-à-vis de ce prêtre les habitudes de convenance et de politesse dont il ne s'écartait jamais.

Ce qui lui rendait sa peine plus sensible et plus méritoire aussi sa patience, c'était de voir que l'influence exercée sur sa mère la conduisait à deshériter l'Œuvre de Larnay pour disperser sa fortune sans aucun résultat sérieux.

Nous l'avons dit après le premier Pasteur du diocèse, de tant d'Œuvres que M. de Larnay avait entreprises et qu'il menait de front, la plus chère à son cœur c'était l'Œuvre des sourdes-muettes. « Ce n'est pas moi qui l'ai fondée », disait-il souvent, « c'est la Providence. » Nous avons vu comment en effet les sourdes-muettes avaient été reçues par lui à Larnay sans aucune préméditation de sa part, et comment aussi il s'attacha pour jamais à ces pauvres enfants, et voulut leur assurer à Larnay, à perpétuité, un asile plus convenable et plus complet qu'elles ne pouvaient le trouver à Pont-Achard.

A partir de ce moment, il s'était voué tout entier à cette Œuvre, qui était devenue l'objet de ses plus grands sacrifices ; et il put dire avec autant de conviction que de vérité aux enfants de son affection : « Vous aurez mon dernier soupir et mon dernier sou. »

Il leur a tenu parole. Car sur son lit de mort sa dernière pensée fut d'assurer l'avenir de cette Œuvre qu'il laissait inachevée.

Selon l'ordre de la nature, M. de Larnay devait survivre à sa mère. On comprend donc qu'il ait pu compter, pour achever les constructions de l'Institution des sourdes-muettes et pour constituer à cette Œuvre un revenu permanent, non-seulement sur son avoir personnel, mais aussi sur les biens considérables qu'il aurait hérités de sa mère dont la fortune s'élevait de trois cent cinquante à quatre cent mille francs. La mort, arrivant inopinément et prématurément, trompait tous ses calculs charitables, vu les dispositions de sa mère. On peut bien dire ici que la mort arrivait *comme un voleur*, puisqu'elle devait avoir pour résultat le dépouillement, qu'il soit permis de le dire, de cette belle fondation.

Dans ses derniers moments, M. de Larnay se préoccupa vivement de la situation de son Œuvre : il voulut obtenir de sa mère l'assurance qu'elle laisserait sa fortune à l'Établissement héritier de la foi, des affections, du bien, du nom de son fils. Pour donner plus de solennité au dernier acte de sa sollicitude pieuse et comme une sanction morale à cette sorte de testament de conscience, il choisit le moment où Monseigneur l'Évêque était venu lui faire sa visite dernière. Il pria Sa Grandeur de faire venir sa mère près de son lit de mort, et de vouloir bien lui répéter ce qu'il allait dire. Mme de Larnay était devenue sourde, et le malade ne pouvait plus parler que bas et très-péniblement.

Alors il supplia sa mère, dans les termes les plus respectueux, les plus affectueux et les plus pressants, de lui promettre de laisser sa fortune à l'Établissement de Larnay. Monseigneur l'Évêque répéta cette supplique, ce vœu ardent d'un mourant à sa mère, qui promit de se conformer au désir de son fils et de tout laisser à Larnay, sauf une somme qu'elle destinait à la Communauté de Sainte-Croix d'après le désir exprimé par son fils Victor et quelques dispositions rémunératives. Elle promit du reste de s'entendre avec Monseigneur pour la rédaction de son testament, déclarant de plus qu'elle était en conformité de sentiments avec son fils pour l'Œuvre qu'il avait fondée. Celui-ci s'endormit là-dessus dans la paix du Seigneur.

Mais Mme de Larnay fut bientôt entourée d'obsessions qui ramenèrent facilement et fortifièrent même ses préventions et les griefs qu'on lui avait inspirés contre l'Œuvre des sourdes-muettes, telle que son fils l'avait entreprise. Aussi, non-seulement elle n'a rien laissé à cette Œuvre ; mais elle l'a frustrée des legs mêmes de son fils, et elle a poursuivi les directeurs de l'Établissement de revendications et de tracasseries qu'on a peine à concevoir. Ce qui est triste encore, et qui n'est pas sans une grande instruction, sa fortune a été dilapidée sans aucun résultat utile ; et ceux-là même qui l'avaient obtenue d'elle ne lui en ont su aucun gré, parce que, dans cette fatale préoccupation de *faire le plus de bien au meilleur marché possible*, elle avait mis à ses dons des conditions vicieuses et inexécutables.

Il semble qu'on doive voir là le doigt de DIEU. De tous ceux qui ont obsédé Mme de Larnay pour lui arracher un lambeau de sa fortune, aucun n'en a profité. Cette fortune qui devait revenir aux sourdes-muettes, une fois détournée de sa destination naturelle, a été comme frappée de malédiction, et il n'en reste à peu près rien. Dans les négociations laborieuses qu'il fallut suivre pour obtenir qu'on respectât au moins les dispositions testamentaires de M. de Larnay, il y eut contre Mme de Larnay bien des paroles pénibles de la part des donataires eux-mêmes, qui se plaignirent qu'elle ne leur eût laissé que des embarras et des charges et qui ont délibéré s'ils ne renonceraient pas à son testament.

Son directeur de conscience, qui ne lui a pas survécu longtemps, n'a recueilli de sa succession que les plus cruels déboires. Il n'avait pas entendu, rendons hautement ce témoignage à la vérité, qu'il lui revînt à lui-même la moindre part de cette succession. Il avait fait arriver tout ce qui en était venu à la Communauté qu'il fondait dans un diocèse voisin, et dans laquelle Mme de Larnay se retira et finit ses jours en sa quatre-vingt-neuvième année, le quatre décembre 1867, cinq ans après son fils. Une clause de son testament fut une dernière tristesse pour la Maison de Larnay et aurait été pour le fils, s'il l'avait pu prévoir, un véritable chagrin. M. de Larnay, comme nous l'avons vu, avait fait construire la crypte de la Chapelle pour que sa dépouille mortelle y fût déposée ainsi que les restes de tous les siens. Mme de Larnay, devenue tout à fait étrangère à la Maison des Sourdes-muettes et sans doute repoussant l'idée que son corps pût y être transporté, déclara dans son testament qu'elle entendait qu'il restât dans la ville où elle s'était fixée.

Autre chose enfin par où nous terminerons ces tristes détails. Pour obtenir la livraison du portrait de leur bienfaiteur, que Mme de Larnay avait emporté dans cette ville, les Sœurs de Larnay durent céder en échange celui de sa mère qu'elles avaient toujours conservé avec honneur : de sorte que la Providence a permis qu'il ne restât plus à Larnay aucun souvenir personnel de celle qui, dévouée d'abord à cette Œuvre, s'était laissé entraîner à la répudier pour les motifs dont on a pu apprécier la valeur.

Cela dit, et nous l'avons cru nécessaire, nous manquerions à la vérité, à la justice, et aussi à la mémoire de M. de Larnay, si nous laissions nos lecteurs sous la fâcheuse impression qui résulterait de ce que nous venons de dire de sa mère. Nous avons eu avec elle pendant de longues années, avant la mort de son fils, et depuis, et jusqu'aux derniers jours de sa longue vie toute remplie désormais d'infirmités et de souffrances, des rapports nombreux, directs, personnels, et nous déclarons que, malgré ce que nous avons exposé, malgré ce que nous savons de surplus et que nous taisons, le sentiment que nous gardons pour elle demeure un sentiment de sincère estime.

Mme de Larnay, comme chacun de nous et plus qu'un grand nombre d'entre nous, a eu beaucoup à combattre au dedans et au dehors ; et, si elle n'a pas toujours été victorieuse, surtout des attaques du dehors, elle a toujours voulu être vertueuse, dans la plus chrétienne acception du mot. Elle l'a voulu avec toute l'énergie de son âme fortement trempée.

Cherchez premièrement le royaume de Dieu *et sa justice.* Cette parole évangélique a été la règle de sa conduite. Conquérir le royaume de Dieu pour elle-même, procurer le royaume de Dieu aux autres, telle a été constamment sa double préoccupation. Aussi sa vie était-elle sévèrement partagée entre la prière et les saints offices, les lectures pieuses, la visite du Saint-Sacrement, les bonnes œuvres et le travail. Pour elle pas de récréation ou de repos à rien faire ; elle préférait de rester chez elle, dans sa chambre et à sa table d'ouvrage, travaillant pour les pauvres, travaillant pour les églises, et en particulier dans la confection des fleurs.

Elle avait l'ambition du bien ; elle n'en connaissait aucune autre. Jamais elle n'a désiré les honneurs et la fortune, ni pour elle, ni pour ses enfants. Sa maison était tenue avec économie, mais dignement. Elle avait souvent quelqu'un à sa table, des amis intimes de la famille et aussi des prêtres, de ses chers Vendéens surtout. Elle recevait très-bien les personnes que son fils invitait. C'était, en un mot, une très-honorable maison.

Du reste, si M$_{me}$ de Larnay s'efforçait d'épargner, ce n'était pas pour thésauriser, mais pour faire plus de bonnes œuvres. « Sauvons des âmes ! » Elle répétait souvent ce cri comme une protestation contre toutes les préoccupations mondaines.

Or, c'est en exploitant, avec plus ou moins de bonne foi ou de lumière, cette noble passion, qu'on est parvenu à prendre sur son esprit un empire que rien n'a pu ébranler. On lui fit croire que les dépenses faites à Larnay étaient abusives et même coupables ; que c'était non pas seulement une dilapidation d'argent, mais une dilapidation d'âmes ; qu'elle devait repousser toute complicité dans cette Œuvre mal entendue, et qu'il y avait pour elle une autre voie où elle sauverait beaucoup plus d'âmes. Ainsi fut-elle amenée à dépenser toute sa fortune dans la création, hors de Poitiers, d'un Établissement dont les bonnes intentions n'assurent point la longue existence.

Cette conduite de M$_{me}$ de Larnay, les scrupules de sa conscience la lui avaient dictée. Il aurait fallu l'aider à les combattre ; on les entretenait en elle.

Un intime ami de son fils, et pour qui elle avait elle-même à juste titre une profonde estime, crut une fois avoir réussi à lui ouvrir les yeux. Ils avaient tous les deux discuté longtemps, et Mme de Larnay ne trouvait plus d'objection à faire. Mais le lendemain elle put consulter son directeur, et la logique de la veille s'en alla en pure perte. Se rencontrant avec la belle-mère de son contradicteur, elle lui dit naïvement : « Savez-vous que votre gendre est sévère ? Il avait inquiété ma conscience ; mais mon père en DIEU m'a tranquillisée. » Ce trait explique tout. Il ne nous permet pas de douter que Mme de Larnay fût en paix avec DIEU comme elle l'était avec sa conscience.

Il y a dans la famille de Larnay ou plutôt dans la famille Cossin un autre exemple de ces consciences qui s'égarent par une passion excessive du bien, surtout quand cette passion se joint à une volonté opiniâtre. Nous voulons parler de Mlle Thérèse Cossin, sœur aînée de Mme de Larnay, laquelle est demeurée jusqu'à la fin dans le schisme de la *Petite-Église*.

Il y a eu dans le caractère et dans la conscience de chacune des deux sœurs la plus grande analogie. La vie de Mlle Thérèse Cossin a été pareillement une longue suite d'œuvres pieuses et charitables. Elle disait à son neveu : « Mon pauvre Charles, je ne puis pas te ramener; mais tu es si bon que tu te sauveras tout de même. » M. de Larnay lui disait souvent : « Ma chère tante, allons à Rome, vous demanderez une audience au Pape, et vous verrez qui de nous deux se trompe. »—« Moi », répondit-elle, « aller à Rome ? Mais si j'entreprenais ce voyage, mon premier pas serait déjà un doute coupable. »

Mlle Thérèse se désolait de voir sa sœur Catherine *en dehors de la vérité*. Elle lui écrivait les lettres les plus pressantes pour la ramener et pour l'engager à penser à son salut. Elle lui déclara enfin qu'elle ne lui écrirait plus, puisqu'elle était inconvertissable.

Elle gémit après la mort de sa sœur, et elle a écrit depuis des lettres remplies des sentiments les plus religieux. M. de Larnay et son frère avaient fait tout ce qui leur était possible pour l'arracher à son erreur. Nous avons vu comme Mgr de Bouillé mourant avait prié pour elle avec les deux frères. Tout a été inutile. Elle n'est pas rentrée dans le sein de l'Église. Elle est partie de ce monde, le 18 juillet 1869, dans sa quatre-vingt-onzième année, entourée du moins de ses œuvres de charité qui lui survivent et qui peuvent permettre de répéter la parole de M. de Larnay, qui, sans se rassurer, cherchait à se consoler en disant : « Dieu fera miséricorde à ma tante, elle a une si belle âme ! »

Quand il s'agissait d'apprécier la valeur d'une

âme, autant qu'il nous est donné de le faire, M. de Larnay était un bon juge, car il avait lui-même l'âme grande et belle.

Aussi s'est-il trouvé de taille et de force à supporter avec autant de générosité que de simplicité ces épreuves incessantes de la vie privée qui dépassent les communes vertus.

C'est ce qui ressort de tout ce que nous avons dit de l'opposition que M. de Larnay finit par rencontrer dans sa chère mère pour son Œuvre des sourdes-muettes. Pouvions-nous n'en pas parler? Et que faudrait-il retrancher de ce que nous avons dit? M. de Larnay nous apparaissait; nous étions avec lui en écrivant ces lignes. La douce vivacité de son regard, le sourire de ses lèvres, la discrétion de sa parole ne nous empêchaient pas de pénétrer dans son âme et de lire dans son cœur. Non, jamais un fils n'a plus aimé sa mère ; jamais peut-être une mère, une mère d'ailleurs chrétienne, n'a causé plus de peine à son fils.

XI.

M. DE LARNAY AVEC SA FAMILLE DE LARNAY.

Mais revenons auprès des sourdes-muettes et dans *leur* Maison de Larnay, où le bienfaiteur et père de cette intéressante famille goûte, au milieu des enfants de sa charité, les plus douces consolations.

M. de Larnay oubliait dans la société de ces enfants, bonnes et pieuses autant que simples et naïves, les préoccupations et les soucis qui lui venaient de bien des côtés. Il aimait à se mêler à leurs récréations ; il se réjouissait de les voir rire et s'amuser, et il s'égayait avec elles. Il leur ménageait des surprises, il faisait aux unes ou aux autres, selon l'âge et le caractère, de petits cadeaux qui excitaient en elles une joie et une reconnaissance qu'elles exprimaient avec une vivacité charmante.

Elles l'entouraient dans le quinconce ou dans les allées du bois ; elles le pressaient de questions, elles lui demandaient des histoires. Il les commençait ; mais tout à coup, à l'endroit le plus intéressant, il s'arrêtait, s'amusant à piquer leur curiosité, ce qui est une assez grande épreuve pour la sourde-muette, qui est d'autant plus avide de connaître qu'elle se sent plus empêchée de contenter son désir. Il reprenait après quelques moments, et il terminait souvent par un trait à l'adresse de quelqu'une d'entre elles, en qui il avait remarqué certain défaut qu'il pouvait sans inconvénient signaler de cette manière, pour l'instruction des autres autant que de celle qui y était personnellement intéressée.

Une petite sourde-muette, âgée de sept ans, n'ayant pas de bourse, M. de Larnay voulut l'avoir à sa charge. Il l'amena d'abord chez lui à Poitiers et la traita comme un bon père traite son enfant. La petite se jetait à son cou comme aurait fait une enfant de trois ans. M. de Larnay, ne voulant point se prêter à ces caresses enfantines, conduisit la petite fille à Larnay et recommanda aux Sœurs de la retenir quand il viendrait voir les sourdes-muettes. Mais la petite s'obstinait à le poursuivre et à le surprendre. Un jour elle se tapit sous une table, et, ayant pu gagner ainsi la porte, elle s'échappa sans être aperçue et s'élança dans la cour du côté où elle pensait trouver M. de Larnay, qui ont la bonté de l'accueillir et de lui tendre les bras.

Elle perdit, en s'instruisant, ce qu'il pouvait y avoir de trop naïf dans cet abandon. Elle fit ensuite pieusement sa première communion. M. de Larnay écoutait toujours volontiers le récit que sa petite protégée lui faisait de ses peines, lors même que ce n'étaient que des bagatelles.

Cependant cette enfant lui causait du chagrin par sa légèreté. Mais il réussissait, chaque fois qu'il lui parlait, à calmer pour le moment sa vive imagination et à lui faire comprendre qu'elle était le jouet des illusions du démon.

M. de Larnay dit un jour à l'enfant : « Je voudrais voir ma petite protégée se rendre plus sainte que les autres sourdes-muettes et devenir leur modèle à toutes. » Elle lui répondit : « C'est difficile : je ne puis pas être toujours raisonnable, je suis trop légère. »

M. de Larnay lui dit encore : « Oh! si vous compreniez la grâce de DIEU! Mais hélas! peut-être jamais? » La jeune fille saisissait bien le sens de ces paroles ; mais, par malice, elle voulut paraître ne pas comprendre, et elle affecta même un air moqueur, que M. de Larnay supporta patiemment, attendant le moment de la grâce sur cette âme.

Une autre fois cependant, il lui dit avec tristesse : « Vous ne voulez pas comprendre la précieuse grâce de DIEU. Pourquoi méprisez-vous les Religieuses de Notre-Dame-des-Sept-Douleurs? Vous méprisez donc aussi DIEU dont elles sont les épouses, puisque vous dites qu'il les a mal choisies ? » Elle lui répondit vivement : « Moi, jamais je ne serai Religieuse. DIEU ne m'a pas dit de me faire Religieuse ; je n'en ai pas la vocation. » (Nous parlerons bientôt de cette heureuse institution de la vie Religieuse parmi les sourdes-muettes.)

Après la mort de M. de Larnay, le cœur de cette enfant fut changé. Elle faisait des neuvaines pour connaître par lui la volonté de Dieu. Mais elle ne voulait pas que ce fût la vie religieuse, parce qu'elle y avait toujours beaucoup de répugnance. Or il est arrivé, au bout de quelques années, qu'elle s'est sentie appelée de Dieu, et, tout en remerciant la Sainte Vierge et saint Joseph, en qui elle avait la plus grande confiance, elle disait qu'elle devait aussi à son bon Père le commencement de sa vocation. Elle est en effet devenue Religieuse de Notre-Dame-des-Sept-Douleurs. Elle n'oubliera jamais ce bienfait qui met le comble à tous ceux qu'elle a reçus de son bon Père protecteur.

M. de Larnay ne dédaignait pas d'écouter les petites sourdes-muettes qui avaient le désir de lui parler. Mais plusieurs étaient trop timides, et elles n'osaient se présenter à lui. Or que faisaient-elles ? Quand il passait, elles prenaient un air embarrassé pour être remarquées du bon Père, qui devinait au premier regard qu'elles avaient de l'inquiétude. Il leur disait alors avec bonté : « Pourquoi êtes-vous tristes ainsi? Pourquoi êtes-vous timides avec moi ? » Mais souvent elles continuaient de garder le silence. Il comprenait alors qu'elles désiraient lui parler en particulier. Il emmenait ces petites dans sa chambre, et il les installait dans des fauteuils comme de grands personnages ; il leur donnait du sucre, des bonbons pour les encourager à lui ouvrir leur cœur en toute simplicité.

Une Sœur ne pouvait pas parvenir à gagner la confiance d'une de ses jeunes élèves dont les dispositions l'inquiétaient. Elle en parla à M. de Larnay qui appela cette enfant dans sa chambre, la fit asseoir, et lui adressa de douces paroles mêlées de reproches qui produisirent leur effet. Voici à peu près ce qu'il lui dit : « Ma petite enfant, sois simple avec ta maîtresse. Je l'estime beaucoup. Mgr Pie aussi a dit qu'elle a un cœur d'or pour les sourdes-muettes. Moi, prêtre, je consulte souvent cette chère Sœur dans mes doutes et dans mes embarras. » Ces paroles ont humilié et édifié l'orgueilleuse enfant, qui s'est corrigée et qui est devenue plus tard Religieuse de Notre-Dame-des-Sept-Douleurs.

M. de Larnay ayant appris que deux jeunes sourdes-muettes venaient de perdre leur père, il s'en attrista. Il fit venir les deux enfants dans sa chambre, et il sut adoucir leur chagrin par des paroles d'une bonté toute paternelle. « Mes chères enfants », leur dit-il, « résignez-vous à l'adorable volonté de Dieu qui vient de vous retirer votre père. Ne vous alarmez pas, je suis déjà le vôtre ; mais, à l'avenir, je le serai doublement. » Il tint sa promesse, et il leur donna des preuves de sa sollicitude en plusieurs circonstances. La douleur qu'elles éprouvèrent ensuite de la mort de leur bon père de Larnay fut plus vive que celle qu'elles avaient eue de la mort de leur propre père.

Nous pourrions multiplier les traits de bonté et de tendresse paternelle de M. de Larnay pour ses enfants, dont il s'appliquait d'ailleurs toujours à reporter l'affection vers Dieu.

Le soir, après le souper, les grandes sourdes-muettes envoyaient souvent quelques-unes de leurs plus petites compagnes prier le bon Père de venir à la récréation causer avec elles. M. de Larnay disait : « Voilà mes petites souris qui viennent chercher des bonbons de ma table. » Il leur donnait alors un peu de dessert, et leur promettait de les aller trouver bientôt. Il venait en effet converser avec ses enfants, les écoutant toutes et chacune, répondant à leurs questions sans se lasser jamais. Lui-même, il leur communiquait ses pensées et ses projets.

Un jour qu'il les entretenait de la chapelle, qui se construisait en ce temps-là, une petite sourde-muette lui dit qu'elle désirait qu'on y mît des bancs et des fauteuils bourrés. « Oui », dit M. de Larnay, pour vous faire dormir. » La petite, sans se déconcerter, répliqua : « Mais les prêtres en ont bien. » Alors M. de Larnay fit apporter son fauteuil, y plaça l'enfant, et s'assit lui-même sur un banc à côté d'elle. La leçon fut comprise. L'enfant rougit et se prenait déjà à pleurer, d'au tant que la Sœur lui faisait des reproches de sa hardiesse. Mais M. de Larnay la consola, et lui dit qu'il était content de sa franchise et de sa simplicité.

Quand les premiers bancs allaient être placés à la chapelle, il demanda aux sourdes-muettes à qui on devait les donner. Elles répondirent toutes à l'envi : « Aux chères Sœurs. » Il fut très-satisfait de cette délicatesse des enfants, qui respectaient la supériorité de leurs Maîtresses en même temps qu'elles reconnaissaient ce qu'elles leur devaient.

M. de Larnay aimait à distribuer à la classe les rubans de mérite. Mais il recommandait bien aux enfants qui les avaient obtenus de ne pas s'enorgueillir de cette distinction et d'en rapporter tout l'honneur à DIEU.

Une jeune sourde-muette, qui revenait de vacances, avait oublié de dire bonjour à M. de Larnay. Celui-ci vint, quelques jours après, donner les rubans de mérite. Suivant son habitude en cette circonstance, il fit venir autour de lui les élèves de chaque classe successivement. Mais quand ce fut le tour de la classe de l'enfant, il fit semblant de ne pas connaître cette dernière, et il dit aux Sœurs : « Qui est cet enfant ? Je ne la connais pas. »

La sourde-muette qui nous a raconté ce trait nous disait en terminant son récit : « Ces paroles, vous le pensez bien, produisirent leur effet. Car il était bien dur de s'entendre dire par un si bon père : Je ne vous connais pas ! » L'enfant demanda son pardon, qu'elle obtint sur-le-champ.

M. de Larnay plaisantait volontiers avec les sourdes-muettes, comme le permet la naïveté enfantine qu'elles conservent jusque dans un âge assez avancé.

Quand il avait quelque chose de nouveau à apporter ou à dire, il donnait à deviner ce que c'était, et il s'amusait des efforts de leur curiosité. Il les tirait à la fin de leur embarras lorsqu'elles n'avaient pas réussi à en sortir par elles-mêmes.

Il allait causer avec les bonnes braves sourdes-muettes qui, pour être venues trop âgées dans l'Établissement, ou par défaut d'intelligence, n'ayant pas pu recevoir de l'instruction comme les autres, sont occupées aux ouvrages domestiques, à la cuisine, au lavoir, à la ferme, à la bergerie, à la basse-cour. M. de Larnay les félicitait de leur zèle et des services qu'elles rendaient à la Maison.

Il ne s'étonnait point des saillies des enfants. Il paraissait même leur céder, et il redoublait d'attention pour elles, ce qui les corrigeait mieux qu'une réprimande.

Une sourde-muette dînait un jour à sa table. Il lui présenta des carottes. L'enfant refusa, disant avec dédain ; « Mes parents ne mangent jamais de ça. » M. de Larnay la pria de ne pas se fâcher, et lui offrit d'un autre mets plus propre à flatter son goût. L'enfant, qui avait bien suivi le regard de

M. de Larnay, comprit sa petite impertinence et demanda à être servie du plat dont elle ne voulait pas d'abord.

Cette même enfant, quelque temps après, passant devant M. de Larnay, celui-ci lui mit la main sur la tête, comme il faisait souvent. Il ne savait pas que la pauvre petite en souffrait beaucoup. Elle lui dit brusquement : « Oh ! vous me faites mal. » M. de Larnay, très-affligé, s'efforça de la consoler et lui aurait presque demandé pardon.

Il se laissait taquiner par les petites sourdes-muettes, qui sautaient, gambadaient et dansaient autour de lui, qui lui enlevaient son chapeau, qui lui faisaient d'autres niches. Mais il recommandait aux Sœurs de rendre ces enfants plus réservées à son égard.

Une petite sourde-muette faisait beaucoup de bruit en fermant les portes : ce qui arrive même aux grandes, cela se comprend. M. de Larnay, qui était dans son appartement et que ce bruit incommodait, sortit et descendit, et montra à l'enfant comment il fallait s'y prendre pour fermer une porte doucement.

M. de Larnay était heureux de la confiance que lui témoignaient ses chères enfants. Il gardait toutes les lettres qu'elles lui écrivaient au premier de l'an. Il faut dire qu'elles étaient charmantes souvent et qu'elles auraient formé un très-intéressant recueil et comme un écrin de très-jolies choses.

Lorsqu'il s'absentait pour quelque temps, il tenait à recevoir des nouvelles de sa petite famille.

Une fois qu'il passait une saison à Néris, il fut plusieurs jours sans entendre parler de ses enfants. Il leur écrivit une lettre de tendres reproches, à laquelle bien vite elles répondirent de manière à lui faire oublier leur négligence. A son retour, elles lui ménagèrent une aimable surprise en lui donnant, dans le bois, la représentation d'une petite pièce composée à son intention. Rien n'y manquait. Il les en remercia avec une bonté et une cordialité toutes paternelles.

Il se proposait de les faire photographier en groupe. Elles le prévinrent et lui offrirent ce gracieux présent pour sa fête.

Il ne voulait pas permettre aux enfants de lui faire de petits ouvrages manuels qui auraient demandé un temps qu'elles devaient, disait-il, employer de préférence pour elles-mêmes et pour la Maison. Il ne put néanmoins s'empêcher d'accepter, et il reçut même avec un vif sentiment de joie une paire de bas qu'avait tricotée pour lui une jeune sourde-muette aveugle, dont nous avons parlé. Son corps a été mis en terre avec cette paire de bas.

Il avait du chagrin quand les petites sourdes-muettes méritaient des reproches et se faisaient punir. Il dit à une petite qui s'était mise dans ce cas : « Vous étiez un petit ange, et vous voilà devenue un démon. J'en ai bien du chagrin. »

Il aimait beaucoup à se trouver dans le vestibule de la chapelle au moment où les enfants s'y rendaient, et à les voir défiler pieusement et en bon ordre pour entrer dans le lieu saint.

Le 4 novembre, jour de sa fête, et le 25 du même mois, jour de la fête de sa *chère mère*, étaient deux jours de fête de famille pour toute la Maison de Larnay. Il arrivait avec sa mère la veille au soir. Les enfants allaient au-devant de lui dans l'avenue, et, d'aussi loin qu'elles apercevaient la voiture, elles manifestaient leur joie et elles envoyaient par les gestes leur pensée aux regards attentifs de M. de Larnay qui était tout heureux de les comprendre ainsi à distance. Sur la fin de la soirée, on se réunissait dans la salle, où les sourdes-muettes mimaient une petite pièce qui se terminait par des couplets qu'elles offraient à leur père bien-aimé ou à sa mère. Le lendemain, il y avait messe solennelle et communion générale. M. de Larnay et sa mère mangeaient au réfectoire avec toutes les enfants. Au dessert, M. de Larnay se procurait le plaisir de leur distribuer des bonbons et gâteaux dont il faisait les frais ainsi que du repas tout entier.

Le 6 janvier, fête de l'Épiphanie, était encore un jour de joie pour le père et les enfants. M. de Larnay servait le gâteau des Rois, et il prenait sa part dans la gaîté que la fève excitait parmi les enfants.

Il leur donnait, de temps à autre, mais avec discrétion, des passe-temps extraordinaires.

C'est ainsi qu'il profita de l'amabilité d'un pieux gentilhomme de ses amis, le baron de Constant, qui possédait, outre ses qualités solides, plusieurs talents de société, et qui donna une très-amusante soirée de prestidigitation. Il y avait plaisir vraiment à voir les physionomies des enfants et à suivre leurs gestes qui ne suffisaient pas à exprimer leur surprise et leur contentement. M. de Larnay n'était pas le moins satisfait.

Il ne négligeait aucune occasion d'attirer à Larnay les personnes distinguées, Évêques, Religieux, magistrats, notables enfin, qui étaient de passage à Poitiers.

Il conduisait les honorables visiteurs partout dans l'Établissement. Mais il leur faisait faire séance à la classe. Là, il les priait de poser des questions aux enfants sur le tableau. Les réponses ne se faisaient pas attendre. Souvent les premiers mots de la question étaient à peine tracés que la sourde-muette commençait à écrire la réponse.

On avait une fois demandé : « Pourquoi dites-vous les *bonnes* Sœurs? » Une petite immédiatement écrivit au-dessous : « Parce qu'elles sont nos mères. »

On avait écrit : « Il n'y a que les pécheurs qui doivent pleurer. » Une enfant répondit : « Les pécheurs doivent pleurer de repentir ; mais les Saints pleurent d'attendrissement sur les bontés de Dieu. »

Un jour, c'est un ministre anglican qui est admis à visiter l'Établissement. Conduit à la classe, il pose diverses questions aux enfants. Dans toutes, il se montre parfaitement convenable. Il paraissait surtout très-attentif à éviter ce qui a rapport à la Religion. Mais voilà que les enfants, qui savaient ce qu'il était, l'entreprennent, l'attaquent, le pressent. Il répond toujours avec courtoisie, mais en fuyant. Une enfant lui pose cette question : Aimez-vous la sainte Vierge ? » Le ministre s'excuse de répondre parce que ce serait trop long. Mais l'enfant sur-le-champ : « Oh ! c'est que vous ne l'aimez pas, et c'est pourquoi vous ne serez pas sauvé. »

Mgr Pie, qui venait souvent à Larnay, alors comme depuis, posa une fois cette question sur le tableau : « Les Saints sont-ils en état de grâce ? » Une enfant ne tarda pas à répondre : « Les Saints sont dans l'état de gloire. » L'Évêque récompensa l'enfant en lui donnant une image où MARIE était représentée sous les traits de la Belle-Jardinière, et demanda la raison de cet emblème à l'enfant, qui répondit : « C'est que MARIE cultive les âmes et y fait germer les vertus. »

Mgr Pie n'était pas allé à Rome en 1862, lors de la canonisation des Martyrs du Japon. Cette question fut posée sur le tableau : « Pourquoi l'Évêque de Poitiers n'a-t-il pas fait comme tant d'autres Évêques, lui qui aime tant le Pape ? » Une enfant répondit : « Pour éviter les éloges qu'il aurait reçus à Rome. » Une autre dit : « Pour maintenir la paix dans son diocèse en cas d'attaque des ennemis de la Religion. » Une troisième écrivit : « Pour garder son troupeau contre les loups comme doit faire un bon pasteur. »

C'est ainsi que M. de Larnay trouvait dans ces visites le moyen tout à la fois de distraire et d'instruire les sourdes-muettes.

XII.

FAVEURS OBTENUES POUR LARNAY PAR Mgr PIE.
SŒUR MARIE DE SAINT-PIE.

Le premier Pasteur du diocèse donnait à l'Œuvre des sourdes-muettes un appui aussi précieux que constant, et M. de Larnay ne pouvait assez lui en témoigner sa reconnaissance.

Mgr Pie, dans le voyage qu'il fit à Rome, en 1856, n'avait pas oublié la Maison de Larnay.

Ce fut une grande joie pour les enfants, pour les Sœurs, pour M. de Larnay, lorsque le digne Prélat vint apporter, le premier mai, un Rescrit de Sa Sainteté le Pape Pie IX, en date du 27 février, contenant des priviléges et des indulgences pour la chapelle de M. de Larnay.

Mgr Pie avait amené avec lui l'Évêque de Mont-Réal. Il y eut donc réunion générale à la classe. Là, devant toutes les enfants et les Sœurs assemblées, Sa Grandeur dit que, sur sa demande, Notre Saint-Père le Pape Pie IX accordait à la chapelle de Larnay trois indulgences plénières à gagner : une, au jour de la fête de Notre-Dame-des-Sept-Douleurs ; une, au jour de la fête de saint Charles Borromée, patron de M. de Larnay ; une enfin, au jour de la fête de sainte Catherine, patronne de Mme de Larnay. Le choix de ces jours ne pouvait pas être plus heureux ni plus délicat. M. de Larnay en fut touché jusqu'aux larmes, et, ne pouvant maîtriser son émotion, il se jeta aux genoux de Monseigneur et baisa son anneau avec une effusion d'affection et de reconnaissance.

Mgr Pie obtint aussi du Saint-Père, pendant son séjour à Rome, une faveur particulière qui réjouit toute la famille de Larnay.

Nous avons parlé d'une distribution des prix qui eut lieu au mois d'août 1849 et d'une jeune sourde-muette à qui fut décerné le prix d'honneur. Nous avons dit là le nom de cette enfant ; nous n'avons pas à le répéter ici.

Cette enfant, nièce d'un fermier de Mme de Larnay, née le 10 janvier 1833, en la paroisse de Moulin et élevée dans la paroisse des Echaubroignes, au canton de Châtillon-sur-Sèvre, avait été amenée par M. et Mme de Larnay dans leur voiture et placée à Pont-Achard, où elle commença son instruction au mois de septembre 1842. Ses progrès furent rapides. Mais elle se fit surtout remarquer par sa piété.

Depuis sa première communion, elle soupirait après le bonheur de se consacrer à Dieu dans la vie religieuse. Son infirmité paraissait devoir être un obstacle insurmontable. Elle priait cependant avec ferveur, et elle demandait à Dieu la grâce de cet insigne bienfait. « Pourquoi », se disait-elle, « n'obtiendrais-je pas une dispense du Souverain Pontife comme ma Sœur Saint-Léon ? » Au mois de janvier, il lui vint en pensée que Mgr Pie, qui lui portait beaucoup d'intérêt, pourrait bien, étant à Rome, demander pour elle au Saint-Père la même dispense, à l'effet d'entrer dans la Congrégation des Filles de la Sagesse, ce qui était l'objet de ses ardents désirs. Ayant donc pris conseil du Supérieur général et de la chère Sœur Supérieure de Larnay, elle écrivit elle-même à Monseigneur l'Évêque une lettre qui aurait au besoin triomphé de toute difficulté. Notre Saint-Père le Pape, sollicité par Mgr Pie, daigna accorder dans les meilleurs termes un Indult par lequel Sa Sainteté permettait aux Supérieurs généraux d'admettre la jeune sourde-muette dans la Congrégation des Filles de la Sagesse au même titre et avec le même habit que les autres Sœurs.

Au mois d'août de l'année suivante, l'heureuse sourde-muette partit pour se rendre à Saint-Laurent et y commencer son noviciat. Elle prit l'habit le 6 octobre.

Le 18, elle exprimait ainsi ses sentiments dans une lettre à Monseigneur l'Evêque :

« La bonté du Seigneur s'est manifestée envers moi d'une manière toute spéciale et toute miséricordieuse. Il m'a rendue une des plus heureuses de ses enfants en m'associant au nombre de celles qui se préparaient à devenir ses épouses. Il me faudrait un langage à part pour exprimer tous les sentiments de joie, de reconnaissance, d'amour que m'inspire une si grande miséricorde. Aspirer à devenir l'épouse de JÉSUS-CHRIST ! c'est trop d'honneur et de bonheur pour moi, pauvre petite sourde-muette. »

Cette pauvre petite sourde-muette, devenue novice de la Congrégation de la Sagesse, a fait sa première profession, sous le nom de Sœur Marie-de Saint-Pie, le 6 octobre 1858, et elle a prononcé ses vœux perpétuels au mois d'octobre 1863.

XIII.

Première communion et confirmation a Larnay. Les enfants de Marie du Sacré-Cœur.

Le service religieux de Larnay, avant qu'il y eût un Aumônier, consistait simplement en une messe basse dite généralement tous les jours, soit par M. le Curé de Biard, soit par quelque prêtre de Poitiers. M. de Larnay, depuis qu'il était Chanoine et tenu à l'assistance au chœur, disait rarement la messe à Larnay ; car il se faisait scrupule de dépasser la limite d'absence accordée aux Chanoines.

Mais il célébrait lui-même, autant que possible, aux jours des fêtes particulières à Larnay, et surtout aux jours de première communion.

Il n'est personne qui ait assisté à cet admirable mystère, à cette ineffable cérémonie de la sainte Église, la première communion, sans avoir été délicieusement attendri, remué, touché, jusqu'au plus intime de l'âme. Que n'a-t-on pas essayé de dire, et qu'est-ce qu'on a dit encore et de la condescendante tendresse du Seigneur Jésus, et du bonheur des enfants, et du contentement des parents, et de l'émotion générale, et de la surabondante joie du ministre de Jésus-Christ, dans un jour de première communion?

Mais à Larnay, au milieu de ces petites filles qui ne peuvent rendre leurs sentiments que par l'expression de leur visage et par les gestes de leurs mains, la scène a un caractère à part qui émeut bien davantage. Ces enfants, qui ont vécu et qui se sont développées d'intelligence et de cœur dans l'atmosphère de piété où leurs âmes ont commencé à vivre ou à se sentir vivre de la grâce, ces enfants vous offrent, comme dans un délicieux tableau, la modestie d'une innocence angélique, au front limpide et pur, aux joues tendrement colorées, aux lèvres souriantes, aux yeux doux et confiants, perçants et vifs, dont le regard, leur seul moyen de connaissance, s'en vient chercher votre pensée dans l'expression de votre visage et de vos yeux. Mais à l'église, elles sont toutes dans le plus profond recueillement.

Après la prière du matin et une petite méditation qui la suit, les enfants de la première communion vont demander à leurs chères Maîtresses un pardon général de leurs fautes, et elles attendent avec une sainte impatience le moment fixé pour la cérémonie.

Le voilà enfin arrivé. Toutes les enfants sont vêtues de blanc. Elles entrent à l'église deux à deux. Les premières communiantes, la tête parée d'une blanche couronne, ouvrent la marche. Elles vont se placer sur les banquettes ornées de verdure et de fleurs qui leur ont été préparées devant la table sainte, et chacune d'elles a auprès de soi un chandelier qui porte le cierge allumé, symbole de pureté et de charité. Leurs compagnes se rangent à leurs bancs accoutumés. Les chères Sœurs se tiennent par derrière, veillant sur leur famille et l'offrant au Seigneur. De pieux étrangers achèvent de remplir l'enceinte sacrée.

Le célébrant ne paraît pas encore. Durant ce moment d'attente, toute l'assistance est dans le silence d'une profonde adoration. Si les enfants relèvent la tête, c'est pour porter les regards vers le tabernacle au sein duquel les yeux de leur foi découvrent le Dieu d'amour qui se cache sous les voiles sacramentels.

Cependant le ministre du sacrifice, précédé de deux Frères qui font les fonctions d'acolythes, sort de la sacristie, revêtu des plus beaux ornements. Les enfants se lèvent et s'agenouillent aussitôt. La messe commence. Les sourdes-muettes s'entretiennent avec Notre-Seigneur et suivent attentivement tous les progrès de l'action qui se fait à l'autel.

Quels hommages sincères, quels sentiments profonds, quels désirs ardents accueillent le Fils de Dieu descendant à la voix du prêtre sur ce nouveau Calvaire, d'où il ira dans quelques instants s'ensevelir plein de vie dans ces jeunes cœurs que sa grâce docilement écoutée a rendus si dignes de le recevoir!

Le prêtre a communié au corps et au sang de Notre-Seigneur. C'est le moment de la communion des fidèles. Chères enfants, quels tressaillements dans vos âmes, quand vous voyez que vous êtes si près de goûter le céleste bonheur qui vous a été promis ! Mais arrêtez un peu les élans de votre amour, ou plutôt laissez-vous enflammer par les paroles de feu que vous adresse le ministre de Jésus-Christ.

M. de Larnay disait la sainte messe avec une vive foi, qui augmentait à tel point sa sensibilité naturelle qu'il versait alors d'abondantes larmes. Mais, dans ces messes de première communion, il ne pouvait plus maîtriser son émotion. Toutefois il faisait effort pour donner l'exhortation, qui présentait une particulière difficulté, en ce que, ne voulant pas édifier seulement les sourdes-muettes, mais aussi les fidèles pour qui les signes tout seuls eussent été un langage incompréhensible, il était obligé tout à la fois et de mimer sa parole et de parler ses gestes. M. de Larnay y mettait toute son âme de prêtre et de père. Son visage s'illuminait ; le sourire était sur ses lèvres, et il avait des larmes dans les yeux. Ses gestes, qui souvent devançaient sa pensée, étaient si expressifs que, bien qu'ils fussent quelquefois incorrects par rapport aux règles de la langue des sourdes-muettes, les personnes qui n'étaient pas initiées à cette langue comprenaient ce qu'ils voulaient dire.

Mais comme les enfants saisissaient rapidement !

Comme elles se pénétraient de tous les sentiments religieux qui devaient achever de les rendre agréables à l'Hôte divin qu'elles allaient recevoir !

L'exhortation est terminée. Les enfants disent avec leurs mains les actes avant la communion. Au signal donné, toutes ensemble se lèvent de leurs places et vont à la Table sainte, pour prendre part, pures colombes, au banquet de l'Agneau sans tache.

Les aînées viennent à leur suite participer au même festin. Après, ce sont les chères Sœurs à qui Notre-Seigneur accorde sans doute des faveurs spéciales pour Lui avoir préparé de si riches sanctuaires dans les cœurs de ces enfants.

Joies de l'Eucharistie, mystère de bonheur, que vous rendez facile le support des misères de la vie ! Et pourtant que vous faites vivement désirer l'éternelle communion des Cieux !

Quand la distribution du Pain des Anges était finie, les enfants ayant dit les actes après la Communion, M. de Larnay adressait à ses chères petites quelques paroles de vives actions de grâces et de résolutions généreuses.

Lorsqu'on pouvait disposer d'un prêtre, il y avait une grand'messe solennelle, où les enfants étaient heureuses de remercier encore le Bien-Aimé de leurs âmes.

Elles prenaient ensuite leur repas avec une modestie et un recueillement qui charmait M. de Larnay. De même il se réjouissait de se mêler à leur récréation, qui était tout embaumée du parfum de la cérémonie du matin.

Après les vêpres, M. de Larnay parlait aux enfants pour les disposer à renouveler les promesses de leur baptême. Ou bien il priait un prêtre de faire cette instruction, qu'une Sœur traduisait à mesure par signes aux enfants. On sortait ensuite en procession jusqu'au bout de l'avenue ; au retour on s'arrêtait dans la cour devant la statue de la Sainte Vierge, où quelques mots étaient adressés aux enfants qui faisaient ensuite leur consécration à la Sainte Mère de Dieu. On rentrait alors à l'église pour recevoir la Bénédiction du Très-Saint-Sacrement.

Après le souper, M. de Larnay se retrouvait au milieu de ses enfants, s'entretenait gaiement avec elles, et leur souhaitait à la fin la bonne nuit sous la protection de leurs Anges gardiens.

Telles étaient pour M. de Larnay ces délicieuses journées de première communion dans la Maison qu'il avait donnée à ses enfants d'adoption.

Les jours de confirmation étaient encore des jours de bonnes fêtes pour lui. Monseigneur l'Évêque répondait aussi avec tant de bonté à son appel ! C'était une juste récompense accordée à l'Œuvre de Larnay, pour laquelle Sa Grandeur témoignait la plus encourageante sympathie. Monseigneur, avant la confirmation, faisait une allocution qu'il ne craignait pas de donner très-doctrinale et trèsrelevée. Une Sœur traduisait de suite par signes. Les enfants, dans les questions qu'on leur faisait après la cérémonie, montraient par leurs réponses qu'elles avaient bien compris et beaucoup retenu.

Monseigneur était ainsi venu le 17 juillet 1856, et M. de Larnay écrivait le lendemain à Sa Grandeur :

MONSEIGNEUR,

« Je viens Vous exprimer de nouveau tout le bonheur que Votre auguste présence a causé hier à Larnay. Je ne Vous dirai pas que Vos délicates attentions Vous ont enchaîné tous les cœurs : la chose est faite depuis longtemps. Mais Vous avez rivé nos chaînes de si belle manière que rien désormais ne peut les rompre.

« Missionnaires, clergé, Filles de la Sagesse, Enfants de MARIE, ma vertueuse mère et moi, nous ne pourrons oublier les délicieux et trop rapides instants pendant lesquels nous avons eu le bonheur de Vous posséder.

« Enfin, MONSEIGNEUR, Vous avez mis le comble à la joie de ce beau jour en offrant à ma bonne mère pour notre cher Établissement de Larnay la relique de saint Junien qui était devenue depuis quelques semaines l'objet de tous nos désirs. »

Quand Monseigneur ne pouvait pas venir à Larnay, les enfants recevaient la confirmation dans la chapelle de l'Évêché. M. de Larnay leur donnait ensuite chez lui une collation saintement joyeuse.

Les Enfants de MARIE, dont parle M. de Larnay, appartenaient à la Congrégation de dames pieuses formée sous ce nom au Sacré-Cœur de Poitiers.

M. de Larnay les invitait spécialement jusqu'au nombre de quatre-vingts et plus. Des voitures de toute sorte étaient mises à leur disposition ; une collation leur était servie, le tout aux frais de M. de Larnay, qui en était dédommagé par les libéralités des Enfants de MARIE pour sa chère famille. Car elles entretenaient un certain nombre d'enfants, œuvre de charité qui se continue dans cette pieuse Association.

Il y avait chaque année au Sacré-Cœur, avec le consentement empressé des Dames Religieuses, une réunion des sourdes-muettes, à qui les Enfants de MARIE faisaient *fête*. Les sourdes-muettes donnaient une séance mimée, qui était toujours et très-justement applaudie. M. de Larnay, qui présidait, animait tout avec son entrain accoutumé. Les sourdes-muettes s'en retournaient bien contentes, laissant d'elles un bon souvenir qui portait ses fruits.

C'étaient de nouvelles ressources que M. de Larnay s'empressait de reconnaître, tout en disant qu'il lui en fallait bien d'autres.

XIV.

M. DE LARNAY ET SA CORRESPONDANTE DE LIMOGES.

M. de Larnay avait su intéresser à son Œuvre, ou, pour parler son langage, dont la vérité n'excluait pas son concours, Dieu avait suscité en sa faveur des âmes ardentes aussi pour le bien, qui l'aidèrent moins encore, il le faut dire, en lui procurant de l'argent, qu'elles ne le réjouirent en augmentant le nombre de ses chères enfants.

Ce qui ne se fit pas toutefois sans bien des difficultés, qui ne mirent point à bout sa persévérance.

C'est ce qu'il nous paraît bon de mettre en relief par des extraits des lettres que M. de Larnay a écrites à une personne bien connue dans Limoges, où, malgré sa santé misérable, elle déploie une incessante activité pour l'assistance des malheureux. Pourquoi ne nommerions-nous pas Mlle Benoît du Buis ?

M. de Larnay lui écrivait donc le 30 novembre 1855 :

« Mademoiselle,

« Daignez faire agréer à la pieuse Association des Économes de Marie l'expression de notre bien vive reconnaissance. Nous bénissons la divine Providence de ce qu'elle vous a inspiré la noble pensée de prendre sous votre protection les plus abandonnées de toutes les créatures malheureuses. Soyez persuadée que DIEU vous accordera pour cela une magnifique récompense. Je vous adresse une liste de cinq enfants, parmi lesquelles vous pouvez choisir les deux qui vous intéresseront le plus. Adressez-vous pour cela à MM. les Curés de ces pauvres enfants. Ils s'estimeront trop heureux sans doute d'être dans cette circonstance les avocats de leurs petites paroissiennes. Nous allons donc attendre très-prochainement les deux petites que votre charité voudra bien nous envoyer. »

Et, le 28 décembre :

« Mademoiselle,

« Je comptais, d'après la lettre que j'ai eu l'honneur de vous écrire, il y a tantôt un mois, recevoir à Larnay deux de vos petites muettes limousines. Ne les voyant pas venir, je m'en inquiète. Seriez-vous assez bonne pour me donner la raison de ce long délai, et assez aimable pour nous envoyer ces chères enfants comme étrennes du premier de l'an ?..... Nous attendons de vous deux enfants *vraiment intéressantes*, telles enfin que celles que nous possédons en si grand nombre à Larnay. »

Cette seconde lettre n'ayant pas eu plus de réponse que la première, M. de Larnay écrivit à un ecclésiastique la lettre suivante :

« 4 février 1856.

« Monsieur l'Abbé,

« Permettez-moi de m'adresser à vous, *je dirais presque en désespoir de cause*. Depuis six mois, je ne puis obtenir de réponse de qui que ce soit de Limoges à la question suivante : « Faut-il compter oui ou non sur l'envoi de deux sourdes-muettes limousines à l'Établissement de Larnay ? » — J'avais fait l'offre de payer de mon argent la pension d'une de ces infortunées, pourvu qu'on payât la pension de l'autre, *deux cents francs*. J'avais demandé une prompte réponse afin de faire jouir un autre diocèse de l'avantage qu'on eût refusé dans le vôtre. Pour éviter tous les obstacles, j'avais adressé une liste de sourdes-muettes de la Haute-Vienne à la Présidente des Économes de MARIE. Je n'ai pas reçu de réponse après plusieurs lettres. Il faut bien cependant que je sache *si je suis lié encore* par ma promesse, ou si je puis offrir ma bonne volonté à d'autres. Soyez assez complaisant, Monsieur, pour me tirer de cette singulière perplexité.

« J'aurais une autre observation à faire. Les personnes qui m'écrivent de chez vous m'écrivent toujours de telle sorte que j'ignore si c'est un Monsieur ou une Dame ou une Demoiselle qui me parle, et leur signature est telle que je ne puis la déchiffrer. Dans notre vieux Poitiers, nous donnons toujours notre adresse très-lisible quand nous écrivons à quelqu'un *pour la première fois*.

« Daignez, Monsieur, offrir à Monseigneur l'hommage de mon profond respect, sans lui parler de mes *fâcheries*. Car il a été bon pour moi au-delà de toute mesure, et je ne me pardonnerais pas de lui causer le plus petit déplaisir. »

Mais voici d'autres extraits des lettres de M. de Larnay à Mlle Benoît du Buis :

« 25 mars.

« Mademoiselle,

« Je vais sans doute jouer devant vous le rôle d'un importun. Mais rassurez-vous. Ce sera apparemment pour la dernière fois.

« Je pars lundi, 31 mars, pour Périgueux, où je suis appelé par Mgr Georges pour traiter avec lui les intérêts de ses pauvres petites muettes. Si d'ici à cette époque je n'ai pas reçu une réponse de Limoges me faisant savoir d'une manière *bien précise* que deux sourdes-muettes arrivent à Larnay cette semaine, je retire les offres que j'ai faites, et dont il paraît qu'on n'a pas fait grand cas, pour les présenter à d'autres qui y attacheront plus d'importance. Après cela, si les malheureuses muettes de la Haute-Vienne se trouvent déshéritées du *bienfait de la foi*, ce ne sera pas de ma faute : j'ai, comme on dit, *remué ciel et terre* à la Préfecture et à l'Évêché pour sauver quelques-unes de ces malheureuses. »

« 24 mai.

« Mademoiselle,

« Vous me faites demander l'admission de deux sourdes-muettes à Larnay, et vous me faites savoir qu'elles sont à notre disposition : nous les acceptons bien volontiers, et elles peuvent venir *tout de suite* à l'Établissement.

« L'offre que j'avais faite, il y a un an, de prendre une de vos petites muettes *entièrement à ma charge* ayant été refusée par vous, je l'ai transmise à Périgueux, où elle a été acceptée immédiatement. Vous m'avez donc mis dans l'impossibilité de pouvoir vous la présenter de nouveau aujourd'hui. Toutefois si vous consentiez à payer la pension de deux muettes et si vous nous faisiez la gracieuseté de les amener vous-même pour vous entendre avec moi sur le sort de vos pauvres petites muettes, je consentirais encore à prendre entièrement à ma charge *une troisième muette*, qui serait de votre choix. Mais encore je ne la prendrais qu'à la condition *rigoureuse* que vous viendriez ici et que vous accepteriez d'être la haute protectrice de ces petites infortunées limousines.

« Si je me suis trompé dans mes calculs ou mes espérances, c'est-à-dire, si vous êtes tout à la fois dans l'impossibilité de venir nous voir et de nous payer la pension de *deux* enfants, envoyez-nous-en une pour deux cents francs par an, et nous la recevrons encore avec plaisir, je dirais presque avec reconnaissance.

« *P. S.* J'oubliais de vous dire que mon excellente mère, qui est entièrement retitée du monde et qui vit comme une religieuse, se fait une fête de vous offrir un gîte chez elle à Poitiers et de vous conduire ensuite avec vos *deux* petites muettes à Larnay. »

« 1ᵉʳ juin.

« Mademoiselle,

« Depuis que vous nous avez appris votre *éclatante conversion*, tout le monde ici brûle du désir de vous voir. Venez donc.... venez vite.... Et venez surtout avec vos deux intéressantes sourdes-muettes. Vous passerez à Larnay et à Poitiers tout le temps que vous jugerez convenable. »

« 1ᵉʳ juillet.

« Mademoiselle,

« Est-ce que vous seriez par hasard malade? J'ai lieu de le craindre, puisque je ne vous vois pas venir, et que je n'entends plus parler de vous. S'il n'en est rien, je suis heureux de vous annoncer que nous prêchons une retraite pour les sourdes-muettes, qui commencera le 12 du courant et qui finira le jeudi 17 par la confirmation de neuf de nos enfants. Ce jour-là sera un beau jour de fête pour Larnay. Oh ! venez donc avec trois sourdes-muettes, au moins de manière à passer toute la journée du jeudi avec nous. »

« 1ᵉʳ août.

« Mademoiselle,

« Votre lettre, datée du 29 juillet, m'arrive aujourd'hui 1ᵉʳ août, au Séminaire de Périgueux, où je suis retenu pour le Concile.

« La démarche que vous avez faite auprès de MM.... a été bien calculée. Leur négligence ou leur lenteur à vous répondre *ne m'étonne nullement*. Mais il faut savoir faire le bien quand même, et ne jamais se déconcerter ou se décourager quand on traite les grands intérêts de la gloire de DIEU et du salut des âmes. Je pense donc que les obstacles même de la part de...., ne feront qu'exciter votre zèle.

« J'ai eu l'honneur de vous dire, Mademoiselle, que nous

prendrions vos petites muettes pour deux cents francs de pension par tête par an pendant la durée de leur instruction qui est de six à sept ans, et qu'ensuite nous nous en chargerions à forfait pour toujours, ce qui est la condition la plus avantageuse qu'on puisse vous proposer pour ces pauvres enfants, *quelque part que ce soit*, outre qu'elles sont élevées à Larnay loin de tous les dangers et *loin des sourds-muets*, tandis qu'à Bordeaux, où j'étais avant-hier, les petites filles sont dans la *même* maison que les jeunes garçons.

« Maintenant pour ce qui touche au côté pratique de la question relativement à vos trois enfants :

« 1º Confiez votre première muette à quelqu'un qui la déposera chez les Sœurs de Pont-Achard, d'où on la fera conduire à Larnay.

« 2º J'accepte votre seconde muette de dix-sept ans, du moins à l'essai ;

« 3º Enfin, si la troisième muette est *vraiment* aussi intéressante qu'on vous l'a dit, vous lui donnerez le meilleur trousseau que vous pourrez lui procurer, et je la prendrai entièrement à mon compte pour toujours. Elle n'aura plus besoin de la bourse que lui offre votre *gentil*..., bourse du reste qui a été votée deux années de suite par le Conseil général de votre département pour l'*Établissement de Larnay*, et qu'il plaît à votre *beau Monsieur* d'appliquer à celui de Bordeaux.

« Enfin, Mademoiselle, vous désirez savoir combien nous vous demanderons pour chaque muette, si *vous nous les envoyez plus tard en grand nombre*. Voici ma réponse :

« *Contentons-nous de trois pour le moment*. Plus tard nous verrons ce qu'il y aura à faire. Voilà cinq ans que je sollicite soit à la Préfecture, soit à l'Evêché, soit auprès de vous, l'envoi de quelque sourde-muette, et je n'en possède pas encore *une seule* ! Lorsque le *grand nombre* dont vous me parlez sera trouvé et prêt à partir, nous verrons ce que la Providence nous permettra de faire. Travaillez à nous procurer ce grand nombre de *l'âge compétent*.

« *P.-S.* Je suppose que votre muette de dix-sept ans a des mœurs très-pures ; autrement nous n'en voudrions d'aucune façon. Je vous prie de *faire un examen sévère sur cet article*. »

Voilà quelle était la persévérance, la constance, nous dirions la ténacité de M. de Larnay dans ses Œuvres. Les obstacles, les difficultés, les lenteurs n'ôtaient rien à son zèle. Le but qu'il se proposait avait justement tant de prix à ses yeux qu'il le poursuivait avec une ardeur croissante jusqu'à ce qu'il y fût parvenu.

Que de lettres pour avoir une sourde-muette ! Et il ne la possédait pas encore.

Mais, enfin, ses efforts sont récompensés. Sa correspondante, qui n'avait pas moins de persévérance, a réussi à envoyer plusieurs sourdes-muettes. M. de Larnay lui écrit :

« 25 octobre.

« Mademoiselle,

« J'arrive à l'instant, je trouve votre aimable lettre ; je m'empresse d'y répondre.

« Vos *vieilles* vont très-bien. J'espère qu'on pourra les instruire. Nous recevrons bien volontiers les deux nouvelles que vous nous amenez.

« Ma bonne mère se fait une fête de vous revoir à Larnay à l'époque de la première communion de nos enfants, et tout le monde ici partage cette espérance.

« Courage, Mademoiselle ; vous avez entrepris une œuvre qu'il faut conduire à bonne fin. Il est évident que vous avez reçu une mission providentielle à cet égard. »

« 26 novembre.

« Mademoiselle,

« J'accepte de nouveau le petit bijou que vous nous offrez, et aux conditions que vous m'avez proposées, c'est-à-dire, de la recevoir *pour l'amour de* Dieu.

« Madame la Supérieure va vous renvoyer votre *pauvre innocente*, qui n'apprendra sans doute que le bon DIEU est mort pour elle que lorsqu'elle entrera dans le paradis en vertu de son baptême. »

« 23 février 1857.

« Mademoiselle,

« Toutes vos petites muettes se portent fort bien. On en est fort content. DIEU bénit visiblement tout ce que vous entreprenez. »

« 3 mai 1859.

« Mademoiselle,

« Recevez l'expression de ma bien vive reconnaissance pour le dévouement admirable que vous témoignez en faveur de mes Œuvres. Nous avons aujourd'hui quatre-vingt-dix sourdes-muettes et cinq aveugles !!!

« Mlle de ***, d'Angoulême, entraînée par votre exemple, vient d'entreprendre dans son diocèse de faire des enrôlements pour Notre-Dame de Larnay, comme vous en faites dans le vôtre.

« Que DIEU vous bénisse l'une et l'autre et vous réserve deux des plus belles places dans son paradis. »

C'est donc une autre âme que DIEU suscitait et qui venait s'unir à l'âme de M. de Larnay pour s'associer à ses Œuvres. Nous voyons aussi que la Maison de Larnay ne s'ouvrait pas seulement aux sourdes-muettes, mais encore aux jeunes aveugles.

Nous parlerons bientôt de cette dernière Œuvre si intéressante. Nous voulons donner une autre lettre de M. de Larnay, toujours adressée à sa correspondante de Limoges :

« 10 juillet.

« Mademoiselle,

« Ou plutôt notre bon Ange. Daignez étendre vos ailes pour nous couvrir de votre protection auprès de M. le Préfet. Je me permets de vous adresser une lettre pour lui. Veuillez la lire et la lui remettre en l'accompagnant de quelques-unes de ces paroles qui opèrent des miracles sur vos lèvres.

« Notre chère Maison de Larnay va trop bien, car je ne sais plus où prendre de l'argent pour faire vivre tout ce monde : quatre-vingt-douze sourdes-muettes, six aveugles ! Venez-nous donc en aide par votre Préfet et vos Conseillers généraux. Le jour où vous m'annoncerez le succès de ma démarche, je prierai le bon Dieu pour vous depuis le matin jusqu'au soir.

« Tout le monde vous aime et vous bénit à Larnay. Quand viendrez-vous donc recevoir le tribut de notre gratitude ? »

Nous n'avons pas craint de multiplier ces extraits, parce qu'ils font bien comprendre l'Œuvre de Larnay, et aussi parce qu'on peut, en les lisant, se faire une idée de ce que M. de Larnay a dû écrire de lettres et entreprendre de démarches pour créer et soutenir ses diverses Œuvres. On a malheureusement brûlé après sa mort tout un amas de lettres qui lui avaient été adressées. Ce sont autant de témoignages perdus de son zèle et de ses Œuvres.

Ainsi nous n'avons trouvé aucune trace des lettres que lui écrivit sa correspondante de Limoges, non plus que de celles qu'il reçut de sa correspondante d'Angoulême, et de deux autres qu'il avait à Périgueux et à Nantes, lesquelles toutes montrèrent beaucoup de sympathie pour l'Établissement de Larnay.

XV.

AVIS MOTIVÉ DE MGR PIE POUR LA RECONNAISSANCE LÉGALE DE LA MAISON DE LARNAY.

La bénédiction de DIEU s'attachait visiblement sur cette Maison, et le temps était venu d'en procurer l'existence légale.

La Supérieure générale des Filles de la Sagesse écrivit en effet à Monseigneur l'Évêque de Poitiers pour réclamer son appui afin d'obtenir cette existence légale de la Maison d'instruction de sourdes-muettes établie à Larnay et aussi l'approbation de la donation faite à la Congrégation de la Sagesse de la propriété de Larnay.

Mgr Pie s'occupa avec empressement de cette affaire et donna son avis motivé en ces termes :

« Nous, Louis-Edouard PIE, Évêque de Poitiers,
« En ce qui concerne la formation d'un Établissement des Sœurs de la Sagesse à Larnay,
« Considérant :
« Que cet Établissement a déjà plusieurs années d'existence; que, grâce au zèle des Sœurs, à la confiance et à l'action bienveillante des autorités locales, il prend de jour en jour de notables accroissements ;
« Que les Conseils généraux de la Vienne, des Deux-Sèvres et des départements voisins, frappés des bienfaits

que ces départements en retirent, ont voté un certain nombre de bourses et de demi-bourses pour l'admission des sourdes-muettes indigentes ;

« Que près de quatre-vingts jeunes filles sourdes-muettes y trouvent une instruction très-remarquable et y sont appliquées avec de très-grands succès à tous les travaux qui conviennent à leur sexe ;

« Sommes d'avis qu'il y a lieu d'autoriser la Supérieure générale des Sœurs de la Sagesse :

« 1° A accepter définitivement au nom de la Congrégation la donation du domaine de Larnay ;

« 2° A former à Larnay un Établissement de Sœurs pour l'éducation et l'instruction des filles sourdes-muettes. »

L'autorisation qui était ainsi demandée ne put être obtenue que plus tard, après la mort de M. de Larnay, à qui Dieu ne voulut pas accorder cette consolation, non plus que celle d'assister à la consécration de sa chère chapelle.

XVI.

FONDATION DU CARMEL DE NIORT.

Nous avons vu que M. de Larnay ajouta à l'Œuvre des sourdes-muettes celle des jeunes aveugles.

Ce serait ici le lieu de parler de cette nouvelle Œuvre.

Mais qu'il nous soit permis de nous arrêter en cet endroit pour suivre M. de Larnay dans l'entreprise et l'accomplissement d'une Œuvre à laquelle il se sentit porté par un attrait tout particulier, à laquelle il consacra comme aux autres sa pleine énergie et où il fit preuve de qualités qu'on aurait crues peut-être opposées à son humeur de mouvement et d'action. Nous voulons parler de la fondation du Carmel de Niort.

M. de Larnay était un homme d'action sans doute et d'action pour la vie extérieure. Mais, avec sa foi vive et sa tendre piété, il respectait et il aimait les Ordres religieux uniquement consacrés à la prière et à la mortification. Il sentait à quelle hauteur Dieu élève les âmes qui y sont appelées, et quels biens, quels avantages inestimables elles procurent à l'Église de Jésus-Christ et à la société tout entière.

Dès l'année 1855, il avait désiré couronner toutes ses fondations pieuses par celle d'une Maison contemplative. Il aurait voulu affecter à ce dessein un domaine qu'il possédait auprès de Bressuire. La situation de cette propriété le fit songer un instant à y établir des Trappistines. Il alla en conséquence à Laval, où il y a un Monastère de cet Ordre. Mais le Supérieur même de ces Religieuses le détourna de son projet. Un peu plus tard, dans un voyage de Paris, étant allé, ce à quoi il ne manquait jamais, revoir son cher Séminaire de Saint-Sulpice, il consulta un Sulpicien, qu'il appelait son Père spirituel, lequel lui conseilla de fonder des Carmes. Cette idée lui plut ; mais elle n'eut pas de suite. Seulement elle le mit sur la voie où Dieu voulait qu'il exerçât son zèle.

Étant un jour au Carmel de Poitiers, et s'entretenant avec la Mère Prieure, il lui demanda ce que devenait le projet dont il avait entendu parler, d'une fondation de Carmélites à Niort. La révérende Mère lui dit que Monseigneur l'Évêque la désirait et que la Maison de Poitiers la ferait volontiers. M. de Larnay pria aussitôt la Mère Prieure de faire savoir à Sa Grandeur qu'il était tout disposé à se charger de cette sainte entreprise et qu'il trouverait les fonds nécessaires. Monseigneur l'Évêque, qui avait peut-être d'autres pensées ou des raisons de différer, ne crut pas devoir pour le moment donner suite à la communication qui lui était faite.

M. de Larnay se reprit alors à examiner devant Dieu s'il reviendrait à l'avis de son Père spirituel de Saint-Sulpice ou s'il établirait des Religieuses contemplatives. Il fit prier à cette intention dans toutes les Communautés. On pouvait bien voir que c'était une idée chère à son cœur.

Mais enfin, au mois de juin 1856, Monseigneur l'Évêque le chargea positivement de faire la fondation d'un Couvent de Carmélites à Niort. Il ouvrit immédiatement sa campagne : voyages, lettres, visites, rien ne lui coûta pour réussir. Il ne tarda pas à se trouver en mesure d'acquérir un magnifique terrain qu'il put payer en partie tout de suite, grâce aux dons généreux de quelques personnes qu'il avait su intéresser à cette Œuvre. Mais une difficulté se présenta qui était inattendue.

Il restait à faire sortir de la petite maison du jardinier, qui devait servir provisoirement d'habitation aux Religieuses, un brave homme dont le bail n'était pas fini et qui n'abandonna la place qu'après bien des négociations et des pourparlers dans lesquels M. de Larnay montra autant de patience que d'habileté et de générosité.

Libre enfin d'agir, il s'occupa sans relâche de l'appropriation, autant qu'elle était possible, de ce petit logis aux usages des Carmélites. Il songeait à tout jusqu'aux plus petits détails, par exemple jusqu'aux ustensiles et à la batterie de cuisine. Il allait souvent au Carmel de Poitiers pour prendre tous les renseignements qu'il jugeait utiles. La Mère Prieure ne pouvait s'empêcher de sourire en voyant l'attention et le sérieux qu'il mettait dans ses consultations, discutant pour la contenance des marmites et des casseroles dont il faisait l'emplette en personne, malgré l'excessive répugnance qu'il avait à aller dans les magasins. Car jamais il n'y allait pour lui-même. Il laissait cela aux séculiers, pensant qu'un ecclésiastique ne saurait trop demeurer étranger aux choses de négoce et de commerce.

Enfin, le 5 novembre 1858, il partait de Poitiers emmenant le petit essaim des Religieuses qui devaient fonder le Carmel de Niort, et plus heureux qu'on ne pourrait le dire.

Malgré les précautions qu'il avait prises et les ordres qu'il avait donnés pour que la maison fût prête, elle se trouva encore encombrée d'ouvriers et dans un tel état de malpropreté qu'il fallut attendre plusieurs jours avant d'en pouvoir prendre possession. Les Carmélites étaient descendues au Sacré-Cœur, où elles avaient été accueillies avec une sainte joie. Chaque jour, M. de Larnay venait les prendre en voiture et les conduisait à leur maison qu'elles organisaient de leur mieux. Il se donnait d'ailleurs toutes sortes de mouvements pour activer les ouvriers et fournir la maison des meubles les plus indispensables.

Ce ne fut que le 8 novembre que l'humble petite chapelle put être bénite par M. Taury, Archiprêtre de Niort. La première messe fut dite par M. Rabier, Curé de Saint-André, et la seconde par M. de Vielbanc, l'Aumônier du nouveau Carmel. M. de Larnay avait ainsi ordonné les choses pour faire honneur à tout le monde, comme il s'exprimait, et s'éclipser lui-même. Il alla dire la sainte messe à l'Hôpital.

Beaucoup d'instances lui avaient été faites pour que l'installation eût lieu avec une grande solennité. Monseigneur l'Évêque avait même témoigné être disposé à la relever par sa présence. M. de Larnay préféra d'agir plus simplement. Un des principaux motifs qu'il invoqua pour justifier son sentiment fut la crainte d'un accueil peu favorable de la part de la population. Il fut donc très-agréablement surpris de voir à toutes les allées et venues de ses Carmélites, du Sacré-Cœur à leur Maison, une foule compacte et respectueuse entourer la voiture au départ et à l'arrivée, et se recommander hautement à leurs prières.

Dans les papiers relatifs à la fondation du Carmel de Niort, se trouve la note suivante écrite de la main de M. de Larnay :

« Le mardi matin (9 novembre) j'ai célébré la messe à 8 heures dans la chapelle du Couvent. A 11 heures, j'ai établi la clôture. Après quoi je suis revenu à Poitiers, enchanté de mon voyage, de la fondation, du magnifique accueil fait à nos Religieuses au Sacré-Cœur de Niort, de la bienveillance avec laquelle toute la population les a reçues, et surtout de ce que Dieu a été assez bon pour me permettre de travailler à une Œuvre dont je n'étais pas digne. »

Ces paroles n'exhalent-elles pas des parfums exquis de simplicité, de foi et d'humilité?

M. de Larnay venait de s'employer et de réussir dans une grande chose. Il rendait à la ville de Niort son Carmel, trésor dont elle avait été enrichie, le 1er septembre 1648, par le zèle de Mme Catherine Gobin, veuve de M. de Saint-Gratien, Conseiller du Roi en son Grand Conseil et parente fort proche des Rohan, des Parabère et des Navailles.

De saintes Religieuses firent fleurir dans ce Carmel de Niort toutes les vertus propres de leur état, jusqu'au moment où la tourmente révolutionnaire vint fondre sur cette pieuse Maison comme sur toutes les autres Communautés de France. Ces saintes filles se virent contraintes de se séparer et d'aller chercher dans leurs familles ou chez des amis un asile sûr et honorable.

Lorsque le calme fut rendu à notre Patrie et que les Maisons religieuses eurent la permission de se reconstituer, les Carmélites de Niort, qui n'eurent pas alors la consolation de relever leur Monastère, vinrent frapper aux portes de ceux où les autres filles de sainte Térèse, plus heureuses, avaient pu reprendre leurs saintes observances.

Elles furent partout accueillies comme des Sœurs de la même famille. Le Carmel de Poitiers se fait honneur d'avoir reçu la Mère Constance de Jésus, dans le monde Mlle Mistouflet de la Simonière, qui fut Prieure d'une réunion de Carmélites tentée à Niort après la révolution, mais sans succès. Cette bonne Mère est morte à Poitiers, en odeur de sainteté, en décembre 1822. Elle avait apporté de Niort une statue miraculeuse de la Sainte Vierge, que l'on conserva en grande vénération au Carmel de Poitiers jusqu'à ce qu'elle fut rapportée à Niort, lorsque le Carmel y eut été rétabli si heureusement par les soins de M. de Larnay, qui avait le droit et qui eut raison de se réjouir d'avoir remis, comme nous avons dit, la ville de Niort en possession de son trésor du Carmel.

Et, en effet, la fin que s'est proposée sainte Térèse, et qu'ont acceptée toutes ses filles, c'est de s'employer continuellement, par la prière et les bonnes œuvres, à servir l'Église de Jésus-Christ dans ses besoins, de prier pour les pécheurs, de s'offrir pour eux à la justice divine, de suppléer, par les rigueurs d'une vie austère et crucifiée, à la pénitence qu'ils doivent faire et qu'ils ne font pas ; en sorte que les Carmélites sont chargées de continuer et de compléter, à l'exemple de saint Paul, l'œuvre de la médiation de Jésus-Christ et se font un bonheur de s'immoler tous les jours pour le salut des âmes.

Nous le répétons, M. de Larnay eut à se réjouir de la fondation d'un nouveau Carmel à Niort ; et cette ville lui doit de la reconnaissance.

Sur la hauteur isolée où elles sont placées aujourd'hui, les Carmélites de Niort peuvent gémir de la destination qu'a subie leur ancien Monastère, où le lieu qui fut la chapelle est maintenant une salle de comédie. Mais dans leur résidence actuelle il doit leur paraître qu'elles sont plus près du ciel, d'autant que les bruits de la cité ne viennent point les troubler dans leurs saints exercices.

Durant le cours des quatre années qui se sont écoulées entre le rétablissement des Carmélites à Niort et la mort de M. de Larnay, ce digne prêtre, qu'elles ont toujours appelé leur vénéré Père, n'a cessé de leur témoigner son affection et son dévouement.

Ne pouvant pas, du vivant de sa mère, effectuer les sacrifices d'argent qui étaient dans son intention, il y suppléait par une généreuse dépense de son temps et de sa personne. Il se donna beaucoup de peine quand la Providence le mit à même de songer à commencer la construction du Monastère. Il en avait confié le plan à un architecte entendu ; mais il ne se dispensait pas pour cela de tout voir et examiner par lui-même. Tous les marchés, tous les mémoires lui passaient par les mains.

Il désirait vivement voir avancer la construction. Il marchait néanmoins avec une circonspection et une prudence extrêmes, n'entreprenant les ouvrages que par parties et autant qu'il se voyait en état de faire face aux frais d'exécution. Il avait horreur des dettes, et il répétait encore à la Mère Prieure, à son dernier voyage à Niort, qu'il ne voulait pas lui en créer. C'est pourquoi, si cette Révérende Mère éprouva d'abord, ainsi que ses filles, de la surprise et même de la peine quand on constata, après sa mort, qu'il n'avait pas pourvu aux dernières dépenses du corps de bâtiment qui avait été commencé par son ordre, elle se laissa bientôt aller à la douce confiance que Dieu, qui avait permis que leur vénéré Père emportât dans la tombe le secret des ressources sur lesquelles il comptait, daignerait l'écouter dans le ciel et tirerait d'embarras le petit troupeau qu'il aimait tant. Cette confiance n'a pas été trompée. Le Monastère a été entièrement construit et aussi une très-belle chapelle, et il reste encore prouvé que le Seigneur n'abandonne pas ceux qui renoncent à tout pour le servir

M. de Larnay s'est peu occupé de la direction spirituelle du Carmel qu'il avait fondé. Il avait tant à faire de tous côtés qu'il aurait craint de traiter mal ou légèrement une telle chose. Il se contentait de savoir par la Mère Prieure que les âmes marchaient bien, et il se reposait sur elle de tout le détail. Il pensait aussi qu'un Supérieur prudent devait s'en tenir là.

Au commencement, tout ce que ces saintes Filles lui disaient de leurs usages et de l'esprit de leur Institut le jetait dans une admiration pleine d'une naïveté enfantine qui prenait sa source dans l'innocence et l'esprit de foi de cette âme pure et candide. Il leur faisait des questions d'une incroyable simplicité. Il aurait voulu pour ainsi dire saisir au passage ces touches mystérieuses de la grâce qui font en si peu de temps d'une jeune fille délicatement élevée et même parfois plus ou moins mondaine cet être à part qui se nomme une Carmélite.

M. de Larnay avait le plus grand respect pour les Règles. Monseigneur l'Évêque lui avait permis d'entrer dans la clôture toutes les fois que les exigences des constructions et réparations le rendraient nécessaire. Un jour il avait exprimé au parloir l'intention d'entrer le lendemain pour une affaire qui ne parut pas à la Mère Prieure exiger sa présence, et elle lui en fit la remarque. Il en fut fort satisfait, et il n'entra pas. Il témoigna ensuite à ses Filles le plus vif désir de les trouver toujours ainsi vigilantes à l'avertir de ce qui pourrait, dans sa manière de faire ou de dire, se trouver en opposition avec leurs usages.

Une autre fois, comme on touchait aux élections, M. de Larnay, ayant une occasion de passer par Niort, écrivit à la Mère Prieure pour lui demander si elle voyait quelque inconvénient à profiter de sa présence pour faire cet acte de la Règle. La Mère Prieure, qui, comme toute autre bonne Carmélite à sa place, ne voyait qu'avantage pour tout le monde à quitter sa charge plus tôt, lui répondit qu'il trouverait tout prêt. Quand il fut arrivé, les autres chères Sœurs se récrièrent avec une sainte liberté, lui disant que l'usage n'était pas de déposer une Prieure avant qu'elle n'eût entièrement fait son temps. Il se rendit sur-le-champ à leurs raisons, fit à la Prieure une douce et paternelle réprimande de ne lui avoir pas elle-même parlé dans ce sens, puisque c'était plus régulier, et s'en retourna. Quinze jours ou trois semaines plus tard, il revint tout exprès pour présider les élections. Il dit alors agréablement : « Qu'on veille à être bien régulières au moins ; car, après l'exemple que je viens de donner, j'ai le droit, ce me semble, d'être exigeant en matière de régularité. »

Voilà bien M. de Larnay exact et sévère pour lui-même, aimable et bon pour les autres, même en leur recommandant la fidélité à leurs devoirs. Et comme cette histoire de la fondation du Carmel de Niort met en relief les vertus fondamentales qui faisaient de lui un homme toujours prêt pour toute bonne œuvre, sans que l'action et le mouvement lui fissent rien perdre de son esprit intérieur et de sa simplicité ! C'est aussi ce qui explique comment son activité croissait avec ses Œuvres.

Nous ne pouvons mieux terminer ce chapitre

qu'en citant les lignes suivantes que nous a écrites une pieuse Carmélite de Niort :

« Nous sommes heureuses de savoir que vous écrivez la Vie de ce prêtre si digne de louange pour ses vertus personnelles et son dévouement *sans limites* à la gloire de DIEU et à toutes les saintes Œuvres diocésaines. Notre chère Révérende Mère désire que je vous offre au nom de notre béni Carmel sa religieuse gratitude. »

Nous sommes bienheureux nous aussi que la Vie de M. de Larnay nous ait fourni l'occasion de faire cette petite pause au Carmel de Niort. Nous pensions en écrivant ces pages au sanctifiant ministère que nous avons rempli au Carmel de Poitiers. Nous allions même plus loin, et nous nous transportions jusqu'au mont Carmel, où nous avons passé, durant notre cher pèlerinage de Terre-Sainte, des jours d'ineffaçable souvenir.

Mais retournons dans la Maison de Larnay.

XVII.

M. DE LARNAY ADJOINT LES JEUNES AVEUGLES AUX SOURDES-MUETTES.

Nous avons dit que M. de Larnay voulut donner à son Institution de sourdes-muettes un complément en y ajoutant l'Œuvre des jeunes aveugles.

Après avoir conféré là-dessus avec les Supérieurs généraux de Saint-Laurent, qui ne purent que l'encourager dans son généreux dessein, il partit, le 19 octobre 1857, pour Lille, afin d'y étudier la question dans une Maison des Filles de la Sagesse, où des aveugles sont réunies aux sourdes-muettes.

Il s'arrêta de même à Paris pendant quelques jours pour visiter les Établissements des Aveugles, et, dès le 12 novembre, l'Œuvre commençait à Larnay en faveur d'une petite fille de Lusignan.

Une Sœur, très-forte pianiste, fut envoyée de Saint-Laurent pour cette enfant, qui ne tarda pas à avoir des compagnes.

En effet, le 1er janvier suivant, M. de Larnay, qui prenait volontiers cette date comme de bon augure pour ses Œuvres, parce qu'il se donnait ainsi qu'aux autres des étrennes de charité, adressa un prospectus à Nosseigneurs les Archevêques et Évêques de Tours, Bordeaux, Bourges, Blois, Angers, Luçon, Nantes, la Rochelle, Périgueux, Agen, Angoulême et Limoges, priant Leurs Grandeurs de vouloir bien faire connaître aux prêtres de leurs diocèses, par une Lettre circulaire, la fondation d'une Institution de jeunes aveugles à Larnay.

Cette démarche ne fut pas sans résultat. Mais comme il y a, heureusement, beaucoup moins d'aveugles que de sourds-muets, il ne vint que très-peu de filles aveugles à Larnay, et il n'y en a pas eu, jusqu'à ce jour, plus de 12 à 15.

On trouvera que c'est encore beaucoup, si on considère que ces infortunées doivent être conduites presque partout par la main, et qu'il faudrait à chaque instant pour s'occuper d'elles tout un personnel proportionné à leur nombre.

Il est vrai que les sourdes-muettes peuvent venir en aide aux Sœurs en donnant aux aveugles, ce qu'elles font volontiers, une assistance d'autant plus touchante qu'elles n'ont aucun service à attendre à leur tour de leurs compagnes, qui ne peuvent pas les voir, et dont la parole frappe inutilement leurs oreilles insensibles.

Il s'établit donc une communication des sourdes-muettes aux aveugles ; il se fait entre les unes et les autres un échange d'idées. Oui, chose étrange, mais réelle, quoique difficile à expliquer, les unes et les autres se parlent et conversent entre elles en se prenant les mains, chacune donnant aux doigts de la compagne avec laquelle elle s'entretient la position qui doit signifier sa pensée.

Nous croyons pouvoir rapporter le cas particulier dont nous fûmes témoin à Larnay. C'était un jour de première communion. Au nombre des premières communiantes se trouvait une enfant sourde-muette et aveugle. Une Sœur, aidée par une des grandes sourdes-muettes, était parvenue par le toucher à éclairer son intelligence et à ouvrir son cœur, l'avait préparée au sacrement de pénitence, demeurant forcément son interprète pour le confesseur, et l'avait enfin disposée immédiatement à la sainte communion.

Nous avions le bonheur de dire cette messe de première communion. Notre allocution, que nous étions obligé de mimer pour les sourdes-muettes, en la parlant pour les aveugles, fut traduite au moyen du toucher par la sourde-muette à sa compagne sourde-muette et aveugle, qui dit ensuite à part soi, sur l'avertissement qu'on lui en donna, les actes avant la communion, comme aussi ceux d'après. Une Sœur, au sortir de l'église, lui ayant fait cette question : « Notre-Seigneur, que t'a-t-il dit dans la communion? » Elle répondit aussitôt par les signes : « Ah! il ne m'a rien dit; mais moi je Lui ai parlé beaucoup, beaucoup ; je Lui ai expliqué beaucoup de choses. » La chère enfant ne put pas déjeuner. « Je ne puis pas manger », disait-elle, « mon cœur est trop plein. » Les jours suivants, notre petite Germaine, c'est le prénom de l'enfant, ne cessait de répéter : « Je voudrais déjà mourir, je m'ennuie de la vie ; j'avais demandé à Jésus de mourir le jour de ma première communion. » L'ennui de la vie dans cette enfant, on le comprend bien, n'était pas causé par le sentiment qu'elle pouvait avoir de sa triple infirmité.

Une autre enfant aveugle excita l'intérêt général à Larnay. C'était une petite fille, âgée de neuf ans, envoyée de Paris, qui avait été confiée à un train de chemin de fer sous les ailes de la Providence. Elle avait, en tout et pour tout, un simple panier de provisions, et on avait mis pendant sur sa poitrine un écriteau qui portait son nom, son infirmité et sa destination. M. de Larnay, tout attendri, la reçut, nous pouvons dire, à bras ouverts. Tous les premiers soins lui furent prodigués. Les Enfants de MARIE du Sacré-Cœur voulurent la voir : son existence à Larnay était désormais assurée.

Ces jeunes aveugles reçoivent une instruction primaire très-complète avec le système des points en relief, lesquels, suivant leur nombre et leur position, valent toutes les lettres de l'alphabet. C'est plaisir de voir leurs doigts courir sur ces points et de les entendre lire à haute voix et couramment ce qu'elles ont perçu, ce qu'elles ont cueilli avec leurs doigts, de même que nous cueillons avec les yeux : lire, c'est cueillir.

De même, les aveugles écrivent pour elles par le pointage. La régularité de leurs lignes est assurée par un procédé analogue à celui qu'on emploie pour fixer les caractères sur les planches d'impression. Quand elles veulent écrire pour les autres, elles n'ont pas d'autre moyen que de se servir de petites plaques où les lettres ont été faites à l'emporte-pièce pour recevoir l'encre destinée à les empreindre sur le papier.

L'instruction d'une aveugle est incomparablement plus facile que celle d'une sourde-muette ; si la première cède à la seconde pour la perception des choses visibles, elle peut, en profitant des sensations de l'ouïe, arriver à un degré de développement auquel la sourde-muette ne saurait atteindre généralement. « La foi », dit l'Apôtre, « vient par l'ouïe. » Bien donc que l'intelligence du sourd-muet soit susceptible des idées les plus élevées, elle sera communément dépassée par l'intelligence de l'aveugle. D'autre part, le sourd-muet rendra des services d'une plus grande étendue, pendant que l'aveugle aura mieux sa place dans la vie intime et privée.

Vous aimez toutefois le naïf abandon, la curiosité naturelle de la sourde-muette. Sa présence vous captive ; et, si vous éprouvez des regrets, c'est de ne pas comprendre la signification de ses gestes, c'est de ne pouvoir pas répondre aux questions de ses yeux.

Au contraire, le premier aspect d'une aveugle vous cause une sensation pénible ; vous êtes tenté de vous éloigner, comme s'il vous semblait que vous … … … par les épaisses ténèbres où … plongée cette enfant qui n'y voit pas. Mais que sa voix se fasse entendre, et vous êtes aussitôt retenu près de l'enfant. Oui, vous restez avec elle, parce que, à l'instant même où sa parole a frappé votre oreille, vous avez senti que son âme, passant par sa voix, se communiquait à votre âme, et vous vous attachez à cette enfant, et vous allez de préférence lui prodiguer votre dévouement et vos soins. Vienne encore cependant la sourde-muette, et nous ne savons pas si vous ne serez pas incertain dans le choix de votre charité.

Peut-être sera-t-il déterminé par le jugement que l'une et l'autre de ces deux infortunées portent sur leur infirmité respective. Or, si vous consultez la sourde-muette, elle vous répondra en repoussant par un geste d'effroi la seule pensée d'être privée de la vue, et en témoignant pour l'aveugle une profonde compassion. Mais celle-ci vous déclarera vivement qu'elle serait trop malheureuse de ne pouvoir pas entendre et parler.

Que si vous dites à la sourde-muette qu'elle ne doit pas tant aimer ses yeux, qu'elle les doit craindre plutôt parce qu'ils l'exposent à voir ce qu'il ne faut pas regarder, parce qu'ils sont des fenêtres par où la mort du péché peut ent... ans son âme ; elle vous répliquera sans hésiter qu'elle a des paupières pour fermer les fenêtres de ses yeux, tandis que les oreilles de l'aveugle sont toujours ouvertes. Que serait-ce donc si la sourde-muette pouvait comprendre ce que l'Apôtre dit de la langue, qui est le plus petit membre du corps, et qui est un monde d'iniquité, quand on la laisse se mouvoir librement?

Encore pouvons-nous dire que la réunion des aveugles aux sourdes-muettes attire sur celles-là une plus particulière attention. En effet, lorsque, à la suite des réponses écrites et de la pantomime silencieuse des sourdes-muettes, on entend les paroles des aveugles et leurs chants accompagnés des sons de l'instrument qui vibre sous leurs doigts, on éprouve une sorte de soulagement, une vraie sensation de plaisir, et l'on est tenté de s'intéresser davantage à ces pauvres enfants privées de la lumière.

D'un autre côté, voilà qu'on nous dit qu'il est prouvé par l'expérience que les sourdes-muettes précèdent les aveugles dans le chemin de la piété et de la perfection chrétienne. C'est sans doute que leur mutité les garantit contre le péché qui ne manque pas d'ordinaire dans l'abondance de la parole, et que leur surdité les maintient facilement dans le silence et le recueillement qui profitent tant à l'âme dévote.

Mais à quoi bon prolonger ce débat qu'on ne terminera jamais par une solution péremptoire? Ne cherchons pas où fixer notre préférence, et laissons ces deux grandes infirmités s'associer et s'entr'aider comme elles font à Larnay, leur accordant à l'une et à l'autre une égale sympathie, et leur donnant dans la mesure de nos moyens notre assistance la plus intelligente et la plus dévouée.

Une petite remarque que nous jetons en passant, c'est que la présence des aveugles dans une Maison de sourdes-muettes oblige les maîtresses et autres personnes parlantes à une discrétion de paroles qui n'est point nécessaire avec les seules sourdes-muettes.

L'instruction des aveugles porte spécialement sur la musique, pour laquelle ils semblent avoir une aptitude particulière, sans doute parce que l'ouïe chez eux suppléant la vue est plus exercée et par suite plus juste et plus fine que chez les voyants. C'est d'ailleurs une compensation de leur misère. C'est aussi pour eux un précieux moyen d'existence, plusieurs devenant très-capables de tenir l'harmonium et l'orgue, et de donner de fort bonnes leçons.

C'est ainsi que des jeunes aveugles élevées à Larnay ont pu déjà être mises dans des positions qui les ont tirées de peine et qui leur font même une honorable existence dans les meilleures conditions chrétiennes.

M. de Larnay fait bien comprendre le but de l'Œuvre dans la lettre suivante :

« 4 janvier 1862.

« Mademoiselle,

« Votre petite aveugle ne peut être prise qu'*à l'essai*. Ou elle aura de l'aptitude pour la musique, seul gagne-pain des aveugles, ou non. Si oui, elle sera reçue ; si non, elle sera renvoyée, après une épreuve suffisante.

« De plus, si cette enfant connaît le vice, comme on peut le craindre à cause du milieu où elle est née et où elle a vécu, il ne sera pas possible de la conserver. Car mes enfants sont pures, et nous appréhendons pour elles tout contact mauvais.

« Enfin, l'Établissement ne pourrait accepter le *petit capital* de l'enfant qu'à la condition de se charger d'elle à forfait. Or *cela ne peut pas être*. Car il n'en sera pas de nos aveugles *pauvres* comme de nos sourdes-muettes Dès qu'elles seront suffisamment organistes, on les placera dans les Maisons religieuses pour y toucher l'orgue. Elles y trouveront le vivre et le couvert, et y rendront le dernier soupir au milieu des exercices de la piété. »

XVIII.

ZÈLE CROISSANT DE M. DE LARNAY. STATUE DE NOTRE - DAME. RELIQUAIRE DE LA CRYPTE. CRYPTE DE NOTRE-DAME-DE-PITIÉ. ORGUE.

L'adjonction des aveugles aux sourdes-muettes attira encore plus d'intérêt sur l'Œuvre de Larnay. Mais ce fut aussi un surcroît de sollicitude et de soins pour le zélé fondateur, qui ne resta pas au-dessous de la tâche que sa charité lui imposait.

Nous le voyons, du 26 janvier au 2 février 1862, donner aux Sœurs de Larnay les exercices de leur retraite de rénovation.

Du 27 mai au 1er juin, il prend sa part, la principale, dans la préparation des sourdes-muettes à la réception du sacrement de Confirmation, cérémonie à laquelle il sut procurer une grande solennité.

Les Enfants de MARIE du Sacré-Cœur étaient venues en grand nombre. Il y eut dans la soirée une délicieuse séance donnée par les sourdes-muettes. Monseigneur bénit ensuite la grande et belle statue en fonte représentant la Sainte Vierge avec son divin Enfant, que M. de Larnay avait fait placer dans la cour, et à laquelle Monseigneur voulut bien, sur la demande des sourdes-muettes, attacher une indulgence de quarante jours à gagner une fois le jour par toute personne qui récitera dévotement devant cette statue une prière de l'Église. Monseigneur recommanda le *Salve Regina*, qui avait été le sujet de son allocution.

Sur le socle de la statue sont inscrites les invocations suivantes :

> Mère du Sauveur, priez pour nous.
> Consolatrice des affligés, priez pour nous.
> Reine des Vierges, priez pour nous.
> Reine conçue sans péché, priez pour nous.
> Siége de Sagesse, priez pour nous.
> Cause de notre joie, priez pour nous.
> Étoile du matin, priez pour nous.
> Porte du ciel, priez pour nous.

C'est à partir de ce jour, 1er juin 1862, que l'Institution des sourdes-muettes et des jeunes aveugles porte, selon le désir de M. de Larnay, le nom de NOTRE-DAME DE LARNAY.

Oui, MARIE règne à Larnay. Sa douce et belle image, ainsi placée au centre de la cour d'honneur, indique sa vigilance sur cette Maison bénie. Oui, MARIE règne dans ces lieux. Elle règne surtout dans les cœurs des heureux habitants de ce séjour, qui l'aiment comme leur Mère.

Le 14 août, M. de Larnay fit don à sa chère Maison d'un beau reliquaire en forme de croix, contenant des reliques très-authentiques : de la Vraie Croix, de la sainte Couronne d'épines, de la Colonne de la Flagellation, du saint Sépulcre et du saint Cénacle. Ce précieux reliquaire a été déposé dans le tabernacle qui est placé sur l'autel de la crypte.

Nous ne devons pas oublier la distribution solennelle des prix, que M. de Larnay eut la satisfaction de faire présider par le Préfet de la Vienne, M. Paulze d'Yvoy, qui vint accompagné d'une députation du Conseil général.

Deux jours après, sur le rapport laudatif et concluant des Membres de la députation, le Conseil général vota une bourse de 450 francs en faveur de la jeune aveugle de Lusignan.

M. de Larnay agissait sans cesse. Il agissait et se hâtait.

« Vous comprenez », écrivait-il à une chère Sœur de Larnay, « que toute mon ambition est de voir finir cet Établissement avant de mourir. Or, rien n'est plus lent que les Œuvres, et rien n'est plus vite terminé que la vie. L'achèvement des travaux de Larnay, toutes mes pensées d'avenir sont là. Mais la mort peut venir me prendre du matin au soir. »

Nous mentionnons donc avec une scrupuleuse exactitude, ce qui est faire acte de justice et de reconnaissance, les progrès qui se sont opérés par les mains de M. de Larnay dans l'installation de son Œuvre.

Ainsi, le 10 janvier 1859, il avait fait poser le groupe saisissant de Notre-Dame-de-Pitié dans la chapelle absidiale de l'église.

Le 4 mars, eut lieu l'inauguration d'un orgue en présence d'une centaine de prêtres et d'un public choisi. Cet orgue, soumis à l'appréciation d'un jury composé de l'organiste et du maître de chapelle de la cathédrale de Poitiers et d'un organiste belge, fut trouvé excellent.

Quelques mois après, le 18 juillet, M. de Larnay reçut à Larnay la visite du grand Jury des Orphéonistes de France, qui était venu distribuer la veille à Poitiers les récompenses nationales qu'on avait décernées aux lauréats du département. Ce Jury était composé d'une vingtaine des premiers musiciens de Paris. Deux d'entre eux touchèrent l'orgue et en furent très-satisfaits, ainsi que leurs confrères. M. de Larnay fut heureux de cette compétente approbation.

Maintenant qu'il y avait des aveugles à Larnay, l'orgue, ce précieux complément, cet admirable soutien du culte catholique, devenait comme d'une indispensable nécessité. Tandis que les sourdes-muettes s'inspirent de la vue de l'autel et de la pompe des cérémonies sacrées qui parlent à leurs yeux pour élever leurs âmes et nourrir leur piété, l'orgue avec ses harmonies puissantes, douces, fortes, variées enfin comme dans un concert de cent voix, fera tressaillir les aveugles, qui pourront se persuader au sein de leurs ténèbres que les chœurs angéliques sont venus dans cette église pour y rendre grâce avec elles au Fils de Dieu fait homme qui descend là chaque jour sur l'autel et qui réside là jour et nuit dans le sacré tabernacle.

Mais l'orgue aussi réjouira les chères Sœurs et les bons Frères, et leur fera oublier, durant le cours des saints Offices, les peines de leur mission et les fatigues de leur emploi.

C'est toujours la pensée de M. de Larnay, de faire de l'Établissement qu'il a fondé un lieu d'agrément autant que d'édification, afin que toutes les personnes qui l'habitent se plaisent à y rester et s'y sanctifient d'autant mieux qu'elles n'auront pas l'idée d'en sortir.

Car M. de Larnay voulait par-dessus tout sanctifier et sauver les âmes. Ce qu'il faisait dans l'Établissement n'avait pas d'autre but.

XIX.

CONGRÉGATION DE NOTRE-DAME-DES-SEPT-DOULEURS.

Cette intention de foi, de ... et de ... charité conduisit M. de Larnay à instituer parmi les sourdes-muettes une Congrégation où elles pourraient se consacrer à DIEU dans la mesure et avec les tempéraments que la prudence chrétienne commandait en raison de leur infirmité.

M. de Larnay institua donc pour les sourdes-muettes la Congrégation de *Notre-Dame-des-Sept-Douleurs*. Il rédigea la Règle, qui établit que le Postulat sera d'une année, que le Noviciat durera le même temps, que la Profession consistera à émettre les vœux de pauvreté, chasteté et obéissance pour un an seulement, et que la rénovation de ces vœux se fera chaque année, le troisième dimanche de septembre, fête de Notre-Dame-des-Sept-Douleurs.

M. de Larnay voulut discuter le costume de ses Religieuses avec les Sœurs leurs maîtresses, et il prit aussi l'avis de sa chère mère.

Il fit imprimer un Cérémonial de Postulat, Vêture et Profession. Nous y remarquons cette aimable disposition, que chaque Postulante ou Novice aura auprès d'elle une petite sourde-muette qui l'accompagnera comme Ange gardien pendant toutes les cérémonies. Nous y voyons encore que les Professes reçoivent un anneau d'or et un anneau d'argent, devant porter le premier pendant la vie et emporter le second dans la tombe.

... Bréviaire entre les mains des Professes, ... puissent réciter dans l'église l'Office de Notre-Dame-des-Sept-Douleurs.

La première sourde-muette qui fut admise au Noviciat prit le saint habit de Religion sous le nom de Sœur Catherine de Jésus. C'était encore une attention, une déférence de M. de Larnay pour sa chère mère. Il consentit après cela volontiers à ce que la seconde fût appelée sœur Marie de Saint-Charles. La troisième reçut le nom de sœur Louise de Jésus, en mémoire de sa bien-aimée sœur. La Supérieure de Notre-Dame de Larnay dut accepter que la quatrième Novice s'appelât Sœur Marie-Saint-Emery. Enfin la cinquième fut appelée Sœur Marie de Saint-Victor, en souvenir du frère de M. de Larnay.

Cette Congrégation des Religieuses sourdes-muettes de Notre-Dame-des-Sept-Douleurs, qui compte aujourd'hui une Novice et dix Professes, a fait un très-grand bien à toute la Maison de Larnay.

Il y avait d'abord des difficultés pour ces

Religieuses qui continuaient d'être mêlées aux autres sourdes-muettes. Mais quand elles ont été un peu nombreuses, elles se sont fortifiées et soutenues les unes les autres; elles n'ont plus été de la part de quelques sourdes-muettes l'objet d'une certaine observation, d'une curiosité assez maligne, qui donnaient lieu à une sorte de satisfaction quand on les trouvait en faute, et qui pouvait l'être une à entrer dans la Congrégation. Elles ont au contraire obtenu le respect, gagné la sympathie, excité l'émulation. Elles sont devenues, entre les mains des Sœurs, d'un grand secours pour le bien général. Elles sont en un mot le joyau de la Maison de Larnay.

Dieu a béni, en cela encore, le zèle et la pureté d'intention de son fidèle serviteur; et cette bénédiction, s'il est permis de le dire, doit augmenter le bonheur dont il jouit dans le ciel.

XX.

LE JURY DU CONGRÈS RÉGIONAL A LARNAY.
LE FRÈRE GERMAIN.

Les bénédictions de la terre furent aussi accordées à M. de Larnay dans son Œuvre des sourdes-muettes. C'était l'accomplissement de cette promesse de Notre-Seigneur : « Cherchez premièrement le Royaume de DIEU et sa justice, et *le reste* vous sera donné par surcroît. »

Voici en effet que, le même jour où M. de Larnay donnait le saint habit de Religion à la première Novice de la Congrégation de Notre-Dame-des-Sept-Douleurs, en retour de l'engagement que la sourde-muette commençait à prendre de renoncer au monde et à tous les plaisirs, honneurs et biens du monde; ce même jour, lundi 27 juin 1859, MM. les Jurés désignés au Concours régional par le Comice agricole du département de la Vienne se présentent à Larnay pour visiter l'Établissement, principalement en ce qui concerne la tenue des terres qui en dépendent.

M. de Larnay les conduit partout. Ils interrogent, ils se livrent à un examen de plusieurs heures; et telle est leur satisfaction qu'ils font un Rapport en suite duquel le cher Frère Germain, directeur des travaux, au grand étonnement de sa bonhomie, de sa simplicité et de son humilité, se voit décerner, au mois de mai 1860, deux médailles d'or pour son agriculture, et reçoit une somme de 600 francs pour ses bestiaux. L'un de ses bœufs gras est honoré d'un tableau placé dans l'étable au-dessus de sa crèche, portant la mention et la date de la distinction méritée.

Le Rapport sur la prime d'honneur dans le département de la Vienne en 1860 parle de Larnay sous cette désignation : « Notre-Dame de Larnay, Institution de sourdes-muettes. Domaine exploité au profit des Filles de la Sagesse par les Frères coadjuteurs de la Compagnie de MARIE sous la direction du Frère Germain, l'un d'entre eux. »

Le Rapporteur, M. le vicomte de Tascher, s'exprime comme il suit :

« Messieurs, nous allons vous faire sortir de la monotonie de tous ces comptes-rendus successifs et trop semblables. Nous avons à vous parler, non plus d'hommes plus ou moins habiles lancés et soutenus dans la voie du progrès agricole par le désir de s'enrichir, par la vanité du succès, ou même par le patriotisme et la noble passion du bien, mais d'hommes qui travaillent sans relâche, comme sans espoir de douceur ou de repos sur la terre, uniquement parce qu'ils ont voué leur vie à DIEU, parce qu'ils sentent que les malheureux sont ses enfants et que leur conscience leur dit de n'épargner ni peines ni efforts pour apporter un grain de sable à l'édifice de la charité chrétienne. Et telle est la puissance que la confiance en DIEU donne aux plus humbles de ceux qui le servent, que ces hommes, pauvres, ignorants de la science humaine, privés à la fois des ressources du capital et de la main d'œuvre, ont trouvé dans leur cœur la force comme ils y ont trouvé le courage et qu'ils ont fait des merveilles de logique et de bon sens. »

Quelle joie n'a pas apportée au cœur de M de Larnay cet hommage si justement et si bien rendu aux bons Frères qu'il aimait tant, et dont il se plaisait parfois, disons-le, à contrister l'humilité en faisant ressortir leur mérite à l'occasion !

Le Rapporteur continue en ces termes :

« M. l'abbé de Larnay, trop connu de chacun de vous, Messieurs, pour que je puisse entreprendre un éloge qui resterait toujours au-dessous de votre estime, a voulu, vous le savez, consacrer au soulagement d'une des plus tristes infirmités du corps et de l'âme une fortune que des deuils cruels avaient accumulée sur sa tête. Il a fait de son château de Larnay une Institution de sourdes-muettes, dirigée par les Filles de la Sagesse, où l'âme de l'artiste a partout laissé sa trace à côté de celle du chrétien, et que nous avons visitée avec une admiration et un intérêt dont le souvenir prendrait ici une longue place si les termes de ce Rapport ne m'interdisaient de vous en entretenir. Il donna en même temps à cette Institution, en toute propriété, les soixante-neuf hectares qui composaient l'ancien domaine ; et l'Ordre des Filles de la Sagesse, dont la Maison-Mère est à Saint-Laurent-sur-Sèvre, envoya de Vendée, pour le cultiver, quatre Frères, dits coadjuteurs, de la Compagnie de MARIE, qui sont placés sous la direction de la Supérieure de Larnay. »

M. le Rapporteur entre ensuite en matière et rend compte des excellents résultats qui ont été constatés, et qui sont d'autant plus honorables et méritoires que les bons Frères avaient plus de difficultés à vaincre pour les obtenir.

Enfin le Rapport se termine ainsi :

« Messieurs, je cherchais à vous résumer en quelques mots, à la fin de ce récit trop incomplet et trop long, la profonde impression que chacun de nous a emportée de sa visite à Notre-Dame de Larnay, lorsque se présenta à mon esprit le souvenir d'une de ces paroles vivantes par lesquelles les pauvres sourdes-muettes y apprennent à peindre si vivement et si naïvement leur pensée. Je renonçai à en chercher d'autres pour mieux exprimer la mienne. « Les Frères », nous disaient-elles, « se reposeront quand ils seront morts » Ces quelques mots renferment tout le secret de ce que nous avons admiré. Les Frères ne se reposeront qu'à la mort. La voix du devoir parle plus haut dans leur âme que les défaillances de la lâcheté humaine, qui dit que le but est trop loin ; plus haut que l'orgueil, qui dit que déjà on y est arrivé. Chargés des intérêts matériels des pauvres, mais dégagés pour eux-mêmes de tout sentiment terrestre, ils regarderaient comme une faute devant Dieu de laisser s'endormir leur intelligence dans une œuvre profane, la charité les inspire mieux que l'intérêt n'en a conseillé beaucoup d'autres. Oui, Messieurs, je ne crains pas de l'affirmer au nom de mes collègues et au mien, si le Frère Germain reste à Larnay, si on lui permet de diriger entièrement selon ses vues les ressources qu'il a créées dans l'exploitation, ce sera bientôt auprès de ces paysans chrétiens qu'il faudra envoyer les cultivateurs de la Vienne, grands et petits, chercher des leçons d'une agriculture, non pas brillante et frivole, mais vraiment progressive et rationnelle. »

On ne nous reprochera pas d'avoir cité toute cette page du Rapport, qui fait si bien l'éloge des bons Frères de Larnay, mais qui est aussi à la louange du Rapporteur.

Quelques années plus tard, Monseigneur l'Évêque, se trouvant à Larnay pour y donner la Confirmation, le 15 septembre 1864, félicita publiquement les Frères du succès qu'ils avaient remporté au Comice agricole du concours régional ; mais il ne les félicita pas moins de leur répugnance à se mêler dans ces luttes et ces rivalités humaines. S'il est bon en effet que le côté *utilitaire* de la vie religieuse soit quelquefois mis en évidence à notre époque d'idées positives, il est bien mieux dans l'essence des choses que ceux qui ont renoncé au monde et à ses satisfactions pour se consacrer à Jésus-Christ se tiennent habituellement cachés, d'autant que la valeur des bonnes œuvres éclate assez pour qui veut les voir, comme la plus humble des fleurs, sous le gazon qui la couvre, est toujours trahie par ses parfums délicieux.

Le bon Frère Germain est resté à Larnay. Il n'a pas démenti les espérances que ses premiers succès avaient fait concevoir. Il a terminé sans bruit son humble et laborieuse vie par une sainte mort, laissant après lui, comme une permanente édification, le souvenir toujours vivant des plus solides vertus de la perfection religieuse. Les Sœurs et les sourdes-muettes, qui se sont jointes aux autres Frères pour assister à ses obsèques et à sa sépulture, ont été son oraison funèbre.

XXI.

LA MORT A LARNAY. MARIE BERGER. SŒUR SAINT-LÉON. LE CIMETIÈRE DE LARNAY.

Il faut dire que la mort à Larnay semble avoir perdu ses terreurs. Nous avons pu en juger nous-mêmes, ayant eu plusieurs fois à donner les soins de notre ministère à des sourdes-muettes, et ayant assisté à leur départ de ce monde.

Qu'on nous laisse raconter ici la touchante histoire de cette jeune sourde-muette de Quinçay, Marie Berger ; pourquoi ne dirions-nous pas son nom ?

Ses parents, honnêtes cultivateurs, eurent la bonne pensée de chercher une Institution religieuse pour leur fille. Cette enfant fut admise à Larnay, quoique très-jeune et très-délicate. Elle donna d'abord de la peine à instruire et à élever. Mais son intelligence se développa ; et, quand elle eut commencé de connaître le bon Dieu, elle devint docile aux avis de ses maîtresses, douce et complaisante pour ses compagnes. Elle se fit aimer des enfants et des Religieuses.

Après sa première Communion, qu'elle fit seulement à quatorze ans, elle prit un grand empire sur elle-même et fut un modèle de piété et de toutes les vertus de son âge. Peu de mois après sa première Communion, elle eut la douleur de perdre son père, mais aussi la consolation d'apprendre qu'il était mort en bon chrétien. Elle avait tant prié et fait prier pour lui obtenir cette grâce!

Elle reçut la Confirmation l'année suivante avec la foi la plus vive, et commença dès lors à soupirer pour le ciel.

Or, une année ne s'était pas écoulée qu'elle est prise tout à coup pendant la nuit, le dimanche 24 juillet 1860, de violentes douleurs d'entrailles. C'était une atteinte de choléra, qui la fit succomber en quatre jours. Mais qu'elle fut intéressante, cette chère enfant, pendant sa courte maladie!

Une Sœur lui disait : « Ta maladie, ma chère enfant, peut être longue et même mortelle. (On parle ainsi à Larnay.) Crains-tu la mort? » — « Oui, un peu », répondit l'enfant, « parce que je ne suis pas bien préparée. Mais pourtant je serai bienheureuse de voir le bon Dieu! » — « Eh bien! » dit la Sœur, « tu te prépareras en te confessant. Puis tu recevras Notre-Seigneur, qui t'aidera à supporter ton mal. » — « Oh! bien volontiers », reprit l'enfant. — « Mais », dit la Sœur, « te rappelles-tu bien tes péchés? » — « Je vais m'examiner », dit l'enfant. Et la petite se recueillit quelques instants. Puis elle reprit vivement :

« Oui, oui, je sais ; il y a eu samedi huit jours que je me suis confessée, j'ai communié le lendemain. Je devais communier le jeudi ; mais j'étais indisposée, et puis ma conscience était un peu gênée, et je n'ai pas été communier. »

Là-dessus elle s'arrêta, et, après quelques moments de réflexion, elle pria sa maîtresse d'écrire ses péchés, craignant de n'être pas bien comprise par nous dans ses signes, parce que M. de Larnay était absent. La Sœur écrivit donc sous la dictée de l'enfant. C'était fini, paraissait-il. Mais il revint à l'enfant quelques autres fautes qu'elle pria la Sœur de vouloir bien écrire encore. La Sœur le fit pour la tranquilliser, car c'était si peu de chose ! Mais l'enfant voulait que tout fût écrit.

« Voudrais-tu retomber dans tes fautes, » dit la Sœur, « si tu revenais en santé ? » — « Non, non », répondit l'enfant, « je m'efforcerai de me corriger pour être plus agréable au bon DIEU. — « Sais-tu », dit la Sœur, « qu'il y a bientôt deux ans que tu as fait ta première Communion ? » — « Oui, répondit l'enfant ; c'était le 30 juillet. » Et elle demanda : « Quand est-ce le trente ? » La Sœur répondit : « Samedi prochain. » Et elle demanda à son tour à l'enfant : « Te rappelles-tu les sentiments que tu avais dans ce beau jour ? » — « Oh ! oui, très-bien », dit la petite, « je ne les oublierai jamais. » La Sœur reprit : « Tu seras bienheureuse de recevoir Notre-Seigneur ? » — « Oui », dit l'enfant, « je le désire beaucoup. »

On était au troisième jour de la maladie. L'enfant demanda sa toilette de première Communion, sa couronne et son cierge. Elle fit la remarque que le bonnet n'était pas le même; elle l'accepta néanmoins..

« Serais-tu contente », dit la Sœur, « si tes compagnes assistaient à ta Communion ? » — « Oui », répondit l'enfant; « mais pas toutes, ça me fatiguerait. Rien que celles de ma première Communion. »

Ces enfants furent donc appelées, et vinrent pieusement et doucement se ranger autour du lit de la malade, qui les regarda d'un air satisfait. Puis elle se recueillit et fut tout entière à sa grande action.

Nous lui adressâmes quelques paroles avant de lui donner le bon Dieu. Nous lui fîmes même plusieurs questions auxquelles elle répondit très-bien. Elle reçut le saint Viatique avec la piété d'un Ange. Nous lui administrâmes ensuite l'Extrême-Onction. Il était trop touchant de voir comme elle suivait attentivement tout l'ordre de la cérémonie. Nous lui présentâmes le crucifix; elle y colla ses lèvres avec amour. Elle comprenait bien que c'était l'image du divin Sauveur qu'elle venait de recevoir. Comme on voulait lui parler un peu et l'exhorter à remercier Dieu, elle regarda et dit simplement : « Ne me dérangez pas : mon Jésus est là. (Elle mettait la main sur son cœur.) J m'entretiens avec Lui. »

On respecta donc pendant quelque temps son pieux désir. Plus tard, une sourde-muette, sous-maîtresse, lui dit : « Parlez un peu de moi à Notre-Seigneur. » — « Oui », dit l'enfant reconnaissante, « je le prie de vous bénir pour m'avoir appris à le connaître. » Et elle ajouta : « J'ai reçu Jésus-Christ dans mon cœur ; je ne désire rien que de le voir au ciel. » Elle dit encore : « J'ai reçu les avis de M. Guillet ; il est bien bon ; je désire le revoir. »

Nous retournâmes avec empressement vers cette chère enfant pour la soutenir encore et pour nous édifier auprès d'elle.

Lorsqu'on l'interrogeait sur ses souffrances, qui étaient très-vives, elle se contentait de répondre : « Je souffre ; mais le bon Jésus a souffert beaucoup ; je veux souffrir pour Lui. »

Cependant il s'était produit dans son état une apparence d'amélioration. Une Sœur lui demanda : « Espérez-vous guérir ? » Elle répondit : « Je suis un peu mieux ; mais je ne vivrai pas longtemps: Dieu le veut ainsi. » La Sœur lui dit alors : « Je suis jalouse de vous voir aller au ciel avant moi. » Elle sourit et dit : « Le bon Dieu m'aime. »

Une autre Sœur lui dit : « Je vais prier pour vous. » — « Oui », reprit-elle ; « mais ne demandez pas ma guérison. J'aime mieux aller au ciel que de rester sur la terre. » Elle disait encore : « Je suis plus heureuse que vous : bientôt je mourrai, je ne pécherai plus ; et vous, vous pouvez encore pécher. »

Il y avait dans un autre lit, pas loin d'elle, une de ses compagnes, qui était très-malade, et depuis cinq à six semaines. Toutes les deux se voyaient et se regardaient avec une attendrissante expression de sympathie réciproque. Elles se parlaient aussi, leurs signes permettant cette conversation sans trop de fatigue. L'autre malade, comme si elle eût été prise d'une sorte de jalousie, qui ne pouvait pas déplaire au bon DIEU, disait à Marie Berger : « Vous n'êtes malade que depuis trois jours, et vous voulez mourir avant moi ! Non, c'est moi qui mourrai la première. » — « Oh ! c'est moi, reprit Marie Berger, toute rayonnante de joie. »

Elle ne se trompait pas.

Cette chère enfant, au sein de ses souffrances, au milieu de ses pieuses pensées et de ses désirs du ciel, eut une préoccupation qui montrait que la grâce ne détruit pas la nature.

Elle dit à sa maîtresse : « C'est bientôt la distribution des prix : il n'y en aura pas pour moi, puisque je ne puis pas suivre la classe. » — « Sois tranquille », lui dit la Sœur ; « tu auras tous les prix que tu as déjà mérités. » L'enfant reprit aussitôt : « Combien ai-je de prix ? Oh ! je voudrais bien les voir ! » La maîtresse alla tout de suite les chercher. Il y en avait six, six jolis volumes. Le visage de la bonne petite s'épanouit quand elle les aperçut. Elle embrassa sa maîtresse pour la remercier. Celle-ci lui ayant demandé : « Qu'en faudra-t-il faire si tu viens à mourir ? » — Ce que vous voudrez », répondit l'enfant. La Sœur lui dit : « Tu ne veux donc pas les emporter au ciel ? » — « Ah ! » dit l'enfant en souriant, « les prix du ciel sont bien plus beaux. « Cette couronne », ajouta-t-elle en montrant sa couronne de première Communion, « est bien jolie ; mais elle se flétrira. Celle du ciel sera toujours belle. » Et son regard en disait bien plus que ses signes, qui étaient pourtant très-animés pour son état de faiblesse.

A voir cette chère enfant exprimer ainsi ses pensées, on ne pouvait se figurer qu'elle fût si proche de sa fin, et l'on se serait oublié à causer avec elle.

Une Sœur lui demanda : « Prierez-vous pour moi quand vous serez au ciel ? » — « Je vous le promets », répondit-elle avec une assurance qui mettait la joie au cœur, tant elle paraissait assurée de son bonheur.

La même Sœur lui dit de demander certaines grâces pour toutes les sourdes-muettes de Larnay et pour celles qui étaient sorties. Elle le promit avec la même assurance, et elle ajouta : « Je prierai pour toutes, mais particulièrement pour, N... » Effectivement, cette enfant avait besoin de grâces pour se corriger de quelques défauts de caractère que la malade connaissait, mais dont elle n'avait jamais rien dit devant les autres.

Une autre fois, on lui dit : « Quand vous serez au ciel, vous prierez pour vos parents, pour vos bienfaiteurs, pour les Sœurs de Larnay, pour... » — Oui, oui », dit-elle en interrompant ; « mais croyez-vous que j'oublierai M. de Larnay ? Oh ! non ; il sera le premier. Il est mon père. Il m'a fait faire ma première Communion ; il m'a comblée de bienfaits. Oui, je prierai pour lui d'abord, et pour ma bonne mère et pour tous mes bienfaiteurs. »

On lui dit encore : « Vous serez heureuse de revoir votre père au ciel? » — « Oh ! oui », répondit-elle ; « et je demanderai que ma mère meure bientôt pour que nous soyons tous les trois réunis. » — « Mais », lui dit-on, « vos sœurs et vos frères ont besoin de votre mère ; il ne faut pas demander sa mort. » — « Ils sont tous placés », dit l'enfant, « et loin d'elle. Ma mère est seule et affligée depuis la mort de mon père ; il vaut mieux qu'elle vienne au ciel. »

On lui présenta quelques images propres à élever encore plus son âme vers le ciel, dont elle aimait tant à parler. Il y avait une de ces images où l'on voyait une âme fidèle conduite par MARIE au trône de JÉSUS, qui la recevait dans ses bras. « Bientôt », dit l'enfant, « moi aussi je serai pareille. » Et ses yeux brillèrent en même temps du plus vif éclat.

Une Sœur lui demanda : « Quand donc pensez-vous mourir? » — « Je ne sais pas », dit-elle ; « ce sera bientôt. Mais personne ne le sait, pas même les Anges ; il n'y a que Dieu. » Et son désir la rendant inquiète tout à coup et presque impatiente, elle ajouta : « Je crains d'attendre bien longtemps. »

On avait mis une petite statue de la sainte Vierge sur son lit. Elle la prit et la porta à ses lèvres avec un empressement incroyable. Puis elle dit : « Quand je serai morte, on la mettra sur ma tombe. » Comme on lui représenta que les mains étaient cassées, qu'il serait besoin d'en acheter une autre, elle répondit tout attristée : « Je suis pauvre, vous savez bien ; je ne puis pas en acheter une autre. » — « Ne craignez rien, chère enfant », dit une Sœur, « je vous en achèterai une bien jolie. » Alors la petite malade ouvrit ses bras pour attirer la Sœur à elle et l'embrasser. Elle lui dit ensuite avec l'expression de la reconnaissance : « Je vous remercie ; vous êtes bien bonne ! Je prierai pour vous. »

Dans un autre moment, elle dit : « Je désire qu'on plante des fleurs sur ma tombe. Vous direz à mes compagnes de bien les soigner pour qu'elles poussent bien ; que le parterre soit bien joli. »

Une autre fois, elle demanda que ses compagnes priassent pour elle, et elle ajouta : « Qu'elles fassent la communion pour moi, et plusieurs fois, bien des fois le Chemin de la Croix. »

Une Sœur lui demanda : « Vous rappelez-vous les priviléges que MARIE accorde après la mort à ceux qui ont porté dévotement le Scapulaire ? » — « Oui, oui », dit-elle, « MARIE me délivrera du purgatoire le premier samedi après ma mort. » — « Mais », reprit la Sœur, « si vous mourez demain, qui est jeudi, vous ne resterez qu'un jour dans le purgatoire ? » — « Oh ! » dit l'enfant, » c'est bien long un jour dans le purgatoire ! »

« Vous aimez bien MARIE ? » dit la Sœur. — « Oh ! oui », répondit l'enfant, « elle est ma mère. » Et elle prit la petite statue de la sainte Vierge, et elle la baisa.

Quand ses douleurs étaient plus vives, ce qui arrivait souvent, et qu'un mouvement involontaire, un tressaillement annonçait une sorte d'impatience, il suffisait de lui montrer le crucifix. Aussitôt elle se calmait et elle disait : « JÉSUS-CHRIST a beaucoup souffert, et moi, je souffre peu. »

Si quelquefois elle montrait au premier moment de la répugnance pour les remèdes, on lui disait : « Notre-Seigneur a été abreuvé de fiel et de vinaigre sur la croix ; c'était bien plus mauvais. » — « Oui », répondait-elle seulement, et elle buvait aussitôt.

Puis elle demandait naïvement : « Faut-il accepter toutes mes souffrances et les offrir au bon DIEU ? » — « Eh ! oui, ma chère enfant », dit une

Sœur. Elle ne répondit rien ; mais on voyait qu'elle priait dans son cœur.

Dans un moment où elle paraissait tout accablée, la Sœur lui dit : « Unissez, ma chère enfant, vos douleurs à celles de Jésus-Christ. » — « J'y pensais dans ce moment », dit l'enfant ; et son visage ranimé exprima la plus douce résignation.

« Vous ne pouvez pas faire de longues prières, ma chère enfant », lui dit la Sœur ; « dites seulement de cœur, ou par signes, si vous le pouvez, Jésus, Marie, Joseph. » La chère petite parut toute contente de ce facile moyen de rendre ses souffrances méritoires, et, de ses doigts, elle disait fréquemment : « Jésus, Marie, Joseph ». Et elle ajoutait : « Je vous aime ». Puis elle faisait le signe de la croix. Elle a continué ce petit exercice avec une vive foi jusqu'à son agonie.

Dans l'après-midi, vers le soir, elle dit à la Sœur qui était auprès d'elle : « J'ai oublié un péché ; écrivez-le, je vous prie, vous le donnerez à M. de Larnay, si je meurs avant qu'il vienne. » M. de Larnay avait été retenu à Poitiers. L'enfant fit écrire sa faute, qui était toute légère : puis une autre qui lui revint, et qui n'était pas plus grave ; et elle dit : « C'est fini ; je n'ai plus rien qui me gêne. » — « Vous êtes donc tranquille ? » dit la Sœur. — « Oui », répondit l'enfant. — « Que désirez-vous ? » reprit la Sœur. — « Le ciel », dit l'enfant ; « voir le bon Dieu. » En même temps elle lève les yeux et continue : « Oh! quel bonheur ! voir le bon Dieu! voir Jésus, Marie, les Anges pour la première fois! Oh! que je serai surprise! »

La chère Sœur, maîtresse des jeunes aveugles, était là. L'enfant lui dit : « Approchez ». Et elle l'embrassa en la remerciant d'avoir fait chanter de jolis cantiques. On les lui avait fait connaître par les signes, et elle avait eu tant de plaisir à les répéter de même! Puis elle dit : « Que je serai heureuse! Bientôt je ne serai plus muette, et je chanterai dans le ciel avec les Anges ! »

On lui demandait : « Serez-vous placée avec les saintes filles ou avec les martyrs? » Elle répondit tout de suite : « Je serai avec les vierges qui suivent l'Agneau en chantant un beau cantique. » — « Mais, mon enfant », lui dit-on, « vous êtes martyre aussi, car vous souffrez beaucoup. » — C'est un petit martyre », dit cette chère enfant ; « non, je serai avec les vierges. »

Un peu plus tard, elle demanda : « Comment mettrez-vous mes mains quand vous m'exposerez après ma mort? » On le lui montra en les disposant comme elles seraient. Elle prit du plaisir à les remettre elle-même de la sorte, en tenant son chapelet, son scapulaire et ses médailles, et en contemplant ces saints objets.

Souvent, très-souvent on voyait ses yeux se tourner vers le ciel. Son regard s'animait alors, et des soupirs s'échappaient de sa poitrine. « A quoi pensez-vous ? » lui demanda une Sœur. « Au ciel », répondit l'enfant, qui continua : « Oh! quel bonheur, quel bonheur d'aller au ciel! »

Sa mère, qui était arrivée du matin, et qui se désolait, faisant effort sur elle-même, dit à sa fille : « Quand tu seras mieux, je t'emmènerai en vacances ». L'enfant, comme si elle eût oublié son mal, suivant la pensée de sa mère, lui répondit : « Oui, mais pour quelques jours seulement, et puis je reviendrai ici. » Un moment après, elle reprit avec une vive expression de reconnaissance : « Oh! que je suis heureuse ici! On m'entoure de soins; on me donne toutes sortes de bons remèdes. » Et, dans sa naïveté, elle ajouta : « Ils sont bien meilleurs que chez nous. Remerciez bien les Sœurs ; elles sont bien bonnes. »

« Pourquoi pleurez-vous ? » dit l'enfant à celle de ses compagnes pour qui elle avait promis de prier. Celle-ci répondit : « Parce que je suis touchée de vos souffrances ». — « Vous êtes très-bonne », dit l'enfant ; « je suis heureuse de souffrir pour expier mes péchés. »

Sa mère était partie en lui promettant de revenir dans quelques heures avec une de ses sœurs. On était au soir ; il se faisait tard, et sa mère n'arrivait pas. La petite malade tournait souvent ses yeux vers la porte et demandait sa mère. Enfin, désespérant de la revoir, elle dit à la chère Sœur : « Vous ferez mes derniers adieux à ma bonne mère ; vous l'embrasserez et vous la prierez de faire mes adieux à mes frères et à mes sœurs, et à tous mes parents, que je ne verrai plus. »

Elle resta dès lors calme et résignée. Mais, vers neuf heures, sa mère arrive. L'enfant lui ouvre aussitôt ses bras. Sa mère s'y jette et presse sa fille contre son cœur en versant d'abondantes larmes. C'était une scène déchirante. Mais la chère malade, heureuse de revoir sa mère, lui dit avec une affectueuse attention : « Restez là près de moi ; reposez-vous près de mon oreiller. Vous êtes fatiguée ; vous avez beaucoup marché aujourd'hui. » La voyant pleurer, elle lui dit : « Ma chère maman, séchez vos larmes ». Puis elle la pria instamment de se reposer sur un lit près du sien.

Quelques instants après, elle demanda à la Sœur : « Maman dort-elle ? » — « Oui », dit la Sœur. « Bien », reprit l'enfant ; « ne faites pas de bruit ; quittez vos pantoufles. »

La tendre mère ne dormit pas longtemps. D'abord qu'elle se fut réveillée, elle retourna auprès de son enfant, qui lui prit les mains, l'approcha d'elle, et, lui montrant sa poitrine, encore sanctifiée la veille par la présence eucharistique de Notre-Seigneur, elle lui dit : « Baisez-la. »

Cependant, comme elle s'affaiblissait de plus en plus, on jugea que le moment était venu de dire les prières des agonisants. La chère enfant fut attentive à tous les signes, et répondit elle-même à toutes les supplications. Elle paraissait craindre de perdre le moindre signe.

Le bon Dieu lui ménagea une joie qu'elle n'espérait plus. M. de Larnay venait d'arriver. Elle put alors, avec sa pleine connaissance, accuser la faute qui était revenue à son esprit et recevoir une nouvelle absolution. Dieu seul sait ce qui se passa dans son âme à ce moment. Mais elle parut depuis jouir d'une paix inexprimable.

Elle disait à une Sœur : « Quand mes douleurs augmentent, je les offre au bon Dieu. Je lui fais le sacrifice de ma vie. Fais-je bien? »

A un autre moment, elle dit : « Suis-je bientôt à l'agonie? Vous me disiez que je mourrais bientôt, et la mort tarde bien longtemps! Oh! que mon âme tient fort à mon corps! Elle ne peut s'échapper. »

Puis elle se consolait et répétait souvent : « Quand je rendrai le dernier soupir, mon âme s'envolera libre au ciel. Quel bonheur! quel bonheur! »

Elle disait aussi à la Sœur : « Mon pouls, comment va-t-il? Regardez. »

A un autre moment de cette dernière nuit, comme il arrive aux plus justes, cette bonne petite eut frayeur et dit : « J'ai peur du jugement. » La Sœur lui dit : « Ne craignez pas, ma chère enfant; le bon Dieu vous a tout pardonné. N'avez-vous pas regret de l'avoir offensé? » — « Oh! oui, beaucoup », répondit l'enfant, qui redit sa favorite prière : « Jésus, Marie, je vous aime ». Puis elle ajouta : « Mon Jésus, miséricorde ! » Et elle resta calme et tranquille.

Une Sœur lui ayant demandé : « N'avez-vous pas quelque petite rancune contre quelqu'une de vos compagnes? » — « Non », dit-elle, « je les aime toutes. Mais il y en a que j'aimais plus que les autres ; est-ce mal? »

Sa maîtresse lui dit : « Me pardonnez-vous de vous avoir reprise avec vivacité ? » L'enfant prit alors un air peiné, et elle se détourna un moment; elle dit ensuite avec énergie : « Pourquoi me demandez-vous cela? Je le méritais, vous avez bien fait : c'était pour mon bien. »

Vers quatre heures, on crut que c'était son dernier moment. Toutes les Sœurs vinrent en hâte auprès de son lit. Elle les regarda les unes après les autres, leur fit à chacune ses adieux en tendant son faible bras, prit le crucifix de chacune d'elles et le baisa. Puis elle fit signe à sa mère et à sa sœur d'approcher, les pressa contre sa poitrine et leur dit : « Adieu. » La pauvre mère se retira un moment en sanglotant. La mourante la fit encore approcher, lui prit la main, la serra dans les siennes, la baisa avec une tendre affection et dit : « Oh! chère maman, que vous êtes bonne! Ne me quittez pas ; ne pleurez pas. »

Vers six heures, elle témoigna le désir de revoir M. de Larnay, qui revint aussitôt. Elle comprit très-bien les pensées pieuses qu'il lui suggéra. Nous ne pouvons pas mettre ici toutes ses réponses aussi édifiantes qu'attendrissantes. M. de Larnay avait peine à contenir son émotion ; sa sensibilité était trop excitée. Il dit à l'enfant : « Je vais dire la sainte Messe pour vous. » — « Oh ! merci », dit la malade avec une expression qui se ranimait encore.

Ells conservait toute sa connaissance. Elle dit qu'elle était fatiguée de son lit, et elle demanda à être mise sur une chaise : ce qu'on fit par compassion, mais en tremblant. On refit son lit en toute hâte : il fallut en effet l'y remettre presque aussitôt.

Un peu avant que de mourir, elle eut encore frayeur et elle dit : « J'ai peur du jugement. » — « Mais pourquoi ? » demanda la Sœur. — « Ah ! » dit l'enfant, « j'ai si peu de mérites à offrir au bon Dieu. » La Sœur lui dit : Ma chère enfant, Notre-Seigneur en a acquis beaucoup ; il vous en fera part. » — « C'est vrai », reprit doucement l'enfant ; « je suis donc tranquille. »

Rien ne la troubla plus jusqu'à son dernier moment. Ses souffrances cependant parurent redoubler encore. C'était la lutte suprême. Ses doigts n'avaient plus assez de force pour dire ses pensées ; mais elle continuait de parler des yeux. Il y eut tout à coup un regard plus expressif. C'était fini. La chère enfant avait rendu sa belle âme à Dieu. Il était dix heures.

En ce moment-là, M. de Larnay administrait l'autre petite malade, qui suivit de près sa compagne. Mais celle-ci, comme elle l'avait dit, était partie la première pour le ciel.

Une de ses maîtresses ensevelit son corps. On joignit ses mains dans la position qu'on lui avait dit, avec son chapelet, son scapulaire, ses médailles et son crucifix. On plaça devant elle l'image qu'elle avait attachée à son lit avant d'être malade et qui représentait un Ange qui sauve un enfant du démon et la transporte au ciel.

Avons-nous besoin de dire que cette mort fit la plus salutaire impression sur toutes les sourdes-muettes ? Elles vinrent tour à tour prier devant ce corps inanimé, dont le visage n'était pas couvert. Il y régnait un calme qui était un indice de la paix dont jouissait l'enfant en exhalant son dernier soupir.

On aurait voulu conserver son corps exposé pendant la journée au moins. Mais, ô chétive condition de notre misérable nature ! le mal avait tant travaillé ce pauvre corps qu'il fallut avant le soir le mettre dans le cercueil.

Le lendemain, les sourdes-muettes communièrent à l'intention de leur compagne à la messe que dit pour elle M. de Larnay, qui voulut aussi chanter l'office des morts avec M. le Curé de la paroisse, lequel célébra la grand'messe. Le corps fut porté au cimetière par les sourdes-muettes, et les Frères le descendirent dans la fosse au milieu d'une émotion générale contenue par une religieuse espérance.

C'est ainsi qu'on meurt à Larnay.

Nous avons trouvé les paroles suivantes écrites de la main d'une sourde-muette : « O compagne chérie, maintenant vous êtes heureuse au ciel, et moi, hélas ! je suis encore dans la vallée des larmes. Ne m'oubliez pas ; obtenez-moi du Seigneur la grâce d'imiter vos vertus pour mériter de me rejoindre à vous. Présentez mes pauvres prières à votre Epoux bien-aimé. O compagne chérie, ne m'oubliez pas. »

C'est ainsi qu'on aime et qu'on se souvient à Larnay.

Une autre enfant, une petite aveugle, s'est mise au lit avec la fièvre, et au soir du troisième jour elle est à l'extrémité. M. de Larnay arrive en toute hâte de Poitiers au milieu de la nuit, à la fin de novembre. L'enfant, qui avait été jusque-là dans le délire, recouvre sa connaissance et peut se confesser. Ce fut un grand soulagement pour M. de Larnay, pour son âme de prêtre et de père spirituel.

La chère malade retomba presque aussitôt dans son délire. Les Sœurs et quelques-unes de ses compagnes entouraient son lit. On venait d'achever les dernières prières ; elle s'endormit dans la paix du Seigneur.

Ma Sœur Saint-Léon, la sourde-muette qui, par dispense du Pape Léon XII, avait pu être agrégée à la Congrégation des Filles de la Sagesse, qui fut un modèle de la régularité religieuse, et qui ensuite, percluse de tous ses membres, fut un bel exemple de patience pendant plusieurs années de souffrances aiguës, s'endormit saintement aussi dans le Seigneur, la nuit de Noël 1859, quelques heures seulement après avoir reçu dans une fervente communion le DIEU qui lui ouvrait maintenant les tabernacles éternels. Qui ne voudrait ainsi mourir?

M. de Larnay était néanmoins très-sensible aux coups que la mort frappait dans sa chère famille. Aussi, comme il veillait à ce que la cérémonie des funérailles se fît avec tous les rites prescrits ou permis sans sortir de la simplicité! Il fallait qu'il fût bien empêché pour ne pas présider lui-même. Il marchait, précédé des bons Frères, en tête du convoi. Le corps de la défunte était porté par les plus grandes sourdes-muettes. Celles de son âge et de sa classe escortaient sa dépouille mortelle. Toutes ses autres compagnes suivaient. Les chères Sœurs fermaient la marche funèbre. On allait ainsi de la chambre mortuaire à l'église. La messe était chantée, et on faisait la communion pour la défunte. On allait ensuite dans le même ordre au cimetière.

M. de Larnay a voulu qu'on prît un soin particulier de ce lieu sacré où les corps sanctifiés de ses enfants attendent le réveil de la résurrection. Il l'a bénit lui-même à la première sépulture, et cette bénédiction est demeurée, parce que ce cimetière, enclos dans la propriété à une petite distance de l'église, n'a pas à craindre la profanation.

O vous qui visitez l'Institution des sourdes-muettes de Notre-Dame de Larnay, faites-vous conduire à son cimetière. Les corps qui lui ont été confiés sont assez nombreux déjà, depuis vingt-deux ans qu'il est ouvert. Ne craignez pas d'approcher. A peine aurez-vous franchi le seuil que vous serez attendris, touchés, attirés par un sentiment qui pénétrera vos âmes, qui fera couler vos larmes, qui remplira vos cœurs de la plus douce émotion. Là, vous ne verrez point de superbes mausolées, admirables peut-être, mais aussi froids que le marbre dont ils sont faits. Là, vous n'aurez sous vos yeux que de petits tertres alignés mesurant la taille du corps qu'ils recouvrent. Ce n'est que de la terre qui est remuée de temps en temps avec un religieux respect; du gazon et des fleurs fidèlement entretenus en font le gracieux ornement. Une croix de bois est à la tête; elle est peinte en blanc; les caractères noirs qui s'en détachent vous indiquent les noms et prénoms, le lieu de naissance, l'âge de l'enfant, la date de son trépas. Rien de plus. Mais c'est assez pour que vous tombiez à genoux, et la prière que vous faites dans ce moment communique à votre âme une suavité toute céleste. Vous vous laisseriez aller à désirer de bientôt terminer votre voyage de la vie pour jouir de la paix que doivent goûter ces âmes, qui furent déshéritées ici-bas des satisfactions naturelles, mais qui s'enrichirent des trésors de la divine grâce dans le saint asile qu'un charitable prêtre ouvrit à leur misère.

Quant à nous, qui avons écrit ces lignes, oh! nous voudrions pouvoir espérer que rien n'empêchera que notre pauvre corps repose aussi dans le cimetière de Notre-Dame de Larnay.

XXII.

L'HOTELLERIE. LES BÉNITIERS DE LA CHAPELLE. BÉNÉDICTION DE LA CLOCHE. AMEUBLEMENT DE LA SACRISTIE. LES CONFESSIONNAUX.

Qu'on ne nous reproche pas d'entrer dans trop de détails, de mentionner trop de particularités. Nous nous adressons ici aux sourdes-muettes ; nous leur parlons de leur bon père ; nous le faisons revivre et agir sous leurs yeux.

Au mois de juillet 1859, M. de Larnay fit terminer le bâtiment qui est à l'entrée de la cour, et qui est destiné à loger les Pères missionnaires pendant les retraites, et à recevoir les prêtres ou religieux passants, à qui on est heureux de pouvoir accorder l'hospitalité de la nuit. Jusque-là il n'y avait de chambre disponible que dans l'intérieur de l'Établissement. M. de Larnay avait hâte de faire cesser cette situation irrégulière.

Le douze du mois d'août suivant, il posa les bénitiers qui sont dans le vestibule de la chapelle.

La journée du douze mars 1860 fut très-intéressante pour la Maison de Larnay, bien que l'objet principal de la cérémonie de ce jour dût rester étranger ou incompris pour les pauvres sourdes-muettes.

Nous voulons parler de la bénédiction de la cloche de Notre-Dame de Larnay. C'était une nouvelle libéralité du fondateur de l'Œuvre.

Monseigneur l'Évêque voulut venir à cette occasion. Sa Grandeur était assistée d'un nombreux clergé. Il y eut une affluence de personnes de distinction qui avaient été spécialement invitées. La fête fut superbe. M. de Larnay était dans une jubilation qui se communiquait à toute l'assistance.

Sur la cloche on lit : *Je me nomme* MARIE. *J'ai été baptisée par Mgr Pie, Évêque de Poitiers, en 1860. J'ai eu pour Marraine la pieuse Congrégation des* Enfants de MARIE *de la Communauté du Sacré-Cœur de Poitiers, haute protectrice de l'Institution des sourdes-muettes et des jeunes aveugles de* NOTRE-DAME DE LARNAY. »

L'airain bénit retentira donc désormais dans les airs au milieu de l'Établissement de Larnay. Les sourdes-muettes n'entendront pas son appel ; mais il réjouira les aveugles qui seront averties par là que la voix de DIEU les convoque à la prière et aux saints Offices. C'était d'ailleurs une condition d'ordre pour la Maison tout entière.

Cette même année, M. de Larnay fit poser dans la sacristie deux fontaines du meilleur genre. Le beau vestiaire qu'elle possède ne fut établi qu'au mois d'octobre 1861. On y remarque de très-belles sculptures, notamment celle du bas-relief de la porte principale, lequel représente l'Adoration des Mages, et qui est un reste échappé aux désastres de la Révolution.

M. de Larnay fit mettre dans la chapelle des bancs de forme gothique d'un gracieux effet à l'usage des enfants aussi bien que des Sœurs.

Il avait fait placer précédemment dans la tribune de l'orgue deux grands confessionnaux où sont établis deux châssis, dont l'un, qui est pour les parlants, est mobile de bas en haut et se lève pour laisser libre l'autre, qui est plus large et fixe et qui sert pour la confession des sourdes-mettes. Ces confessionnaux sont ornés de filets d'or.

Un jour que M. de Larnay recevait M. le Préfet de la Vienne et lui faisait visiter la Maison en détail, celui-ci, étant entré dans la tribune de l'orgue et ayant vu ces confessionnaux, se récria sur les dorures. « Pour le coup », dit-il, « Monsieur l'Abbé, voilà du luxe. » — « Oh ! » répliqua prestement M. de Larnay, « voyez-vous, Monsieur le Préfet, c'est qu'il faut dorer la pilule. »

Passant ensuite du léger au grave, il disait simplement à M. le Préfet qui admirait dans le cours de la visite un si bel Etablissement : « Je regarde comme un devoir que Dieu m'impose de dépenser dans les Œuvres et surtout dans celle-ci la fortune que des deuils successifs ont fait arriver dans mes mains. »

XXIII.

MORT DE Mlle MARIE COSSIN.

Avec de tels sentiments, M. de Larnay était loin de s'inquiéter des héritages qu'il aurait pu naturellement espérer.

Aussi, lorsqu'il eut la douleur de perdre sa tante, Mlle Marie Cossin, se réjouit-il sincèrement en apprenant qu'elle avait disposé de presque toute sa fortune pour des œuvres de charité.

Cette sainte demoiselle a en effet fondé et doté à Maulévrier un Hospice pour les malades pauvres et une école gratuite de filles. M. de Larnay, toujours prêt à se dépenser lui-même jusqu'à la fin de sa vie, fit construire, en 1861, pour le service de l'Hospice, aux frais de cet Établissement, une très-jolie chapelle dans le type du treizième siècle.

Au jour de la bénédiction de cette chapelle, en septembre 1862, en présence des restes de la bienfaitrice qui y avaient été transportés et déposés dans un tombeau provisoire, il prononça, devant les autorités et les notables de la ville, quelques paroles bien senties, où il donnait un court mais fidèle aperçu de la vie de sa tante qui, toujours guidée par l'esprit de foi et par la confiance en Dieu, fut l'ange gardien de ses sœurs orphelines, la mère des pauvres et la consolatrice de tous les malheureux.

Cette vie de sa bonne tante, où ne manquaient pas même des actions vigoureuses et sublimes, donnait un beau sujet à son âme si sensible. Mais le bonheur de voir les pauvres dotés par sa tante, des enfants élevées pour le bon Dieu par ses sacrifices, cette chapelle où les uns et les autres trouveraient auprès du tombeau de la généreuse donatrice le souvenir des plus belles vertus et les consolations et les grâces de Notre-Seigneur qui allait demeurer désormais dans la Maison, ce bonheur qu'il ressentait vivement avait donné à sa voix, à ses gestes, à son visage, à ses paroles enfin, un accent et une expression qui communiquèrent à tout l'auditoire les émotions qui remplissaient son âme.

Quand cette œuvre de famille eut été accomplie, M. de Larnay quitta Maulévrier, rapportant dans la petite part d'héritage que lui avait laissée sa tante un objet bien précieux pour sa foi et sa piété. C'était le calice de son oncle, Jean-René Cossin de Belle-Touche, Chanoine de la Cathédrale de La Rochelle, mort généreusement dans les noyades de Nantes. Il se servit toujours de ce calice d'un martyr.

XXIV.

SOLLICITUDE RELIGIEUSE DE M. DE LARNAY. UN FEU DE CHEMINÉE. L'INSTRUCTION CHRÉTIENNE DES ENFANTS.

Nous retrouvons M. de Larnay avec ses chères enfants de Larnay, continuant à leur donner son temps et sa personne.

Il était le confesseur ordinaire des sourdes-muettes, bien qu'il se fût choisi un aide dans ce ministère spécial. Il prêchait les retraites préparatoires à la première Communion et à la Confirmation. Il vint plusieurs fois passer à Larnay les grands jours de la Semaine Sainte, afin de procurer aux enfants les touchants Offices de ces jours si intéressants pour le chrétien. Il les édifiait et charmait par ses instructions du jeudi saint sur l'Eucharistie et par la prédication du Chemin de la Croix le vendredi saint. Il partait le samedi saint pour célébrer la solennité de Pâques à la Cathédrale.

M. de Larnay suppléait autant que possible par lui-même au défaut d'un Aumônier dont les fonctions ne pouvaient être remplies par le Curé de la paroisse.

Un dimanche qu'on aurait manqué de messe, il vint à Larnay par une pluie battante, et tout le monde s'empressa d'assister à la messe qu'il procurait avec tant de générosité.

Or, dans cette circonstance, comme le déjeuner avait été retardé, ma Sœur Sainte-Eustochie, à la cuisine, força son feu qui prit dans la cheminée d'une manière inquiétante. M. de Larnay se mit à l'œuvre aussitôt, pendant qu'on allait chercher le couvreur. Il organise la chaîne pour monter l'eau le long d'une échelle et la jeter dans la cheminée. Lui-même, relevant sa soutane, joint l'action au commandement. Le couvreur arrive avec un fagot de houx pour faire tomber la suie qui ne manquait pas. M. de Larnay rentra dans la cuisine. La corde qu'on devait tirer en bas s'étant arrêtée dans la cheminée, M. de Larnay, qui joignait à l'adresse l'avantage de la taille, monta sur le foyer qui se trouvait à une certaine hauteur, se fourra dans la cheminée et attrapa la corde. Puis il descendit et sortit tout malpropre, comme bien on pense. Un homme prit la corde, la cheminée fut dégagée de sa suie enflammée, et l'on fut quitte pour la peur.

Pendant que les Sœurs aidaient M. de Larnay à se nettoyer, il leur dit en riant avec sa présence d'esprit accoutumée : « Aujourd'hui j'ai acquis le titre de sapeur-pompier. »

Nous ne pouvions pas passer sous silence ce petit trait, où l'on voit ce mélange de qualités opposées qui attachait à M. de Larnay et qui contribuait à le faire réussir dans ses Œuvres.

Les sourdes-muettes, qu'on avait pendant cette alerte consignées dans la classe de peur qu'elles ne fussent trop effrayées, ne comprenaient rien à ce qui se passait et se préoccupaient de leur déjeuner retardé. Quand tout fut terminé et qu'elles surent ce qui s'était passé, elle ne pouvaient assez témoigner leur joie et leur reconnaissance à ce bon père et excellent protecteur.

M. de Larnay ne laissait pas entièrement aux Sœurs le soin de l'instruction religieuse des enfants. Il entreprit de rédiger, pour la sûreté de cet enseignement, un cours de doctrine chrétienne. Ce travail lui fit passer beaucoup de temps, qui était pris souvent sur son sommeil. Il n'a pu faire que le traité des Sacrements, et il voulut le soumettre à l'examen d'un de ses anciens collègues du Grand-Séminaire, lequel déclara n'y avoir rien trouvé qui ne fût suivant les principes de la plus saine théologie.

Les leçons des classes attiraient aussi son attention. Il ne fut pas étranger à la composition d'un *Abrégé d'Histoire Sainte* qu'une des Sœurs fit à l'usage des écoles tenues par les Filles de la Sagesse, et qui a été approuvé par les Supérieurs généraux. Cet ouvrage fut imprimé par les soins de M. de Larnay et avec les moyens qu'il sut trouver et tiré à six mille exemplaires, dont mille, réservés aux Maisons de sourdes-muettes de la Congrégation, furent augmentés d'une Préface composée pour les enfants.

XXV.

L'OUVROIR SAINT-CHARLES. LA MAISON SAINT-JOSEPH. CHAPELLE DES ENFANTS DE MARIE.

M. de Larnay veillait d'autre part à procurer des ressources à son Institution.

Les Sœurs avaient établi à Pont-Achard un ouvroir pour la confection des ornements et linges d'église. M. de Larnay comprit que cet ouvroir aurait plus de visiteurs et de clients et par suite produirait davantage s'il était établi dans la ville même. Il fit donc, en 1860, l'acquisition d'une maison contiguë à la sienne et y tranféra l'ouvroir, qui ne pouvait être plus heureusement placé, se trouvant sur le chemin du Séminaire à la Cathédrale et à l'Évêché. Aussi a-t-il pris et conserve-t-il une réelle importance, maintenant surtout qu'il est installé dans l'hôtel même de M. de Larnay, sous le nom d'*Ouvroir Saint-Charles*. Des Sœurs et plusieurs sourdes-muettes y sont constamment occupées, bien que la plus grande partie des ouvrages se fasse à Larnay. Nous pouvons citer, entre autres ouvrages remarquables, la bannière de Notre-Dame-des-Clefs qui tient une belle place au Sanctuaire de Lourdes parmi tant d'autres du plus grand prix, et la magnifique chape offerte par le Poitou à Notre Saint Père le Pape Pie IX pour le cinquantième anniversaire de sa consécration épiscopale.

Les enfants étant venues à Poitiers peu après l'acquisition qu'avait faite M. de Larnay, Mme de Larnay, en l'absence de son fils, qui était encore cette année à Néris pour sa pauvre santé, les conduisit à la nouvelle maison, où elles s'appliquèrent avec joie à mettre tout en état pour que l'installation fût terminée au retour de M. de Larnay, ainsi que lui-même leur en avait témoigné le désir dans une charmante lettre. Les enfants lui firent fête à son arrivée. Petite pièce, *Rose de Viterbe*, mimée par les sourdes-muettes ; concert par les jeunes aveugles ; compliments des Sœurs : rien n'y manqua. Toutes remerciaient leur bon Père des libéralités dont il les comblait.

Dix-huit mois après avoir fait cette installation, M. de Larnay acheta, le sept janvier, le petit domaine de Goulgaudière qui touchait Larnay, lequel, passant en d'autres mains, pouvait devenir un de ces rendez-vous de banlieue où se jette une population qui n'est pas l'élite des villes et qui eût par trop incommodé la paisible et pieuse Institution des sourdes-muettes

Une autre considération déterminait encore M. de Larnay à faire cette acquisition. Depuis que le nombre des bons Frères s'était accru avec le progrès de l'Établissement, il paraissait nécessaire de leur assigner une résidence qui fût séparée de la Maison même des Sœurs et des enfants. Le petit domaine qui était en vente se trouvait à une distance convenable. M. de Larnay saisit avec empressement une occasion si propice. Ayant donc réussi, non sans peine, à se rendre propriétaire de ce domaine, qui lui aurait échappé s'il n'avait pas déployé autant d'activité, il en fit la résidence des Frères sous le nom de Maison de Saint-Joseph.

C'est une vraie petite chartreuse, où les Frères, complétement à l'abri de voisinages gênants, trouvent tous les lieux réguliers que demande la vie religieuse: oratoire, salle commune, réfectoire, dortoir. Là, est aussi le logement de l'Aumônier. Les Frères ont un petit atelier pour les soirées d'hiver et pour les jours pluvieux. Devant la maison s'étend une assez vaste cour avec une allée plantée d'arbres, où ils prennent leur récréation du dimanche.

Une haute et belle statue de saint Joseph tenant l'Enfant Jésus dans ses bras a été placée sur un piédestal au fond de cette cour. Monseigneur l'Évêque l'a bénite solennellement dans un jour de Confirmation, et a daigné y attacher une indulgence de trente jours que peuvent gagner une fois par jour tous ceux qui, bien disposés, viendront prier en l'honneur du chaste époux de la très-sainte Vierge. La statue de MARIE qui est dans la cour de l'Institution est en possession d'une indulgence de quarante jours. C'est l'ordre.

Cette résidence des Frères a été la dernière acquisition faite par M. de Larnay, le dernier perfectionnement qu'il ait pu donner à son œuvre, et dont il n'a pas joui. C'est même là que, par suite des peines qu'il prit pour surveiller et activer les travaux d'appropriation, il contracta le germe ou activa le progrès de la maladie qui devait l'emporter bientôt.

M. de Larnay eut encore le temps de faire un grand plaisir aux Enfants de MARIE de Larnay. Le vingt-neuf septembre 1862, il leur attribua la seconde sacristie dont il fit la chapelle de leur Congrégation. Il y fit alors dresser un autel surmonté d'une statue de la sainte Vierge sous l'invocation *Sedes Sapientiæ*, Siége de la Sagesse.

Dans le bas-relief on voit les Enfants de MARIE qui reçoivent les caresses de la sainte Vierge, et deux Sœurs de la Sagesse qui amènent deux aveugles pour que MARIE leur accorde les mêmes faveurs.

Nous avons mis à parler de l'Œuvre de M. de Larnay une complaisance qui aura peut-être paru excessive à quelques lecteurs, mais qui ne déplaira certainement pas aux enfants de M. de Larnay, sur lesquelles on comprendra que notre intérêt se soit porté plus particulièrement.

Il est toutefois de notre devoir, pour être exact, de faire remarquer une fois de plus que M. de Larnay, tout appliqué qu'il était, comme nous l'avons vu, à l'Œuvre qui garde son nom, ne négligeait en rien aucune des autres Œuvres qu'il avait entreprises ou acceptées. Mais enfin, et pour tout dire, Larnay était la vie de son âme et l'âme de sa vie.

XXVI.

M. DE LARNAY A DES PRESSENTIMENTS DE SA FIN PROCHAINE ET REDOUBLE D'AFFECTION POUR SES ENFANTS DE LARNAY.

Depuis la construction de la chapelle, M. de Larnay parlait souvent aux sourdes-muettes de sa mort et de sa sépulture. Il leur disait : « Quand je serai mort, mon corps sera déposé dans la crypte de la chapelle. » Et il ajoutait : « Peut-être vous aurez peur ? » Une enfant lui dit un jour : « Oh ! oui, j'aurai bien peur. » Il reprit : « Eh bien ! soyez tranquille : je n'apparaîtrai à personne. »

En l'année 1862, qui fut la dernière de sa vie, M. de Larnay, comme pressé par un sentiment dont il ne se rendait pas compte, et sans doute par un effet de la bonté de Notre-Seigneur et de sa très-sainte Mère, vint plus souvent au milieu de sa chère famille, et à chaque fois resta plus de temps avec ses enfants.

Il vint, comme les autres années, dans les premiers jours de janvier, échanger les largesses de l'affection paternelle avec les compliments et les souhaits de l'attachement filial.

Du vingt-six janvier au deux février, il prêcha aux Sœurs, comme il faisait depuis quatre ans, la retraite préparatoire à la rénovation de leurs vœux. Il n'avait jamais eu autant de force et d'onction. Il donna de solides instructions sur l'esprit de sacrifice dans la vie religieuse. Il expliqua admirablement et d'une manière très-pratique les trois vœux de religion. Les Sœurs n'ont pas oublié cette excellente retraite,

Il passa toute la Semaine Sainte avec ses chères enfants jusqu'au Samedi Saint après l'office. Il partit alors pour Poitiers. Mais il revint le soir et célébra le saint jour de Pâques à Larnay.

Il vint encore le trente avril, et il fit l'ouverture du Mois de Marie par une instruction suivie de la Bénédiction du Saint-Sacrement.

Il ne put pas prêcher la retraite de première communion parce qu'il était trop souffrant. Il voulut cependant assister aux exercices, qu'il nous pria de donner à sa place. Mais, ayant été pris de fortes douleurs d'entrailles, il dut rentrer à Poitiers.

Ses enfants et les Sœurs en furent affligées et inquiètes, et firent pour leur bienfaiteur et père les prières les plus ferventes. Il put revenir au jour de la première Communion. Mais il assista seulement à la cérémonie. C'était la première fois qu'il ne la faisait pas lui-même; il ne devait plus goûter cette satisfaction. Il eut encore assez de force, il prit assez sur lui-même pour paraître dans la réunion des Enfants de Marie du Sacré-Cœur qui étaient venues à son appel.

Sa santé parut cependant se rétablir, et au bout de quelques semaines il reprit plus souvent encore le chemin de Larnay.

Il fit les honneurs de la Maison à l'Évêque de Limoges au mois de juillet, à l'Évêque de Taïti au mois d'août. Il présenta aux Sœurs et aux enfants au mois d'octobre la Supérieure das Religieuses de Notre-Dame de Nevers, de l'Institution impériale de Bordeaux, qui était accompagnée de sa première maîtresse de classe, lesquelles témoignèrent la plus vive satisfaction de tout ce qu'elles avaient vu à Larnay.

L'état de santé de M. de Larnay donna bientôt encore de nouvelles inquiétudes. Mais il ne diminuait pas ni n'abrégeait non plus ses visites à sa chère famille.

Dans son dernier entretien avec les Religieuses de Notre-Dame-des-Sept-Douleurs, qu'il affectionnait tant, elles ne purent s'empêcher de remarquer, non sans une douloureuse émotion, qu'il y avait sur son visage une expression pénétrante de bonté et de tristesse, comme si leur digne père était sous le pressentiment de sa fin prochaine.

Le mardi dix-huit novembre, quoiqu'il fût pris d'un très-fort rhume, il vint encore à Larnay pour confesser les Frères, les Sœurs et une partie des enfants qui se préparaient à la fête de la Présentation de la très-sainte Vierge. Il se réservait de confesser les autres enfants pour la fête de sainte Catherine. Comme il arriva tard, il ne confessa que le lendemain.

Après son dîner, il alla voir les ouvriers qui réparaient la cour de Saint-Joseph à la résidence des Frères, et il se donna beaucoup de mouvement pour hâter l'ouvrage qu'il voulait voir terminer avant la fête de Noël, afin d'y recevoir un Aumônier. Car il sentait la nécessité de plus en plus urgente de la présence constante d'un prêtre sur lequel il mettrait pour le service ordinaire la charge des intérêts spirituels d'une Maison qui comprenait dès lors près de cent cinquante personnes.

Il faisait froid, et M. de Larnay avait eu chaud dans le confessionnal. C'en fut assez pour que son rhume joint à ses misères habituelles prît une gravité qui devait être sans remède.

Le jeudi vingt, après la sainte messe, il se rendit encore à Saint-Joseph afin de presser davantage les travaux. Il y paraissait pour la dernière fois. Il retourna à Poitiers très-fatigué. Il ne devait plus revenir à Larnay.

SIXIÈME PARTIE

LA MALADIE ET LA MORT DE M. DE LARNAY
ET L'ÉTAT DE SA CHÈRE MAISON APRÈS SA MORT.

I.

LA DERNIÈRE MALADIE DE M. DE LARNAY.

Dans la soirée de ce même jour, vingt novembre, M. de Larnay nous fit une visite d'amitié et nous recommanda de ne pas l'oublier à Rome. Car nous partions le lendemain, fête de la Présentation de la très-sainte Vierge, pour ce voyage d'impérissable souvenir.

Il avait tant désiré lui-même d'aller à Rome! Il écrivait, quelques années auparavant, à un de ses amis qui lui avait annoncé son prochain voyage en Italie : « Votre lettre m'a crevé le cœur. Hélas! moi qui comptais faire un jour le voyage de Rome avec vous! Pourquoi ne m'avez vous donc pas parlé plus tôt de votre projet? Que vous êtes heureux de vous acheminer vers la ville sainte, vers la ville éternelle ! Oh ! que je voudrais peuvoir vous suivre ! Mais Dieu ne le veut pas. Pensez à moi quand vous serez aux pieds du Souverain Pontife. »

Ce bon et cher M. de Larnay nous témoigna les mêmes sentiments, les mêmes désirs, les mêmes regrets, la même conformité à la volonté de Dieu. Il ne put rester que quelques moments avec nous, parce que sa toux le fatiguait trop. Il rentra chez lui avec une forte fièvre ; mais il n'en voulut rien dire, et il se coucha à l'ordinaire.

Le lendemain, il ne put pas dire la sainte messe. Il fut très-sensible à cette privation, parce que c'était la fête de la très-sainte Vierge. Persuadé cependant que ce ne serait rien, que c'était son rhumatisme qui le faisait souffrir, il refusa la visite du médecin, qui vint à la maison voir son domestique malade.

Le samedi vingt-deux, il ne put encore dire la messe. Se trouvant alors très-fatigué et sentant qu'il ne pourrait pas aller à Larnay confesser les enfants qu'il avait été obligé de remettre, il écrivit à un prêtre qui savait les signes de vouloir bien y aller à sa place.

Le dimanche vingt-trois, M. de Larnay dit la Messe avec beaucoup de peine. Comme il ne pouvait pas réciter son office, il fit venir un prêtre qui, ce jour-là et le lendemain, le récita à haute voix près de lui, et M. de Larnay suivait intérieurement.

Le lundi vingt-quatre, on appela enfin le médecin, qui déclara que c'était une fluxion de poitrine et défendit la messe et le bréviaire. Le malade obéit avec une soumission qui était bien méritoire devant Dieu.

Le mardi vingt-cinq, il était très-oppressé. La chère Sœur Supérieure de Larnay vint le voir dès le matin. Aussitôt qu'il l'aperçut, il lui demanda en souriant : « Comment va ma chère petite famille ? » — « Bien » ; lui dit la Sœur, qui ajouta : « Mais c'est vous, mon Père, qui êtes malade. » Alors, mettant la main sur son cœur, il dit par signes : « Le mal est là. »

Dès le mardi vingt-six, il fit venir M. le Curé de la Cathédrale, son confesseur, et le garda fort long temps. Le lendemain, mercredi vingt-sept, le cher malade voulut communier en viatique et recevoir l'extrême-onction. La Sœur Supérieure lui ayant dit : « Vous recevrez le bon Dieu, oui ; mais pour l'extrême-onction, il n'est pas encore temps », il répondit : « Non, ma Sœur, je veux tout ; je ne veux pas attendre aux derniers moments. »

Toutefois, pour ne pas attrister sa bonne mère, qui était malade, il voulut que l'onction sainte se fît sans cérémonie et sans apprêt. Il reçut les derniers sacrements dans des sentiments admirables. Sa foi vive, sa tendre piété, son amour ardent se traduisaient par des gestes expressifs et des paroles pleine de feu. Il répondit à toutes les prières avec autant d'énergie que s'il eût été en pleine santé. Peu après qu'il eut reçu le sacrement de l'extrême-onction, il s'écria en joignant les mains : « O mon Dieu ! quelle grâce immense vous me faites ! Oh ! comment ne vous sacrifierions-nous pas tout pour une telle faveur? Oui, mon Dieu, *tout* ; oui, *tout*. Je vous sacrifie *tout*. »

Ceux qui ont pu connaître cette grande âme comprendront ce que, dans ces jours suprêmes, après une telle vie, avec tant d'Œuvres si généreusement entreprises et si persévéramment soutenues, ce mot *tout* signifiait. Mais certainement Dieu l'a compris, Lui qui l'inspirait et qui, comme nous pouvons l'espérer, s'apprêtait à le récompenser.

Le soir de ce jour, la Supérieure des Sœurs de la Miséricorde étant venue le voir, il lui dit : « Voyez, ma petite Mère, combien le bon Dieu me fait de grâces. J'ai beaucoup d'Œuvres en ce moment ; quelques-unes sont très-importantes. Eh bien ! je suis calme, tranquille, comme aux plus heureux jours de ma vie et prêt à partir. Remerciez le bon Dieu pour moi. »

Quoique la Supérieure de Larnay restât à coucher à Poitiers, elle ne paraissait devant le cher malade que vers huit heures le matin, et elle n'y allait plus le soir passé cinq heures, afin de ne pas l'affecter. Tous les matins, il lui demandait des nouvelles de Larnay dans le langage affectueux du plus tendre des pères.

« Comment va ma chère petite famille ? »

« Dites à mes chères enfants que je les aime plus que jamais. »

« Dites à mes chères enfants que je leur envoie mon cœur tout entier. »

« Dites à mes chères enfants que, depuis que je suis malade, mon esprit et mon cœur n'ont pas quitté Larnay. »

« Dites à mes chères enfants que le bon Dieu me fait la grâce de comprendre que *tout* ce qu'il fera sera bien fait. Le bon Dieu a de secrets desseins qu'on connaîtra plus tard. »

Un jour qu'il demandait des nouvelles de Larnay, la Supérieure lui dit : « Ne vous inquiétez pas des ouvroirs, tout va bien. » Il répliqua paisiblement : « Je serais bien bon de me tourmenter, puisque je n'y peux rien. » Et il ajouta : « Il faudra bien faire bénir la maison de Saint-Joseph. » La Supérieure lui ayant répondu : « Vous la bénirez », il leva les yeux au ciel et dit : « Si Dieu le veut. »

Un soir, deux Sœurs de Larnay étant allées le voir, il leur dit par signes : « Mes Sœurs, si Dieu veut me faire mourir, vous ferez comme moi, et vous direz : Oui, je me soumets. »

Dès les premiers jours de sa maladie il avait fait écrire à ses chères filles du Carmel de Niort. La Mère Prieure s'empressa de répondre ; mais la Sœur qui reçut la lettre attendit un moment favorable pour la lire au malade, qui lui dit avec un air peiné : « O ma Sœur, vous aviez cette lettre depuis hier, et vous ne me le disiez pas. Rien ne pouvait me faire plus de plaisir. »

Il fit aussi écrire aux Religieuses Ursulines des Maisons de Charroux, de Loudun et de Parthenay pour se recommander à leurs prières. Il fit informer également les Sœurs de la Salle de Vihiers par leur Supérieure générale.

Du reste, on priait de tous côtés pour ce digne prêtre.

Il se faisait dire chaque jour quelques dizaines de chapelet. Il se faisait lire des passages de l'*Imitation* de Notre-Seigneur qu'il indiquait lui-même ; c'était le plus souvent sur le désir du ciel. Il disait qu'un malade a besoin d'être aidé, ne pouvant pas s'entretenir continuellement avec DIEU. Cependant il était facile de voir que sa pensée était toujours avec DIEU.

Une Religieuse des Sept-Douleurs étant venue le voir avec une de ses compagnes, il lui dit : « Approchez, ma fille, de votre père. Regardez ici devant moi JÉSUS attaché à la croix; c'est mon excellent ami ; je suis crucifié avec Lui. Promettez-moi de le servir en tout, de le choisir pour votre seul ami, et de lui rester attachée pour toute la vie. » Elle le lui promit sans hésiter.

Il dit un matin à trois Religieuses de Larnay, en leur montrant une image qui était toujours attachée à son lit et qui représentait l'Enfant JÉSUS caressant sa Mère : « Voyez, mes Sœurs : ce matin, j'ai fait mon oraison sur cette image. J'ai demandé à l'Enfant JÉSUS un peu de son amour pour sa Mère, et à MARIE un peu de son amour pour son divin Fils. Je n'ai jamais fait de meilleure méditation. Je me suis placé entre le Fils et la Mère. »

Il voulut ensuite parler par signes à ma Sœur Marie de Saint-Pie, la Religieuse sourde-muette. Mais les autres Sœurs l'en empêchèrent dans la crainte qu'il ne se fatiguât. Il leur dit alors : « Dites-lui, à cette enfant, que, grâce à DIEU, depuis que je suis malade, ma volonté n'a pas fléchi un seul instant. Je veux souffrir tout ce que le bon DIEU voudra. »

Une Sœur lui ayant amené une de ses petites Religieuses des Sept-Douleurs, il dit à celle-ci par signes en lui montrant son image : « Voyez; JÉSUS, MARIE et moi, nous sommes unis. De même, JÉSUS, MARIE et vous, soyez unis. » Elle lui répondit aussitôt: « Oui ! » Il reprit : « Mais pour toujours ? » Elle répondit encore plus promptement : « Oui. » — « Bien », dit-il, « je suis content. »

Vers le milieu de sa maladie, la Supérieure de Larnay, qui se trouvait auprès de lui avec la première des Religieuses des Sept-Douleurs et une autre sourde-muette, le pria de les bénir et de bénir en leurs personnes toute sa chère famille de Larnay. Il leva les yeux au ciel, et les bénit avec un grand sentiment de foi.

Tout le temps de sa maladie, il souffrit avec une grande patience ; on ne l'entendit point proférer la moindre plainte. Il dit seulement une fois, en riant, à son médecin, qui ordonnait un nouveau vésicatoire, quoiqu'il en fût couvert : « Avouez, mon cher ami, que vous me dépouillez à votre aise. »

Un autre jour, le médecin lui ayant demandé s'il ne se sentait pas envie de vomir, il répondit : « C'est tout juste ; mais je me retiens. » — « Non », dit le médecin, « ne vous retenez pas. » — « Oh ! » dit-il, c'est que je garde mon cœur pour le dernier. »

Le samedi vingt-neuf novembre, dans la soirée, il eut du délire. Ce fut une désolation générale à Larnay. Toutes ses enfants, les sourdes-muettes et les aveugles, se réunirent à la chapelle et prièrent avec ferveur pour leur bon père. Les grandes sourdes-muettes se succédèrent pendant toute la nuit devant le saint Tabernacle.

Le lendemain dimanche, de grand matin, plusieurs sourdes-muettes vinrent à Poitiers prier à Notre-Dame et à Sainte-Radegonde.

Le malade acceptait les remèdes comme la souffrance avec une résignation qui le tenait toujours calme sur son lit de douleur.

On sonnait, à chaque instant, à la porte de sa maison. De toutes parts on venait demander de ses nouvelles, et on se retirait plein de tristesse.

La journée pourtant avait été assez calme. Mais la fièvre reprit dans la soirée. On redoubla de prières à Larnay ; on y fit brûler des cierges à saint Laurent et à saint Joseph.

Le lundi premier décembre, le malade se trouva mieux et put prendre un peu de bouillon. Ce fut une consolation à Larnay ; on s'y laissa aller à un espoir de guérison. Les enfants assistèrent à la sainte messe, et firent un vœu à saint Joseph pour obtenir cette guérison tant désirée.

Le mardi deux décembre, les remèdes qu'il avait pris ayant produit quelque effet, il y eut encore du mieux, bien que le danger fût loin d'avoir été conjuré. Il demanda une plume, de l'encre et son portefeuille, et il écrivit quelques-unes de ses dernières volontés.

Le lendemain trois décembre, fête de saint François Xavier, il eut une seconde fois le bonheur de recevoir le saint Viatique, Monseigneur l'Évêque s'étant empressé de le lui accorder parce qu'il était Directeur diocésain de l'Œuvre de la Propagation de la Foi.

Quoiqu'il fût occupé principalement de son âme et des choses spirituelles, il ne négligeait pas ce qui est d'ordre temporel, sachant que nous en répondrons aussi devant Dieu. Vers dix heures donc de ce même jour, il fit venir le notaire et s'entretint quelques moments avec lui.

Ce même jour encore, il fit prier Monseigneur l'Évêque de le venir voir avec son Vicaire général M. Samoyault, le fidèle ami du malade. M. de

Larnay voulut se servir auprès de sa mère de cette haute intervention pour assurer l'avenir de sa chère Maison. Nous avons raconté ce qui s'est passé à ce sujet. Nous ne devons pas y revenir ici.

Lorsque Monseigneur et M. Samoyault furent entrés dans sa chambre, M. de Larnay envoya chercher sa chère mère, qui, toute malade, se leva et vint péniblement jusqu'au lit de son fils. C'était une scène attendrissante. Mme de Larnay se jeta dans les bras de son fils, en lui disant : « Courage, mon cher fils ; ne t'attriste pas, je connais tes sentiments, et ils sont les miens. Nous nous retrouverons bientôt dans l'éternité. »

Monseigneur, pour calmer l'émotion du fils et de la mère, dit au malade : « Non, mon cher abbé, vous ne mourrez pas encore. Le bon DIEU veut que vous travailliez encore pour sa gloire. — « Oh ! Monseigneur, je ne me fais pas illusion : l'heure du repos a sonné pour moi, j'ai commencé ; un autre achèvera. » Puis il ajouta d'une voix pénétrante : « Monseigneur, je vous confie ma chère mère et mon cher petit troupeau de Larnay, mon Œuvre de prédilection. » Il dit encore en baissant la voix : « Monseigneur, si, dans mes paroles ou dans mes actions je vous ai quelquefois fait de la peine, je vous en demande pardon. » Monseigneur, sensiblement touché, l'embrassa affectueusement et lui dit: « Jamais, mon cher abbé, jamais vous ne m'avez fait de peine, vous avez toujours eu trop bon cœur. »

M. de Larnay parla ensuite à Sa Grandeur de quelques projets et de ses dernières volontés, et pria M. Samoyault de lui rendre le service d'être son exécuteur testamentaire : ce qui ne lui fut pas refusé. Il avertit aussi Monseigneur l'Évêque que, s'il se trouvait des valeurs dans son portefeuille, elles n'étaient pas à lui ; que c'étaient des dons remis entre ses mains pour des œuvres de charité.

Le lendemain matin, quatre décembre, dès que la Supérieure de Larnay parut, M. de Larnay lui dit : « Vous avez dû être contente, ma chère Sœur, après la visite d'hier. Vous l'avez comprise, n'est-ce pas ? »

Le médecin, qui vint peu après, trouvant la fièvre moins forte que la veille, dit qu'il y avait une grande amélioration dans le pouls. « Je ne mourrai donc pas ? » dit le malade. Il y avait dans l'accent de sa voix un mélange d'expression qui voulait dire sans doute : « Je n'irai donc pas voir mon DIEU ? » et : « Je pourrai donc continuer mes Œuvres ? » Puis, prenant un ton suppliant, il ajouta : « Oh ! laissez-moi mourir ! Laissez-moi quitter ce monde qui est tout rempli d'abomination. »

La fluxion de poitrine semblait être à sa fin lorsque le médecin reconnut que la fièvre typhoïde était survenue. Mais le pauvre malade ne s'en doutait pas. Croyant que le besoin de manger qu'il éprouvait était une marque de convalescence, il demandait à prendre de la nourriture pour se fortifier; car il se sentait une grande faim.

Le vendredi cinq décembre, dans la soirée surtout, il fut beaucoup plus abattu. Ses idées étaient troublées ; mais il ne parlait que de bonnes œuvres. On voyait aussi que la pensée de sa chère petite famille ne le quittait pas, car il disait à une Sœur dans son délire : « Voici encore des enfants qu'on m'amène. Mais je ne puis les recevoir ; je n'ai point d'argent. A moins que vous ne vous en chargiez. » — « Oui », répondit la Sœur ; je vais les envoyer à Larnay. » — « Bien », dit-il, « merci. »

La Supérieure de Larnay avait reçu, quelques jours auparavant, une petite aveugle. Elle dit à M. de Larnay : « C'est pour vous que je la reçois, pour obtenir de Dieu votre guérison par l'intercession de saint Joseph. » Il lui répondit : « Que vous me faites plaisir ! Merci de votre attention délicate. »

Le samedi six décembre, comme il se trouvait beaucoup plus mal, on alla avertir M. le Curé de la Cathédrale, qui vint dès six heures du matin. Aussitôt que le malade le vit entrer, il lui dit : « Vous venez m'apporter le bon Dieu ? » — « Non », répondit M. le Curé, « vous savez que nous sommes convenus que ce serait pour demain dimanche. » — « Oh ! pour demain ! Aujourd'hui, tout de suite », dit le malade d'un ton suppliant. M. le Curé se rendit à ses vœux. Il reçut son Dieu pour la troisième fois avec les mêmes sentiments de foi et d'amour. Mais sa voix avait peine à articuler les paroles qu'il voulait dire. S'apercevant que la femme de chambre restait près de lui tandis que M. le Curé reportait le Saint-Sacrement à la chapelle, il lui dit : « Allez accompagner le bon Dieu. » Puis il s'entretint, au dedans de son cœur, avec Jésus.

Pendant la journée on le vit baisser sensiblement. Ses paroles montraient que ses idées ne faisaient que passer et n'avaient pas de suite. Cependant il n'y avait pas un délire complet. Tout ce qu'il disait prouvait que son esprit était occupé de bonnes œuvres. Il renouvelait sans doute à chaque instant son sacrifice.

Vers quatre heures du soir, il dit à la Supérieure de Larnay : « Vous n'irez pas ce soir à Larnay, par ce temps là » (il faisait alors très-mauvais ;) « ce serait attraper la mort. » — « Non », dit la Supérieure, « je reste près de vous. »

Vers six heures, M. le Curé de la Cathédrale et le R. P. Matthieu, des Frères Prêcheurs, entrèrent dans sa chambre. Quoiqu'il n'eût pas vu le Révérend Père depuis trois ans, il lui tendit la main, le remercia de sa visite et lui dit : « Je m'en vais tranquille. » Le Père lui fit répéter plusieurs fois de douces invocations. Puis il s'en alla prêcher son sermon de la Neuvaine de l'Immaculée Conception à Notre-Dame, où il le recommanda aux prières des fidèles. M. le Curé resta à dire son office.

Vers sept heures, le cher malade, comme sortant d'un profond sommeil, s'écria: « Ma mère! Où est ma mère? » On lui dit qu'elle était couchée. Il reprit : « Ma mère est morte ! » On lui répondit : «Mais non. » Il demanda : « Qui est là ? » — « C'est moi », répondit la Supérieure de Larnay. Il reprit : « Ma Sœur, dites-moi la vérité. Ma mère est morte? » La Supérieure répondit : « Non, bien sûr. » Il dit alors : « Elle est donc à l'agonie? » La Supérieure répondit : Non ; elle est tranquille dans son lit. » — « Alors », dit le malade, je veux aller embrasser ma mère. » Et il se souleva avec peine pour retomber à l'instant sur son oreiller, en disant : « Je ne puis pas. » La Supérieure voulut avertir Mme de Larnay ; mais M. le Curé l'en empêcha, disant que le cœur seul parlait. Effectivement le malade parla de choses incohérentes aussitôt après.

A huit heures, M. le Curé partit. Le R. P. Matthieu, étant revenu vers neuf heures, suggéra encore au malade quelques invocations telles que celles-ci : « JÉSUS, MARIE, JOSEPH. — Mon JÉSUS, je vous aime de tout mon cœur. — O JÉSUS, miséricorde, ayez pitié de moi. — *In manus tuas, Domine, commendo spiritum meum.* — Mon DIEU, j'ai mis mon espérance en vous ; je ne serai pas confondu. » Il lui renouvela pour la troisième fois l'indulgence de la bonne mort. Le malade répétait tout avec foi et piété. Enfin le Révérend Père ayant dit encore : « J'ai mis mon espérance en vous, ô mon DIEU, et je ne serai pas confondu », le malade remua les lèvres et dit par un signe de tête : « Non. » Ce fut sa dernière parole. Il entra dès lors en agonie. Il était dix heures et demie. Le Révérend Père se retira, mais en disant avec un long soupir : « J'ai bien de la besogne à faire avant d'arriver là, moi aussi. »

II.

LA MORT DE M. DE LARNAY. SES FUNÉRAILLES.
SA SÉPULTURE.

Notre cher malade semblait être dans un doux sommeil, et c'est à peine si les yeux qui étaient attachés sur lui s'aperçurent du moment où il rendit son âme à DIEU. Il expira à deux heures et demie du matin, le dimanche sept décembre 1862, fête de saint Ambroise, après quinze jours de maladie et quatre heures d'agonie.

En voyant le calme céleste qui était répandu sur son visage, on ne pouvait que dire : *La mort du juste est précieuse devant le Seigneur.* C'était une empreinte de paix que la sainte âme qui anima ce visage y avait laissée et qui causait une douce émotion à ceux qui s'approchèrent de cette pieuse dépouille mortelle. Mais quelle consternation à Larnay ! quels pleurs et quels sanglots !

Pendant toute la journée du dimanche, la chambre du défunt fut occupée par des Religieuses Filles de la Sagesse de Larnay et de leurs diverses Maisons de Poitiers, par les Frères de Larnay, par des Séminaristes, par des Sœurs de la Miséricorde, par des Sœurs Tourières des Communautés cloîtrées, par des Enfants de MARIE du Sacré-Cœur, par des personnes de toutes sortes, que la reconnaissance autant que la piété attirait en ce lieu. Les prêtres s'y succédaient continuellement. Tous ses amis venaient là pleurer et prier. L'office des défunts, des psaumes, le rosaire étaient récités sans interruption.

La cérémonie des funérailles eut lieu le lundi huit décembre, fête de l'Immaculée Conception.

Tout le monde fut attendri en voyant les enfants de Larnay, pauvres orphelines, tout en larmes, entourant le cercueil de leur excellent père. Après la messe qui fut chantée par un Chanoine, Monseigneur l'Évêque fit l'absoute avec une émotion qui se communiqua vite à toute l'assistance.

Le corps fut transporté à Larnay, où M. le Curé de Biard fit l'inhumation, qui eut lieu provisoirement dans le cimetière de l'Établissement jusqu'à ce qu'on pût mettre le corps dans la crypte que le cher défunt avait fait construire pour ses restes et ceux de sa famille.

Là, dans ce cimetière et sur sa tombe ouverte, ses enfants éplorées jurèrent d'être toujours fidèles aux leçons de leur bon père, afin d'avoir le bonheur de le rejoindre un jour.

La terre fut ensuite ramenée sur le cercueil.

Une simple croix de bois fut plantée en tête avec cette touchante inscription : *Repose en paix, bon Père, au milieu de ta chère petite famille ; attire-la au ciel.*

III.

REGRETS ET HOMMAGES. DOULEUR DES ENFANTS. SERVICES DE QUARANTAINE ET DU JOUR DE L'AN.

Le lendemain neuf décembre, quarante-deux prêtres étaient réunis dans l'église de la Chapelle-Largeau, à l'occasion d'un office funèbre célébré pour le jeune missionnaire Charles Guignard, qui était mort en mer en se rendant à sa Mission.

Un prêtre, ami de M. de Larnay, écrivait à la Supérieure de Larnay :

« Il y a eu une centaine de communions pour notre cher père de Larnay, offertes à son intention avec l'indulgence plénière de la Propagation de la Foi, qu'on pouvait gagner encore dans ce dernier jour de l'Octave de la fête de saint François Xavier. Tous les prêtres ont rivalisé de zèle pour payer leur dette à celui que nous pleurons. M. de Larnay, une vie si sacerdotale, si sainte, si dévorée du désir de procurer la gloire de DIEU et le salut du prochain ! Faites-nous connaître le jour du service. Je veux y assister ».

Les Dames de Charité, réunies au Bon-Pasteur sous la présidence de M. le Curé de la Cathédrale, entendirent de sa bouche le récit de la fin édifiante de M. de Larnay et s'affligèrent avec lui de la perte que faisait le Bon-Pasteur dans la personne de celui qui avait été le zélé promoteur de l'Œuvre.

Le Conseil central de la Propagation de la Foi ne se montra pas moins sensible à cette perte, comme l'atteste la lettre suivante :

« Paris, le 10 décembre 1862.

« Monseigneur,

« Nous venons d'apprendre la mort de M. l'abbé de Larnay. Cette nouvelle, douloureuse pour tous ceux qui ont connu ce respectable ecclésiastique, est pour nous le sujet d'une affliction profonde et toute particulière. Comment le souvenir des services si précieux que le zèle exceptionnel de M. l'abbé de Larnay a rendus dans le diocèse de Poitiers à l'Œuvre de la Propagation de la Foi ne se représenterait-il pas en ce moment de la manière la plus sensible à notre esprit et surtout à notre cœur? DIEU n'a pas voulu différer la récompense de ce serviteur si pieux et si fidèle ; mais nous perdons un de nos coopérateurs les plus chers et les plus dévoués.

« Nous connaissons la bienveillance dont votre cœur d'Évêque est rempli pour l'Œuvre des Missions ; nous savons combien les hommes dévoués sont nombreux autour de Votre Grandeur, et nous avons la ferme confiance que, dans un diocèse comme celui de Poitiers, un successeur se rencontrera bientôt pour continuer l'Œuvre poursuivie avec tant d'ardeur et de succès par le cher et regretté correspondant que nous pleurons aujourd'hui.

« DE VOTRE GRANDEUR,
« Les serviteurs.
« Pour le Conseil central de Paris,
« *Le Président,*
« BERARD DES GLAYEUX. »

La Supérieure générale des Sœurs de la Salle de Vihiers nous a écrit les lignes qui suivent :

« Pendant la maladie qui conduisit au tombeau ce digne bienfaiteur, nous n'avions cessé de prier le bon Dieu pour sa guérison. A la nouvelle de son décès, notre Fondateur et toute la Congrégation furent vivement affectés. A la Maison-Mère, pendant huit jours, on récita l'Office des morts pour le repos de son âme, et dans nos obédiences on fit des prières à la même intention.

« D'ailleurs, voici la copie d'une lettre que notre vénéré Père Fondateur écrivit sur son lit de mort à Mme de Larnay en réponse à une qu'elle lui avait adressée pour chercher un allégement à sa douleur :

« Madame et vénérable Mère,

« Je ne sais par quelle malheureuse circonstance la lettre que j'ai eu l'honneur de vous écrire le jour même où j'appris le malheur qui nous a tous frappés comme un coup de foudre ne vous a pas été lue. J'en suis d'autant plus peiné que je viens d'apprendre que cette omission vous a été justement pénible. Oh ! croyez bien, bonne et vénérable Mère, que personne au monde n'a été plus affligé de votre perte que nous tous ici et toute la Congrégation, ainsi que le prouvent les lettres de mes chères Filles qui toutes regardaient comme un père le cher défunt que nous pleurons, que j'ai toujours présent à la pensée et que je n'oublierai jamais, en attendant que j'aille le rejoindre auprès de Dieu.... Ma pauvre santé semble me dire que ce ne sera pas long.

« Daignez agréer l'hommage de la douleur et tous les sentiments de dévouement et de vénération avec lesquels j'ai l'honneur d'être,

« Madame,

« Votre très-humble serviteur,

« Jean-Maurice CATROU,

« Curé de la Salle. »

La Congrégation des Filles de la Sagesse ne pouvait être en retard de sympathie et de regrets. Les Supérieurs généraux adressèrent à toutes les Maisons de la Congrégation cette Circulaire :

« Vous avez sans doute appris la mort de M. l'abbé de Larnay, Chanoine de Poitiers. L'affection qu'il avait vouée aux enfants du Vénérable Montfort nous avait accoutumés à le considérer comme un membre de la famille. Ses cendres reposent aujourd'hui au milieu de l'Établissement auquel il avait consacré tous ses soins, et où il avait puisé le germe de la maladie qui l'a conduit au tombeau. La reconnaissance nous porte à faire en sa faveur une exception sans exemple, en vous priant d'offrir une communion chacune et de réciter un rosaire pour le repos de l'âme de ce cher défunt.

« Sr Saint-Louis. P. Denis. »

Nous ne pourrions pas transcrire ici les expressions de douleur, les hommages d'affection qui se produisirent de tous côtés à la nouvelle de la mort de M. de Larnay. Mais nous ne saurions passer sous silence les témoignages de la filiale tendresse des enfants de Larnay.

Le mardi neuf décembre, elles écrivirent à Monseigneur l'Évêque ces lignes toutes mouillées de leurs larmes :

« Monseigneur,

« Notre cœur est percé d'un glaive de douleur!!! Notre affliction est profonde comme la mer, elle ne peut s'exprimer!...
« Des ruisseaux de larmes coulent de nos yeux, surtout en approchant des restes vénérés et chéris de notre bien-aimé Père....
« La douleur nous étouffe !!! Un seul espoir nous reste. Nous sommes orphelines ; Monseigneur, soyez notre Père !

« Les pauvres petites orphelines de Notre-Dame de Larnay.

« N.-D. DE LARNAY, 9 déc. 1862. »

La Supérieure générale des Filles de la Sagesse vint à Larnay le dix décembre apporter ses consolations aux Sœurs et aux enfants.

Le quinze, eut lieu à la Cathédrale le service de huitaine, auquel la plupart des enfants assistèrent.

Le lendemain, seize décembre, fut un jour marqué pour les enfants de Larnay par une visite qui jeta dans leurs âmes un baume de consolation. Monseigneur vint en personne répondre à leur lettre. Le digne Évêque leur dit, ainsi qu'aux Sœurs, combien il comprenait et partageait leur douleur, étant lui-même attaché à ce zélé et saint prêtre dont la mort est une grande perte pour son diocèse.

« Dix prêtres », ajouta-t-il, « ne le remplaceraient

pas. » Monseigneur voulut aller prier sur sa tombe. Là, son émotion éclata, et de grosses larmes s'échappèrent de ses yeux. Nous avions été informé à Rome de la maladie de M. de Larnay, des progrès effrayants qu'elle faisait. Nous n'avions pas cessé de prier pour ce respectable ami dans tous les sanctuaires que nous avions le bonheur de visiter. Après son décès, nous reçûmes les deux lettres suivantes :

« Notre bon Père,

« Qu'il est pénible pour nous d'avoir à vous parler dans cette première lettre de la profonde affliction qui pèse sur nous ! Déjà vous l'avez compris : nous venons de perdre le plus aimé des Pères ; M. de Larnay n'est plus !... Ce bon Père, l'objet de notre plus tendre affection, notre trésor ici-bas, vient d'être enlevé, hélas ! trop tôt à de pauvres enfants qui se voient désormais sans père.... Oh ! que notre peine est profonde !....

« Nous savons qu'il ne cesse d'être au ciel ce qu'il était pour nous sur la terre ; il est même plus puissant. Cependant nous ne pouvons nous empêcher de le pleurer.

« Les restes chers et vénérés de ce bon Père reposent au milieu de ses enfants chéries dans notre petit cimetière. Il est tourné vers sa Maison, et semble la protéger, la bénir. La seule consolation qui nous reste, tout notre bonheur désormais sera d'aller verser des larmes sur sa tombe et de renouveler les promesses que nous avons faites avant qu'elle fût fermée, de travailler à mériter de rejoindre au ciel CELUI que nous pleurons tant sur la terre.

« Nous savons que vous, mon bon Père, comme notre vrai et généreux ami, vous prendrez part à notre douleur amère, et que vous ne cesserez pas d'être encore notre Père. Cette pensée nous console un peu. Mais vous êtes si loin ! Ecrivez-nous bien vite.

« Nous attendons votre retour pour vous donner les détails de la mort édifiante de notre bien-aimé Père dont tout Poitiers déplore la perte. Nos cœurs sont trop oppressés pour vous écrire plus longuement. Notre peine s'agrandit chaque jour. Le vide devient de plus en plus grand. La triste conviction que ce bon Père n'est plus nous arrache à chaque instant de nouvelles larmes.

« Daignez, bien bon Père, vous souvenir; dans tous les lieux saints que vous avez le bonheur de visiter, de CELUI dont la mort cause notre si grande douleur; elle égale notre affection pour lui. Pensez aussi à toutes les pauvres petites sourdes-muettes qui, au milieu de leur immense affliction, n'oublient pas qu'elles ont un Père à Rome, qui prie pour elles et qui pleure avec elles.

« Vos enfants désolées. »

« N.-D. DE LARNAY, 10 décembre 1862. »

« Monsieur et bon Père,

« Déjà vous connaissez notre malheur et vous partagez notre profonde et amère douleur. Je n'ai eu ni le temps ni le courage de vous écrire plus tôt. Ce n'est pas à vous, bon Père, qu'il faut décrire ce que nous éprouvons. Vous connaissiez notre Père, vous connaissez nos cœurs; vous savez tout ce qu'on pourrait vous dire. La seule consolation qui nous reste, c'est la douce confiance que celui qui nous aimait tant sur la terre ne nous abandonnera pas et veillera du haut du ciel sur sa chère petite famille.

« Je vous assure que la maladie et la sainte mort de notre bienfaiteur laisseront des traces profondes dans mon cœur. Que de vertus dont il nous a donné l'exemple! Quelle foi vive! Quelle tendre piété! Quelle douce et calme résignation! Quelle grandeur d'âme! Non, je n'ai rien lu dans la vie et dans la mort des Saints dont je n'aie été témoin.

« J'ai eu la triste et douce consolation de recevoir son dernier soupir et de lui rendre les derniers devoirs ; et je l'ai fait avec le respect dû à un saint.

« J'aime à penser que ses vertus et surtout son dernier sacrifice joints à un immense nombre de prières adressées au Ciel pour ce bien cher Père l'ont déjà mis en possession du bonheur éternel. Cependant, comme il faut être si pur pour paraître devant Dieu, veuillez vous charger d'acquitter pour le repos d'une âme si chère des messes le plus que vous pourrez à Rome même.

« S'il vous est possible, bon Père, d'obtenir une nouvelle audience de notre Très-Saint Père, oh! parlez-lui des petites orphelines de Notre-Dame de Larnay, dont vous n'êtes plus le second, mais le premier *Père*.

« Revenez, je vous en conjure, bon Père, revenez le plus tôt possible, consoler vos enfants.

« Veuillez recevoir de nouveau tous les sentiments de respectueuse reconnaissance de votre très-humble,

« Sr SAINT-EMERY,

« F. de la S. Sup[re] de Larnay. »

Quinze jours plus tard, les pauvres petites sourdes-muettes nous écrivirent encore cette lettre :

« Monsieur et bon Père,

« Nous avons reçu vos deux lettres si intéressantes pour nous. Notre très-chère Maîtresse nous les a expliquées sur le tableau pour nous les faire mieux comprendre. Nous n'avons pu les lire sans verser des torrents de larmes, et pourtant nous sommes sensibles aux consolations que vous nous avez données.

« Oui, notre bon Père, j'espère que mes compagnes ne quitteront pas notre asile béni. Le souvenir de notre bien-aimé Père nous y attache bien fort. Pour moi, je veux rester toujours ici. Je veux mourir dans la terre où sont conservés les restes vénérés de notre très-cher Père de Larnay. Depuis sa mort il est encore bien plus présent à notre pensée; son souvenir émeut nos cœurs et fait couler nos larmes. Pourrions-nous l'oublier? Oh! non, jamais!.... Ses nombreux bienfaits, son tendre amour pour nous sont des souvenirs ineffaçables gravés dans nos cœurs.

« Nous admirons votre bonté à nous donner sitôt des témoignages de la paternelle affection que vous nous portez. Nous le savions bien ; mais vous nous le prouvez bien en ce moment où toutes nous sommes si profondément affligées. Monseigneur a daigné venir pleurer avec nous et prier sur la tombe de notre vénéré Père. Ses larmes l'ont trahi; il voulait nous consoler, et lui-même était très-ému. Il nous a dit qu'il est persuadé que notre bon Père a fêté au ciel l'Immaculée Conception de MARIE. Cette pensée nous a fait du bien.

« Oui, mon bon Père, nous prierons continuellement pour vous. Nous avons remercié DIEU de vous avoir préservé d'un grand accident pendant votre voyage, et nous lui demandons pour vous un heureux retour. Car enfin il ne veut pas nous laisser tout à fait orphelines!...

« Nous saisissons l'occasion de la nouvelle année pour vous offrir nos vœux. Vous les connaissez, mon bon Père. Toutes nous désirons que DIEU bénisse vos démarches, votre famille, et qu'il vous accorde un prompt retour au milieu de pauvres enfants qui vous regardent désormais comme leur Père. Sans doute le bon DIEU a des desseins sur vous. Nous les verrons. Oh! puissiez-vous remplir nos désirs !

« Vos pauvres enfants affligées mais soumises,
toutes les sourdes-muettes de Larnay. »

« N.-D. DE LARNAY, le 27 décembre 1862. »

Pouvions-nous rien retrancher de cette lettre? Et chercherons-nous à en faire ressortir les qualités tant de style que de sentiment ?

Voilà jusqu'à quel degré d'éducation et d'intelligence sont conduites les sourdes-muettes de Larnay. Celle qui a écrit les deux lettres qu'on vient de lire était une enfant de quinze ans.

Quel bienfait donc que la fondation de l'Établissement de Larnay !

En preuve encore, nous donnons cette autre lettre :

« Notre bon Père,

« Les pauvres petites aveugles avec leur mauvaise mécanique sont toujours les dernières. Soyez persuadé qu'elles ne l'ont pas été à former leurs vœux pour vous et à les adresser au saint Enfant Jésus.

« Vous voudrez bien excuser notre retard, bien persuadé des sentiments dont nos cœurs sont vivement pénétrés pour l'intérêt tout paternel que vous daignez nous accorder.

« Nous en avons encore une nouvelle preuve dans la faveur que vous avez sollicitée et obtenue, qui nous est venue si à propos pour nous aider à acquitter notre dette de reconnaissance envers notre bien-aimé Père. Cette indulgence, nous tâcherons de vivre si bien que nous puissions la gagner chaque fois et toujours pour notre bon Père.

« Nous vous promettons pour étrennes de travailler à devenir bien bonnes, afin de vous faire plaisir et à notre bon Père. S'il est au ciel, comme nous l'espérons, il nous verra avec bonheur ; s'il n'y est pas encore, nous serons plus à même de lui aider à y aller plus vite. C'est notre plus grand désir ; puis, nous savons bien que c'est ce qui vous plaît davantage.

« Que de prières nous allons faire pour que votre voyage soit prompt et heureux !

« Vos respectueuses petites filles,

« Les jeunes aveugles de Larnay.

« Le 31 décembre 1862. »

Ces lettres ne nous transportent-elles pas à Larnay? et ne sentons-nous pas, en les lisant, que dans cet asile de deux grandes infirmités tout est plein du souvenir, nous dirions de la présence permanente du respectable M. de Larnay?

Nous n'avions pas eu de peine, dans notre première audience, à obtenir de Notre Saint-Père le Pape des faveurs particulières pour les Sœurs et les enfants de Larnay. On sait combien Pie IX aime ces Institutions. Nous ne saurions dire avec quelle expression, quelle animation de visage, il nous parla de son cher Établissement des Thermes, qu'il nous pressa de visiter au plus tôt et à loisir. C'est ce que nous avons fait, et nous y avons eu un plus grand plaisir par suite de nos habitudes avec la chère Maison de Larnay.

Dans notre seconde audience, nous avons dit simplement à Notre Saint-Père le Pape la mort de M. de Larnay et la juste douleur de sa chère famille. Sa Sainteté a daigné nous écouter avec sympathie et nous charger de le dire à notre retour.

Nous n'avons point à parler de l'accueil que nous reçûmes des enfants de Larnay. Nous ne devons occuper nos lecteurs que de la personne de M. de Larnay. Qu'on nous laisse dire seulement qu'aucune parole ne pourrait exprimer le sentiment que nous éprouvâmes en mettant le pied dans le petit cimetière de Larnay et en voyant ce simple tertre, au milieu d'autres tout semblables, sous lequel reposait le corps du vénéré fondateur de ce précieux Établissement. Nous nous sommes agenouillé là, et nous avons prié sans doute pour le défunt et pour toute sa Maison; mais comme nous avons demandé à Dieu une mort semblable à la sienne, et aussi, autant que nous pouvons y prétendre, notre part de sépulture dans ce lieu, où il se fait tant de prières si pures, si ferventes, qui montent vers le ciel comme un encens d'agréable odeur!

Un service avait été célébré dans la chapelle de Larnay, le quatorze janvier 1863. La messe fut chantée par le vieil et fidèle ami du défunt, le bon M. Samoyault.

Après l'office, il y eut réunion à la classe. M. Samoyault et les prêtres qui l'accompagnaient adressèrent des paroles de consolation aux enfants, dont la douleur était toujours si vive. On alla ensuite au cimetière prier sur la tombe de leur bienfaiteur et père. C'était leur satisfaction d'y conduire tous ceux qui venaient les visiter. Monseigneur l'Évêque y vint plusieurs fois dans le courant de l'année.

Le sept décembre 1863, eut lieu le service anniversaire. La messe fut encore chantée par M. Samoyault, en présence de Monseigneur, qui fit l'absoute. Beaucoup de prêtres et plusieurs Enfants de Marie du Sacré-Cœur assistèrent à la cérémonie et prirent part à la douleur des enfants. Monseigneur adressa à ces enfants des paroles toutes bienveillantes et paternelles, qu'une Sœur rendait par signes pour les sourdes-muettes, qui dirent ensuite : « Monseigneur laisse dans nos cœurs un baume de consolation. Nous n'avons jamais vu un Évêque aussi compatissant, aussi bon que lui. »

IV.

RECONNAISSANCE LÉGALE DE LA MAISON DE LARNAY.
CONSÉCRATION DE LA CHAPELLE.

Le vingt-quatre mars 1864 aurait été un jour de récompense en même temps que de joie pour M. de Larnay. Les Sœurs et les enfants fêtèrent ce jour, en regrettant que le bon Père ne fût pas là. Dans ce jour, en effet, on reçut la grande et heureuse nouvelle que la Maison était approuvée par le Conseil d'État. L'Œuvre de M. de Larnay était donc établie ; sa chère Maison était assurée de la protection du gouvernement. On chanta, le soir même, un *Magnificat* à la chapelle ; on célébra le lendemain une messe d'action de grâces, et le *Te Deum* fut chanté avec accompagnement de l'orgue.

La Maison de Larnay prend toujours de nouveaux développements. Le nombre des enfants va croissant, et la plupart restent dans l'Établissement; c'était le plus vif désir de M. de Larnay.

Les Religieuses sourdes-muettes des Sept-Douleurs, qu'il appelait le joyau de sa petite famille, voient aussi leurs rangs s'augmenter. Plusieurs de ces touchantes vocations naissent en quelque sorte sur la tombe du vénéré fondateur.

Le père d'une sourde-muette demandait à sa fille si elle voulait revenir à la maison, ou si elle préférait de rester à Larnay. L'enfant répondit aussitôt : « J'aime mieux rester ici, j'y serai Religieuse en souvenir de mon bon Père spirituel. » Ce qu'elle a fait, renonçant aux avantages d'une très-belle aisance dans le monde.

Plusieurs autres sourdes-muettes, qui avaient témoigné à M. de Larnay lui-même de l'éloignement et de la répugnance pour cette vie religieuse, ont changé tout à coup de sentiment après sa mort, et, ayant accepté les saintes règles, se sanctifient en les observant et contribuent, par l'édification qu'elles donnent, au progrès spirituel de toute la Maison.

Nous avons relaté le fait important de l'Approbation du Conseil d'État, qui assurait l'existence civile de la Maison de Larnay, en lui donnant droit à la protection du gouvernement.

Mais il lui manquait, dans un ordre plus élevé, une faveur qui devait, pour ainsi dire, assurer son existence religieuse, en lui conférant comme un titre et un droit à la meilleure protection de Dieu. Nous voulons parler de la Consécration de la chapelle de Notre-Dame de Larnay.

Cette auguste cérémonie s'est faite le six septembre 1868, tandis que, pèlerin de Terre Sainte, nous visitions et vénérions en Egypte les lieux qui furent habités par la sainte Famille.

Une sourde-muette a écrit, comme il suit, le détail de la Consécration de Notre-Dame de Larnay :

« Le vœu le plus cher de toute la Communauté de Larnay s'est accompli le six septembre, jour à jamais mémorable dans nos cœurs.

« Notre magnifique chapelle, depuis longtemps favorisée des plus abondantes bénédictions du Ciel, vient d'être consacrée au Seigneur, le DIEU des chrétiens et le Père des infortunés.

« Mgr Pie, digne Evêque de Poitiers, qui devait parer notre chapelle de son dernier ornement, est venu au milieu de nous le dimanche six septembre, à huit heures du matin.

« Après avoir jeté un regard de bonté sur nous et nous avoir bénies, il entra dans la salle avec son clergé pour se revêtir de ses habits pontificaux. Nous l'attendions dans le vestibule avec plusieurs bienfaiteurs de notre Maison et des amis d'élite de notre cher Père de Larnay. Monseigneur se rendit à une petite chapelle où étaient déposées les reliques. Alors l'Évêque et le clergé continuèrent les cérémonies de la dédicace selon les usages de l'Église. Par égard pour notre infirmité, Monseigneur avait permis qu'on laissât les portes de la chapelle ouvertes, afin que nous pussions suivre la cérémonie dans ses moindres détails. Quand il nous fut permis de pénétrer dans le saint lieu, nous y entrâmes avec empressement, désireuses de frapper nos esprits et nos cœurs par les plus salutaires impressions.

« Pendant cette touchante cérémonie, nos cœurs ont été serrés par un douloureux souvenir, lorsque nos yeux se portaient vers le vitrail qui représente notre bien-aimé Père et notre Bienfaiteur à genoux, sa chapelle à la main, comme pour présenter à DIEU l'œuvre destinée à sa plus grande gloire et le supplier de se rendre toujours favorable à tous ceux qui l'invoquent en ce saint lieu. Ce bon Père qui avait désiré voir lui-même couronner son œuvre par la consécration de cette chapelle, elle est consacrée ! Nous y étions présentes ; et lui, hélas ! il n'y était pas ; il est dans la Maison même de DIEU. Au milieu de la gloire qui l'environne, du bonheur qui l'inonde, il a tout vu, tout compris, notre douleur, notre amour, nos regrets et nos joies ; son diadème si beau et si splendide a reçu un nouvel éclat en ce jour.

« M. Samoyault, vicaire général, intime ami de notre bon Père et son ancien directeur, célébra la sainte messe. Monseigneur occupait son trône. Après l'Évangile, il fit un touchant discours sur le bienfait de l'instruction procurée aux sourds-muets et les grands services que M. de Larnay a rendus au diocèse de Poitiers. A la fin de la messe, Monseigneur nous accorda une indulgence de quarante jours ajoutée à l'indulgence plénière que le Saint-Père avait précédemment accordée en faveur de notre chapelle. Il était une heure quand la cérémonie se termina.

« A deux heures, toutes les sourdes-muettes et tous les assistants entrèrent dans la classe, qui avait été ornée pour recevoir Monseigneur. En y entrant, Sa Grandeur nous donna sa bénédiction avec toute la sincérité de son cœur paternel ; Elle nous sourit surtout à nous, qui lui avons été confiées par notre regretté Père sur son lit de mort. De jeunes aveugles firent entendre une délicieuse harmonie. Nous étions placées en face de Monseigneur, le contemplant avec bonheur ; car près de lui nos cœurs s'ouvrent naïvement à une douce confiance mêlée au respect dû à sa dignité d'Évêque. Son regard bienveillant se reposait sur nous ; car, depuis la mort de notre bien-aimé Père, Monseigneur se nomme notre Père et semble, par sa bonté et le libre accès qu'il nous donne, vouloir nous faire oublier que nous sommes orphelines.

« Trois jeunes aveugles s'avancèrent au milieu de l'assistance et récitèrent une touchante conversation que trois jeunes sourdes-muettes traduisirent par signes. Les unes la dirent avec une voix émue et les autres avec l'expression la plus vive, capable d'émouvoir les cœurs de tous les assistants. Elles exprimaient les bienfaits de notre bon Père de Larnay, leur douleur de son absence,

« Monseigneur, notre cher Évêque et bon Père, nous adressa quelques mots, et, à notre grand regret, il nous quitta avant quatre heures.

« Après le départ de Sa Grandeur, il y eut un Salut très-solennel. Un cantique fut chanté par les aveugles à l'orgue, finissant par ces mots: *Le ciel! le ciel!* Et en effet, ce jour-là, pour toute cette Maison bénie, c'était véritablement le ciel! »

Par ce récit tout parfumé des plus doux sentiments, il est facile de comprendre ce qu'étaient les sourdes-muettes pour M. de Larnay.

L'une d'elles nous a adressé à Jérusalem, le quatorze septembre, sur la consécration de Larnay, une charmante lettre qui se termine ainsi :

« Monseigneur nous a consolées aussi en nous faisant espérer que les vénérables restes de notre bon Père de Larnay seront prochainement transportés dans la crypte.

V.

TRANSLATION DU CORPS DE M. DE LARNAY DANS LA CRYPTE.

Nos lecteurs nous sauront gré de leur donner le récit de cette translation, tel que l'a écrit une sourde-muette. Le voici :

« Les restes précieux de notre bon Père de Larnay étaient depuis sept ans dans notre cimetière au milieu de ses enfants, dont plusieurs l'avaient devancé dans l'éternité et les autres l'avaient suivi. Sur son tombeau s'élevait une modeste croix de bois sur laquelle était écrit : *Repose en paix, bon Père, au milieu de ta petite famille; attire-la au ciel.* Plus tard, cette croix de bois fut remplacée par une croix en fonte payée par les sourdes-muettes.

« Bien souvent elles allaient pleurer et prier sur ce tombeau qui renfermait des restes si chers à leurs cœurs. Elles aimaient à y déposer des bouquets ou à y planter des fleurs qui croissaient, et disaient à tous combien plus doux était le parfum des vertus de celui dont elles recouvraient la tombe. Ah! nous l'espérons, ce bon Père voyait ces témoignages de reconnaissance, et cette vue a augmenté son bonheur.

« Souvent aussi Monseigneur, souvent les amis de notre bon Père venaient déposer quelques fleurs et verser quelques larmes sur son tombeau.

« Cependant il était temps que les restes précieux qu'il renfermait fussent transférés dans le caveau de la crypte que M. de Larnay avait fait faire à cette intention et aussi pour sa famille.

« Le vingt-neuf avril 1869, on ouvrit donc la fosse où reposait le corps de notre bien-aimé Père, et on trouva le cercueil en bois de chêne intact. Après l'avoir tiré et mis sur la terre, on l'ouvrit. Ni les chères Sœurs ni les sourdes-muettes n'étaient présentes. Mais ayant su que le cercueil était déjà sorti de la fosse et qu'il était ouvert, elles brûlaient du désir d'aller contempler encore une fois le visage de leur bon Père, bonheur dont elles avaient été privées avant qu'il fût renfermé dans ce cercueil par des mains étrangères qui s'étaient hâtées de remplir leur fonction au moment fixé en couvrant le corps de charbon, suivant les formalités requises pour le transport des corps à une certaine distance, sans avoir égard aux prières de la Supérieure et d'une chère Sœur qui attendaient avec impatience l'arrivée de ses enfants éplorées. Ce visage chéri avait disparu sous une couche de charbon.

« Malgré la défense qui leur fut faite, les sourdes-muettes s'échappèrent les unes après les autres pour aller au cimetière, et elles purent enfin voir à découvert le corps de celui dont elles avaient tant pleuré la perte et de qui elles avaient souhaité une dernière bénédiction à leur dernière heure. Ah! quels sanglots recommencèrent en ce moment! Il semblait que la perte que nous avions faite était récente. Nos cœurs la sentaient tout aussi vivement.

« Dans ce cercueil on ne voyait que la forme du corps, puisque le charbon l'avait rendu tout noir. La forme du visage était bien conservée, ainsi que des boucles de cheveux qui couvraient le front du vénéré défunt. On voyait encore les pieds bien à leur place comme le jour de son enterrement, et on distinguait encore le manipule et l'étole qui le revêtaient.

« A ce triste spectacle, nous disions : « Oh! si le bon Père pouvait ressusciter et revenir avec nous!

« Désirs inutiles ; mais du moins il intercède pour nous auprès de Dieu.

« Quels sujets de méditation nous fournit la vue de ce corps inanimé! C'était le résumé de ces graves paroles : *Vanité des vanités, tout n'est que vanité.*

« Le soir, tout le monde vint s'agenouiller autour de ces dépouilles vénérées. Encore des prières, encore des pleurs de regret, d'amour et de reconnaissance.

« Le lendemain vingt-neuf, on porta le cercueil, fermé de nouveau avec une couverture neuve, à la chapelle, sous un catafalque qui était orné comme le jour de l'enterrement. L'office des morts, la grand'messe et l'absoute furent chantés avec toute la pompe possible. Puis on porta le cercueil dans la crypte. Toutes les sourdes-muettes en grand deuil le suivaient en pleurant. On le plaça dans le premier caveau au côté droit de l'autel. Au-dessus on avait déposé un beau coussin de velours sur lequel était une belle croix d'ivoire ; puis on ferma le caveau avec une grande plaque de marbre blanc tacheté de gris.

« Monseigneur avait bien voulu choisir quelques paroles tirées du livre de Job, pour mettre à la suite de l'épitaphe ; elles sont gravées d'abord en latin ; la traduction française est ensuite gravée au-dessous.

« Voici le tout :

ICI REPOSE

CHARLES-JOSEPH CHAUBIER DE LARNAY

CHANOINE THÉOLOGAL DE LA CATHÉDRALE DE POITIERS

NÉ A LARNAY LE 8 AOUT 1802

DÉCÉDÉ A POITIERS LE 7 DÉCEMBRE 1862

Auris audiens beatificabat me
et oculus videns testimonium reddebat mihi

L'oreille à qui j'avais suppléé la faculté d'entendre me proclamait heureux, et l'œil à qui j'avais rendu la puissance de voir me rendait témoignage.

« Là, tout est fini ! Les restes chéris de notre Bienfaiteur, du Fondateur de notre asile béni, reposent en paix en attendant la résurrection générale où il reviendra à la vie plein de gloire. Alors nos yeux pourront le voir, et notre bouche maintenant fermée pourra désormais le bénir de ses bienfaits.

« Chaque année, le jour de sa fête, on porte un beau bouquet de fleurs et on descend dans la crypte plutôt pour obtenir son intercession que pour prier pour lui. Du reste, bien souvent, surtout pendant la retraite, on a toute liberté d'aller le prier et faire quelques méditations. Nous n'avons aucun doute qu'une seule prière soit restée sans effet. »

Nous ne ferons aucune réflexion sur ce récit. Ce serait nous exposer à en altérer la fraîcheur. Nos lecteurs aimeront mieux le lire encore, pour respirer à loisir les suaves parfums qu'il exhale.

VI.

DISCOURS DE MGR PIE.

Mais nous voulons, nous devons placer à la suite, comme un hommage solennel à la mémoire de M. de Larnay, comme un complément, comme le couronnement de cet ouvrage, le

DISCOURS

PRONONCÉ

A LA SUITE DE LA CONSÉCRATION DE L'ÉGLISE

DE LA MAISON DES SOURDES-MUETTES ET DES JEUNES AVEUGLES DE LARNAY.

(LE DIMANCHE VI SEPTEMBRE MDCCCLXVIII)

> *Euntes renuntiate quæ audistis et vidistis : quia cæci vident, surdi audiunt, pauperes evangelizantur.*
>
> De retour chez vous, annoncez ce que vous avez entendu et ce que vous avez vu : c'est que les aveugles voient, les sourds entendent, et les pauvres sont évangélisés.
>
> LUC, VII, 22.

I. Vous avez été témoins comme moi, Mes très-chers Frères, de l'attention intelligente avec laquelle toute cette jeune assistance a suivi la marche et le développement de cette longue cérémonie. En les voyant si appliquées à tous les rites qui s'accomplissaient, à toutes les prières, à tous les chants qui se succédaient, eussiez-vous soupçonné, si vous ne l'aviez su d'avance, que ces jeunes filles étaient dépourvues des organes qui mettent la créature humaine en rapport avec les choses extérieures? Eussiez-vous cru qu'étant privées ou de la vue, ou de l'ouïe et de la parole, elles fussent capables d'entrer en participation si intime avec des mystères qui contiennent des doctrines si hautes, des enseignements si profonds et si multipliés? L'homme du siècle croira avoir tout expliqué en disant que ce sont là les prodiges de l'esprit humain, les merveilles de la science moderne. Je ne nie point que le perfectionnement des méthodes, appuyé sur l'observation et l'expérience, n'y intervienne pour une part dont l'Église a certainement lieu d'être plus fière que personne. Mais le phénomène que nous avons sous les yeux prend de plus haut son explication. Pour perfectionner les sens naturels dont il est doué, et pour suppléer à ceux qui lui manquent, le fidèle possède un sens que l'Écriture nomme le sens chrétien : *Nos autem sensum Christi habemus* [1]. C'est de cet intellect surnaturel que procèdent ce que saint Paul appelle « les yeux illuminés du cœur [2] » et l'ouïe délicate de la foi. Tandis que d'autres ont des yeux pour ne pas voir, des oreilles pour ne pas entendre, des mains qui ne savent pas palper, enfin un gosier d'où ne sort aucune articulation [3], l'aveugle lui-même et le sourd-muet, aidés de ce sens supérieur que Jésus-Christ leur a apporté, peuvent voir, entendre et parler. Les contemporains du divin Sauveur disaient de lui : « Il a bien fait toutes choses : « il a fait entendre les sourds et parler les muets [4] ». Ce miracle, le même Jésus-Christ le continue sous une autre

---

1. I Corinth., III, 6.
2. Ephes., I, 18.
3. Ps. CXIII, 5, 6, 7.
4. Marc., VII, 37.

forme : car, dit saint Jean, « le Fils de Dieu est venu, et il
« nous a donné un sens, afin que nous connaissions Dieu
« et que nous soyons identifiés à son vrai Fils [1] », et qu'ainsi
nous soyons en possession de tout voir, de tout comprendre
et de tout exprimer.

II. Quelle consolation n'est-ce donc pas pour moi d'avoir
apporté aujourd'hui à ce pieux asile de Larnay, par la dédicace solennelle de son église, une consécration qui se répandra sur toute l'enceinte de ses murs, sur toute l'étendue
de son territoire, et qui fera resplendir ce lieu d'une beauté
plus sainte et plus relevée ! Larnay, que je n'aborde et surtout que je ne quitte jamais sans lui appliquer la prédiction
du chapitre trente-cinquième d'Isaïe :

« Cette terre, autrefois sans habitants et sans chemins,
bondira d'allégresse et fleurira comme le lis. Elle poussera
et elle germera de toutes parts, et elle sera dans un tressaillement de joie et de louange. La vie et le mouvement viendront animer cette solitude. En ce lieu, les yeux des aveugles seront ouverts, les oreilles des sourds seront dilatées,
et la langue des muets sera déliée : *Tunc aperientur oculi
cæcorum, et aures surdorum patebunt, et aperta erit lingua
mutorum.* Il y aura là des sentiers bénis, une voie qui sera
appelée la voie sainte, et rien d'impur n'y passera. Les
vierges du Seigneur, ses épouses bien-aimées, y arriveront
en foule pour y chercher, dans la retraite et la méditation,
des accroissements de sainteté et de vertu. On y viendra et
on y vivra dans le ravissement du bonheur, et la douleur et
le gémissement en seront bannis [2]. »

Le fondement solide du bonheur qui règne en ce lieu,
c'est que l'éducation dont on y trouve le bienfait ne se rapporte pas seulement au développement intellectuel ou même
moral de l'esprit et du cœur. Rentrer dans la catégorie gé-

1. I Joann., v, 20.
2. Isa., xxxv, 1-10.

nérale des êtres, et nourrir un libre commerce avec les autres membres de la société et de la famille pour ce qui regarde les besoins communs de la vie, c'est assurément un bien très-appréciable. Mais, Dieu merci, ce n'est là que le côté inférieur de la chose. Quand vous voudrez, mes Frères, vous rendre compte à vous-mêmes et rendre compte aux autres de ce qui peut exciter ici votre admiration, vous devrez répéter les paroles de mon texte : *Euntes renuntiate quæ audistis et vidistis : cæci vident, surdi audiunt, pauperes evangelizantur :* « Allez et redites ce dont vous avez « été témoins : les aveugles voient, les sourds entendent, « et les pauvres sont évangélisés. »

Oui, la bonne nouvelle par excellence, c'est-à-dire la doctrine apportée du ciel en terre par le Fils de Dieu fait homme, la doctrine qui est le fondement de la foi et le principe de la piété et de la vertu, la doctrine chrétienne, en un mot, est enseignée à ces enfants dont quelques-unes sont plus ou moins pourvues de ressources pécuniaires, mais qui peuvent toutes néanmoins être appelées pauvres, attendu que le Dieu créateur les a privées de quelques-uns de ses dons les plus désirables et les plus nécessaires. Ces pauvres donc sont évangélisées, et la vérité divine leur est annoncée non-seulement dans ses points principaux, qui sont essentiels pour le salut, mais dans ses développements les plus variés, les plus riches et les plus féconds. Que de fois, en traçant leurs réponses avec le crayon sur le tableau posé devant elles, ces enfants nous ont étonné par l'étendue de leur savoir religieux et par la perspicacité avec laquelle elles démêlaient jusqu'aux moindres nuances de nos interrogations ! Nous avancions d'étonnement en étonnement : les catéchismes les plus renommés de nos villes nous avaient rarement donné des satisfactions aussi complètes. Ceux qui nous accompagnaient, parfois des princes de l'Église, des hommes notables dans le siècle, partageaient notre admiration, et ils se retiraient en rendant hommage à votre nom, ô Seigneur, et en louant votre main victorieuse : *et decantaverunt nomen tuum, Domine, et victricem manum tuam laudaverunt pariter :* parce que la Sagesse a ouvert la bouche des muets, et a rendu éloquentes les langues qui ne savent pas parler : *quoniam Sapientia aperuit os mutorum, et linguas infantium fecit disertas* [1].

III. Vous m'entendez, mes très-chères Sœurs, vous qui portez le nom glorieux de Filles de la Sagesse. A Dieu ne plaise que je trouble en vous la plus exquise et la plus nécessaire de vos vertus, qui est la modestie. Mais, en ne rapportant qu'à Dieu seul le mérite de vos travaux, de combien d'efforts, de combien de sacrifices, de combien de labeurs opiniâtres et prolongés ces conquêtes sont-elles achetées ? Il y faut apporter la plus inépuisable provision de patience et d'abnégation. Que dis-je ? toutes les ressources naturelles de l'esprit et de la volonté n'y suffiraient pas, si le secours surnaturel et parfois miraculeux de Dieu ne venait s'y joindre. N'est-il pas vrai que souvent votre attente a été dépassée, et que, surprises plus que personne de résultats qui n'avaient point de proportions avec les moyens employés, vous vous êtes écriées : « Le doigt de Dieu est là » : *Digitus Dei est hic ?*

Aussi, que ces succès sont encourageants, qu'ils sont consolants, et combien une Fille de la Sagesse doit être heureuse de se mettre ainsi dans la main du Seigneur pour aider aux plus beaux triomphes de sa bonté, aux plus touchantes victoires de sa puissance : *et decantaverunt nomen tuum, Domine, et victricem manum tuam laudaverunt pariter : quoniam Sapientia aperuit os mutorum, et linguas infantium fecit disertas !* Victoires d'autant plus enviables, qu'elles n'aboutissent pas seulement à l'ornement de l'esprit, mais aux vertus les plus délicates et les plus exquises du

---

1. Sap., X, 21.

cœur. Sans doute, toutes ces enfants ne profitent pas également de ce qui est fait pour elles : ici, comme ailleurs, il y a parfois des natures mauvaises, des caractères difficiles, des volontés qui ne sont pas assez généreuses pour résister à la violence des passions. Mais combien qui se laissent conquérir aux charmes de la piété et de l'innocence! Combien qui savent aimer par-dessus toutes choses la pureté du cœur, et qui, à cause de cela, sont honorées de l'amitié du royal Époux des âmes pures [1]! Ah! ce divin Sauveur, parlant de certaines vertus privilégiées, disait à ses disciples eux-mêmes : « Tous n'entendent pas cette parole, mais seulement ceux auxquels cela a été donné » : *Non omnes capiunt verbum istud, sed quibus datum est.* « Que celui qui peut comprendre, comprenne » : *qui potest capere, capiat* [2]. Et voici que, quand tant d'autres qui ont des oreilles ne savent pas entendre [3], celles-ci, qui n'en ont pas, ont entendu et ont compris. Voici qu'elles se sont adjointes au cortège virginal qui marchera éternellement à la suite et dans la société de l'Agneau [4]. Tels sont, mes chères Sœurs, les heureux fruits de votre travail, de vos prières et de vos peines.

Et vous qui êtes, à des titres divers, les bienfaiteurs et les soutiens de cette maison ; vous surtout, Mesdames, qui portez un intérêt tout particulier à cette œuvre, si digne en effet des préférences des Enfants de Marie, voilà les mérites que vous amassez en participant à la formation de ces âmes parmi lesquelles le Seigneur compte une foule d'âmes d'élite.

Mais il vous tarde, je m'en aperçois, que je rende surtout hommage à celui qui par-dessus tous y a droit. Votre attente ne sera pas trompée.

1. Prov., XXII, 11.
2. Matth., XIX, 11, 12.
3. Matth., XIII, 14.
4. Apoc., XIV, 4.

IV. Ç'a été plus d'une fois déjà la tristesse, mais en même temps l'honneur et la consolation de notre épiscopat, que nous ayons eu à louer ceux de nos frères dans le sacerdoce qui ont bien mérité de la religion par l'éminence de leurs vertus et par l'importance de leurs services. Au premier rang d'entre eux vient se placer M. Charles Chaubier de Larnay, chanoine théologal de notre église cathédrale, prêtre rempli de l'esprit de Dieu, et qui, par la pureté de sa vie, par la loyauté de son cœur, par la droiture de ses intentions, par la générosité de ses sentiments, enfin par son ardeur pour toutes les bonnes œuvres, a marqué sa place entre les plus fidèles dispensateurs de la grâce céleste. C'était un de ces hommes d'initiative à la fois et de persévérance, qui n'entreprennent ou qui n'acceptent aucune tâche sans s'y donner tout entiers, avec suite, avec énergie, mais surtout avec cet infatigable dévouement qu'inspirent la foi et la charité sacerdotales. Partout où la providence a conduit ce prêtre, il a laissé des marques précieuses de son passage. Directeur du séminaire, sa mémoire vit dans le cœur d'un grand nombre de ministres des autels dont il était demeuré le conseiller et l'oracle ; et les jeunes lévites n'ont pas cessé de redire son nom sous les ombrages de l'aride coteau que ses soins et ceux de son pieux frère ont transformé en un bocage recherché par les amis de l'étude et de la prière. La jeunesse séculière de la cité ne lui est pas moins redevable que la jeunesse lévitique. A lui revient la première idée de ces réunions de jeunes gens qui ont opéré tant de bien : les Conférences de Saint-Vincent-de-Paul et le Cercle catholique de Poitiers l'ont toujours considéré comme leur fondateur ; et c'est sous son inspiration que les membres de ces sociétés se sont appliqués soit à l'œuvre de la Sanctification du Dimanche, soit à la pratique de l'Adoration nocturne du Saint-Sacrement. Son zèle et son activité suffisaient à toutes les entreprises les plus diverses. Volontiers il se faisait l'auxiliaire de celles dont il n'avait pas été le promoteur : œuvres d'enseignement, telles que l'établissement des bibliothèques chrétiennes et la diffusion des bons livres au moyen du magasin de piété, et surtout la multiplication des écoles de filles confiées aux Sœurs de la Salle de Vihiers ou aux Ursulines de Chavagnes ; œuvres de conversion et de sanctification, telles que la création, l'accroissement et l'entretien de la maison du Bon-Pasteur [1], le renouvellement annuel des retraites des vieillards de l'un et de l'autre sexe, et la fondation de ces mêmes exercices au profit des pauvres malades dans les résidences thermales où l'appelait sa santé ; œuvre de la direction des personnes du monde par la société des Enfants de Marie et par la confrérie du Rosaire vivant ; que dirai-je ? œuvre de la Propagation de la Foi, œuvre des églises pauvres du diocèse, œuvre des lampes, et combien d'autres encore ! Sa dernière préoccupation, ce fut le rétablissement du Carmel de Niort.

Mais, par-dessus tout, son œuvre de tous les jours, ce fut l'œuvre de Larnay, l'œuvre de l'éducation des sourdes-muettes et des jeunes aveugles. A toutes ses autres entreprises il consacrait des portions déterminées de son temps et de ses ressources ; à celle-ci il se donnait tout entier et toujours : sa santé, sa fortune, son intelligence, son cœur. S'il a dépensé beaucoup de peines, beaucoup d'argent pour la construction et l'embellissement de cette délicieuse église et de cette vaste maison, n'est-il pas vrai, mes chères enfants, qu'il s'est dépensé encore plus lui-même pour la culture de vos âmes ? Avec quelle tendresse paternelle à la fois et sacerdotale il prêtait l'oreille à vos filiales confidences ! Avec quelle sollicitude il veillait sur votre innocence ! Avec quelle prévoyance il s'occupait de votre avenir !

---

1. Il fut jusqu'à la fin de sa vie le secrétaire très-zélé de la société de patronage de cette maison, dont la fondation est une des principales gloires de Mgr J.-B. de Bouillé.

Oublieux de son propre bien-être, il était attentif à vos moindres besoins, spirituels et corporels. Que de pas et de démarches, que d'écritures, que de correspondances, que de négociations, que de voyages, que de fatigues dont vous avez été l'objet et le but! Ni le froid rigoureux des hivers, ni la chaleur écrasante des étés, ni les incommodités quelconques ne l'arrêtaient quand il s'agissait ou du bien général de cette maison, ou de l'intérêt particulier d'une seule d'entre vous. C'est dans une de ces courses qu'il a contracté la maladie qui nous l'a ravi. Il est mort au champ de bataille, au poste d'honneur. Il est mort plein de courage et de résignation, n'emportant qu'un regret, celui de n'avoir pu donner à cette demeure et à cet établissement de Larnay tout le développement qu'il projetait; il est mort en prenant son évêque pour témoin des recommandations qu'il laissait après lui en faveur de cette maison, recommandations pleines d'angoisse et de tourment. Après ce dernier effort de son énergie, après ce dernier témoignage de son affection pour vous, mes enfants, et de sa sollicitude pour l'avenir de ce saint asile, il a remis son âme entre les mains de Dieu et de la Vierge sans tache. Il sentait que son heure était venue. Tout prêt à travailler encore beaucoup si Dieu l'avait voulu, il éprouvait pourtant le besoin du repos; et, après s'être applaudi hautement d'avoir confié l'héritage de Larnay aux Filles de la Sagesse et aux enfants du vénérable de Montfort, s'en reposant sur nous du sort de cet asile si cher à son cœur, il nous déclara qu'il désirait la dissolution de son corps pour vivre avec Jésus-Christ [1].

« Bienheureux », a dit le disciple bien-aimé, « bienheu-
« reux les morts qui meurent dans le Seigneur à l'effet de
« se reposer de leurs travaux, car leurs œuvres les sui-
« vent » : *Beati mortui qui in Domino moriuntur, amodo*

---

1. Philipp., I, 23.

ut requiescant a laboribus suis : opera enim illorum sequuntur illos [1].

Bienheureux donc celui-ci qui s'est éteint dans le Seigneur, sous les auspices de sa Mère immaculée ! Bienheureux, car il a beaucoup travaillé, il s'est beaucoup dépensé, beaucoup fatigué, et il avait droit au repos après tant de labeurs : *amodo ut requiescant a laboribus suis !* Bienheureux enfin, car ses œuvres le suivent ! Elles l'ont suivi devant le tribunal du Juge : la miséricorde divine est assurée à celui qui a tant cherché la gloire de Dieu, et qui a pratiqué si largement la charité envers les enfants de Dieu. Oui, ses œuvres si multiples, si variées, mais toutes si saintes, l'ont accompagné dans la gloire céleste, et elles seront ici-bas l'auréole de son nom et de sa mémoire toujours bénie parmi nous. Et parce qu'entre toutes ses œuvres celle-ci a été la principale, nulle part son nom et son souvenir ne seront plus aimés, plus honorés. Sa dépouille, qui repose dans cette enceinte et qui sera bientôt déposée sous ce sanctuaire, sera entourée d'hommages et de bénédictions. Et parmi les inscriptions qui orneront sa pierre sépulcrale, on lira ces mots : *Auris audiens beatificabat me, et oculus videns testimonium reddebat mihi* [2] : « L'oreille à qui j'avais suppléé la faculté d'entendre, me proclamait heureux ; et l'œil à qui j'avais procuré la puissance de voir, me rendait témoignage ».

1. Apoc., XIV, 13.
2. Job., XXIX, 11.

SEPTIÈME PARTIE

QUALITÉS ET VERTUS DE M. DE LARNAY.

Le magnifique hommage rendu à la mémoire de M. de Larnay par Mgr Pie justifie les soins que nous avons pris pour écrire la vie du digne prêtre et nous autorise à présenter pour finir quelques traits et réflexions qui n'ont pu trouver place dans le cours de l'ouvrage, et qui achèveront de mettre en lumière les éminentes qualités auxquelles sont dues tant d'Œuvres qu'il a si généreusement entreprises et poursuivies pour la gloire de Dieu et le bien du prochain.

I.

CARACTÈRE DE M. DE LARNAY.

Ce que nous sommes portés tout d'abord à examiner dans autrui, ce qui d'ailleurs nous frappe immédiatement, c'est le caractère, ou cette marque, cette empreinte, cette expression propre de chacun de nous, qui dénote nos aptitudes, nos dispositions, nos sentiments, et qui nous distingue les uns des autres.

Une personne qui a vécu de longues années sous le même toit que M. de Larnay a dit de lui : « Il possédait un charmant caractère. Tout le temps que j'ai été avec cette famille, je l'ai toujours vu d'une humeur égale. Il se rangeait volontiers de l'avis de son frère qui était plus jeune que lui, et il recevait avec une charmante modestie ses observations. Il cherchait à rendre heureux tous ceux qui habitaient la maison de sa mère. Il parlait toujours aux domestiques avec une bonté de père. »

Sa bienveillance se montrait en effet dans ses rapports avec les inférieurs, sans qu'il perdît rien de la dignité de sa naissance ou de sa position. Il se présentait à tous avec un abord gracieux. Quand on allait chez lui, on était reçu avec une politesse qui donnait de la confiance aux plus timides.

Il parlait agréablement au pauvre comme au riche, à l'ouvrier comme au maître. Dans ses rencontres avec les bonnes gens, il les accostait toujours par ces mots : « Bonjour, mon bon ami. » Il prenait congé d'eux en leur disant : « Votre serviteur très-humble. » Et il les saluait chapeau bas jusqu'à terre.

Dans les réunions, il donnait à chaque personne

des marques d'intérêt, s'adressant tantôt à l'une, tantôt à l'autre, et toujours avec quelque parole pratique pour le bien de l'âme et la gloire de Dieu.

En société, où il allait uniquement pour ses Œuvres, ou par bienséance, ce qui était encore pour les Œuvres, il était aimable, gai, causeur. Le temps passait vite avec lui.

Toutefois, comme il joignait à la rectitude de l'intention l'ardeur du désir, il ne supportait pas toujours patiemment au premier abord la contradiction, quand il avait lieu de se persuader que la raison était de son côté. Il élevait alors la voix et parlait d'un ton bref et avec un air d'autorité. Un jour qu'il avait ainsi cédé à la pauvre humanité dans une discussion au Chapitre, un de ses confrères lui fit une assez vive observation sur la dureté de ses paroles. Mais un autre membre du Chapitre reprit : « Dureté tant que vous voudrez ; mais il paie de sa personne et de sa bourse. » — « A la bonne heure, dit alors M. de Larnay avec une charmante simplicité ; je n'ai pas été épargné par l'un, et l'autre a dit vrai. » Et il tendit la main au premier et embrassa le second avec effusion.

M. de Larnay avait, par sa naissance, par son éducation, par son tempérament, quelque chose de dominant dans la démarche, dans le ton et l'accent de la voix. « Mais », nous disait un magistrat, « dans nos réunions laïques, lorsque nos têtes s'échauffaient en discutant sur les hommes et les choses du temps, M. de Larnay savait se rendre le maître parmi nous et calmer nos émotions. »

Une chose digne de remarque chez M. de Larnay, c'est que, malgré sa très-grande vivacité naturelle, il se possédait habituellement et réussissait à se contenir dans les circonstances qui étaient le plus faites pour l'exciter.

Aussi fut-il toujours aimé des domestiques. Sur quoi sa mère lui exprimait son étonnement, attendu qu'elle-même n'était pas aussi bien partagée que lui sur ce point et qu'elle avait souvent des rapports très-pénibles avec les gens qui étaient à son service.

« Dame, ma chère mère », répondait simplement M. de Larnay, « moi, quand j'ai commandé quelque chose à mon domestique, et qu'il ne l'a pas fait, je lui commande une seconde fois et une troisième fois la même chose, comme si c'était pour la première fois, sans y mettre plus de vivacité, sans parler plus haut à la troisième fois qu'à la première, sans m'attacher à ses pas pour le fatiguer par une suite de réprimandes. »

Il arrivait en effet que le domestique, n'ayant eu à subir aucune humiliation, ni reproche, ni froissement, se hâtait d'exécuter l'ordre de son maître, dont le procédé si délicat ne lui échappait pas et le corrigeait mieux que n'eût fait la sévérité.

Il faut dire aussi que M. de Larnay n'employait

pas de formes impératives avec les gens de service. Il leur parlait en ces termes : « Vous aurez l'obligeance de faire ceci ; avez-vous le temps d'aller en tel endroit ? » Ou bien il usait d'autres façons analogues de langage, où se montre le sentiment chrétien qui nous fait voir des frères dans ceux que Dieu a voulu destiner à nous servir.

Disons encore que M. de Larnay traitait ses domestiques avec autant de dignité que de bonté. C'est pourquoi, en l'aimant comme un père, ils le respectaient comme un maître. De même était-il avec les ouvriers, toujours extrêmement simple et poli, jamais familier. Tous ceux qui ont été à son service ou qui ont eu à traiter avec lui n'ont eu qu'à se louer de ses procédés à leur égard.

Il ne voyait d'ailleurs que la justice dans les affaires. Il était grand dans les formes, simple dans l'application. Grand et généreux quand il donnait, il comptait jusqu'à un centime quand il traitait, et cela par justice, à l'intention des pauvres dont il voulait ménager les deniers.

Il n'aimait pas qu'on eût l'air de lui imposer une bonne œuvre. Il s'est plusieurs fois trouvé dans ce cas-là. Il répondait alors sans désobliger, mais de manière à déconcerter ceux qui avaient trop compté sur lui.

Comme tout homme d'initiative, M. de Larnay tenait d'abord à sa manière de voir, tant qu'il pouvait penser que c'était la bonne. Mais il écoutait les observations ; il prenait ensuite le temps de réfléchir, et quand il était convaincu, il venait vous dire : « C'est vous qui avez raison », et il abandonnait son sentiment pour se ranger au vôtre.

M. de Larnay était prompt à s'enthousiasmer et ferme et persévérant dans la poursuite de ses Œuvres. Il était de même facile à s'attacher et fidèle dans ses affections.

Aussi sensible qu'il était aimant, il avait assez de force de caractère pour se dominer dans ses peines.

Sa mère lui dit un jour : « Mon cher fils, dans toutes tes occupations, tu dois trouver bien des difficultés, bien des peines ; et tu ne m'en parles jamais ? » Il repondit : « Ma chère mère, ce n'est pas aimer ses amis que de leur faire part de ses peines ; il ne faut leur faire partager que ses jouissances. »

Il savait tellement renfermer en lui-même ce qui lui était le plus pénible que ses plus intimes amis ne se sont jamais doutés de tout ce que son cœur si sensible et si aimant lui a fait souffrir.

Ce qui frappait chez M. de Larnay, c'était la gaieté, la politesse unies à une bonne tenue courtoise. Il ne se refusait pas de plaisanter à l'occasion. Une dame de l'intimité de sa famille racontait comme il l'avait intriguée, quand elle était enfant, en lui disant qu'il l'avait vue de Larnay casser une vitre chez elle à Poitiers. C'est que, en effet, il avait pointé de son belvédère une longue-vue sur la maison juste au moment de l'accident.

M. de Larnay en société parlait avec aisance, avait beaucoup d'anecdotes à raconter, souvent plaisantes, et prenait facilement le dé de la conversation. C'était un plaisir de l'entendre, mais pas toujours pour tout le monde. Il nous souvient qu'un vieux général, qui se rencontrait avec lui chez des amis communs, trouvait qu'il ne laissait pas aux autres le temps de parler à leur tour.

M. de Larnay et son frère avaient accompagné Mgr de Bouillé dans un voyage en Vendée. M. de Larnay se détacha pour aller visiter un de ses amis. Là était une dame de beaucoup d'esprit, qui lui dit : « Vous êtes l'aide de camp de l'Évêque ? » C'était assurément le mélange d'aisance et de dignité du prêtre et du gentilhomme dans M. de Larnay qui avait provoqué cette parole.

Du reste, il fallait le voir le soir même causant avec le curé de la paroisse, jeune prêtre pieux, simple et timide, et le mettant à l'aise par la plus aimable familiarité.

Dans ce voyage et dans cette contrée, alors qu'il n'y avait point de routes, et par suite point de voitures, M. de Larnay allait à cheval et se faisait conduire. Ses guides étaient enchantés de lui, et répétaient à qui voulait les entendre. « Nous avons conduit un Monsieur bien aimable ! »

Nous donnerons une idée du genre de gaieté, du

ton de plaisanterie que prenait M. de Larnay, en citant ce passage d'une lettre qu'il écrivait à un ami à qui il parle ainsi au sujet de sa femme : « Dites à Madame que, quoique je ne sois pas *encore* son directeur, je lui donne pour pénitence d'être bien bonne pour vous pendant tout le mois d'août. Si elle trouve la pénitence trop longue, qu'elle l'abrége de moitié. Mais c'est toute l'indulgence que je puis lui accorder. Quant à vous, prenez bien garde à ne pas la gâter. Nous vous l'avons donnée passablement bonne ; conservez-la de même. » Et dans une autre lettre: « Comment ça va-t-il dans le ménage? Madame file-t-elle sa quenouille ? Raccommode-t-elle comme nos vieilles grand'mères vos habits percés? Est-elle enfin bonne ménagère ? Qu'en pense-t-on au logis ? »

M. de Larnay était naturellement prompt à prendre confiance dans les hommes et dans les choses. Comme il eut plusieurs fois des résultats peu conformes à son attente, il devenait ensuite prudent jusqu'à la défiance Mais revenant bientôt à son excellent naturel, il s'abandonnait et se confiait encore.

Il y a, dans nos jours tourmentés, un point qui divise les hommes, même les meilleurs amis : c'est la politique.

M. de Larnay avait la fermeté de son caractère ; il en avait aussi la franchise. Fidèle conservateur de l'héritage de ses pères, il était monarchiste royaliste et légitimiste. On le savait ; mais jamais personne ne fut gêné avec lui ni n'eut à se plaindre de lui sous ce rapport.

Il s'était fait là-dessus une loi dont il ne s'est jamais écarté. Dans les réunions privées, où il ne rencontrait que des amis politiques, il s'exprimait sans réticence et sans détour. S'il s'y trouvait des personnes d'une opinion contraire, il s'abstenait, pour ne pas les froisser. Dans l'exercice de son ministère, il se gardait de toute parole ou allusion qui eût été purement politique, et qui aurait pu blesser quelqu'un. Sa bienveillance et son dévouement étaient les mêmes pour tous, quelles que fussent les opinions de chacun.

Il les respectait si bien que, pour ne pas embarrasser les personnes qui venaient le voir pour affaires religieuses, il ne voulait avoir dans son cabinet aucun signe ou emblème politique. C'est au point que, ayant reçu en cadeau, dans des circonstances particulières dont le souvenir devait lui être précieux, un buste du comte de Chambord, il ne voulut pas le garder, et il le donna à un de ses amis.

Dans les réunions très-nombreuses qu'il tenait chez lui pour ses Œuvres, il se trouvait des hommes appartenant aux divers partis politiques. Tous lui étaient sympathiques, et la plus grande cordialité régnait entre eux, parce qu'ils étaient dans un même sentiment religieux.

Lorsque malgré sa fidélité à observer la règle qu'il s'était imposée, mais par suite de ce bas sentiment qu'excite chez certains la vue de la naissance et de la fortune réunies dans une situation égale, il rencontrait des contradicteurs, il évitait la discussion, et, s'il ne pouvait se dégager autrement, il se renfermait dans un silence digne, qu'on a pris bien à tort pour de la fierté.

Comme, au contraire, il savait se faire tout à tous, comme il réussissait à recruter dans les plus humbles les coopérateurs de ses Œuvres!

On usa plusieurs fois envers lui de procédés que nous n'avons pas plus à qualifier qu'à désigner. Or, nous affirmons qu'on n'entendit jamais sortir de sa bouche le moindre mot d'amertume ou de récrimination contre ceux de qui il pouvait se plaindre, humainement parlant. M. de Larnay ne se plaignait ni en public ni dans l'intimité. Toutes les fois qu'il a pu supposer que ses amis seraient tentés de prendre sa défense, il est allé au-devant et les a priés de n'en rien faire. Bien mieux, il avait recours à ses amis pour rendre service à ses opposants, sans que ceux-ci en pussent avoir le moindre soupçon. Sa générosité restait le secret de Dieu, n'étant pas même toujours bien connue de l'ami qu'il avait employé.

Il pratiquait si bien le précepte de l'oubli des injures, qu'il invita un jour à un repas d'amis un homme à qui il ne devait rien et qui l'avait gratuitement et malement insulté peu de temps auparavant. On crut qu'il y avait eu quelque explication satisfaisante donnée, quelques regrets exprimés. Il n'en était rien. M. de Larnay avait tout oublié.

Une autre fois encore, il avait été l'objet d'une critique très-injuste, faite dans des circonstances et d'un ton qui devaient la lui rendre plus sensible. Il en exprima sa peine à quelques amis ; mais on peut dire qu'il ne s'en plaignit pas ; il n'en parla même pas le premier. A quelque temps de là, il pria et reçut à dîner l'auteur de cette critique inconsidérée.

Ayant appris que quelqu'un, de qui certainement il pouvait être mécontent, avait encouru la disgrâce de son supérieur et allait être relevé de ses fonctions, il ne se donna pas de tranquillité qu'il ne fût parvenu à empêcher cette révocation.

M. de Larnay a eu des peines tout intimes et très-sensibles. Mais il les a toujours dissimulées au point qu'on ne les a connues que par surprise. Alors même qu'il était forcé de les avouer, il ne lui est jamais échappé la moindre parole amère contre ceux qui en étaient la cause. DIEU seul sait tout ce qu'il a souffert, et voilà pourquoi nous pouvons croire que ce même DIEU est aujourd'hui sa récompense.

Du reste, M. de Larnay n'était pas un homme à l'esprit faible et au cœur mou. Son caractère était des plus vigoureusement trempés.

Une dame du grand monde, qu'il ne connaissait pas, était venue le consulter sur la conduite qu'elle devait tenir à l'égard de son fils qui avait épuisé toutes les miséricordes de son cœur par les amertumes dont il l'abreuvait. Suivant les conseils de M. de Larnay, cette dame, de retour chez elle, fit la malle de son fils, et, quand il rentra, elle lui montra la malle prête et lui signifia que tout était fini entre eux et que, puisqu'il ne l'écoutait en rien, il valait mieux que la séparation eût lieu sur-le-champ. Le jeune homme, attéré, tomba aux pieds de sa mère, lui demanda pardon et depuis se conduisit toujours en bon fils.

C'est cette fermeté qu'il montrait, quand il le jugeait nécessaire, en toutes choses et sans acception de personne, cette vigueur qu'il apportait dans sa conduite comme dans ses discours, ce culte de la ligne droite qu'on ne semble plus connaître, qui l'ont fait mal juger par plusieurs. On a pris pour de la raideur ce qui était chez lui hauteur d'idée et force de conviction. Sous cette sorte de fierté accentuée on n'a pas assez senti battre un cœur de feu pour Dieu, un cœur d'or pour les pauvres et pour ses amis.

II.

RESPECT DE M. DE LARNAY POUR L'AUTORITÉ.

M. de Larnay avait au plus haut degré le respect de l'autorité. C'est pourquoi il fut tant estimé, tant aimé de ses Supérieurs dans les Séminaires de Saint-Sulpice et de Poitiers, et des trois augustes Prélats qui ont pu le connaître et se servir de son zélé concours. C'est aussi pourquoi il fut tant béni de DIEU dans ses entreprises.

Avec son caractère ardent et son esprit d'initiative, il eût été un embarras à Larnay pour la Supérieure, qui aurait été en peine pour concilier ses devoirs envers ses Supérieurs, et les sentiments de sa juste reconnaissance envers le fondateur de l'Établissement, et ses sollicitudes pour l'avenir d'une Œuvre qui, malgré le dévouement du fondateur, restait toujours dans une grande mesure entre les mains de la Providence.

Le respect de M. de Larnay pour l'autorité faisait disparaître toute difficulté.

Voici comme il entendait sa position à Larnay :

La haute direction spirituelle et temporelle de la Communauté de Notre-Dame de Larnay appartient aux Supérieurs généraux de la Congrégation des Filles de la Sagesse.

Cette même direction, mais secondaire, est placée entre les mains du Fondateur de l'Établissement.

Le chapelain, dont il reconnaissait la nécessité depuis que la Maison était devenue si importante, devait être chargé du service religieux, de la confession ordinaire des enfants et de l'instruction religieuse, autant que sa santé le lui permettrait, cette instruction étant donnée abondamment par le Fondateur et par les Sœurs.

M. de Larnay, homme d'action et d'initiative, tenait d'abord à ses idées. Mais si on lui disait : « Les Supérieurs ne le veulent pas. » — « Ah ! » disait-il seulement, et il ne parlait plus de ce qui l'avait occupé. Ou bien il disait : « Peut-être ne sont-ils pas bien informés. J'attendrai. »

Il arrivait que son désir d'embellir Larnay le poussait à vouloir des choses qui n'entraient pas dans les vues des Supérieurs généraux, lesquels, par respect et délicatesse, n'osaient pas le lui dire eux-mêmes. Ils en chargeaient la Supérieure de la Maison. Or, dans les moments qui paraissaient les plus difficiles, lorsqu'il exprimait son idée avec le plus d'énergie, la Supérieure n'avait qu'à lui dire : « Monsieur, ceci n'est pas dans les intentions des Supérieurs. » Il renonçait aussitôt à son idée et disait simplement : « N'en parlons plus. »

Or, ce n'était pas là faiblesse ou inconsistance. M. de Larnay avait au contraire une fermeté naturelle qui s'accordait parfaitement avec le respect de l'autorité.

C'est sous l'empire de ce sentiment qu'il a toujours tenu très-haut son caractère de prêtre. De même, d'une autre part, pouvons-nous dire qu'il ne perdit rien non plus du gentilhomme. Lui, si occupé toute sa vie de secourir les pauvres, lui, si familier avec les petits et les infirmes, il tenait à la distinction des diverses classes sociales.

Il avait à un haut degré le respect des traditions monarchiques. Mais il était catholique avant tout, comme il était aussi prêtre avant tout.

A ces deux titres il savait respecter et obéir.

III.

DÉFÉRENCE DE M. DE LARNAY POUR SA *chère mère*.

On ne se lasse pas de contempler le touchant spectacle de la déférence constante de M. de Larnay à l'égard de sa *chère mère*.

Nous avons vu qu'il poussa cette déférence jusqu'à se départir, en une certaine mesure, des règles de circonspection qu'il observait si rigoureusement, et qu'il consentit, sur le désir que lui en exprima sa mère, à prêcher la prise du voile noir de la jeune personne qu'elle avait eue chez elle pendant quelque temps.

Qu'aurait-il pu refuser à sa mère, à qui, après DIEU, il reconnaissait devoir deux insignes bienfaits, la conservation de son innocence et le succès de sa vocation au sacerdoce?

Sans doute, il ne partageait pas toujours la manière de voir de sa chère mère ni n'approuvait quelquefois sa façon d'agir ; mais il s'interdisait toute réflexion inutile et gardait sans affectation un respectueux silence.

Il avait pour elle un dévouement sans bornes. Il dit, dans son testament, qu'il veut qu'on laisse jouir sa bonne mère de l'usufruit largement, sans inventaire ni caution, et sans être tenue à réparer les dégradations.

Nous avons parlé de la peine que causa à M. de Larnay la présence sous le même toit que lui d'un prêtre, directeur de sa mère, qui avait cessé d'appartenir à la Compagnie de Jésus.

Nous avons respecté et nous respectons, ainsi que tout nous le commande, les motifs qui déterminèrent la retraite de cet ecclésiastique, dont la réputation a toujours été au-dessus de toute atteinte, et qui a consacré jusqu'à la fin sa vie maladive et souffrante à une fondation pieuse en son diocèse natal. Nous respecterons également les motifs de la confiance sans limites qu'avait Madame de Larnay dans ses lumières, dans sa direction, dans ses intentions.

Mais il nous a semblé juste et nécessaire de dire qu'il y eut là pour M. de Larnay une épreuve des plus sensibles et des plus méritoires.

Madame de Larnay, avec sa nature ardente et son caractère absolu, se donna entièrement à son directeur, au point que devant ce dernier le fils put se croire étranger dans la maison de sa mère.

Celle-ci néanmoins n'eut jamais à s'apercevoir du moindre changement de son fils à son égard. Elle trouva toujours en lui les mêmes prévenances, les mêmes témoignages de soumission, de vénération et de tendresse filiale.

Que c'était un touchant spectacle de le voir

conduire sa *chère mère* sous le bras, lui aider à descendre les escaliers, s'étudier à lui procurer toutes les satisfactions qu'il pouvait! Madame de Larnay disait elle-même que son fils à soixante ans lui était aussi soumis qu'à l'âge de dix ans. Et il était depuis longtemps à la tête de tant d'Œuvres qui devaient lui donner en quelque sorte une habitude de domination et de commandement!

Combien de fois n'a-t-il pas fermé la bouche à des amis qu'il jugeait trop empressés à le plaindre, en leur disant : « C'est une affaire entre le bon Dieu et ma chère mère. C'est une question de conscience, où je n'ai pas le droit d'entrer. »

Tant il avait de respect pour sa mère! Et cependant la situation qu'elle faisait dans sa maison au directeur qu'elle y recevait mettait parfois à de cruelles épreuves le cœur si sensible de son fils.

Un jour, c'était la veille de la Saint-Charles, M. de Larnay devait venir, à l'ordinaire, célébrer cette fête à Larnay avec sa *chère mère*. Tout était prêt. Les provisions pour toute sa petite famille, et à ses frais comme toujours en cette circonstance, étaient achetées. — Pendant le dîner qui précéda le départ, Madame de Larnay dit à son fils : « Mon cher fils, je ne vais pas à Larnay aujourd'hui. » — « Pourquoi donc, ma chère mère? » dit M. de Larnay péniblement surpris. Madame de Larnay répondit : « Le Père arrive demain, je ne puis pas m'absenter. » M. de Larnay garda un moment le silence. Il avait une victoire à remporter sur lui-même. Le combat ne fut pas long. Il reprit presque aussitôt avec calme : « Eh bien! je vais m'en aller ce soir avec la Supérieure. Je vous renverrai la voiture, et vous viendrez demain avec M. l'abbé. » — « Comme cela, je le veux bien », dit Madame de Larnay, « si le Père y consent. » M. de Larnay partit donc avec la Supérieure. Comme il gardait le silence au commencement de la route, la bonne Sœur, qui avait été témoin de ce qui s'était passé, lui dit : « Vous avez de la peine ? » M. de Larnay répondit tout de suite : « Que voulez-vous, ma Sœur ? Le bonheur de ma mère doit faire le mien. » Et il continua à garder le silence.

Le lendemain, Madame de Larnay vint avec M. l'abbé. M. de Larnay fut plein de politesse pour ce dernier, et redoubla d'attention pour sa mère.

Il disait souvent aux Sœurs, lorsque sa mère venait à Larnay : « Quand ma mère est ici, ne faites pas attention à moi. Occupez-vous de ma mère ; c'est le plus grand bonheur que vous puissiez me procurer. »

Une Sœur se trouvait un jour dans la chambre de M. de Larnay quand sa mère y entra. La Sœur s'empressa de la saluer et de lui donner des témoignages de respect et d'attachement. M. de Larnay, quand sa mère eut quitté la chambre, dit à la

Sœur : « O ma petite Sœur, que vous m'avez fait du bien! Je vous remercie de tout mon cœur. »

Son respect et sa déférence pour sa mère ne l'empêchaient pas de lui répondre franchement selon ce qu'il pensait, quand elle le consultait sur les doutes qui la troublaient et la gênaient dans sa pratique assidue des sacrements.

Elle disait à son fils : « Quand je cherche à m'éclairer auprès de ton frère, je sors toujours d'avec lui à l'aise et tranquille. Mais toi, tu me donnes des craintes, et, quand je t'ai parlé, il faut que je retourne me confesser. »

« Ah! ma chère mère, » reprenait M. de Larnay, « lorsqu'il s'agit de vous répondre dans les affaires de la conscience, je ne vois plus en vous qu'une âme qui a recours à ma direction, et je vous parle selon ce que je vois, selon mes lumières, et, s'il m'est permis de le croire, selon ce que Dieu m'inspire. Voyez-vous, il ne me semble pas pouvoir accorder avec la communion fréquente, journalière, les sujets d'inquiétude dont vous me faites part et que je trouve fondés. Vous avez peur que le divin Maître ne vous reproche, en venant dans votre cœur, d'avoir été vive, impatiente, pas maîtresse de vous-même ; je le craindrais comme vous, parce qu'on ne saurait être trop bien préparé pour communier tous les jours. Et je vous dirai encore que Notre-Seigneur veut que vous ne soyez pas un sujet d'étonnement pour ceux qui ont pu être témoins des fautes dont vous me parlez et qui vous voient communier si souvent, de peur qu'ils ne soient portés ensuite à faire de mauvais jugements sur la religion, sur la piété, sur les sacrements. »

C'était là un des points de conduite que M. de Larnay avait le plus à cœur et sur lequel il ne tarissait pas.

L'idée était venue à Madame de Larnay d'obtenir des Supérieurs généraux de la Congrégation de la Sagesse qu'elle et sa demoiselle de compagnie, son fils et le domestique fussent regardés et traités comme des pensionnaires, les Sœurs se chargeant de les défrayer de tout, moyennant une pension convenue. M. de Larnay, qui connaissait le caractère de sa mère, vit tout de suite l'impossibilité de ce projet, qui du reste ne pouvait être agréé par les Supérieurs généraux. Il pria donc instamment la Supérieure de Larnay de faire tous ses efforts pour détourner sa mère d'une semblable pensée. Mais ce fut en vain. Madame de Larnay s'était persuadé qu'elle vivrait plus saintement, étant débarrassée de tout souci temporel. Plus elle se voyait combattre, plus elle persistait, jusqu'à se plaindre de son fils, de l'opposition qu'il faisait à sa mère, et jusqu'à dire enfin que, si on lui refusait ce qu'elle demandait, elle irait se mettre en pension dans quelque autre Communauté.

Quand M. de Larnay eut eu connaissance de ces dispositions, il fut comme atterré. Néanmoins l'amour qu'il avait pour sa mère céda au sentiment du devoir, ou plutôt il témoigna son amour filial en faisant ce qu'il devait. Les Supérieurs généraux étant venus à Larnay sur ces entrefaites, il leur dit : « Je vous supplie de refuser à ma mère ce qu'elle va vous demander. Pourtant, ajouta-t-il, la tendresse filiale reprenant le dessus, « si ma mère voulait absolument me quitter, alors je consentirais à tout, même à marcher à quatre pattes et à manger de l'herbe, pour la garder avec moi. » Et les larmes inondaient son visage.

Tel était M. de Larnay. Encore un trait de sa sensibilité et de son amour pour sa mère.

Peu de temps après l'incident que nous venons de raconter, arriva le jour de la fête de M. de Larnay. Sa mère était malade et retenue au lit. Il vint seul à Larnay pour la première fois depuis quinze ans. Lorsque les Sœurs et les enfants lui eurent présenté leurs souhaits de bonne fête à la fin du dîner, il ne put s'empêcher d'arroser de ses larmes le bouquet qu'on lui avait offert. « Ce n'est point à Larnay », dit-il ensuite aux Sœurs, « que j'ai des peines. Je crois que je ne tarderai pas à monter au Calvaire. » Et il ajouta : *Fiat!*

Que voulait-il dire, et quelle pensée affligeait son âme? craignait-il de perdre bientôt sa chère mère et de la perdre avant qu'elle eût compris combien il l'aimait tendrement? Ah! il ne pensait pas qu'il n'avait plus lui-même que quelques semaines à vivre!

Dans le même temps, Madame de Larnay, qui avait obtenu de Mgr Pie la faveur d'une chapelle particulière dans sa maison, écrivait à Sa Grandeur la lettre suivante :

« Monseigneur,

« Je ne sais comment vous exprimer ma reconnaissance de votre bon souvenir. Voilà deux fois que mon fils m'apporte des fleurs de votre part. Si mon grand âge et mes infirmités n'y mettaient obstacle, j'aurais l'honneur d'aller vous voir et de vous exprimer combien mon cœur est sensible à toutes vos bontés. Jamais je n'oublierai avec quelle bonté vous m'avez accordé toutes les grâces spirituelles que je vous ai demandées. Que DIEU vous rende au centuple tout ce que vous avez fait pour mon âme en permettant que ma maison devienne une Communauté, où je puis à tout moment aller aux pieds de DIEU lui demander la grâce de bien mourir. »

M. de Larnay connaissait bien ces sentiments de religion de sa mère. Mais, d'ailleurs, à quelque épreuve que fût mise sa piété filiale, il n'avait qu'une pensée, qu'une parole : « C'est ma mère. »

IV.

ACTIVITÉ DE M. DE LARNAY POUR LES ŒUVRES.

Ce qui met plus en relief, ce qui rend plus belles et plus méritoires cette piété filiale et cette déférence de M. de Larnay pour sa mère, c'est l'activité d'une vie dépensée dans les Œuvres, mais, comme on a vu, sans qu'il perdît rien des riches sentiments de son cœur.

Au milieu de ses Œuvres permanentes, que nous avons pu suivre dans leur multiplicité et dans leur enchaînement, M. de Larnay en avait presque chaque jour de transitoires, qui demandaient encore bien des démarches. C'était une conversion à entreprendre ou à terminer, une infortune à soulager ou à soutenir ; c'était une âme pieuse à préserver.

Ainsi écrivait-il à un bon chrétien de ses amis :

« Il me vient tout naturellement à la pensée de vous proposer une Œuvre. Hier, M. de *** est venu me demander à genoux et les mains jointes de recueillir vite dans un des ateliers de nos Communautés une jeune fille de seize ans qui, à cause de sa très-grande beauté d'une part, et de sa qualité d'orpheline de l'autre, est poursuivie dans ce moment à outrance par un misérable de vos contrées. Il faut payer deux cents francs par an pour faire admettre comme pensionnaires les jeunes filles qui doivent apprendre un état. M*** m'a promis cinquante francs pendant quatre ans. M*** m'a promis vingt francs pendant le même temps. Est-ce que vous ne pourriez pas en faveur de votre petite compatriote m'offrir trente francs pendant quatre ans? »

M. de Larnay était comme un point de mire, où visaient tous ceux qui avaient besoin d'un concours ou d'un appui pour quelque affaire que ce fût.

Un Père de la Compagnie de JÉSUS lui demanda son concours pour la réimpression d'un ouvrage, renfermant ce qu'ont dit à la gloire de MARIE cinquante-cinq Pères et Docteurs de l'Église. Cinq cents exemplaires assureraient l'entreprise. On y arriverait par des circulaires. M. de Larnay ne refuserait pas de se charger de ce soin.

M. le curé de Migné envoie une lettre circulaire à l'effet d'une souscription pour donner à son église un tableau représentant le miracle de Migné. Comme naturellement, on est prié de remettre son offrande à M. de Larnay.

Il s'agit de restaurer l'Ordre sacré de Prémontré. M. de Larnay est prié de vouloir bien s'y intéresser. Il s'empresse du moins d'envoyer sa souscription particulière.

On établit à Paris l'Institut des Dames de Sainte-Geneviève, qui s'obligent à l'assistance à la sainte messe, à la récitation de l'Office divin et à l'adoration du très-saint Sacrement. M. de Larnay songe un moment à prier Mgr l'Évêque de l'approuver pour le diocèse. Il a trouvé une zélatrice qui le secondera. Mais cette idée n'a pas de suite.

Il en est de même du projet de l'établissement dans le diocèse de l'Archiconfrérie de Notre-Dame-des-Malades, fondée dans l'église de Saint-Laurent de Paris par le Curé de cette paroisse, maintenant Évêque de Limoges.

M. de Larnay s'informe des conditions à remplir pour avoir des Frères de l'Institution chrétienne établis à Saint-Laurent-sur-Sèvre.

Une Association de personnes pieuses s'était formée dans le but de ramener à l'unité catholique les dissidents ou gens de la Petite-Église, toujours trop nombreux dans le nord du diocèse et justement au centre de la pieuse Vendée. M. de Larnay avait la douleur de voir dans leurs rangs sa tante, Mlle Térèse Cossin.

Aussi voulut il entrer dans l'Association. Il s'agissait de prier et de faire prier, de faire arriver entre les mains des schismatiques des livres, des images, des croix, des chapelets, pour porter chez eux la lumière, pour acquérir une salutaire influence sur ces malheureux endurcis.

M. de Larnay reçut des lettres qui contenaient les noms des principales personnes dissidentes, et il s'efforça de paralyser leurs moyens d'action et d'en ramener du moins quelques-unes.

Lorsque les magnifiques bâtiments de l'antique Abbaye de Saint-Maixent cessèrent d'abriter les générations d'élèves qui s'y étaient succédé pendant trente-cinq ans sous la direction des prêtres diocésains, et durent faire retour à l'Etat, M. de Larnay ne se borna pas à partager dans l'inaction la douleur générale du clergé poitevin. Il chercha si l'on ne pourrait pas trouver à ce Monastère une autre destination religieuse et le conserver ainsi au diocèse.

Il écrivit, le vingt et un septembre 1860, au Frère Philippe, le très-honoré Supérieur général des Frères des Écoles chrétiennes, lequel lui répondit, le dix-huit octobre :

« Comme il n'entre nullement dans mes vues de former un noviciat ou d'ouvrir un second pensionnat dans le diocèse de Poitiers, je ne vois pas, Monsieur le Chanoine, la possibilité de vous aider dans l'exécution du louable projet que vous avez conçu de sauver la belle et célèbre Abbaye de Saint-Maixent. Je ne connais non plus aucun Ordre religieux à qui cet édifice pourrait convenir. »

Ayant échoué de ce côté, M. de Larnay s'adressa à Mgr Delamare, évêque de Luçon, pour que ce Prélat, venu de la Normandie, voulût bien proposer l'œuvre à l'Institut des Frères de la Miséricorde. La réponse fut celle-ci :

« Luçon, 23 septembre 1861.

« Très-cher et vénérable Abbé,

« Je partage bien vivement votre amour pour l'Art catholique et les regrets que vous fait éprouver la pensée que la belle et antique Abbaye de Saint-Maixent pourrait bientôt tomber dans des mains profanes. Il serait à désirer que l'Ordre des Bénédictins pût en faire l'acquisition. Quant au moyen que vous m'indiquez, il est tout à fait impraticable. Les Pères de la Miséricorde possèdent comme Maison-Mère une autre Abbaye qui a également appartenu aux Bénédictins et, d'ici à quelques années, ils ne peuvent rien entreprendre.

« Peut-être pourraient-ils, de l'agrément de Monseigneur l'Evêque de Coutances, fournir pour l'année prochaine le complément des Frères nécessaire à la tenue d'un pensionnat. Mais ce ne pourrait être à coup sûr qu'autant que l'Établissement serait acheté et modestement meublé par une Société dévouée à ces sortes d'œuvres. L'entreprise réussissant, les Frères pourraient avec le temps se substituer aux souscripteurs.

« Conférez d'abord avec votre vénérable Evêque ; je ne doute pas qu'il n'encourage votre dévouement et votre zèle éclairé. »

Cette affaire, si intéressante à plus d'un titre, en est restée là. Du moins, nous n'avons trouvé dans les papiers de M. de Larnay aucune pièce qui s'y rapporte.

L'état présent des choses, l'occupation militaire de l'Abbaye, les dégradations qui s'ensuivent inévitablement et rapidement, le voisinage bruyant des soldats qui s'exercent, qui vont et viennent en chantant par tous ces lieux où est enclavée la magnifique église de l'Abbaye, devenue église paroissiale depuis le rétablissement du culte, le trouble qu'un tel voisinage apporte constamment dans les saints offices, la perte aussi pour le diocèse d'un si bel établissement, c'est évidemment plus qu'il ne faut pour faire regretter l'insuccès des démarches de M. de Larnay et pour décerner une louange de plus aux efforts de son zèle.

Ce généreux prêtre était toujours disposé à entreprendre des Œuvres ou à y concourir. Qu'il s'agît d'une utilité générale ou d'un intérêt purement individuel, il était toujours prêt.

On le savait bien. Aussi que de lettres il a reçues dans lesquelles on le priait de venir en aide à de pieuses âmes qui désiraient se consacrer à DIEU dans la vie religieuse !

Un vénérable curé nous écrivait : « Pour les différentes œuvres où j'ai eu besoin de M. de Larnay, par exemple pour faire placer des filles pauvres en Communauté, pour faire entrer des filles pénitentes au Bon-Pasteur, j'ai toujours trouvé ce digne prêtre disposé à m'aider et à me tirer d'embarras. C'est lui-même qui est venu chercher une petite sourde-muette dans son village, et qui l'a menée à Larnay. »

Le même ajoute : « Il a employé et dépensé pour les œuvres tout ce qu'il avait, son activité, sa fortune, son temps, sa santé, sa vie. »

On pourrait dire qu'il n'y a pas d'Institution, dans tout le diocèse, à laquelle M. de Larnay soit resté étranger ou pour laquelle il n'ait trouvé et saisi l'occasion de faire quelque chose.

Il est des hommes qui se rendent utiles et même illustres par quelque aptitude spéciale qu'ils ont reçue de DIEU et qu'ils ont développée par l'étude et par l'exercice.

M. de Larnay n'eut point de ces mérites retentissants qui provoquent l'attention publique et mènent à la célébrité. Parmi les Œuvres si multipliées où sa charité l'entraîna, il n'en choisit d'abord aucune de préférence. Il les exerça toutes et il s'y livra tout entier, sans aucun désir de paraître, sans prétention de briller, uniquement par amour du devoir tel qu'il le comprenait pour lui et par ambition de faire le bien. Il fut éminent par son zèle, non-seulement parce que ce zèle allait jusqu'au fond de la chose, mais parce qu'il se manifesta sous toutes les formes. On ne s'explique pas comment il a pu mener à bien toutes les Œuvres qu'il dirigeait à la fois ; et ce qui, mieux que toutes les paroles, peut faire comprendre les difficultés et l'immensité de cette tâche, c'est que, depuis sa mort, il a fallu donner différents directeurs à ces Œuvres, dont plusieurs même ont été abandonnées.

La mort seule de M. de Larnay a pu faire sentir le vide qu'il laisserait après lui.

L'aspect le plus remarquable de la physionomie morale de M. de Larnay, c'est justement cette diversité d'aptitudes qui le rendait propre à la bonne direction des Œuvres les plus dissemblables.

Pour assurer le succès d'une Œuvre, il en faut confier la direction à un homme qui la comprenne bien, qui soit résolu à s'y dévouer, et de qui on puisse espérer qu'il obtiendra la confiance et la sympathie de ceux qui auront affaire à lui. On peut savoir quelles difficultés ce choix présente toujours, même pour des Œuvres simples et déterminées.

Or, voilà un prêtre qui, pendant quarante ans, a fondé et dirigé les Œuvres les plus diverses. Il a su conduire à la fois des Associations de jeunes gens et des Congrégations de jeunes filles, des hommes du monde et de pauvres vieillards, des femmes élégantes et des pauvresses ; il a mêlé dans ses Associations toutes les classes sociales et les opinions les plus variées, et il a su maintenir la paix et l'accord sur le terrain commun de la Religion ; il a fondé des Couvents, il a institué des écoles, il a bâti des églises ; il s'est occupé des étudiants, des jeunes personnes, des mères de famille, des ouvriers, des mendiants ; il s'est voué à la Propagation de la Foi, à la diffusion des bons livres, à la Sanctification du Dimanche, à l'établissement des Lampes du Saint-Sacrement, à l'assistance des familles pauvres ; enfin, comme couronnement de ses Œuvres, il a laissé son nom avec les dernières paroles et les dernières largesses de son dévouement à l'Institution admirable des sourdes-muettes et des aveugles. Partout il a réussi à procurer le bien des Œuvres qu'il avait entreprises ; partout sa direction a été accueillie avec confiance et avec affection.

C'est là un fait remarquable. S'il n'a pas été plus remarqué, il en faut faire honneur à la modestie de M. de Larnay, qui a su conduire sans bruit et presque dans l'intimité des intéressés tant d'Œuvres dignes des plus hautes louanges. On reconnaîtra, nous n'en doutons pas, que, pour accomplir les actes d'un pareil apostolat, le zèle et la piété ne suffisaient pas. Il fallait, en outre, une intelligence peu commune, l'aptitude pour le travail, une activité incessante, une volonté ferme, une abnégation absolue, un tact et une sensibilité d'esprit, qu'on rencontrera bien rarement réunis au même degré.

M. de Larnay était grand et courageux pour entreprendre et poursuivre une Œuvre, lorsqu'il la croyait conforme à la volonté divine. Rien alors n'était capable de l'arrêter ; il surmontait tous les obstacles, sans se soucier aucunement de l'opinion.

V.

LE BON EMPLOI DU TEMPS.

Le zèle de M. de Larnay à travailler pour le bien lui faisait comprendre le prix du temps. Il en était prodigue pour les Œuvres ; il en était avare pour les délassements et les récréations, qu'il ne prenait jamais comme tels et uniquement pour se reposer.

A toute heure on pouvait lui parler d'affaires. Mais il avait toujours des difficultés pour accepter une visite ou un voyage de pur agrément.

Si l'on excepte les voyages auxquels sa mauvaise santé l'obligeait et ceux que lui imposa l'assistance aux Conciles de Bordeaux, d'Agen et de Périgueux, comme délégué du Chapitre, tous les autres eurent pour motif et pour but l'entreprise ou le progrès de quelqu'une de ses Œuvres. Et même faut-il remarquer, comme nous l'avons vu, qu'il sut trouver l'occasion de rendre les autres voyages utiles à ses Œuvres.

Ses visites, même les plus simples en apparence, n'étaient jamais du temps perdu pour son zèle. Partout où il allait, il recueillait des ressources ou il les préparait en semant des germes de foi ou de charité.

M. de Larnay, qui avait un cœur si bon et si sensible, aurait aimé à écrire à ses amis. Or, il se fit un scrupule de leur écrire souvent. Sa conscience écoutant les inspirations de sa charité, il écrivit plus rarement et plus brièvement à mesure que ses Œuvres se multipliaient. « Vous excuserez », écrivait-il à un bon ami, « le laconisme de ma lettre à cause de la multiplicité de mes occupations. »

Sachant le prix du temps pour lui-même et ne voulant pas le faire perdre aux autres, il laissait son cabinet toujours ouvert, afin que ceux qui avaient à lui parler pussent l'y attendre en s'occupant, sans qu'il eût de son côté à interrompre une affaire commencée. Mais, aussitôt qu'il le pouvait, il venait, et tout en s'excusant il expédiait son monde si poliment qu'on n'avait pas de peine à revenir l'attendre.

Nous le voyons en 1854, comme membre de la Commission formée par Mandat apostolique pour l'instruction de la Cause de la vénérable Jeanne de Lestonnac, Fondatrice de la Congrégation des Religieuses Filles de Notre-Dame, assister régulièrement aux séances presque journalières qui se tinrent pendant quatre mois à l'effet de cette Cause dans la Maison des Filles de Notre-Dame de Poitiers.

Un peu plus tard, il donna son temps pour les travaux de la Commission épiscopale chargée de préparer l'introduction de la Cause du bon Père André Fournet, Fondateur des Filles de la Croix.

Il pouvait ainsi se multiplier et suffire à beaucoup de choses, parce que tout son temps était absolument réglé, réglé comme au Séminaire, autant qu'il était possible.

Il tenait en particulier à prendre ses repas à midi et à sept heures, comme nos anciens, qui avaient si bien compris que c'était le moyen d'avoir à sa disposition les heures de la journée qui sont les plus propices, non-seulement pour le travail et l'ordre, mais encore pour les courses, pour les démarches, pour les affaires enfin. En outre, les repas de midi et de sept heures, comme l'expérience le prouve et la science le démontre, conviennent mieux à la santé. Mais aujourd'hui que nous sommes lancés sur le char du progrès, nous avons changé tout cela. D'où il arrive qu'on n'a plus de temps que pour rester à rien faire ou pour n'aboutir à rien, et qu'on ne se soutient plus avec ces fortes santés qui se conservaient jusqu'à une extrême vieillesse.

En quoi M. de Larnay n'observait pas le Règlement du Séminaire, c'est qu'il se couchait fort tard, et cela pour employer aux Œuvres le temps de la journée, ce qui ne l'empêchait pas de se lever régulièrement à cinq heures en toute saison, malgré le mauvais état de sa santé.

Il avait en effet une santé déplorable. Son tempérament n'avait jamais pris le dessus de la terrible maladie qui éprouva son enfance.

Il écrivait à un ami affligé, qu'il aurait voulu visiter pour le consoler : « Mon Dieu, je voudrais pouvoir voler près de vous à la ville ou à la campagne. Mais la Providence m'a cloué dans ma chambre depuis quelque temps par d'horribles douleurs de rhumatisme qui, ayant nécessité plusieurs applications de mouches à la jambe droite, l'ont paralysée pour le moment. »

M. de Larnay s'est trouvé, à bien des reprises, dans ce douloureux état de réclusion. Mais, malgré ses souffrances et ses infirmités, il savait encore disposer son temps de telle sorte qu'il était d'habitude à jour et à heure pour tant d'affaires qui reposaient uniquement ou principalement sur lui.

VI.

LA DÉLICATESSE DE CONSCIENCE DE M. DE LARNAY.

Pour M. de Larnay, l'emploi du temps était, au premier chef, une question de conscience.

Or, il ne transigeait jamais avec sa conscience, et il l'avait d'une délicatesse extrême ou plutôt exquise.

Il eut toujours à se garder contre une très-grande sensibilité de cœur qui ne pouvait naturellement qu'être excitée par la nature de plusieurs de ses Œuvres et par le genre de personnes avec lesquelles il avait souvent à traiter. Mais il était attentif à écouter jusqu'au moindre avertissement de sa conscience.

Nous avons été plusieurs fois le confident ou le témoin des précautions qu'il prenait en particulier au sujet de sa chère petite famille des sourdes-muettes.

Du reste, sa prudence et sa circonspection étaient si grandes à cet égard qu'une jeune personne, qui passa dix-huit mois sous le même toit que lui comme protégée de sa mère, qui s'était intéressée à elle et à son avenir, pouvait dire, étant interrogée sur ce qu'elle savait d'intéressant à fournir pour la vie de M. de Larnay, qu'elle l'avait peu connu. Elle ne le voyait guère qu'aux heures des repas. Il avait refusé d'être son confesseur, et c'est à peine, durant tout ce temps de dix-huit mois, si elle a eu avec lui deux ou trois courts entretiens particuliers pour lui demander un avis de conscience ou lui parler de sa vocation. Lorsqu'elle fut entrée au Couvent, il consentit à l'aller voir quelquefois par déférence pour sa mère, qui s'inquiétait à son sujet, craignant qu'elle ne pût pas supporter les austérités de la règle. Il refusa de prêcher la vêture, et ce ne fut qu'après beaucoup d'instances de sa mère qu'il consentit à faire le sermon pour la prise du voile noir.

Nous avons vu, sous un autre rapport, comment sa délicatesse de conscience lui donnait une ferme franchise avec sa chère mère, lorsqu'elle le consultait sur les doutes et les inquiétudes qui la gênaient dans ses communions.

C'est qu'il voyait engagés dans cette question l'honneur de Dieu et la perfection des âmes.

Il pratiquait bien pour lui même ce qu'il conseillait aux autres.

Nous nous rappellerons toujours avec quelle vivacité et quelle simplicité de foi, un matin que nous étions à Larnay, il vint se jeter à nos pieds, tout jeune prêtre que nous étions alors, et nous fit l'aveu d'une faute qu'il croyait avoir à se reprocher et dont il voulait entièrement se purifier avant de monter au saint autel.

M. de Larnay avait deux regrets qui ne l'ont pas quitté jusqu'à la fin de sa vie. C'était pour deux fautes, comme il disait, qu'il se reprochait amèrement.

D'abord, il n'avait pas de paroles assez vives, assez senties pour exprimer la douleur toujours renaissante que lui causait sa sortie du Séminaire, où il aurait dû terminer ses jours. Pourquoi n'avait-il pas eu plus de fermeté? Pourquoi s'était-il laissé entraîner par des influences de famille?

Nous avons raconté tout le détail de cette pénible affaire, et l'on a pu voir combien M. de Larnay s'y était toujours préoccupé de ne pas aller contre sa conscience.

La seconde chose qui l'attristait, et dans laquelle pourtant il avait cru bien faire et avait agi en toute simplicité, c'était d'avoir pris pour sujets dominants des vitraux qui ornent l'abside de la chapelle de Larnay et lui-même et les membres de sa famille, son père, sa mère, sa sœur et son frère, agenouillés, il est vrai, devant leurs saints Patrons.

Assurément, M. de Larnay ne fit en cela qu'obéir au sentiment de la famille. Mais plusieurs personnes se sont montrées sévères à son endroit dans cette circonstance.

Si l'on s'était borné à constater et à relever, soit pour les règles de l'art, soit même pour les principes de la conduite, une erreur, une méprise, M. de Larnay aurait facilement et franchement passé condamnation sans chercher une justification qui n'était pas des plus difficiles. Mais il lui a été pénible, au delà de toute expression, de se voir taxé du vice qu'il détestait souverainement, l'orgueil, la prétention, l'envie de faire ostentation de sa famille et de poser en personne jusqu'à la postérité la plus reculée.

Ce sont là quelques-unes des paroles de critique, assez vives, on en conviendra, qui ne lui ont pas été ménagées, qui lui ont été dites en face, et qu'il a d'ailleurs toujours accueillies de manière à convaincre que ses intentions avaient été bien différentes.

Il les a manifestées par ses propres paroles que nous avons citées dans la description de la chapelle. L'accusation est donc injuste autant qu'irréfléchie.

Si M. de Larnay avait nourri le désir de vaine gloire que certains lui ont supposé, il n'avait pas besoin pour le satisfaire de placer son portrait dans ces vitraux. Est-ce que le nom de sa propriété qu'il a donnée, et qui est en même temps le sien, ne suffit pas pour perpétuer le souvenir de sa fondation pieuse ? Est-ce que ce portrait dira quelque chose aux générations futures qui n'auront pas connu le fondateur ? Est-ce que les Évêques qui permettent de placer ainsi leurs effigies dans les églises font aussi un acte d'orgueil ?

En faisant placer ces portraits dans les vitraux de sa chapelle, M. de Larnay n'a pas manqué à la convenance archéologique. C'était l'usage, à l'époque dont la chapelle reproduit le style ; et M. de Larnay approuvait cet usage comme étant un acte de foi, une confession publique de dévotion.

Nous pourrions citer bien des exemples de cet usage. Nous nous bornerons au suivant :

« La Bienheureuse Françoise d'Amboise avait donné aux Frères-Prêcheurs un retable d'autel tout sculpté et doré, où étaient représentés en relief les Mystères douloureux de la Passion du Sauveur. Deux volets, en se repliant, couvraient et protégeaient ce chef-d'œuvre les jours ordinaires. Sur l'un elle fit peindre à genoux le duc Pierre, son époux ; sur l'autre, suivant l'usage, on la voyait elle-même dans la même posture et présentée comme donatrice par sainte Ursule, qu'elle honorait particulièrement. » (*Vie de la Bienheureuse* par le Vte SCIOC'HAN DE KERSABIEC, 1865, p. 187.)

Sans doute dans les vitraux de la chapelle, comme dans les caveaux de la crypte, M. de Larnay faisait quelque chose pour le souvenir des siens; mais finalement et principalement il faisait tout pour DIEU.

Néanmoins, en voyant que plusieurs blâmaient son idée, il disait : « J'ai eu tort apparemment ; je n'avais pourtant pas d'autre but que de professer notre foi et notre religion, et de faire penser à moi et à ma famille pour nous assurer des suffrages et des prières. Je n'en cherchais pas plus long. Oui, sans doute, j'ai eu tort. Ce n'était pas notre place de figurer ainsi dans l'église devant les fidèles. Ces vitraux qui entourent le tabernacle où réside le Saint des saints devaient être réservés absolument pour représenter les mystères de la religion ou les Saints de l'Église de Dieu. »

Nous avons essayé de montrer comment on pouvait être moins sévère pour M. de Larnay qu'il ne l'a été pour lui-même, en justifiant ou du moins en expliquant l'idée de ces vitraux.

M. de Larnay, depuis surtout qu'il s'était donné à l'Œuvre de la sanctification du Dimanche, avait également sur ce point une grande délicatesse de conscience.

C'est ainsi qu'il déploya une fois beaucoup de fermeté pour ne pas accepter d'importants et volumineux colis de roulage qui étaient arrivés à sa porte un dimanche.

Une autre fois, il se reprochait d'avoir fait à semblable jour un voyage qui était cependant commandé par d'impérieuses circonstances et qu'il faisait dans un but excellent. Il attribuait à cette violation de son programme de conduite une série d'aventures qui avaient failli pendant ce voyage aboutir à des accidents graves ; il y voyait autant d'avertissements pour l'avenir.

Lorsqu'il était Directeur au Grand Séminaire, des réparations se faisant dans la partie qu'il habitait, il demanda à l'architecte s'il pourrait placer une cheminée de marbre dans sa chambre. « Rien de plus facile », dit celui-ci ; « je puis en économiser le prix sur les autres travaux. » — « Oh ! » dit M. de Larnay, « ce n'est pas ainsi que je l'entends. Si la chose peut se faire, elle se fera à mes frais. » Combien de virements de fonds plus importants se sont faits ailleurs sans scrupule ?

Voici encore, dans une autre matière, un trait de la délicatesse de conscience de M. de Larnay.

Il avait un jour dans sa poche une perdrix qu'on lui avait donnée à la campagne pour sa mère. Arrivé à la gare, il s'informa à qui il devait s'adresser pour payer le droit d'entrée qu'il tenait à acquitter. Nous avons entendu citer ce fait comme un trait de bizarrerie presque ridicule : tant on a perdu le sens du devoir ! On n'obéit plus aux lois civiles les mieux justifiées qu'autant qu'on a été dans l'impossibilité de trouver un biais pour s'y soustraire. M. de Larnay suivait toujours le conseil de l'Apôtre : il obéissait par conscience.

Il ne comprenait rien en effet aux capitulations de conscience, aux habiles combinaisons de conduite, aux dissimulations calculées du langage. Aussi ne fut-il pas toujours compris dans un monde où il marchait droit et le visage découvert, alors qu'on n'y circule plus guère que tortueusement et masqué. Cette candeur, désormais inconnue, donnait à son attitude et à son langage nous ne savons quoi d'inusité qui l'a fait souvent taxer d'originalité. Si l'on veut prendre ce mot dans son acception favorable, nous n'y contredirons pas. Car M. de Larnay avait une physionomie, une tenue, des manières à lui, qui tranchaient avec celles qu'on rencontre généralement, et qui pouvaient faire regretter que cette originalité qu'on remarquait en lui ne fût pas la règle générale.

Ceux qui ne l'ont pas connu ou qui ne l'ont vu que de loin, ont pu se laisser aller à des préventions toutes mal fondées. Mais nulle part il n'a été connu qu'il n'y ait été aimé en même temps et respecté. Peu d'hommes ont su inspirer des sympathies aussi générales et aussi vives dans toutes les conditions sociales. C'est que son dévouement s'offrait à tous, et que son esprit ouvert et franc se pliait à la situation de tous et à toutes les circonstances.

Allait-il, au sortir des occupations les plus sérieuses, se reposer un moment au sein de quelqu'une de ces familles chrétiennes qui avaient l'honneur et le bonheur de le compter pour ami, quelle gaieté franche et expansive ! Quelle naïveté d'enfant ! Quelle fraîcheur de l'âme ! Quelle sensibilité du cœur ! Aussi, dans ces familles, c'était un heureux jour que celui où venait l'abbé de Larnay. On s'efforçait de prolonger la visite; on s'attristait quand elle était finie. On ne se console pas de l'avoir perdu. D'ailleurs, l'attrait qui attachait à sa personne remontait toujours à DIEU, et ceux qui l'ont pleuré après sa mort savent bien où ils le retrouveront un jour.

Tous les devoirs semblaient impérieux à M. de Larnay. Il mettait le même zèle à les remplir tous, sachant aussi, dans l'accomplissement de chacun d'eux, tenir compte des différences qu'ils comportaient et observer ces nuances qui prouvaient avec quel soin il les avait étudiés pour juger du degré de leur importance.

VII.

LA PURETÉ D'INTENTION DE M. DE LARNAY.

Nous avons parlé de la délicatesse de conscience de M. de Larnay. Que n'aurions-nous pas à dire de sa pureté d'intention ?

M. de Larnay ne connut jamais les inquiétudes de la vanité. Il n'eut toujours qu'un seul désir, la gloire de Dieu, et, si l'on veut, un second désir, qui ne fait qu'un avec le premier, celui du salut des âmes.

Il s'attachait cordialement. Mais on peut juger de sa pureté d'intention dans ses affections, par ce passage d'une lettre à un de ses amis : « Pensez que vous avez à Poitiers un cœur qui vous aime bien tendrement, mais qui ne vous aime autant que parce que vous aimez vivement le bon Dieu. »

« Laissez là », écrivait-il encore, « tout amour-propre, et renvoyez à Dieu la gloire de toutes vos actions. »

Et encore : « Travaillons à aimer le bon Dieu de tout notre cœur. Agissons l'un et l'autre par émulation, et mettons toute notre gloire à être le meilleurs possible. »

M. de Larnay avait contribué, mais en usant d'une discrétion qui couvrit ses démarches, à un mariage qu'il fut appelé à bénir. Le discours qu'il prononça en cette circonstance fut un modèle du genre. Tous les assistants en jugèrent de la sorte. Il n'adressait point de compliments ; mais il donnait avec une grande distinction de langage et de sentiment, des conseils délicats sur la conduite que doivent tenir entre eux des époux chrétiens, se prévenant l'un l'autre dans l'accomplissement de leurs devoirs, chacun allant sur le terrain de l'autre au-devant des aspérités qui pourraient s'y rencontrer, afin de les adoucir avant qu'elles se soient fait sentir. Ce discours lui fut instamment demandé. Il répondit par un refus très-poli mais très-formel, disant qu'il s'était fait une loi de ne pas céder aux demandes de ce genre. On ne put pas obtenir autre chose que cette réponse.

C'est qu'il se craignait tant lui-même, et qu'il voulait si bien que tout ce qui venait de lui fût pour Dieu !

Il cachait, autant qu'il pouvait, ses libéralités. Ainsi a-t-il cherché à en dissimuler au moins une partie par rapport à l'Établissement même de Larnay, soutenant toujours que c'était une vente et non pas un don. Les constructions se sont faites au nom de la Congrégation de Saint-Laurent. Il y avait affecté, entre autres sommes, cinquante mille francs donnés de la main à la main. Lorsqu'on voulut régulariser légalement la situation de l'Institution, le Gouvernement tint à savoir qui avait donné ces cinquante mille francs et exigea qu'il en fût fait une mention expresse. M. de Larnay résista longtemps pour ne pas avouer cet acte de libéralité. Il ne céda que quand il lui fut démontré que l'intérêt de la Communauté en dépendait et qu'il n'était pas possible de faire autrement.

Dans tout ce qu'il entreprenait, il ne s'arrêtait jamais à ce qu'il appelait des calculs d'amour-propre. Il allait droit au but.

Le contentement naturel était compté pour rien. La gloire de Dieu et le bien des âmes étaient ses seuls mobiles. Pour y arriver il dépensait et sacrifiait son repos, ses satisfactions, son temps, son argent, sa santé, sa vie.

Le Supérieur de Saint-Laurent fit pendant deux ou trois ans toutes sortes de difficultés pour accepter la donation de Larnay. Ces difficultés avaient leur source principalement dans l'embarras de savoir quelle œuvre on pourrait essayer avec quelque chance de succès. Car cette maison et cette propriété, avec les développements qu'on se proposait de leur donner, semblaient au Supérieur et à M. de Larnay trop considérables pour ne servir qu'à un petit Établissement de sourdes-muettes. On ne pouvait alors penser que ce petit Établissement prendrait de si grandes proportions.

Bien d'autres que M. de Larnay eussent été refroidis par ces obstacles et eussent porté ailleurs des offres qui n'auraient pas manqué d'être accueillies avec reconnaissance. M. de Larnay insista. Le Supérieur en fut singulièrement touché. Il ne le fut pas moins de l'entière liberté que M. de Larnay lui laissait pour le choix et la conduite de l'œuvre qui devait compléter l'Établissement ou même en faire la partie principale.

Le Supérieur lui parla d'instituer une Maison de retraites, où on donnerait les exercices successivement aux dames, aux servantes, aux pauvres ; de fonder une espèce d'Union chrétienne, où seraient reçues, moyennant une légère pension, beaucoup de personnes qui ne peuvent être admises en religion, et qui cependant ne semblent pas faites pour vivre dans le monde ; de former, pour le service, des jeunes filles dont cette Maison serait le noviciat, la Maison-Mère et l'asile. Nous ne savons combien d'autres projets encore le Supérieur proposa à M. de Larnay. Car l'un et l'autre tournaient la tête de tous côtés, dans l'ignorance où ils étaient sur l'Œuvre des muettes et des aveugles. Chacune des propositions du Supérieur était accueillie avec empressement par M. de Larnay, qui réitérait à chacune sa prière au Supérieur de vouloir bien s'en occuper activement ; et il ne se réservait même pas le droit de révision ou d'examen.

Ce désintéressement nous paraît plus beau, plus méritoire que tout le reste, même que sa générosité d'argent, qui était sans bornes.

Ce qui n'a pas été connu, et que nous devons dire ici, c'est que, dans la crainte d'être surpris par la mort avant d'avoir parachevé et consolidé sa fondation, il avait établi le Supérieur de Saint-Laurent son légataire universel sans condition. C'est avec la même générosité, avec la même pureté d'intention qu'il avait voulu donner aux Missionnaires de Saint-Laurent une importante propriété, donation que de tristes circonstances ont seules empêchée.

Nous aimons à redire, au risque de nous répéter, que M. de Larnay, par sa pureté d'intention et par sa délicatesse de conscience, apparaît devant ceux qui l'ont connu, comme devant Dieu, bien au-dessus de la misérable idée qu'ont eue de lui certaines personnes qui lui trouvaient un air d'orgueil et qui l'accusaient de se mettre trop en avant.

Quant à nous, il nous sera permis de dire que nous n'avons jamais été choqué ni de son air ni de son empressement. Tout homme qui est vraiment capable de quelque chose a, précisément en raison de son aptitude, son cachet et sa singularité. M. de Larnay avait la passion de faire du bien; il avait, comme on a vu, les moyens pour réussir, parce qu'il n'hésitait pas, pour satisfaire sa passion du bien, à sacrifier sa fortune et sa personne. Que cette passion l'ait fait parler et **agir autrement** qu'en homme égoïste ou seulement froid comme il y en a tant, qui pourrait donc en être raisonnablement surpris ? Ah ! le dévouement et le zèle sont si rares que nous ne nous sentons pas le courage d'y trouver à redire. Nous sommes au contraire tout disposé à louer ce besoin d'activité, cet enthousiasme de sacrifice, et à en favoriser l'expansion.

C'est sous cette inspiration même que les Supérieurs de Saint-Laurent ont laissé M. de Larnay diriger l'Établissement des sourdes-muettes comme s'il en eût été le Supérieur. Il n'en était pas le Supérieur, assurément ; et il était loin d'y prétendre ; mais il en était le noble Fondateur et le zélé soutien. A ce double titre, on lui laissait en quelque sorte des droits exceptionnels, dont il usait, du reste, ainsi que nous l'avons vu, avec une extrême délicatesse pour l'autorité, avec un profit très-réel pour l'Œuvre Si elle est aujourd'hui ce qu'elle est, à qui plus qu'à lui le doit-on ?

VIII.

GÉNÉROSITÉ ET DÉSINTÉRESSEMENT DE M. DE LARNAY.

Nous aurions trop à dire s'il fallait citer tous les traits de générosité et de désintéressement qui éclatent dans la vie de M. de Larnay.

Que de familles il a assistées de ses conseils et de sa bourse ! Nous avons connu particulièrement une respectable dame, qui fut chargée, pendant plus de onze ans, de porter ses aumônes, destinées souvent à des personnes qu'on n'aurait pas crues dans le besoin, et dont il s'appliquait à ne pas trahir l'infortune : délicatesse dans la charité qui en doublait le prix.

« La mort de mon pauvre frère », disait-il, « m'a laissé une succession importante. A Dieu ne plaise que je l'emploie autrement qu'à faire des bonnes œuvres pour le repos de son âme ! »

Sa générosité se trouva mise quelquefois à de singulières épreuves.

Un de ses confrères vint un jour le trouver et lui dit sans façon : « Mon cher, j'ai besoin d'argent. » — « Impossible », répliqua vivement M. de

Larnay, qui craignait toujours de manquer pour ses Œuvres, « ne me parlez pas de ça. » — « Oh ! mais », répond l'autre, « entendez bien : c'est dix francs que je vous demande. » — « Eh bien ! tenez », dit M. de Larnay en lui donnant les dix francs.

Une autre fois, ce fut plus sérieux. Un bon curé vint lui demander son assistance pour fonder une École de Sœurs dans sa paroisse. M. de Larnay refuse d'abord et résiste aux premières instances. Mais enfin pressé, pressé, il répond simplement : « Eh bien ! je vous aiderai. » Sur cette parole, le bon curé taille en plein drap, va largement et s'engage pour plusieurs milliers de francs. Il vient ensuite pour faire part à Mgr Guitton de ce qu'il projette ou plutôt de ce qu'il a fait. Monseigneur se récrie et dit : « Mais cela me paraît fort. Je ne vous connaissais pas de ressources à ce point. » — « Ah ! Monseigneur », répond le brave curé, « M. de Larnay m'a promis. » — « Oh ! alors, c'est bien », dit Monseigneur. Le même jour, le digne Évêque reçoit M. de Larnay et lui fait compliment sur ce nouveau trait de générosité. M. de Larnay entre alors dans un étonnement facile à comprendre. Il témoigne avec vivacité son mécontentement et se retire laissant le Prélat sous une pénible impression. Rentré chez lui, que fait-il ? Le calme était revenu dans son âme pendant le trajet. Il va à son secrétaire, prend deux mille francs, et les porte à Monseigneur, qu'il prie de les faire passer à ce curé peu gêné. « Et veuillez l'avertir », ajouta-t-il avec un précieux sourire, « qu'il n'a plus à compter sur mon assistance. »

Le désintéressement de M. de Larnay était absolu. Il avait en horreur les affaires d'argent. Il n'a jamais sollicité, jamais désiré aucune fonction lucrative ou honorifique. Il a accepté le canonicat qui lui était offert pour deux motifs : le premier, en souvenir de son cher frère, à qui il succédait ; le second, parce qu'il lui semblait convenable d'être attaché par quelque titre à l'administration diocésaine. Il n'a du reste jamais profité de son traitement de chanoine, qu'il consacra toujours tout entier aux besoins de l'église cathédrale, comme il avait affecté son traitement du Séminaire aux besoins de cet Établissement et à l'assistance des Séminaristes.

IX.

ESPRIT DE PAUVRETÉ DE M. DE LARNAY.

M. de Larnay soutenait ses générosités par son esprit de pauvreté.

Il ne pensait pas à lui-même. Il manquait souvent même du nécessaire. Sa mère était obligée de lui fournir des vêtements et du linge. Une bonne partie était toujours pour les pauvres. Sa mère lui donnait de l'argent pour qu'il s'achetât les vêtements les plus indispensables; cet argent passait tout entre les mains des pauvres.

Sa mère lui reprochait de n'avoir que des vêtements usés, de manquer de tout. Il écoutait respectueusement, et, quand il croyait pouvoir parler, il se contentait de dire : « Ma chère mère, que voulez-vous? c'est plus fort que moi. Mais je tâcherai de mieux faire. » Et il ne se corrigeait pas.

Il savait profiter de bons moments pour emprunter de l'argent à sa mère, à qui il ne rendait jamais plus de la moitié, souvent moins, souvent rien du tout.

Madame de Larnay avait trop de religion pour

ne pas approuver pleinement le principe de la conduite de son fils. Elle trouvait seulement qu'il allait trop vite, et jugeait qu'il n'agissait pas avec mesure et discrétion.

Cependant il faut dire que M. de Larnay prenait garde à ne pas dépasser les bornes de la prudence. Mais pour lui c'était une prudence chrétienne, laquelle tient compte de la Providence d'un Dieu qui est plein de miséricorde ; c'était aussi une prudence sacerdotale qui ne saurait oublier que le prêtre est le ministre du Dieu de charité.

Son esprit de pauvreté le rendait très-facile et toujours content pour lui-même.

Il lui arrivait souvent, malgré ses habitudes de famille et quoiqu'il eût un domestique attaché à sa personne, de se servir lui-même, d'allumer son feu, de nettoyer ses chaussures, de brosser ses vêtements et même de les raccommoder. Il allait très-souvent à pied à Larnay. C'était aussi pour ne point causer d'embarras, pour n'apporter aucun dérangement dans le service de la maison.

Il ménageait de son mieux tout ce qui était à son usage. Jamais on ne pouvait le décider à rien acheter pour lui-même. Il n'avait d'ailleurs point d'argent pour ses propres besoins. Mgr Pie disait un jour à un autre Seigneur Évêque, en faisant l'éloge des générosités de M. de Larnay : « C'est au prix de sacrifices personnels que M. de Larnay embellit sa chapelle et soutient son

Œuvre. Il se prive de tout, au point qu'il n'a qu'une soutane et demie. » Tant était pauvre et fatiguée sa soutane de tous les jours. Quant à ses vêtements de dessous, ils étaient dans un tel état que les mendiants n'auraient pas voulu les porter. Il épargnait sur tout. Il écrivait ses lettres sur du papier ordinaire. Aussi était-il un mauvais client pour toutes ces inventions que crée la cupidité des fournisseurs et que favorisent la vanité et la frivolité des acheteurs. Il écrivait même ses notes et brouillons sur des revers de lettres. Il n'usait habituellement que de chandelle de suif; c'était plus pauvre. « Ce qui est épargné », disait-il, « est le premier gagné. »

Il n'avait pas fait le vœu de pauvreté ; mais on peut dire qu'il en pratiquait la vertu dans une grande perfection.

Il se privait des voyages de Néris, que les médecins lui conseillaient pour sa santé ; ou bien il y allait seul désormais, sans son domestique. « Il faut bien », disait-il, « que j'économise pour mes œuvres.» Où l'on voit que sa pauvreté volontaire était la nourricière de ses Œuvres.

X.

L'ESPRIT DE MORTIFICATION DE M. DE LARNAY.

L'esprit de mortification de M. de Larnay tournait à la même fin.

L'état de sa santé le forçait à beaucoup de ménagements. Mais en revanche il n'accordait absolument rien à la sensualité.

En tout temps, il ne prenait jamais rien de chaud le matin. Un petit morceau de pain avec du beurre ou du fromage était tout son déjeuner, qu'il prenait debout, comme il faisait au Séminaire quand il y était Directeur. A midi et le soir, il avait une nourriture substantielle, sans rien de délicat, ni de recherché. Il se contentait d'un fruit au dessert. Il ne prenait jamais ni café, ni liqueur, ni pâtisserie. Quand on lui offrait des primeurs, il n'y touchait jamais.

Dans les repas de cérémonie, soit chez lui, soit ailleurs, il avait soin de soutenir la conversation pour laisser passer le temps et les plats, afin de demeurer toujours fidèle à ses habitudes de sobriété.

En carême, étant forcé de faire gras à cause de

son mauvais estomac, il ne mangeait d'autre viande que du bœuf bouilli, et il se privait de tout dessert.

Il était rigide pour l'accomplissement des cinquième et sixième commandements de l'Église, n'accordant ni à lui ni aux autres aucune dispense que dans une vraie nécessité. « Les prêtres », disait-il, « doivent maintenir la loi en l'observant, et non contribuer à la faire abréger en ne l'observant pas. Plus on accordera de dispenses, plus il en sera demandé. »

Conséquent avec lui-même, il se prononça fortement, au Concile de Périgueux, pour le maintien de l'abstinence du samedi.

XI.

LA PIÉTÉ DE M. DE LARNAY.

M. de Larnay refusait donc à son corps toute délicatesse et toute sensualité. Son âme en acquérait plus d'énergie pour se porter vers Dieu, pour se livrer et pour s'unir à lui dans les exercices et dans les effusions de la plus tendre piété.

Il avait un grand amour pour la prière. Il versait des larmes lorsqu'il parlait du psaume *Super flumina Babylonis*, ce chant plaintif des Israélites, qui gémissent de leur captivité à Babylone, et lorsqu'il parlait du bonheur du ciel.

Quel amour n'avait-il pas pour Marie, notre bonne Mère! Quelle dévotion pour saint Joseph! Quelle religion pour les Saints!

M. de Larnay faisait régulièrement sa retraite du mois. Il allait d'ordinaire chez les Révérends Pères Jésuites, pour lesquels il professait une estime et un respect tout particuliers. Il restait en retraite dans leur Maison depuis la veille au soir jusqu'au surlendemain matin.

Il ne manquait jamais de faire son oraison tous les matins. Il dit un jour à la Supérieure, au sujet d'une Sœur qui s'était oubliée : « Je ne comprends pas comment une Religieuse qui fait son oraison tous les jours peut agir de la sorte. »

Il n'omettait jamais son chapelet, quelques occupations qu'il eût eues dans la journée. Jamais il ne se retirait le soir, quand il était à Larnay, sans être allé adorer le Saint-Sacrement. Il disait la sainte Messe avec une piété qui touchait les assistants.

Il était bien le prêtre tout rempli des sentiments, tout embaumé des parfums de son auguste caractère et de ses fonctions sacrées.

Nous avons vu dans quel esprit il avait accepté et comment il accomplissait les obligations de Maître des cérémonies. On voyait bien qu'il était pénétré de la présence réelle du DIEU de l'Eucharistie.

Son bonheur était de monter au saint autel. Il disait la messe tous les jours, à moins d'un empêchement absolu.

Etant un jour obligé de partir de bonne heure pour faire une assez longue route, et ne croyant pouvoir arriver assez tôt pour dire la sainte Messe, il avait pris quelque chose avant de monter en voiture. Or il arriva plus tôt qu'il n'avait pensé, et il aurait eu tout le temps de dire la messe ; mais il n'était plus à jeun. Il en fut triste toute la journée, et il se reprochait *son imprévoyance*.

Il écrivait à un jeune homme :

« Songez qu'un jour vous recueillerez ce que vous aurez semé, et qu'il n'y a pas de temps plus heureux dans la vie que la jeunesse pour semer dans le cœur les germes de toutes les vertus. Quelle joie ce sera pour vous au moment de votre mort de retrouver toute cette vie pure et innocente et de n'être troublé par aucun de ces souvenirs amers qui déchirent le cœur ! Ayez donc la plus belle de toutes les ambitions, celle de devenir un saint. La piété est utile à tout.... Mon Dieu, que j'aime la pensée de cette belle âme qui comparait les rayons de beauté répandus sur tous les êtres de la création à ces petits points de lumière qui paraissent le matin sur les gouttes de rosée ! « que sont-ils », disait-elle, « comparés au soleil ? Que sont donc les plus belles créatures comparées à Dieu ! »

M. de Larnay écrivait encore au même jeune homme :

« Que vous êtes heureux de pouvoir aller çà et là, comme une pieuse abeille, pour recueillir les vues les plus délicieuses ! Vous avez enrichi votre esprit et votre mémoire à Notre-Dame des victorieuses preuves de la foi ; vous avez réfléchi sur votre conscience aux Missions-Étrangères, vous vous êtes exercé aux travaux de la charité, aux sublimes inspirations du zèle en regard des plus beaux modèles de vertus. Enfin vous avez été renfermer votre cœur pendant quelques jours dans la bienheureuse solitude des fils de saint Bernard, là où naissent toutes les vertus et où règne par conséquent le vrai bonheur. »

XII.

L'ESPRIT DE FOI DE M. DE LARNAY.

La piété de M. de Larnay, comme toutes ses autres vertus, prenait sa source et sa séve dans l'esprit de foi dont il était animé. Le juste vit de la foi.

La foi de M. de Larnay était si vive que, devant l'autel où il adorait prosterné le divin Sacrement, ses yeux se remplissaient de larmes. De le voir donnait de la ferveur.

Un des membres de l'Œuvre des jeunes gens disait de lui : « Si j'avais à signaler la principale vertu qui m'a frappé tout d'abord dans la vie de ce vénérable ecclésiastique, je dirais que c'est son esprit de foi ; car c'est l'esprit de foi qui inspirait ses Œuvres encore plus que son désir de venir en aide à l'humanité souffrante. Il voulait en effet, par-dessus tout, sauver les âmes.

L'esprit de foi donnait à M. de Larnay l'esprit intérieur.

On a souvent remarqué qu'il parlait gaiement, joyeusement, et même simplement, comme pour rire et parler. Mais il était vraiment homme intérieur. En effet, après une conversation enjouée, se trouvait-il avec une personne de piété, avec une épouse du Seigneur, il était tout en Dieu, tout appliqué aux choses surnaturelles, d'où on pouvait juger qu'il n'était jamais loin de Notre-Seigneur, et qu'il se tenait dans sa sainte présence au fond de son âme.

Il éprouvait une vive joie lorsqu'il contribuait à assurer quelque vocation religieuse.

Il avait un grand attrait pour les Ordres voués à la prière et à la contemplation. Nous avons vu comme il s'est employé au rétablissement du Carmel de Niort.

Il avait présenté au Carmel de Poitiers une jeune personne de beaucoup de piété, mais dont la santé était si faible qu'il paraissait que ce serait un obstacle insurmontable à son admission. Il s'en affligeait pour cette âme qui témoignait le plus grand éloignement du monde. Il redoublait ses instances, mais sans succès, les Constitutions étant formelles sur ce point. Enfin, on lui dit que, sans être reçue en qualité de Sœur, la jeune fille pouvait être acceptée à titre de bienfaitrice, moyennant une dot qui profiterait au nouveau Carmel qui se fondait à Niort. M. de Larnay poussa un cri de joie et dit : « Que je vous remercie pour cette jeune fille! vous lui ouvrez le ciel. » Madame de Larnay avait promis par testament pour cette œuvre une somme de trente mille francs. Cette disposition ayant été changée, M. de Larnay put se procurer vingt mille francs dont on se contenta. La jeune personne entra donc au Carmel. Sa santé alla toujours déclinant, et elle fut bientôt à l'extrémité. M. de Larnay eut la satisfaction de la recevoir à la Profession sur son lit de mort, et, quand elle expira, ce fut sans doute pour s'aller joindre avec la sainte livrée du Carmel au Chœur sacré des vierges qui suivent l'Agneau partout où il va.

M. de Larnay mettait dans l'exercice des moindres fonctions sacerdotales une gravité et une dignité qui témoignaient de la vivacité de sa foi et de son esprit intérieur.

Quelle exactitude ne mettait-il pas à assister aux offices de la cathédrale ! Il ne s'en dispensait que lorsqu'il était empêché par une autre fonction de son ministère.

Il portait le respect de son caractère sacerdotal jusqu'à une délicatesse qui n'avait d'égale que celle de sa foi et de sa pureté de mœurs. Il se serait reproché le plus petit changement accidentel dans le costume du prêtre. Quand cela lui arrivait par mégarde, il se comparait à un soldat qui n'aurait pas toutes les pièces de son armure.

Une personne qui a bien connu M. de Larnay nous disait : « J'ai été souvent ému de son esprit de foi, de sa piété tendre et de sa pureté d'intention. Les détails échappent à ma mémoire. Mais, après quinze années écoulées, les impressions qui me sont restées des moments où, pendant les repas et dans quelques courts instants de la soirée, ce bon prêtre se laissait aller à parler avec abandon, sont aussi vives que le premier jour. »

Deux pensées occupaient M. de Larnay à la fin de sa vie :

En premier lieu, établir une Maison de retraite pour les hommes, qui seraient venus à leurs jours, en se reposant des soucis de la pauvre existence humaine ici-bas, se recueillir, se rapprocher de Dieu, se fortifier pour de nouveaux combats, se détacher du monde et se remplir du désir de la céleste Patrie.

En second lieu, bâtir une chapelle à la gare de Poitiers pour cette population de tout un quartier nouveau, pour les employés de la compagnie, pour les voyageurs qui font halte : autant de personnes qui sont dans une triste nécessité de manquer à leurs devoirs religieux.

Nous ne savons pas si d'autres ont plus aimé les hommes pour les secourir dans leurs misères du temps. Mais en est-il beaucoup qui se soient préoccupés autant que M. de Larnay du salut de leurs frères ?

Son esprit de foi lui faisait envisager le ministère des âmes comme le plus sublime. Il aurait tout sacrifié pour contribuer au salut d'une âme. Il ne comptait pour rien la fatigue du confessionnal, où il pouvait espérer de faire du bien aux âmes. Sa direction était douce et ferme en même temps. Il encourageait l'âme faible, et stimulait celle qui était paresseuse. Il savait au besoin faire prendre des moyens énergiques pour vaincre la nature et seconder la grâce. Lorsqu'il avait réussi, il faisait comprendre que les difficultés étaient bien compensées par les avantages. Il paraissait heureux d'avoir persuadé que le bien qui résultait de ces luttes intérieures faisait son propre bonheur.

Jamais il ne refusait de confesser. Il avait coutume de dire que c'était au confessionnal qu'il faisait le plus directement du bien aux âmes. Il est venu plusieurs fois de Poitiers à Larnay au milieu de la nuit et en hiver confesser et soutenir des enfants mourantes. Il éprouva une peine très-vive, et qui dura plusieurs années, à la mort subite d'une enfant qu'il n'avait pu confesser. Une jeune aveugle, qui était atteinte d'une fièvre cérébrale, ne pouvait non plus se confesser. M. de Larnay se jeta à genoux aux pieds d'une statue de la sainte Vierge et pria avec ferveur. Enfin la pauvre enfant recouvra assez de connaissance pour se confesser; elle reçut aussi avec connaissance le sacrement de l'extrême-onction. Puis elle retomba dans le délire et mourut quelques heures après. Mais M. de Larnay était tranquille, et il remercia la sainte Vierge de tout son cœur.

Il avait été très-affligé de la mort des premières sourdes-muettes. Mais ensuite, envisageant leur mort comme la fin de leurs combats, il disait : « Autrefois, je pleurais la mort de mes chères enfants ; maintenant je m'en réjouis, car j'ai la confiance qu'elles vont au ciel ; tandis que, si elles retournaient dans le monde, leur salut serait bien aventuré. » Aussi voulait-il que la Supérieure fît tout le possible pour les retenir à Larnay.

« Ma Sœur », lui disait-il souvent, « ce n'est rien que d'instruire les sourdes-muettes ; mais c'est tout que de les conserver dans la Maison. Faites donc tout ce qui dépendra de vous pour cela. Disputez-les, s'il le faut, à leurs parents. »

Il était toujours affligé et inquiet lorsque ses enfants allaient en vacances et il voulait bâtir le second côté de la maison, afin d'avoir où les loger pendant les retraites des Sœurs. Cette construction n'a pu se faire qu'après sa mort. Il disait encore à la Supérieure : « Empêchez autant que vous le pourrez ces pauvres enfants d'aller en vacances. Laissez-les se fâcher, bouder, pleurer. Cela n'est rien en comparaison des dangers auxquels la plupart sont exposées dans leurs familles, où l'on ne saura ni ne voudra peut-être les surveiller et les protéger comme elles en auraient besoin. »

Il se plaisait lui-même singulièrement à Larnay au milieu de sa chère petite famille. Les jours qu'il y passait étaient aussi des jours heureux pour toute la Maison. Les Sœurs n'ont pas oublié les douces impressions qu'elles remportaient de ses entretiens. Toutes ses paroles respiraient la charité, la foi et la piété ; elles valaient le meilleur sermon.

M. de Larnay vivait et travaillait pour Dieu.

Ses pensées et ses aspirations le portaient vers le ciel. Comment cette misérable terre aurait-elle pu le captiver, le retenir, le détourner un moment du but où il tendait de toute l'énergie de son âme sous l'impulsion de la foi la plus vive? Ses sentiments étaient sans alliage, comme son intention était droite et pure. Il ne voulait que Dieu. Il cherchait la gloire de Dieu pour Dieu même, et il servait le prochain pour l'amour de Dieu.

Il s'effrayait de la rapidité de cette vie mortelle, craignant toujours qu'elle ne lui suffît pas pour faire fructifier autant qu'il le devait le talent que son Maître lui avait confié. Il pensait à l'éternité qui l'attendait au sortir du temps.

Nous avons trouvé dans ses papiers, écrites de sa main, une suite de réflexions sur l'éternité. C'était le sujet continuel de ses méditations.

XIII.

M. DE LARNAY A JUSTIFIÉ SA DEVISE DE FAMILLE.

C'est pourquoi M. de Larnay a si bien employé le temps de son passage sur la terre et si fidèlement soutenu sa noble devise de famille, qui l'obligeait *à luire, à croître et à fructifier dans le Seigneur.*

En effet, il n'a pas craint de paraître, il n'a pas caché la lumière sous le boisseau. Il s'est montré, ou plutôt, parce qu'il conservait et entretenait sa foi très-vivante, la lumière jaillissait de ses paroles et de ses actions et de toutes les œuvres de son zèle.

Et ce zèle ardent s'est-il jamais ralenti? M. de Larnay a-t-il cessé un instant de marcher, d'avancer, de grandir et de croître en dévouement, en sacrifices, en mérite devant Dieu et devant les hommes?

Les fruits enfin ne se sont-ils pas multipliés sous ses pas? N'ont-ils pas abondé sous les efforts de son incessante activité? Car autrement à quoi servirait-il de luire, si ce n'était que comme le météore qui vous éblouit au moment qu'il paraît et vous laisse en s'évanouissant dans une nuit plus profonde? Et à quoi servirait-il de croître, si ce n'était pas pour donner des espérances qui se réalisent dans une heureuse maturité?

Mais encore faut-il de bons fruits, et ils ne peuvent se former et mûrir que dans le Seigneur, qui seul opère en nous le vouloir et le faire.

Luire, croître et fructifier ne sont rien, si ce n'est dans le Seigneur.

Ainsi donc luire, croître, fructifier dans le Seigneur, c'est tout le plan, c'est toute la fin de notre vie dans le dessein de notre création, de notre rédemption et de notre éternité.

Luire, croître et fructifier dans le Seigneur, c'est le résumé de la vie si édifiante, si active et si féconde qu'a fournie M. de Larnay et que nous avons essayé de faire connaître dans cet ouvrage.

Luire, croître et fructifier dans le Seigneur, c'est l'enseignement que nous sommes heureux d'avoir pu donner à nos lecteurs, en leur souhaitant, comme nous les prions de le demander pour nous, que Dieu leur fasse la grâce d'en profiter, de telle sorte que nous puissions tous, au sortir de cette vie du temps, arriver chargés de beaux fruits qui nous permettent d'entrer dans la joie du Seigneur en la Maison de notre éternité.

FIN.

TABLE DES MATIÈRES

Lettre de Mgr l'Evêque de Poitiers. V
Aux Enfants et aux Sœurs de la Maison de Larnay. VII
Extrait d'un Discours de Mgr l'Évêque de Poitiers. . XV

PREMIÈRE PARTIE.

DEPUIS LA NAISSANCE DE M. DE LARNAY JUSQU'A SON ORDINATION DE PRÊTRISE.

I. Origine de la famille de Larnay. 1
II. Le père de M. Larnay. 8
III. La famille Cossin de Belle-Touche. 5
IV. Catherine Cossin, ses frères et ses sœurs. . . . 7
V. Naissance et Baptême de Charles-Joseph. . . 13
VI. Sa petite enfance. 15
VII. Ses classes élémentaires. 19
VIII. Sa première communion. 23
IX. Il reprend et achève ses études. 27
X. Il suit les cours de la Faculté de Droit . . . 34
XI. Mort de son père. 37
XII. Son attachement pour sa mère. Deux épreuves délicates. 38
XIII. Il entre au Séminaire de Saint-Sulpice. Il reçoit la tonsure, les Ordres mineurs, le sous-diaconat. La maladie le ramène à Poitiers. 41
XIV. Il perd sa sœur. 48

XV. Il fait le catéchisme de persévérance à l'Hôpital-Général. 49
XVI. Il reçoit le Diaconat. 50
XVII. Il est admis dans la Congrégation de la Très-Sainte Vierge. 51

DEUXIÈME PARTIE.

DEPUIS L'ORDINATION DE PRÊTRISE DE M. DE LARNAY JUSQU'A SA SORTIE DU SÉMINAIRE.

I. M. de Larnay est ordonné prêtre. 57
II. Il est nommé Directeur au Grand-Séminaire. . 59
III. M. Victor entre au Grand-Séminaire. . . . 63
IV. M. de Larnay est nommé Directeur de la Congrégation de la Sainte Vierge. 65
V. Œuvre de la réunion des jeunes gens. M. de Larnay est nommé Chanoine honoraire. . . 67
VI. Œuvre de la Propagation de la Foi. 72
VII. Œuvre de la Sainte-Enfance. 100
VIII. Œuvre des églises pauvres du diocèse. Œuvre des *deux liards*. 102
IX. M. Victor est nommé Directeur au Grand-Séminaire. Mort de Mme de Bouhélier. . . 113
X. Œuvre de Bon-Pasteur. 117
XI. Œuvre du Rosaire vivant. 135
XII. Œuvre des sourdes-muettes. 142
XIII. Le Petit Magasin. 165
XIV. Le cabinet de lecture. 168
XV. Ecoles cléricales presbytérales. 180
XVI. Ursulines de Chavagnes. 183
XVII. Enfants de MARIE du Sacré-Cœur. Retraites des dames. 187
XVIII. Mort de tante Lucette Délicatesse de M. de Larnay. 190

TROISIÈME PARTIE.

DEPUIS LA SORTIE DE M. DE LARNAY DU GRAND-SÉMINAIRE JUSQU'A SA NOMINATION DE CHANOINE.

I. M. de Larnay sort du Grand-Séminaire. . .	193
II. M. Victor est nommé Official du diocèse. M. de Larnay est nommé Maître des cérémonies de la Cathédrale	214
III. Mort de Mgr de Beauregard. Mort de Mgr de Bouillé.	215
IV. Œuvre de Bon-Pasteur. Épreuves et progrès. Les *Madeleines*.	217
V. M. Victor est nommé Curé de Sainte-Radegonde, puis Chanoine. Désintéressement de M. de Larnay.	223
VI. Les deux frères.	228
VII. Mort de M. Victor. Douleur de M. de Larnay. Il est nommé Chanoine et Théologal. . . .	232

QUATRIÈME PARTIE.

DIVERSES ŒUVRES DE M. DE LARNAY.

I. Ecoles religieuses de filles dans les campagnes.	237
II. Retraites des vieillards. Retraites des bonnes femmes.	281
III. Mission de Néris-les-Bains.	292
IV. Le Cercle catholique. Le Jésus.	297
V. Œuvre de la Sanctification du Dimanche . .	302
VI. Œuvre des Lampes.	345
VII. La charge de Maître des Cérémonies. La charge de Théologal.	354

CINQUIÈME PARTIE.

L'ŒUVRE DE LARNAY, ET INCIDEMMENT LA FONDATION DU CARMEL DE NIORT.

I. Les premières Supérieures à Pont-Achard...	365
II. La distribution des prix et le discours de M. de Larnay.	368
III. Sa lettre au clergé.	371
IV. Progrès de l'Œuvre à Pont-Achard.	373
V. L'Œuvre est transférée à Larnay.	376
VI. Soucis et peines de M. de Larnay.	381
VII. Construction de la chapelle de Larnay. Erection du Chemin de croix	385
VIII. Lettre de M. de Larnay à un Curé de cathédrale.	388
IX. Description de la chapelle, des sculptures de la crypte, des vitraux	390
X. Les critiques. Mme de Larnay. Générosité de M. de Larnay.	419
XI. M. de Larnay avec sa famille de Larnay.	438
XII. Mgr Pie à Larnay. Sœur Marie de Saint-Pie.	452
XIII. Première communion et confirmation à Larnay. Les Enfants de MARIE du Sacré-Cœur.	456
XIV. M. de Larnay et sa correspondante de Limoges.	464
XV. Avis motivé de Mgr Pie pour la reconnaissance légale de la Maison de Larnay.	474
XVI. Fondation du Carmel de Niort.	476
XVII. M. de Larnay adjoint les jeunes aveugles aux sourdes-muettes.	488
XVIII. Zèle croissant de M. de Larnay. Statue de Notre-Dame. Reliquaire de la crypte. Groupe de Notre Dame-de-Pitié. Orgue.	497
XIX. Congrégation de Notre-Dame-des-Sept-Douleurs.	502
XX. Le Jury du Congrès régional à Larnay. Le Frère Germain.	505

XXI. La mort à Larnay. Marie Berger. Sœur Saint-Léon. Le cimetière de Larnay. 510
XXII. L'Hotellerie. Les bénitiers de la chapelle. Bénédiction de la cloche. Ameublement de la sacristie. Les confessionaux. 532
XXIII. Mort de Mlle Marie Cossin. 535
XXIV. Sollicitude religieuse de M. de Larnay. Un feu de cheminée. Instruction religieuse. . . . 537
XXV. L'ouvroir Saint-Charles. La Maison Saint-Joseph. Chapelle des Enfants de MARIE. . . 540
XXVI. M. de Larnay a des pressentiments de sa fin prochaine et redouble d'affection pour ses enfants de Larnay. 545

SIXIÈME PARTIE.

LA MALADIE ET LA MORT DE M. DE LARNAY ET L'ÉTAT DE SA CHÈRE MAISON APRÈS SA MORT.

I. La dernière maladie de M. de Larnay. . . . 549
II. Sa mort. Ses funérailles. Sa sépulture. . . . 564
III. Regrets et hommages. Douleur des enfants. Services de quarantaine et de bout de l'an. . . 566
IV. Reconnaissance légale de la Maison de Larnay. Consécration de la chapelle. 579
V. Translation du corps de M. de Larnay dans la crypte. 585
VI. Discours de Mgr Pie. 590

SEPTIÈME PARTIE.

QUALITÉS ET VERTUS DE M. DE LARNAY.

I. Son caractère. 601
II. Son respect de l'autorité. 613

III.	Sa déférence pour sa *chère mère*.	616
IV.	Son activité pour les Œuvres.	624
V.	Son bon emploi du temps.	633
VI.	Sa délicatesse de conscience.	637
VII.	Sa pureté d'intention.	646
VIII.	Sa générosité et son désintéressement.	652
IX.	Son esprit de pauvreté.	655
X.	Son esprit de mortification.	658
XI.	Sa piété.	660
XII.	Son esprit de foi.	663
XIII.	Il a justifié sa devise de famille.	670

POITIERS. — TYPOGRAPHIE DE H. OUDIN FRÈRES.

A LA MÊME LIBRAIRIE :

Vie du Vénérable Louis-Marie Grignion de Montfort, fondateur des missionnaires de la Compagnie de Marie et des Filles de la Sagesse, par M. l'abbé Pauvert, curé de Saint-Jacques de Châtellerault, chevalier de la Légion d'Honneur, un fort volume in-8°. 6 fr.

Traité de la vraie dévotion à la Sainte Vierge, par le vénérable serviteur de Dieu Louis-Marie Grignion de Montfort, instituteur de la Congrégation de Marie et de celle des Filles de la Sagesse, ouvrage publié par les soins d'un Directeur du Séminaire de Luçon, 1 volume in-18, 7e édition. 1 fr.

Secret (le) de Marie dévoilé à l'âme pieuse, par le V. P. Louis-Marie Grignion de Montfort, 1 vol. in-18. 20 c.

Vie du bon Père André-Hubert Fournet, fondateur et premier supérieur général des Filles de la Croix dites Sœurs de Saint-André, par le R. P. Rigaud, 1 vol. in-18 jésus, 3 fr.

Vie du Père Henri-Adolphe Gaillard, fondateur de la Congrégation des Filles de Sainte-Philomène et de la colonie agricole de Salvert, par le R. P. Rigaud, Oblat de Saint-Hilaire, chanoine de Poitiers, un beau volume in-12. 2 fr.

Vie de M. Jules Richard, ancien député des Deux-Sèvres à la Constituante de 1848, par le R. P. Rigaud, Oblat de Saint-Hilaire, chanoine honoraire de Poitiers, in-12. 2 fr.

Vie de la Bonne Sœur Élisabeth (Jeanne-Marie-Lucie Bichier des Ages), fondatrice et première Supérieure Générale des Filles de la Croix dites Sœurs de Saint-André, par le R. P. Rigaud, oblat de Saint-Hilaire, chanoine honoraire de Poitiers, auteur des *Souvenirs de Rome* et des *Souvenirs de Jérusalem*, 1 volume in-18 jésus, avec portrait de la Bonne Sœur. 3 fr.

Vie du vénérable serviteur de Dieu Louis-Marie Baudouin, fondateur de la Société des Enfants de Marie-Immaculée et de celle des Ursulines de Jésus dites de Chavagnes, par un Père de la Société des Enfants de Marie-Immaculée, approuvé par S. G. Mgr l'évêque de Luçon, 1 fort vol. in-12. 2 fr. 50

Vie et correspondance de J. Théophane Vénard, prêtre de la Société des Missions-Étrangères, décapité pour la foi au Tong-King le 2 février 1861, avec portrait et *fac-simile* de son écriture, augmenté du discours d'anniversaire prononcé à Saint-Loup par Mgr l'Évêque de Poitiers, 2e édition, 1 volume in-18 jésus. 2 fr. 50

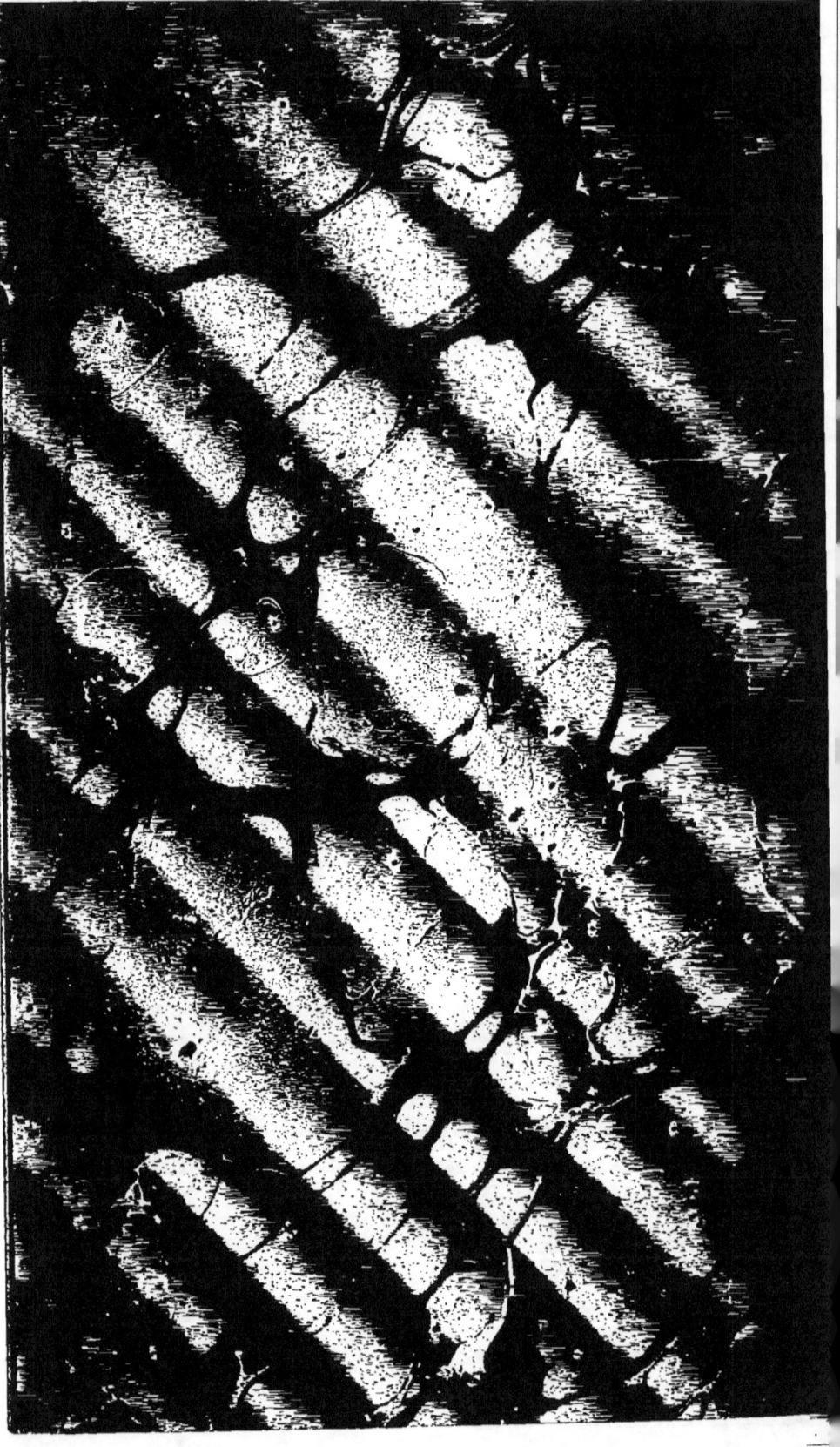

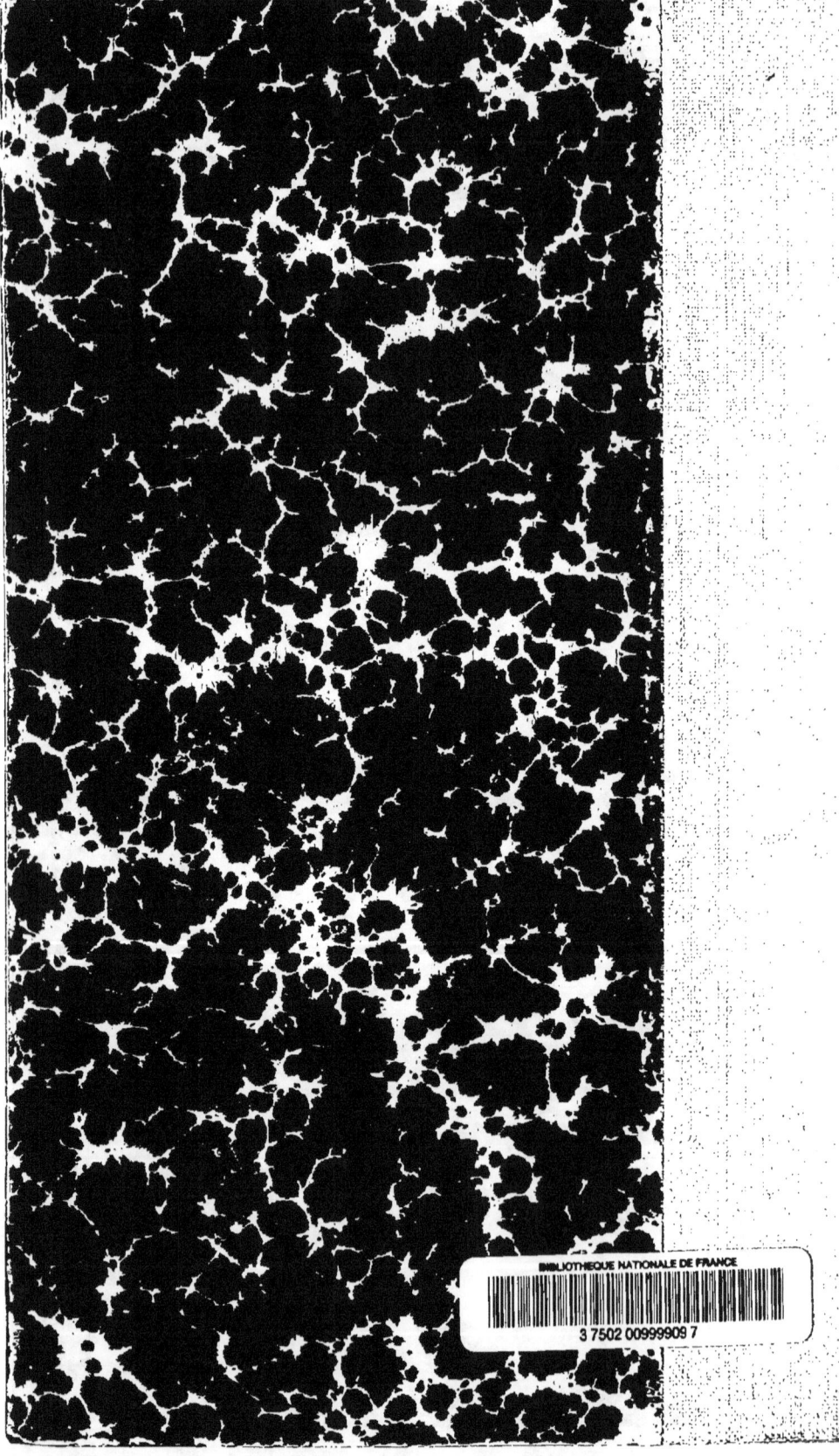

www.ingramcontent.com/pod-product-compliance
Lightning Source LLC
Chambersburg PA
CBHW050322020526
44117CB00031B/1335